金 岳 霖

金岳霖全集

第一卷

人民出版社

《金岳霖全集》编辑委员会

编　者　的　话

　　金岳霖(1895—1984 年),字龙荪,生于湖南长沙,祖籍浙江诸暨。1911 年考入清华学堂。1914 年官费赴美国留学,1917 年获宾夕法尼亚大学学士学位,1918 年、1920 年获哥伦比亚大学硕士、博士学位。1921 年赴欧洲,先后在英、德、法、意等国游学。1925 年年底回国,在清华大学任教,创办哲学系,任教授、系主任。1937 年后,任西南联合大学哲学心理学系教授,兼清华大学哲学系主任。1946 年回北平,先后任清华大学哲学系教授、系主任、文学院院长,中央研究院第一届院士。1952 年全国院系调整,任北京大学哲学系教授、系主任。1955 年后任中国科学院(1977 年后为中国社会科学院)哲学社会科学部学部委员,哲学研究所一级研究员、副所长。兼任国务院学位委员会哲学学科评议组成员,中国逻辑学会会长、名誉会长,中国逻辑与语言函授大学名誉校长等。

　　金岳霖一生从事哲学和逻辑学的教学、研究及其领导工作,是中国 20 世纪最有影响的哲学家和逻辑学家。他的著作是中华民族宝贵的精神财富,也是对世界思想宝库的重要贡献。

1994 年,为了纪念金岳霖诞生 100 周年,金岳霖学术基金会学术委员会选编了《金岳霖文集》(四卷本,周礼全主编),由甘肃人民出版社于 1995 年出版。本次编辑出版的《金岳霖全集》,收录了到目前为止搜集到的金岳霖的所有中英文论著。在编辑的过程中,我们尽量保持了著作的原貌,对一些西方哲学家的译名、专有词汇的用法以及经典文献的引文等,均保留了历史的痕迹;对原著中存在的一些文字和符号方面的错误,作了更正;对原著中诸多不符合规范和不统一的地方,做了规范和统一。

《金岳霖全集》分卷的基本思路是:英文论著及其中译文单独成卷;1949 年前后发表的中文著述分开编卷;各卷著述按内容排序。《金岳霖全集》共分 6 卷 8 册:

第一卷,收录《逻辑》一书和 1949 年前发表的中文逻辑论文;

第二卷,收录《论道》一书和 1949 年前发表的中文道论论文和其他文章;

第三卷(上、下册),收录了《知识论》一书和 1949 年前发表的中文知识论论文;

第四卷(上、下册),收录了《罗素哲学》一书和 1949 年后发表的中文文章及回忆录;

第五卷,收录了英文著作《道、自然与人》、《T.H.格林的政治学说》和其他英文文章;

第六卷,收录了第五卷全部英文论著的中译文。

参加本书具体编辑工作的(以姓氏笔画为序)有王路、刘培育、杜国平、张尚水、张家龙、金顺福、诸葛殷同、贾青等。

《金岳霖全集》的编辑和出版，得到了国家新闻出版总署和人民出版社的支持，谨致谢忱。

《金岳霖全集》编辑委员会

2013 年 2 月

目　录

文　章

逻

辑

本书 1935 年由清华大学出版部印成讲义，1936 年列入"大学丛书"由商务印书馆正式出版，1961 年列入"逻辑丛刊"由三联书店出版。新版收入《对旧著〈逻辑〉一书的自我批判》作为前言。此后，北京、香港等地多次重印发行。此次收入《金岳霖全集》，将《对旧著〈逻辑〉一书的自我批判》一文抽出，另编入《金岳霖全集》第 4 卷。

——编者注

序

　　我从前是学政治的，对于逻辑的兴趣差不多到三十岁才发生。我不仅没有师承，而且没有青年所容易得而中年所不大容易得到的训练；所以兴趣虽有，而对于这一门学问，我始终觉得我是一个门外汉。预备这本书的困难也就因这感觉而增加；有时候我觉得我根本就不应该写这样一本书。

　　归纳与演绎大不相同。我认为它们终究是要分家的，所以这本书没有归纳的部分。同时从个人方面着想，我自己在知识论方面还没有弄出条理的时候，我不能写归纳法的书。

　　这本书共分四部，第一、第二两部或者没有大问题。第三部介绍新式逻辑，全部分差不多完全是直抄。可是，不加语言方面的注解，不容易尽介绍的责任；加注解，又难免有错误，而错误恐怕很多。第四部所提出的问题最杂，它的可靠性的程度或者最低，而教员用它们的时候发生意见不同的地方或者最多；我们似乎可以说它的内容不是逻辑，而是一种逻辑哲学的导言。我把它列入教科书的理由，一方面是因为它讨论逻辑与逻辑系统的性质，另一方面也因为它给有志研究逻辑的人们一种往下再研究的刺激。

　　如果教员觉得时间不够，他可以有以下的办法：

（一）取消第二部，而代之以比较简单的批评。

（二）忽略第三部的第二、第三两章。

（三）忽略第四部的任何一章或两章。第四部的材料有好些地方重复。其所以如此者，因为不重复则选择一章就不免遗漏许多问题。但是因为材料重复，三章皆选，又难免使读者感觉到秩序方面的混乱。关于这一点，以后有机会，总得有很大的修改才行。

金岳霖

第一部　传统的演绎逻辑

一、直 接 推 论

A.名　词

普通教科书关于名词(terms)的讨论大约可以分为以下各节:1.心理学或知识论方面的问题;2.名词的种类;3.外延与内包的分别;4.定义问题。因为这种讨论一方面与普通教科书中的推论没有多大的关系,教科书中的直接与间接推论大都用符号,另一方面也与现在的逻辑没有任何的帮助,本书特别从简。

1.心理学或知识论方面的问题。逻辑这一名词在希腊本来是由 logos 变出来的,它包含两部分,一为 episteme,一为 techne。前者是抽象的逻辑,后者是实用逻辑的法则。前一部分就是现在的知识论,而后一部分反变为抽象的形式逻辑。从历史方面着想,逻辑最初就与知识论混在一块。后来治此学者大半率由旧章,心理学与知识论的成分未曾去掉。自数理逻辑或符号逻辑兴,知识论与逻辑学始慢慢地变成两种不同的学问。本章既讨论传统逻辑学,也就不能不提到心理学与知识论方面的问题;但这些问题既与以下部分没有多大的关系,我们也就不必多所讨论。可是有一点我们应该注意。我们说的是逻辑学与知识论要分家。这句话或者免不了有人反对。如果反对者的理由是说事实上逻辑与知识不能分开,我们很可以同情。即以一个具体的人而论,他有物理、化学、生理、心理等等各方面的现象,而各方面的现象事实上没有分开来。但我们不能因为在具体的世界里,各种现象有它们的关联,我们就不应该把它们区别以为各种不同的学问的对象。物理现象与化学现象可以混在一块,而物理学与化学仍应分家。逻辑与知识在事实上虽然连在一块,而逻辑学与知识论不能不分开。无论如何,本书遵照现在的趋势,涉及知识论与心理学的地方均特别从简。

2.名词的种类。此处的名词可以是个体的符号,可以是性质的符号,可以是关系的符号。传统逻辑似乎注重名词,在本条暂且从旧。名词的种类极不一致,各种各类的标准也当然不同。

a.以范围的广狭为标准,有:

(一)特殊名词——如时地人物的名字。孔子,北平,周朝……

(二)普遍名词——如人,桌子,椅子,书……

(三)集体名词——如军,师,班……

b.以所指的为具体与否为标准,有:

(一)具体名词——如这个桌子,那个桌子……

(二)抽象名词——如青,红,公道……

c.以知识层次为标准,有:

(一)感觉名词——代表感觉现象的名词如这本红书,那张方桌子……

（二）概念名词——代表概念的名词如方，圆，红，黄，……

d.以意义的正负为标准，有：

（一）正名词——美，好，真……

（二）负名词——不美，不好，不真，……

e.以意义的绝对或相对为标准，有：

（一）绝对名词——如人，树，天，地……

（二）相对名词——如好坏，真假，因果，左右，……

其他种种的分类法，如我们再想一想，或者还可以想出许多。但以上已经可以给我们一个印象。我们要知道这里的各种名词与演绎方面的推论——无论旧式与新式——均没有多大的关系。理由如下：

（甲）传统推论中的命题均用符号，新式的系统也用符号，所以根本用不着提出此问题。

（乙）如果符号齐备运用得法，各种名词的相干的分别，在一系统内均可以有正确的表示，而不相干的分别根本就可以不理。

3.外延与内包的分别。这个问题比较的重要。先表示普通的分别。名词至少有二用，一注重它的意义，一注重它的范围之内的具体的东西。袭人对宝玉说"人总要上进才行"。这里的"人"是袭人心目中所盼望宝玉能修养得到的那样的人，而不是人类中的赵钱孙李等等均为人的"人"。韩退之说"人其人"。这里前面的人与后面的人不同。后面的"人"是具体的，前面的"人"是韩先生以为具有儒家理想的性质的人。一名词的定义就是那一名词的内包,一名词所指的具体的分子,就是那一名词的外延。

兹以深浅二字形容内包,以广狭二字形容外延。内包有深浅,外延有广狭。在内包方面,人的意义比动物的意义深;在外延方面,动物的范围比人的范围广。普通均以为内包愈深则外延愈狭,内包愈浅则外延愈广。反过来似乎也可以说:外延愈广则内包愈浅,外延愈狭则内包愈深。其实外延狭,内包不必深。龙的外延非常之狭,至少比人狭,而龙的内包不必比人的内包深。凡没有具体分子的类词,其外延皆狭,而其内包不必深。以上内包与外延成反比率的话似乎是表示事实上的统计情形,而从事实上的统计方面着想,这句话似乎可以说得过去。

关于外延与内包的讨论及笔墨官司,有一部分现在根本可以不必提及。但另有一部分现在似乎还是很重要的问题。现在仍有所谓内包逻辑与外延逻辑。主张内包逻辑的人几乎免不了以为外延逻辑根本不是逻辑,而是算学。主张外延逻辑的人,事实上是注重算学,但他们的系统在形式方面仍是逻辑。近来还有更进一步的辩论。兹以路易斯与罗素的系统为例。路易斯的系统似乎是所谓"内包"逻辑的系统,而罗素的系统普通以为是"外延"的系统。路易斯氏对于罗素的系统的批评约有以下诸端:(1)罗素的系统与我们心目意识中的逻辑大不同,尤其是蕴涵(implication)的意义与普通蕴涵的意义大不同,其结果是无论怎么命题差不多都有蕴涵关系,而彼此独立同时彼此一致的命题差不多没有。(2)罗素系统中表面上虽是用方才所提到的那样奇怪的蕴涵,而其实所用的均是路易斯氏所主张的蕴涵关系。路易斯谓罗素系统中的推论其所以无毛病者在此。(3)罗素系统中一部分的思想可以容纳到路易斯的严格蕴涵系统中,而路易斯系统中有一部分的思想不能容纳到罗素系统中去。赞成罗素系统的人(如亚伯拉姆氏)则谓路易斯系统中的严格蕴涵关系,罗素系统中亦有,不过照罗素系统的层次发生较迟而已。亚伯拉姆氏的文章很长,详见 Monist。总而言之,内包与外延似乎不是绝对两不能通而彼此独立的逻辑。即以"形式蕴涵"而论,这里的蕴涵关系,说它是 X 方面的外延关系固可,稍加修改说它是 φ 与 ϕ 的内包关系亦未尝不可。

这个问题详细的讨论起来,既费时间且费精力。它与演绎系统的关系浅,与逻辑哲学(philosophy of logic)的关系深,我们在此处不过提及而已。

4.定义问题。传统逻辑里的定义问题颇为重要,但与现在的定义问题不同。兹先述传统逻辑里的说法。这个说法大约可以分作以下部分:a.定义之重要;b.内包的定义;c.外延的定义;d.定义的规律。

a.定义之重要。定义的重要,用不着多说。若所用的名词其意义不定,则无谈话的可能,无语言文字的可能,当然也无逻辑的可能。"重要"两字是相对的。如果我们要思想合乎逻辑,要条理化,要一致等等,定义是不可缺的;如果我们不谈逻辑,不谈条理,我们也用不着定义。

b.内包的定义。普通用定义二字时,所说的定义大都是内包的定义,因为严格地说没有外延的定义。但在普通教科书里,内包的定义有两种,一为名义的定义,一为实质的定义;

前者如"博爱之谓仁",后者如"人是两足的动物"。一注重名词所包含的意义,一注重名词所代表的东西的实质。二者孰为重要,孰为靠得住,在从前曾为一辩论的问题,而在现在根本用不着讨论,至少在逻辑系统范围之内用不着讨论。

c.外延的定义。这个名词是一时的创造,普通教科书里称为 division,这实在是一种分类法,不过它的原则就是二分法而已。任何一比较根本的名词,或外延较广的名词,递分之为二,可以成一摆成三角形的名词集团。在此三角形内有些名词,有它的特殊的一定的位置。例如以下:

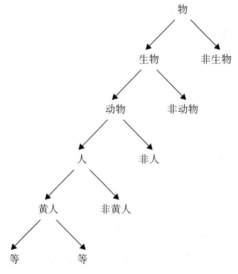

d.关于定义之规律大约有好几条,关于 division 也有规律。这许多规律中仅有一条是我们要注意的,其他都可以不理。我们所应当注意的一条,最简单的说法,就是定义不要绕圈子。兹名整个表示定义的话为定义,被定义的名词为左词,定左词的义的名词为右词。我们应注意的条件不过是说右词中不能有左词复现,或左词不能重见于右词。这一条是不仅传统逻辑有此问题,现在还是有此问题。为什么有此问题呢?我们觉得这一条规律是我们所应遵守的,但理由可不容易说。普通有两个理由,现在因演绎逻辑系统化之后又加上第三个理由。

(一)知识方面的先后问题。我们对于一名词觉得要下定义时,或者我们不知道它的意义,或者它的意义不清楚,右词的职责就是使我们知道左词的意义,或使左词的意义清楚。如果左词重现于右词,则右词不能尽它的职责。这一个理由似乎是最普通的理由。

(二)无量推进而无止境的问题。如果右词包含左词,或左词重现于右词,而右词的职责在定左词之义,则右词本身之义未定,如果第一个右词本身的义未定,则须求助于另一定义,但第二定义中的右词的情形与前一样。如此类推永无止境,那就是说定义根本就不能实现。

(三)演绎逻辑系统化之后,除知识方面的先后外尚有系统方面的先后。每一系统有它的演进的层次。在一系统中之定义,右词均已曾见于那一系统而左词则尚未发现于那一系统。在系统的演进层次方面,右词在前,左词在后。如左词重现于定义之右词,则右词在那一系统中仍为一未发现之名词。以一尚未发现的名词去定一尚未发现的名词的义,当然办不到。

以上的讨论根据于定义不要绕圈子的规律,但这问题还有许多旁的问题夹杂在里面。所谓左词不能重现于右词,是整个的左词呢?还是只要与左词有关系的名词均不能重现于右词呢？还是左词的部分均不能重现于右词呢？定义不能绕圈子,可是事实上能不能免绕圈子呢？如果百科全书代表人类的思想,百科全书免不了绕圈子,则我们的思想也免不了绕圈子。如果定义从大的方面广的方面不能不绕圈子,而在狭的方面又不能绕圈子,则问题不是任何圈子都不能绕,而是多么小的圈子不能绕。关于定义问题以后还要提出,但方才所说的这一层以后不再讨论。

B.命 题

传统的逻辑讨论命题的时候常常是讨论判断。因此有一部分的思想是心理学与知识论方面的思想。以下的讨论不限于狭义的传统逻辑。兹分为四部分:1.心理方面的讨论;2.主宾词式的命题;3.命题的各种分类法;4.以量与质为标准的各种分类法。

1.心理学与知识论方面的问题,在作者个人是最不容易着笔的问题。最大的关键似乎是把逻辑里的命题当作知识论里的判断。判断离不了心理,离不了历史的背景,离不了一时一地的环境。既然如此,则讨论命题的时候,演绎系统之外的问题也就不能不连带提出讨论。但其所以如此者,因为最初的逻辑本来就有知识论在内。谈名词就谈到官觉与感觉,谈命题就谈到判断,愈注重在求知识的实际上的应用,愈不能得抽象的进步,愈注重实质,愈忽略形式;其结果是形式方面的对与不对的问题无形之中变成了真与不真的问题。本书对于此问题特别从略。

2.主宾词式的命题:传统逻辑里的命题都是主宾词式的

命题。所谓主宾词式的命题者可以用"甲是乙"的形式代表。此中"甲"与"乙"均代表名词，而二者之间有"是"字以为联系。"甲"即是主词，"乙"即是宾词。此等名词实由印度欧罗巴各种文字的文法中借来。从习于这一支派文字的人的眼光看来，这个形式当然是非常之普遍。在语言文字既为普遍，在逻辑也容易视为普遍。其结果是传统逻辑的命题都是具这种形式的命题。

希腊文字也是这一支派的文字，希腊的思想也就受这一支派文字的影响。文字方面的通式既是主词与宾词的关联，事物方面的普遍情形也就变成了本质与属性的综合。所谓判断不过是表示某种本质有某种属性而已。在传统逻辑里，命题既与判断分不开，判断既表示某本质有某属性，命题也就是某一主词与某宾词的关联。

别的理由或者还不少，但主宾词的形式既为命题的普遍形式，传统逻辑一方面范围狭，另一方面又混沌。从范围方面说，表示关系的命题就发生困难。"A 比 B 长，B 比 C 长，所以 A 比 C 长"这样的推论在三段论的推论中就发生问题。此推论是很明显地靠得住，可是它不守三段论式法，而其所以不守三段论式法者是因为这个推论中的命题根本就不是主宾词式的命题。即强为解释成主宾词式的命题，它们的推论仍违三段论式的规律。把命题限制到主宾词式，其不遵守此式者传统逻辑无法应付。

另外一方面因把命题限制到主宾词式，传统逻辑又太混沌。"甲是乙"这命题中之"是"字，其意义非常不清楚。兹特以最普通的"All men are mortal"为例。此命题至少可以有以下不同的意义：

a.把主宾词均视为类词，"是"字表示两类的包含关系，如此则此命题的意义是"人"类包含在"有死"类之中。

b.把主词代表具体的个体，而宾词代表类词，"是"字表示什么样的个体属于"有死"类，如此则此命题等于说"赵钱孙李等等"均是有死类的分子。分子与类的关系和类与类的关系根本不同，这一层以后再要提出说明。

c.把主词视为具体的东西而宾词视为属性，"是"字表示宾词所代表的属性可以形容主词所代表的东西，如此，则此命题说"具体的人"有"有死"的属性。

d.把主词与宾词视为两种概念，"是"表示两概念之关系，而此命题之意义是"人"概念在"有死"的概念之中。这个等于说，无论有人与否凡能以"人"概念去形容的东西，也是能以"有死"概念去形容的东西。"是"表示无条件的两概念的当然关系。

e.以主词的存在为条件而宾词或为概念，或为类词，或为表示属性的名词。如此则此命题在此条件满足之下才有意义，不然无意义。"是"字表示在相当条件之下的一种一定的情形。

f.以主词的存在为事实而宾词如 e 条所述。如此，则此命题表示事实，"是"字表示一种实然的情形。

g."all"这一字可以当作"所有已往及现在的"的解释，则此命题中的"是"有"已经是"与"仍是"的两意义，以后怎样则不曾说起。

h."all"这一字可以当作"所有以往，现在及将来的"的解释，则此命题的"是"字无时间的限制。

i."all"这一字也可以当作一集团的解释,但大都不至于有此解释。可是如果用此解释,则"是"字的意义又与以上的不同,而在此解释之下,又有各种不同的意义可能。

无论如何,即此两端已经表示逻辑中的命题不能限于主宾词式的命题,而传统逻辑有此限制。

3.命题的各种分类法。命题的分类有与名词的分类一样的地方;有各种不同的标准,也有各种不同的分类法,而同时彼此也可以相容。

a.如以层次为标准,我们可以有:

（一）初级命题。　　如:礼义廉耻,国之四维。

（二）次级命题。　　如:管子说,礼义廉耻,国之四维。
前一命题所注重的是礼义廉耻究竟是不是国之四维,而后一命题严格的说来注重在管子说了这句话没有。如此类推,可以有三级命题,四级命题等等。此处之所谓初级是相对的,我们可以把它改成 n 级,如此则次级为 n+1 级。

b.以命题之简单与复杂为标准,我们有:

（一）简单命题。　　如:李先生在教育部做事。

（二）连合命题。　　如:李先生在教育部做事,同时在学校教书。

（三）复杂命题。　　如:如果李先生在教育部做事,他就不能住在广东。

c.以命题所表示的情形的性质为标准,我们可以有:

（一）直言命题。　　如:人为万物之灵。

（二）假言命题。　　如:如果 x 是人,他就是万物之灵。

d.以命题的质与量为标准,我们可以有:

（一）肯定命题。　如:李先生是学者。

（二）否定命题。　如:李先生不是学者。

（一）与（二）均从质着想。

（三）全称命题。　如:所有的中国人都有黑头发。

（四）特称命题。　如:有些中国人有黄头发。

（三）与（四）均从量着想。在此处"所有"视为"all"之译名,"有些"视为"some"的译名。"all"与"some"的意义不清楚,可是在此处不必特别提出讨论。

4.质量标准下的各种不同的分类法。在传统逻辑,质量标准的分类法是最重要的分类,因为传统演绎法的推论差不多全是根据于引用这种分类法的命题。但本段所举的各种分类法之中,有些不在传统逻辑范围之内。

a.最老的而同时也是最普遍的就是普通教科书里 A、E、I、O 四个命题。

（一）所有的 S 都是 P ………… A

（二）有些 S 是 P …………… I

（三）有些 S 不是 P ………… O

（四）无一 S 是 P …………… E

"A"、"E"、"I"、"O"名词当然是有来源的,但是我们可以置之不理。我们叫它们作东西南北或上下左右亦未始不可。但既有此旧名词,最好是仍旧。S 表示主词,P 表示宾词。这四个命题有时写成:

（一）SAP,（二）SIP,（三）SOP,（四）SEP。

b.以上的命题在主词方面有量的表示,而在宾词方面没有量的表示。哈蜜敦（Hamilton）主张宾词亦应有量的表示。这个主张在从前曾经许多讨论与辩论，而现在似已成逻辑学史上的陈迹。根据于此主张，哈蜜敦提出以下八个命题：

（一）所有的 S 是所有的 P

（二）所有的 S 是有些 P

（三）有些 S 是所有的 P

（四）有些 S 是有些 P

（五）任何 S 不是任何 P

（六）任何 S 不是有些 P

（七）有些 S 不是任何 P

（八）有些 S 不是有些 P

c.温约翰（Venn）以种种理由赞成以上的主张，而不赞成以上八个命题的办法。他赞成以质量为标准而分别以下五个命题：

（一）所有的 S 是所有的 P

（二）所有的 S 是有些 P

（三）有些 S 是所有的 P

（四）有些 S 是有些 P

（五）无—S 是任何 P

d.前几年辞世的约翰生（Johnson）似乎主张把主词与宾词均视为形容词，而传统的 A、E、I、O 因此具以下的形式：

（一）"A"　　凡是 S 者均是 P

（二）"E"　　无是 S 者是 P

（三）"I"　　有是 S 者是 P

（四）"O"　　凡是 S 者不均是 P

e.赖德-弗兰克林（Ladd-Franklin）与沈有乾先生均赞成

以下比较复杂的八个命题:

（一）无一 S 是 P

（二）所有非 S 均是 P

（三）无一非 S 是 P

（四）所有的 S 均是 P

（五）所有的非 S 不均是 P

（六）有些 S 是 P

（七）所有的 S 不均是 P

（八）除 S 之外有些是 P

在以质量为标准的范围之内，这八个命题的意义比以前的均精确，范围也比以前的为广，同时彼此的关系也相当的复杂。

C.直接推论中之对待关系

所谓直接推论者即是不用第三命题的媒介，在两命题中由一而推论到其二。传统逻辑中的直接推论有两部分，一即命题的对待关系，一为换质换位两法及其变态的推论法。本段仅提对待关系。讨论的层次如下：1.各关系的定义；2.表示命题的图形；3.传统逻辑教科书中的对待关系；4.各种不同解释下的各种不同的对待关系。

1.各种关系的定义。

a.反对的关系（contrary）。两命题①有反对的关系，如果

（一）可以同时假；

---

① 这里说"两命题"实在不妥当，比较妥当一点的说法是：两命题形式有同时假的值（values）而无同时真的值，则此两命题形式有反对的对待关系。

（二）不能同时真；

（三）由一命题之真，可以推论到第二命题之假；

（四）由一命题之假，不能推论到第二命题之真或假。

b.下反对的关系（sub-contrary）。两命题有下反对的关系，如果

（一）可以同时真；

（二）不能同时假；

（三）由一命题之假，可以推论到第二命题之真；

（四）由一命题之真，不能推论到第二命题之真或假。

c.矛盾的关系（contradictory）。两命题有矛盾的关系，如果

（一）不能同时真；

（二）不能同时假；

（三）由一命题之真，可以推论到第二命题之假；

（四）由一命题之假，可以推论到第二命题之真。

d.差等的关系（sub-alternate）。两命题有差等的关系，如果一为全称一为特称，而

（一）可以同时真；

（二）可以同时假；

（三）如全称为真，则特称亦为真，全称为假，特称不定；

（四）如特称为真，全称不定，特称为假，全称亦为假。

2.表示命题的图形。

a.在教科书里,有以图形表示命题的方法。图形的确有助于我们对于命题的了解。普通用的图形似乎是两个圈。方法如下:

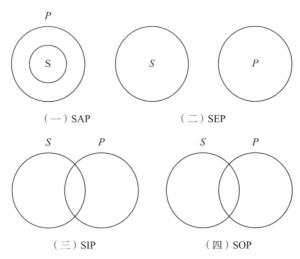

（一）SAP　　　　　　（二）SEP

（三）SIP　　　　　　（四）SOP

b.本书所用的方法也是老方法。在未画图之前,我们应先说几句关于二分法的话。如果有一名词 A 用二分法后,就有另一名词非 A,兹以 $\overline{A}$ 表示之。如果有两名词 A、B 用二分法后,就有四名词,AB、A$\overline{B}$、$\overline{A}$B、$\overline{A}$$\overline{B}$。如果有三名词 A、B、C 用二分法后,就有八名词,ABC、AB$\overline{C}$、A$\overline{B}$C、$\overline{A}$BC、A$\overline{B}$$\overline{C}$、$\overline{A}B\overline{C}$、$\overline{A}$$\overline{B}$C、$\overline{A}$$\overline{B}$$\overline{C}$。命题同样。以 A、B 为例,我们可以画图形如下:

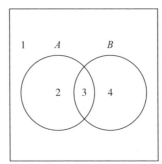

此中 1 为 $\overline{A}\overline{B}$，2 为 $A\overline{B}$，3 为 AB，4 为 $\overline{A}B$。设有 A、B、C、三名词，其图形如下：

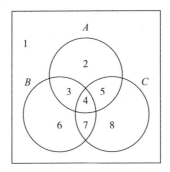

此中 1 为 $\overline{A}\overline{B}\overline{C}$，2 为 $A\overline{B}\overline{C}$，3 为 $AB\overline{C}$，4 为 ABC，5 为 $A\overline{B}C$，6 为 $\overline{A}B\overline{C}$，7 为 $\overline{A}BC$，8 为 $\overline{A}\overline{B}C$。此图在三段论或常用，在直接推论中只要上面那图形。

c.兹以图表示 A、E、I、O。

（一）SAP

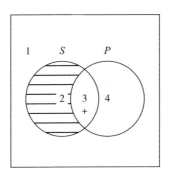

此图表示有 SP，没有 $S\overline{P}$，"+"表示有，"≡"表示没有。关于有 SP 这一层，以后的讨论尚多。4 之 $\overline{S}P$ 究竟有否，此图没有表示，这一层比以上两圈的办法高明得多。总而言之，此图表示在代表 P 的那个圈子范围之外没有 S，这也就是表示所有的 S 都是 P。

（二）SEP

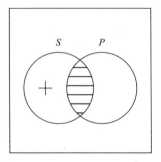

此图表示没有 SP，那也就是表示没有 S 是 P。

（三）SIP

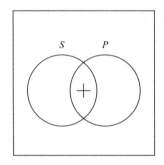

此图表示有 SP，那就是说有 S 是 P。至于有不是 P 的 S 或不是 S 的 P 与否，此图无表示。

（四）SOP

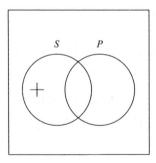

此图表示有 S$\overline{\text{P}}$,那就是说有不是 P 的 S 或有 S 不是 P。至于有是 P 的 S 或不是 S 的 P 与否,此图无表示。

3.传统逻辑教科书中的对待关系。

a.(一)A 与 E 的关系为反对关系。"所有的 S 都是 P"与"无一 S 是 P"这两个命题不能够同时是真的;这一层显而易见,如不能见,似乎没有好法子表示。它们可以同时假;这层很容易知道,只要有一部分的 S 是 P,一部分不是,则 A 与 E 俱假。既不能同时真,则如 A 是真的则 E 是假的,E 是真的则 A 是假的。但既可以同时假,则 A 是假的,E 可以是真的也可以是假的;E 是假的,A 可以是真的也可以是假的。

(二)兹以图表示:

SAP　真→
SEP　假→

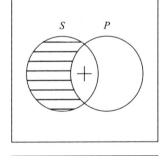

SAP　假→
SEP　真→

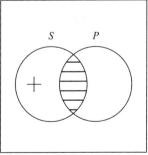

SAP 假→

SEP 假→

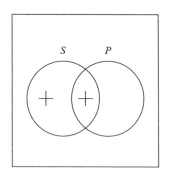

以上表示 A 与 E 不能同真,可以同假,一真则另一必假,一假则另一不定。此情形满足反对的定义。

b.(一)I 与 O 的关系为下反对的关系。"有些 S 是 P"与"有些 S 不是 P"——"有些"二字的范围可以宽到"所有"——可以同时真,只要一部分的 S 是 P,一部分 S 不是,这两命题很容易知其可以同时真。可是它们不能同时假。这一层与"有些"的范围有关,如果"有些"的范围宽到"所有"的范围,即令所有的 S 是 P,这两命题之中仍有一真,所以它们不能同时假。既然如此,由假可以推真,由真不能推假。

(二)兹以图表示:

SIP 真→

SOP 假→

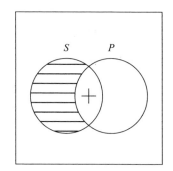

SIP 假→
SOP 真→

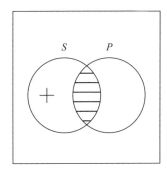

SIP 真→
SOP 真→

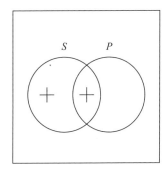

以上表示 I 与 O 可以同真，不能同假，一假则另一必真，一真则另一不定。所以 I 与 O 为下反对。

c.（一）A 与 O、E 与 I 的关系为矛盾关系。兹以 A 与 O 为例："所有的 S 是 P"与"有些 S 不是 P"，这两命题彼此互相否认。"有些 S 不是 P"等于说"不是所有的 S 是 P"。既然如此，则在二分法情形之下，它们不能同时真，也不能同时假；由真可以推假，由假也可以推真。E 与 I 的关系同样。

（二）兹以图表示：

SAP　真→

SOP　假→

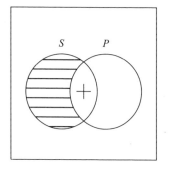

SAP　假→

SOP　真→

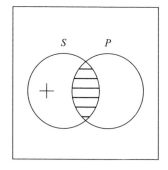

SAP　假→

SOP　真→

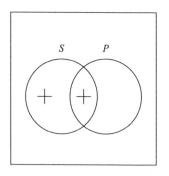

此图表示 A 与 O 不能同真也不能同假，一为真另一为假，一为假另一为真。它们是矛盾的命题。E 与 I 同样。

d.（一）A 与 I、E 与 O 的关系为差等的关系。兹以 A 与 I 为例，"所有的 S 是 P"与"有些 S 是 P"，此两命题一为全称，一为特称。全称与特称都可以真,如全称为真,特称亦真,特称不过是限制稍低的命题而已。如果事实上无一 S 是 P,则此全称与特称均假,所以可以同时假。但全称为假时,特称不必就假,高限度的话虽不能说,低限度的话不见得就不能说。由特称的真不能推到全称的真,低限度的话虽能说,高限度的话不见得就能说;可是特称为假时,全称亦为假,低限度的话不能说时,高限度的话也不能说。

(二)兹以图表示:

SAP 真→

SIP 真→

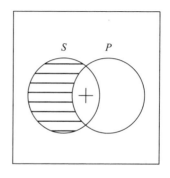

SAP 假→

SIP 假→

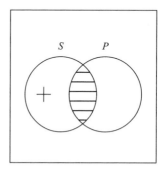

SAP　假→
SIP　真→

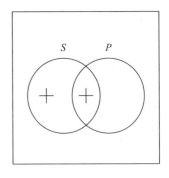

此图表示 A 与 I 可以同真,亦可以同假;I 真则 A 可真可假,I 假则 A 假;A 真则 I 真,A 假则 I 可真可假。它们的关系为差等;E 与 O 同样。

普通以下图表示 A、E、I、O 的关系:

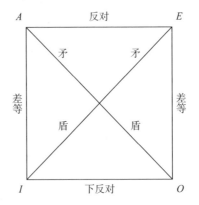

4.各种不同解释下的各种不同的对待关系。以上表示 A、E、I、O 在事实上有那样的对待关系,现在我们要看看这些关系是否一致。我们似乎不能假设任何其他两对待关系以证明 A 与 O、E 与 I 为矛盾的命题,但如果我们假设 A 与 O、E 与 I 为矛盾命题,及其他任何一对待关系,可以证明其余的对待关系。

a.兹假设 E 与 I 为矛盾,A 与 I 为差等,证明 A 与 E 为反对。

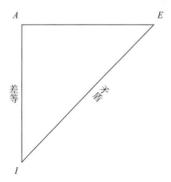

（一）E 与 I 既为矛盾,E 假则 I 真;A 与 I 既为差等,I 真则 A 不定;所以 E 假则 A 不定。

（二）E 真则 I 假,I 假则 A 假,所以 E 真则 A 假。

（三）A 假则 I 不定,I 不定则 E 不定;所以 A 假则 E 不定。

（四）A 真则 I 真,I 真则 E 假;所以 A 真则 E 假。

（五）A 真则 E 假,E 真则 A 假;所以 A、E 不能同真。

（六）A 假则 E 不定,E 假则 A 不定;所以 A、E 可以同假。

（七）所以 A、E 的对待关系为反对的对待关系。

b.兹假设 A 与 O 为矛盾,A 与 I 为差等,证明 I 与 O 为下反对。

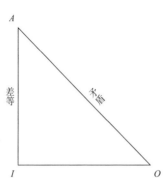

（一）A 与 O 既为矛盾，O 真则 A 假；A 与 I 既为差等，A 假则 I 不定；所以 O 真则 I 不定。

（二）O 假，则 A 真；A 真，则 I 真；所以 O 假则 I 真。

（三）I 真，则 A 不定；A 不定，则 O 不定；所以 I 真则 O 不定。

（四）I 假，则 A 假；A 假，则 O 真；所以 I 假则 O 真。

（五）由真不能推假，所以 I 与 O 可以同真。

（六）由假可以推真，所以 I 与 O 不能同假。

（七）所以 I 与 O 的关系为下反对的关系。

c.兹假设 A 与 O 为矛盾，I 与 O 为下反对，证明 A 与 I 为差等。

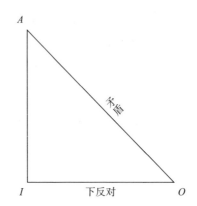

（一）I 与 O 既为下反对，I 假则 O 真；O 与 A 既为矛盾，O 真则 A 假；所以 I 假则 A 假。

（二）I 真，则 O 不定；O 不定，则 A 不定；所以 I 真则 A 不定。

（三）A 假，则 O 真；O 真，则 I 不定；所以 A 假则 I 不定。

（四）A 真，则 O 假；O 假，则 I 真，所以 A 真则 I 真。

（五）（一）条表示 A、I,可以同假。

（六）（四）条表示 A、I,可以同真。

（七）A 与 I 的对待关系为差等的对待关系。

D.直接推论中之换质与换位

换质与换位至少有一部分是语言方面的问题;例如换质"凡 S 皆是 P"与"无 S 是非 P",用布尔（Boole）的符号表示,都是"S$\bar{P}$=0",或如换位"有些 S 是 P"与"有些 P 是 S",用布尔的符号表示,都是"SP>0",因为"SP>0"与"PS>0"相等。在这一部分的直接推论中还有推论如 partial contraposition、full contraposition、partial inversion、full inversion 等,但基本的变换还是换质与换位。本节的讨论分以下各部分:1.换质与换位的定义;2.换质换位中所发生的问题。

1.换质与换位的定义。

a.换质的定义。所谓换质就是改换宾词的质（正与反）以相反的语言表示一与原来命题意义相同的命题。此中有极大问题;最根本的就是换质法能说得通否? 由一包含正宾词的正命题在什么条件之下才能变成一包含反宾词的否定命题? 反正名词的意义与范围及肯定与否定命题的意义与范围等等。但在此我们均不提及。我们假设换质法说得通。兹举例如下:

（一）SAP	换质到	SE$\bar{P}$
（二）SIP	换质到	SO$\bar{P}$
（三）SOP	换质到	SI$\bar{P}$
（四）SEP	换质到	SA$\bar{P}$

以上由 SAP 换质到 SE$\bar{\text{P}}$ 等,均是由一有正宾词的命题换成一有反宾词的相反命题。兹以图表示之:此图表示换质是对称的,不但 SAP 可以换质到 SE$\bar{\text{P}}$,SE$\bar{\text{P}}$ 也可以换质到 SAP。

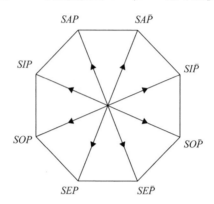

b.换位的定义。换位是改换主词与宾词之位置而得一由原来命题所能推论得到的命题。此处说"得一由原来的命题所能推论得到的命题",因为换位后的命题与原来的命题不必相等。它们既不必相等,则换位不是对称的。兹称原来的命题为原位命题,换位后的命题为换位命题。

(一)换位的规律。

(甲)在原位命题未周延之名词,在换位命题亦不得周延。(周延二字的意义最好以例表示。A 的主词周延,宾词不周延;I 的主宾词均不周延;O 的主词不周延,宾词周延;E 的主宾词均周延。)①

(乙)原位命题与换位命题的质须一样。

(二)换位的种类。

―――――――――

① 参见本卷第39页。――编者注

（甲）简单的或无限制的换位，如 SIP 换到 PIS。

（乙）有限制的，如由 SAP 换到 PIS。

（三）A、E、I、O 的换位：

SAP	换到	PIS
SIP	换到	PIS
SOP	不能换	
SEP	换到	PES

SOP 之不能换位者，其理由已见于换位的规律。如果把 SOP 换位到 POS，则在原位命题之 S 未周延而在换位命题的 S 周延，所以有违第一规律。如果把 SOP 换位到 $\overline{P}$IS 则第一规律虽遵守，而原位命题为否定换位命题为肯定，其质不同，所以有违第二规律。结果是 SOP 不能换位。

c.换质换位（contraposition）的定义。先换原来命题之质，再换换质命题之位，其结果即为换质换位之命题。或者说反原来命题之宾词以之为主词所得的命题即为原来命题之换质换位的命题。

（一）换质换位之种类：

（甲）不完全的，如 SAP→$\overline{P}$ES。

（乙）完全的，如 SAP→$\overline{P}$A$\overline{S}$。

（二）A、E、I、O 的换质换位：

原命题	不完全	完全的换质换位
SAP	$\overline{P}$ES	$\overline{P}$A$\overline{S}$
SIP	——	——
SOP	$\overline{P}$IS	$\overline{P}$O$\overline{S}$
SEP	$\overline{P}$IS	$\overline{P}$O$\overline{S}$

（三）SIP 没有换质换位的命题，因为换质后 SIP 变成了 SOP̄，而 SOP̄ 不能换位。既不能换位当然就不能有换质换位的命题。所谓完全的换质换位，不过是把不完全的换质换位再换一次质而已。此足以表示这里的第三种直接推论仍不过是第一与第二两种直接推论的引用而已。

d.inversion，此不知如何翻译才好，或者说反原来命题之主词以之为主词，而所得的新命题即为原来命题的 inverse 命题。

（一）inversion 也有：

（甲）完全的，如 SAP→S̄IP̄。

（乙）不完全的，如 SAP→S̄OP。

（二）A、E、I、O 的 inversion：

原来命题	完全的	不完全的 inversion
SAP	S̄IP̄	S̄OP
SIP	——	——
SOP	——	——
SEP	S̄OP̄	S̄IP

SEP 的 inverse 须先从换位起才能得到，SEP 换位后得 PES，PES 换质后得 PAS̄，PAS̄ 再换位得 S̄IP，此即不完全的 inverse，S̄IP 再换质得 S̄OP̄，此即完全的 inverse。

e.传统逻辑的换质换位可以总结如下（此见威连约翰生的逻辑书中，不过符号稍有更改而已）：

	A	E	I	O
原命题	SAP ↓	SEP ↓	SIP ↓	SOP ↓

34

换质命题	SE$\overline{P}$↓	SA$\overline{P}$↓	S$\underline{O\overline{P}}$↓	SI$\overline{P}$↓
不完全换质换位命题	$\overline{P}$ES↓	$\overline{P}$IS↓		$\overline{P}$IS↓
完全换质换位命题	$\overline{P}$A$\overline{S}$↓	$\underline{\overline{P}O\overline{S}}$		$\overline{P}O\overline{S}$
完全 inverse	$\overline{S}$I$\overline{P}$↓	$\overline{S}$O$\overline{P}$↑		
不完全 inverse	$\overline{S}$OP	$\overline{S}$IP↑		
换位换质命题	PO$\overline{S}$↑	PA$\overline{S}$↑	$\overline{PO\overline{S}}$↑	
换位命题	PIS↑	PES↑	PIS↑	
原命题	SAP	SEP	SIP	$\overline{SOP}$

此中有换位换质命题,上面所未曾谈到。此不过是先换位后换质的命题,与换质换位命题的不同之处在质位更换的先后而已。

2.换质换位的推论问题。

换质换位很早就发生问题。有人曾经说过:SAP 之 P 不周延,而 SAP 所推论出来的 $\overline{S}$OP 之 P 则周延,由一不周延的 P 居然推论到周延的 P,推论层次中必有毛病。对于此问题铿因斯(Keynes)早就提到"存在"问题。现在则整个的推论靠得住与否都发生问题。兹特从以下诸点着想。

a.设有以下两命题:"SAP"与"$\overline{S}$AP"它们的关系是什么关系呢? 这问题看起来简单,可是从传统逻辑的推论方面着想,它是不容易得答案的问题。

(一)SAP   可以换位到 PIS;

$\overline{S}$AP   可以换位到 PI$\overline{S}$,而 PI$\overline{S}$ 又可以换质到 POS。PIS 与 POS 在对待关系推论中有下反对关系。SAP 虽不与

PIS 相等，$\overline{S}AP$ 虽不与 POS 相等，而由 SAP 既可以推论到 PIS，由 $\overline{S}AP$ 既可以推论到 POS，同时 PIS 与 POS 有下反对的关系，我们可以问 SAP 与 $\overline{S}AP$ 的关系是否下反对的关系，那就是说它们是否不能同时假？

（二）SAP 　　　可以换质到 $SE\overline{P}$，再换位到 $\overline{P}E\overline{S}$；

　　　$\overline{S}AP$ 　　可以换质到 $\overline{S}E\overline{P}$，再换位到 $\overline{P}ES$，而 $\overline{P}ES$ 又可以换质到 $\overline{P}A\overline{S}$。

$\overline{P}A\overline{S}$ 与 $\overline{P}E\overline{S}$ 两命题的关系在对待关系中是反对的关系。此处与（一）条所说的又大不相同，SAP 等于 $\overline{P}E\overline{S}$ 而 $\overline{S}AP$ 等于 $\overline{P}A\overline{S}$。$\overline{P}E\overline{S}$ 与 $\overline{P}A\overline{S}$ 既为反对的命题，我们似乎可以问 SAP 与 $\overline{S}AP$ 是否是反对的命题呢？它们是否不能同时真呢？如从（一）条它们不能同时假，如从本条它们又不能同时真。究竟它们的关系是怎样的关系呢？

（三）由 SAP 可以推论到 $\overline{S}OP$，而 $\overline{S}AP$、$\overline{S}OP$ 在对待关系中，有矛盾的关系。那么 SAP 与 $\overline{S}AP$ 是否也有矛盾的关系呢？如果它们矛盾，它们既不能同时真，也不能同时假。这样说来，既不反对，也无下反对的关系。SAP 与 $\overline{S}AP$ 照以上说法，可以有三种不同的关系。哪一种说得过去，哪一种说不过去呢？这里的问题不仅止于推论的靠得住否，一致否，同时也还有反主词的意义问题。这个问题很麻烦，本书不提出讨论，本书只限于直接推论之靠得住否。

b.设 SAP 代表"所有的人是宇宙的分子"，$\overline{S}AP$ 代表"所有的非人是宇宙的分子"。这两个命题似乎没有毛病，它们同时是真的。宇宙的分子既包括一切，则不仅所有的人是宇宙的分子，即所有的非人也是宇宙的分子。这两个命题既然同时能真,当然不能矛盾,也不能反对,而照以上的说法,除第一项外,SAP 与 $\overline{S}$AP 总有冲突。

这两命题或者可以说比较的古怪,我们可以举一个近乎日常生活的命题。国内的报纸以受种种限制使读者感觉到没有真实的消息。在此情形之下,如果有人说"所有的正式电报都是假电报","所有的非正式电报也都是假电报",他可以说这两命题都是真的。但照以上所说,SAP 与 $\overline{S}$AP 似乎总是有冲突的。

这里当然有旁的问题如 S 的范围、S 的意义等。但这问题我们可以不必提及。有一问题是与以上讨论对待关系时所讨论的问题一致的。此处的两例都可以说得过去,因为 SAP 与 $\overline{S}$AP 之"P"有特别情形。这两命题中之 P 都是没有相反的名词,或者说"$\overline{P}$"所代表的东西不存在。在前一例,我们可以说,没有非宇宙的分子,所以"所有的人都是宇宙的分子"与"所有的非人都是宇宙的分子",都是真的。在后一例,我们所要表示的就是没有真电报,所以"所有的正式电报是假的"而"所有的非正式电报也是假的"。从这一方面着想问题已经到存在问题上面去了。SAP 与 $\overline{S}$AP 两命题都说得通的时候,则 $\overline{P}$ 不存在,而由 SAP 所推论得到 $\overline{P}$ES 与由 $\overline{S}$AP 所能推论到的 $\overline{P}$AS 两命题,就有主词存在与不存在的问题发生。这一部分的直接推论与前一部分的直接推论有同样的问题,那就是 A、E、I、O 的解释。但这个问题要到第二部才讨论。

二、间接推论 三段论式法

以上对待关系的推论是由一命题推论到另一命题,换质与换位的推论也是由一命题推论到另一命题。在这两种推论之中,两命题之间没有第三命题以为媒介,此所以称为直接推论。三段论式的推论是两命题用其一以为媒介而推论到第三命题。这是普通的说法。其实两前提合起来即成一命题,由此联合起来的一命题可以推论到一结论。果如此,则所谓间接推论亦即直接推论。我们现在既讨论传统逻辑的推论,最好暂仍旧说。

三段论的推论是已经有三名词而同时是以主宾词式的两命题为前提,推论到它们所蕴涵的第三主宾词式的命题,而以此第三命题为结论的推论。三段论并不仅是由两前提推出一结论。A 比 B 长,B 比 C 长两前提,能得一 A 比 C 长的结论,但这不是三段论。第一理由是这三个命题都不是主宾词式的命题,第二理由是此三命题之中不只有三个名词。以下的讨论分以下各部:A.关于三段论所用名词;B.三段论式的规律;C.三段论式之格;D.三段论式之式;E.连环式等。

A.关于三段论式所用名词

1.兹以下式为例:

　　　　所有的人都是有理性的

　　　　孔子是人

　　　　孔子是有理性的

a."大词"是结论的宾词,此例中"有理性的"是大词。

b."小词"是结论的主词,此例中"孔子"是小词。

c."中词"是结论所无而两前提所共有的媒介词,此例中"人"是中词。

　　d.三段论有两前提:具大词之前提为大前提,具小词之前提为小前提。

　　2.“周延”。命题的范围有涉及主宾词的全体者,有仅涉及主宾词之部分者;涉及部分时有坚决的表示一部分者,有含糊地表示一部分者。兹以 A、E、I、O 的主宾词说明:

　　　　所有的 S 都是 P

　　　　有些 S 是 P

　　　　有些 S 不是 P

　　　　无一 S 是 P

A 命题涉及全体的 S,可是仅涉及部分的 P。此处所谓部分的 P 是说 A 命题究竟涉及全体的 P 或部分的 P,我们不能决定,我们只得从低的限度说仅涉及部分的 P。I 命题说一部分的 S 是一部分的 P,可是什么部分,与部分的多少均未说出。O 命题说一部分的 S 不是 P。从 S 方面着想,我们不知道是全体或部分,或哪一部分;但从 P 方面着想,有一部分的 S,无论哪一部分,不是 P。在 S 方面范围含糊,而在 P 方面范围坚决。E 命题涉及 S 与 P 的全体,毫无含糊的情形。A、E、I、O 这四个命题之中,A 的 S,O 的 P,E 的 S 与 P,均称为周延的名词;而 A 的 P,I 的 S 与 P,O 的 S,均称为不周延的名词。兹特表列如下:

	主词	宾词
SAP	周　延	不周延
SIP	不周延	不周延
SOP	不周延	周　延
SEP	周　延	周　延

周延与不周延在三段论式中非常之重要,它的规律与推论一大部分根据于名词的周延与否。

3.三段论式中的大词、中词、小词一共有四个不同的摆法,每一摆法称为一"格",例如:

中词——大词

小词——中词

小词——大词

每一格中有若干"式"例如 AAA。(大前提,小前提,结论均为A 命题)。

B.三段论式的规律

1.教科书所列规律如下:

a.在一三段论式中,不但有而且只有三名词,即大词、中词与小词;不但有而且只有三个命题,即大前提、小前提与结论。(这可以把它当作定义看待。)

b.中词在两前提中至少要周延一次。

(一)这条规律很要紧。中词是两前提的媒介,如中词在两前提中无一次周延,则大词,可以与中词之一部分发生关系,而小词则与中词之另一部分发生关系。

(二)如没有 b 条的情形,则大词与小词的关系不能定,此关系不定,则不能得结论,因为结论不过表示大词与小词,因中词之媒介,所得之关系而已。

(三)例:所有的狗都是动物

所有的人都是动物

此例中"动物"为中词,可是既未周延,狗可以是动物的一部分而人可以是"动物"的又一部分,狗与人的关系在这两命题范围之内不能因中词而定。

c.在前提中未周延之名词在结论中亦不得周延。

(一)在前提中周延之名词,在结论中可以不周延。这一层在教科书中是如此的;可是如果命题的解释改变后,此一层亦因之而有相当的改变。

(二)大词周延的错误。如大词在前提中不周延,而在结论中周延,则有大词周延之错误。兹以下例表示:

> 所有有理性的人均负责任
>
> 有些公民不是有理性的人
>
> ∴ 有些公民不负责任

此例中的结论或者是一句真话,可是不是对的结论,因为大前提只说有理性的负责,没有说无理性的人不负责。

(三)小词周延的错误、意义、情形,均与(二)条相同,亦不能得结论。

d.两否定前提不能得结论。这一条规律,若从关系方面讲,非常之清楚,以后提及。现在我们仅说如果两前提都是否定命题,则大词与小词两名词均与中词无关,它们彼此的关系不能定。此关系既不能定,当然无结论。

e.如果两前提中一前提为否定命题,则结论亦为否定命题;如结论是否定命题,则两前提中亦必有一否定命题。如果我们认定两肯定的前提,其结论亦为肯定,两否定的前提没有结论,同时结论为肯定,两前提必均为肯定,则此条规律为必然的结果。

f.两特称前提不能得结论。此条不必提出,它可以由以上的规律推论出来。

（一）如两特称前提为肯定命题,则中词不周延不能得结论。

（二）如两特称前提为否定命题,则违第四条规律。

（三）如两特称前提中有一肯定一否定,则结论为否定命题。两前提仅有一词周延,而此周延之名词须为中词;结论既为否定命题,亦必有一周延名词。结果是大词周延错误,或中词不周延错误,其中必有其一。

g.如两前提中一为特称,则结论亦为特称。可是我们须注意两全称的前提不必得一全称的结论。那就是说如果结论是特称,两前提中不必有一为特称。

2.对于这些规律,我们可以注意以下诸点:

a.数目不必如此之大。有些规律如第六条可以完全由此前规律推论出来。有人以为只要一根本的原则即够,而此根本原则即亚里士多德的"dictum de omni et nullo"。此原则说,凡能形容一命题之宾词者亦均能形容其主词。但这似谈到原则问题,而不仅只规律而已。

b.这些规律都是普遍的,无分于三段论式之格与式。谈到格时又有各格的规律。

c.有些规律可以图形表示,例如以圈代表大中小词 P、M、S。

（一）两否定前提不能得结论。

MEP

<u>SEM</u> 这两命题可以有以下可能:

甲

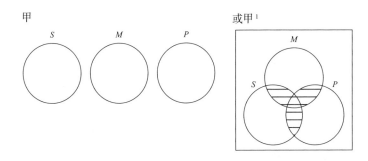

或甲 [1]

此表示 SEP

乙

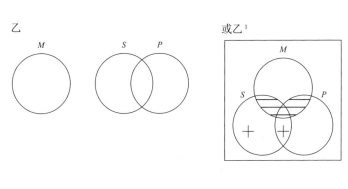

或乙 [1]

此表示 SIP 或 SOP

丙

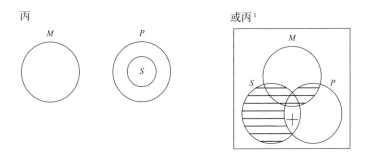

或丙 [1]

此表示 SAP

丁

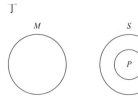

或丁¹

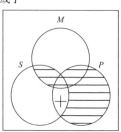

此表示 PAS 或 SIP

戊

或戊¹

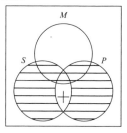

此表示 S 与 P 相同

(二)两特称命题不能得结论,例如:

MIP

<u>SIM</u> 这两命题可以有以下可能:

甲

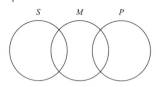

或甲¹

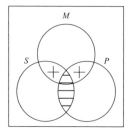

此表示 SEP

乙

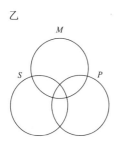

或乙¹

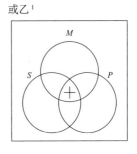

此表示 SIP

丙

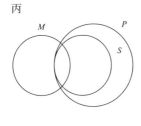

或丙¹

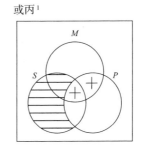

此表示 SAP

丁

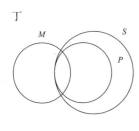

或丁¹

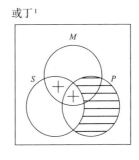

此表示 PAS 或 SIP

戊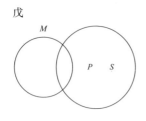

或戊[1]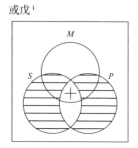

此表示 P 与 S 相同

此处所谓不能得结论者,是不能得三段论式的结论。

C.三段论式之四格

上面已经说过,所谓格者是由两前提中大、中、小词之位置而定。简单一点是由中词之位置而定。格共有四,兹特分别讨论。

1.第一格。

a.此格之形式如下:(仍以 P 代表大词,M 代表中词,S 代表小词)

M——P

S——M

S——P

我们在此处要特别注意,每格的特别规律完全根据于一格的形式,完全根据于大词、中词、小词之位置。如果初学者把以上普遍的规律记清楚,他一定用不着记各格的规律,他看一格的形式,就可以推出那一格的规律来。若不注意各格的形式,死记各格的规律,一方面规律记不清楚,另一方面又不能得到逻辑的训练。

b.第一格的规律：

（一）小前提一定是肯定命题。

（二）大前提一定是全称命题。

c.证明：

（一）小前提一定是肯定命题。如果不是，则根据以上第五条规律结论亦为否定命题；如果结论为否定命题，则大词既为结论之宾词，必为周延（因否定命题，O 或 E 之宾词均周延）；如果大词在结论中周延，则根据第三条规律，在大前提亦必周延；但在此格大词在前提中为宾词，所以如果大词周延，则大前提必为否定命题，结果是如果小前提为否定，则大前提亦必为否定；但根据第四条规律两否定命题不能得结论，所以小前提不能为否定命题。

（二）大前提一定是全称命题。如果不是，那就是说如果是特称命题，则中词在大前提中既为主词，必不周延，因为特称命题之主词均不周延，中词在大前提既不周延，则根据第二条规律，在小前提必须周延；但中词在小前提为宾词，如果周延，则小前提之宾词既周延，小前提必为否定命题；如果小前提为否定命题，则与（一）矛盾。所以大前提必须全称。简单一点的说法：小前提既必须肯定，则在小前提之中词必不周延；照第二条规律，中词既必须周延一次，则在大前提之中词必须周延；但在此格之大前提，中词为主词，所以大前提必须全称，因为全称命题之主词周延。

2.第二格。

a.形式：

$$P \text{———} M$$
$$\underline{S \text{———} M}$$
$$S \text{———} P$$

b.规律:(因大、中、小词之位置不同,规律亦异)

(一)两前提中必有一前提为否定命题。

(二)大前提必为全称命题。

c.证明:

(一)两前提中必有一前提为否定命题。在此格中,中词在前提中均为宾词,而根据第二条规律,中词至少要周延一次;如果两前提均为肯定命题,则中词不得周延,因为肯定命题之宾词,无论 A 与 I,均不周延;中词不周延,不能得结论;同时根据第四条规律,两否定命题不能得结论;所以在此格中,两前提中必有而且仅能有一前提为否定命题。

(二)大前提必为全称命题。如果两前提中必有一否定命题,则根据第五条规律结论必为否定命题;如结论为否定命题,则大词即结论之宾词,必为周延;如果大词在结论中周延,在大前提亦必周延(第三条规律);如大词在大前提周延,而在此格大词为大前提之主词,则大前提必为全称,因为只有全称命题的主词周延。

3.第三格。

a.形式:

$$M \text{———} P$$
$$\underline{M \text{———} S}$$
$$S \text{———} P$$

b.规律:

（一）小前提必为肯定命题。

（二）结论必为特称。

c.证明：

（一）小前提必为肯定命题。这里的推论与第一格一样，可以从简。如果小前提为否定，则结论为否定；如结论为否定，则宾词周延；如宾词，即大词，在结论周延，则在大前提亦周延；如大词，在此格为宾词，在大前提周延，则大前提必为否定命题；如是两前提均为否定命题，不能得结论，所以小前提必须肯定。

（二）结论必为特称。如果小前提必须肯定，则小前提的宾词不周延；如果小前提之宾词，即小词，在小前提不周延，在结论亦不得周延（第三条规律）；小词在结论为主词，主词不周延，则结论必为特称，因为仅特称命题的主词不周延。

4.第四格。

a.形式：

$$P\text{——}M$$
$$\underline{M\text{——}S}$$
$$S\text{——}P$$

b.规律：

（一）如两前提中有一为否定命题，则大前提为全称命题。

（二）如大前提为肯定命题，则小前提为全称命题。

（三）如小前提为肯定命题，则结论为特称。

c.证明：

（一）如两前提中有一为否定命题，则大前提为全称。如前提中有一为否定命题,则结论亦为否定命题;如结论为否定命题,则宾词周延;宾词为大词,如大词在结论周延,在大前提中亦必周延;但大词在此格为大前提之主词,主词周延,必为全称命题。所以如两前提中有一否定命题,则大前提必为全称。

(二)如大前提为肯定命题,则小前提为全称。如大前提为肯定命题,则宾词不周延;大前提之宾词为中词,中词必须周延一次,如在大前提不周延,在小前提必须周延;但中词在此格为小前提之主词,主词周延,则小前提必为全称。所以如大前提肯定,则小前提全称。

(三)如小前提肯定,则结论为特称。如小前提肯定,则宾词不周延;可是宾词为小词,所以是结论之主词,小词在前提不周延,在结论亦不得周延;结论的主词不周延,则结论必为特称,因只有特称命题的主词不周延。

D.以上四格根据于中词在前提之位置

中词在前提中仅有此四种不同的位置,所以只能有此四格。历来对于此四格,有各种讨论发生。例如,四格之中哪一格为最"上",而答案大都是以第一格为最"上"。又如,第四格是否可以说得通?关于第四格,问题比较多。此处仅用约翰生(Johnson)先生的方法表示第四格之特别,也因此表示前三格的规律可以另外方法表示出来。

兹以S代表三命题中二次为主词的名词,P代表三命题中二次为宾词的名词,C代表三命题中一次为主词、一次为宾词的名词。根本原则(一)要包含两次为主词两次为宾词那两个名词的命题——即"S——P"——能成任何命题。这就是说要使 S——P 这一命题能为 A 或 E 或 I 或 O,毫无限制。

(二)对于包含 S 与 C 的那一命题——"S——C"——问质不问量。S 即为主词,而主词之周延与否以量定而不以质定(全称的主词,总是周延;特称的主词,总是不周延)。若定 S——C 之量是限制"S——P"之量。所以对于 S——C 只能问质。

(三)对于包含 C 与 P 的那一命题——"C——P"——问量不问质。P 既为宾词,而宾词之周延与否以质定不以量定(否定的宾词,总是周延;肯定的宾词,总是不周延)。若定 P 之质等于限制"S——P"之质。

1.第一格之　　　　M——P　　　　　C——P

　　　　　　　　　S——M　　变为　　S——C

　　　　　　　　　S——P　　　　　　S——P

a.规律:

(一)小前提须肯定。

(二)大前提须全称。

b.证明:

(一)小前提须肯定。在此格小前提为"S——C"命题,对于此命题问质不问量。小前提必须肯定,不然"S——P"一命题必为否定,"S——P"必须否定,则在质一方面不能不受限制,有违根本原则。所以小前提必须肯定,"S——P"才能不受质方面的限制。

(二)大前提必须全称。在此格大前提为"C——P"这一命题,而对于这一命题问量不问质。大前提必须全称,因为如果特称,则结论必为特称,那就是说"S——P"必为特称,而

"S——P"受量的限制。为使"S——P"不受量的限制起见，大前提必须全称。

2.第二格之

P——M		C——P	
S——M	变为	S——P	
S——P		S——C	

a.为使"S——P"毫无限制起见，可有以下规律：

（一）结论必为否定。

（二）大前提必为全称。

b.证明：

（一）结论必为否定。结论在此格为"S——C"这一命题，对于此命题问质不问量。从质方面着想，"S——C"应该是否定命题，因为如果肯定则前提均须肯定，而"S——P"既为小前提亦必须肯定。为使小前提"S——P"既可以肯定也可以否定起见"S——C"这结论必为否定。这等于说两前提中必有一前提为否定命题。

（二）大前提必须全称。此格的大前提为"C——P"这一命题，而对于此一命题问量不问质。大前提"C——P"须全称，因为如果是特称，则根据两特称不能得结论的规律，小前提"S——P"这一命题非全称不可。如是则"S——P"在量的方面受限制。为使"S——P"在量的方面不受限制起见，大前提必须全称。

3.第三格之

M——P		S——P	
M——S	变为	S——C	
S——P		C——P	

a.此处为使大前提"S——P"毫无限制起见，可有以下

规律：

（一）结论必须特称。

（二）小前提必须肯定。

b.证明：

（一）结论必须特称。此处的结论为"C——P"这一命题。对于此问题问量不问质。结论须为特称，因为非特称，则两前提必须全称，"S——P"既为大前提亦必须为全称，如须全称则量受限制。为使大前提"S——P"不受量的限制起见，结论"C——P"非特称不可。

（二）小前提必须肯定。小前提在此处为"S——C"这一命题，而对于此命题问质不问量。"S——C"这小前提必须肯定，因为如果非肯定，而为否定，则大前提不能为否定而必须为肯定，因为两前提不能同为否定。为使大前提可以肯定又可以否定起见，小前提"S——C"不能不是肯定。

4.以上一、二、三格在此处的说法条件之下，其规律与以先说法完全一致。证明的方法当然不同，但这不过是因为说法根本不同。第四格的情形与以上三格均不同。第四格不能满足新说法的根本条件。新说法根本条件之一就是"S"代表两次为主词的名词，"P"代表两次为宾词的名词，而"C"代表一次为主词一次为宾词的名词。第四格的形式既为：

P——M

M——S

S——P

根本就没有两次为主词的名称，也没有两次为宾词的名称。所以第四格根本就不合新说法的条件。这也表示第四格至少

53

有特别的情形。这个新说法有以下诸点值得我们注意：

a.表示第一、二、三格的规律不必以传统的方法证明，可以用新说法表示同样的情形。

b.表示第四格与其他各格不同。

c.表示以下所要讨论的"式"的特殊情形。第一、二、三格各格的式均有特殊的情形。这一层下段再说。

E.各格所有之式

所谓"式"者即 A、E、I、O 四种命题在两前提一结论中之各种不同的配合法。例如 AAA 即表示两前提一结论均为 A 命题。

1.各种不同的配合的总数——A、E、I、O 四个命题分配作大小两前提与结论之总数为以下六十四式：

AAA	AEA	AIA	AOA
EAA	EEA	EIA	EOA
IAA	IEA	IIA	IOA
OAA	OEA	OIA	OOA
AAE	AEE	AIE	AOE
EAE	EEE	EIE	EOE
IAE	IEE	IIE	IOE
OAE	OEE	OIE	OOE
AAI	AEI	AII	AOI
EAI	EEI	EII	EOI
IAI	IEI	III	IOI
OAI	OEI	OII	OOI

AAO	AEO	AIO	AOO
EAO	EEO	EIO	EOO
IAO	IEO	IIO	IOO
OAO	OEO	OIO	OOO

2.但此六十四配合中有好些为普遍的三段论式规律所不能承认的,例如 II,OO,EE……。从能得结论的前提方面着想,这六十四配合之中,只有以下的前提才能得结论:

AA	EA	IA	OA
AE	——	IE	——
AI	EI	——	——
AO	——	——	——

此处除开两特称与两否定的前提。照此似有三十六可能,但仍有限制。例如 AAA 虽可,而 AAE 则违规律。

3.三段论式既分为四格,而各格又有各格之规律,则此三十六配合之中仍有不能得结论者。例如,IE 虽不违普通的原则,但不合任何一格的特别规律。所以也不能认为是可以得结论的两前提。在此种种限制之下,可能的式仅有以下十九个:

a.第一格有四可能:

AAA,EAE,AII,EIO。

(一)请注意:大前提均全称,

小前提均肯定。

(二)请注意:结论可以是 A、E、I 或 O;那就是照以上第二说法所表示的,结论在第一格质与量均无限制。

b.第二格有四可能:

EAE，AEE，EIO，AOO。

（一）请注意：两前提中有一为否定命题，

大前提均为全称。

（二）请注意：小前提在第二格可以是 A、E、I 或 O；那就是说照以上新说法，小前提的质与量毫无限制。

c.第三格有六可能：

AAI，IAI，AII，EAO，OAO，EIO。

（一）请注意：小前提均为肯定，

结论均特称。

（二）请注意：大前提在此格可以是 A、E、I 或 O；那也就是以上新说法所说的，质与量毫无限制的命题。

d.第四格有五可能：

AAI，AEE，IAI，EAO，EIO。

（一）请注意：如两前提中有否定命题，大前提为全称；

如大前提为肯定命题，则小前提为全称；

如小前提为肯定命题，则结论为特称。

4.三段论之四格既发生哪一格最靠得住的问题，每格的各式也有哪些式最靠得住的问题。第一格既视为最靠得住，其余各格的式也就要想法子把它们变成第一格的式才行。变更的方法不一，可是在本书内我们可以不必谈到。在中古的经院学者，把以上各式都用特别的名字代表，编为诗歌，把各种更换的方法容纳在内；如果把这诗记清楚，则这一部分的逻辑也就记清楚。我们用不着记这许多的式，即能记清楚，对于逻辑的训练也不见得有多大的益处，这一部分的逻辑本书亦不提及。

F.堆垛式及其他推论

1.简略的推论。所谓简略的推论者:a.或者是不提大前提,仅提小前提与结论;b.或者不提小前提,仅提大前提与结论;c.或者不提结论,仅提大小两前提的推论。这当然是根据于三段论,不过在形式方面看来没有三个命题而已。

这种简略的推论,实是修辞方面、文学方面的技术,它使人动听,使人惊异;虽然根据于三段论式法,表示三段论式在实际上之引用,而不容易视为逻辑的一部分。其所以曾经当作逻辑一部分者,因为传统逻辑没有把形式与实质分别清楚而已。兹特举例如下:

a.不提大前提,如:"孔子是人,他也不免一死"。

b.不提小前提,如:"所有的人既然都好色,他也好色"。

c.不提结论,如:"杀人者死,而他杀了人"。

2.前后三段论式。前后三段论式不过是两个三段论连在一块,以头一个三段论的结论为第二个三段论的大前提。兹特举例如下:

所有的 B 是 A

所有的 C 是 B

所有的 C 是 A

但所有的 D 是 C

∴ 所有的 D 是 A

前一部即为前三段论,后一部即为后三段论。这种前后三段论可以有两种不同的方向。一种是由相对普遍的到相对不普遍的,一种是由相对不普遍的到相对普遍的。这不过使读者知道有此说法而已。

3.堆垛推论。所谓堆垛推论者(sorites,从张申府先生所用名词),即一大堆的三段论,省去各段的结论,仅提出总结论的推论。堆垛推论有两种:

a.甲种如下例:

所有的 A 是 B

所有的 B 是 C

所有的 C 是 D

所有的 D 是 E

∴ 所有的 A 是 E

b.乙种如下例:

所有的 A 是 B

所有的 C 是 A

所有的 D 是 C

所有的 E 是 D

∴ 所有的 E 是 B

这两种堆垛推论都是一大堆的第一格式的三段论,所以它们都须遵守第一格的规律。

c.甲种的规律如下:

(一)第一前提可以是特称,其余均须全称。

(二)最后的前提可以是否定,其他均须肯定。其实这两条规律就是第一格的规律。兹特将以上甲例分为三段论如下:

(甲) 所有的 B 是 C

所有的 A 是 B

∴ 所有的 A 是 C

（乙）　所有的 C 是 D

　　　　所有的 A 是 C

　∴　所有的 A 是 D

（丙）　所有的 D 是 E

　　　　所有的 A 是 D

　∴　所有的 A 是 E

以上都是第一格的三段论,都应遵守第一格的规律,（一）大前提须全称,（二）小前提须肯定。甲种堆垛推论中只有第一前提是小前提,它必须是肯定命题;但既为小前提,它可以是全称,也可以是特称。甲种堆垛推论中之其他前提均为大前提,大前提须全称,所以它们不能特称。甲种堆垛推论的第一条规律,完全是第一格的规律。甲种堆垛推论的其他小前提,均为未曾以明文提出的各三段论的结论;如果任何非最后的前提是否定命题,则这些未曾以明文提出的小前提之中亦定有否定命题。小前提在第一格只能肯定不能否定,所以只有最后一前提才能否定。这也是遵守第一格的规律。

　　d.乙种堆垛推论有同样的情形,它的规律如下:

　　（一）第一前提可以是否定命题,其他均须肯定。

　　（二）最后前提可以是特称,其他均须全称。

兹特将以上乙例分为三个三段论如下:

（甲）　所有的 A 是 B

　　　　所有的 C 是 A

　∴　所有的 C 是 B

（乙）　所有的 C 是 B

　　　　所有的 D 是 C

$$\therefore\ 所有的\ D\ 是\ B$$

（丙）所有的 D 是 B

所有的 E 是 D

$$\therefore\ 所有的\ E\ 是\ B$$

乙种的规律更显而易见是第一格的规律。只有第一前提是大前提，其余都是小前提。第一前提当然不能特称，可是可以是否定命题，其他前提既均为小前提，在第一格三段论中当然不能否定。同时只有最后前提可以特称，因为如果任何其他前提为特称，则各段的结论之中必有一特称命题，但各段的结论均为大前提，它们均不能特称，所以只有最后前提能特称。

4.例外的推论。此处所谓例外者是不守三段论式的规律，而同时又靠得住的推论。这一种以上提出三段论式的定义时候，已经提及。例如：

A 比 B 长

B 比 C 长

$$\therefore\ A\ 比\ C\ 长$$

此推论有三命题，并且是靠得住的推论；但在三段论的范围之内，它是例外，因为(一)它不是主宾词式的命题，(二)如果把它当作主宾词命题则它有四名词如下：A，比 B 长，B，比 C 长。以后我们要表示这类的推论不是例外，如果我们提出普遍的三段论或普遍的传递关系的推论，它与传统的三段论的位置一样。其他守规则与不守规则的问题，有推论与无推论的问题等等，或者在详细分析之下不成问题，或者即有问题也不见得是逻辑方面的问题。凡此种种，本书均不提及。

三、间 接 推 论

A.假言推论之一

假言推论实即命题与命题的蕴涵关系,可是蕴涵关系复杂,现在暂不提出讨论。兹以"如果 x 是红的,x 是有颜色的"为例。此命题的前一部分称为前件,后一部分称为后件。前件对于后件,我们可以称为充分的条件。何以称为充分的条件呢? 以上所举这一命题,可以说是等于"只要 x 是红的,x 就是有颜色的"。x 是红的,它就不能不是有颜色的,红是有颜色的充分条件。可是红不是有颜色的必要条件,因为 x 是黄的,或绿的,或蓝的,或青的,等等,它也就是有颜色的。后件对于前件,我们可以称为必要条件。何以称为必要条件呢? x 是有颜色的,x 不必是红的,也不必是黄的或绿的……;但如果 x 不是有颜色的,则 x 根本就不是红的、黄的或绿的、青的等等。有颜色是红的必要条件,而不是红的充分条件。普通的"如果……则"的命题是表示充分条件的命题,而寻常语言中"除非——不"表示必要条件的假言命题。起先本来用"除非——才"的公式,后来改成"除非——不"的公式。"除非——才"似乎表示前件为必要而同时又为充分的条件:例如"除非天晴我才打球"似乎是说天晴我打球,天不晴我不打球。这解释对否不敢说,但"除非——不"似乎仅仅表示前件之为必要条件的命题。前一部分是传统逻辑所有的,后一部分是传统逻辑所无的。我们现在虽然还是讨论传统逻辑,我们不妨把后一部分也加入,因为以后我们的讨论推广到传统逻辑范围之外的时候,这种分别没有多大的意思。本节的 A 段提出充分条件的假言推论,B 段提出必要条件的假言推论。

1.表示充分条件的假言推论可以有好几式,兹以下列三式为例:

a.如果甲是乙,则甲是丙;

甲是乙,

所以甲是丙。

或,如果甲是乙,则甲是丙;

甲不是丙,

所以甲不是乙。

b.如果甲是乙,则丙是丁;

甲是乙,

所以丙是丁。

或,如果甲是乙,则丙是丁;

丙不是丁,

所以甲不是乙。

c.如果甲是乙,则丙是乙;

甲是乙,

所以丙是乙。

或,如果甲是乙,则丙是乙;

丙不是乙,

所以甲不是乙。

2.充分条件假言推论的规律。

a.承认前件即承认后件(前件与后件的意义见本段的序言),否认前件不能否认后件。此条规律显而易见。前件是後件的充分条件;只要前件的条件成立,后件也就成立;但前件不是后件的必要条件,它不成立而后件的其他充分条件能成立的时候,后件仍然成立。所以前件成立,后件亦成立;前件不成立,后件不见得就不能成立。

b.否认后件即否认前件,承认后件不能即承认前件。如明 a 条的规律,则知此条的规律为当然的情形。后件是前件的必要条件;后件不成立,则前件根本就不能成立;但后件不是前件的充分条件,它成立,而前件所需的旁的条件不成立,前件仍不能成立。所以后件不成立,前件亦不能成立;后件成立,前件不因此就成立。

c.以上所举三式各表示这两条规律。第一式最简单,兹以为例:"如果 x 是红的,x 是有颜色的"。承认 x 是红的,则不得不承认 x 是有颜色的;可是否认 x 是红的,x 不必是没有颜色的,因为 x 可以是黄的、黑的等等。否认 x 是有颜色的,则 x 根本就不能是红的,也不能有其他颜色;可是承认 x 是有颜色的,并不因此就承认 x 是红的,因为 x 可以是黄的、黑的等等。

3.以三段论证明以上规律。第 1 条所举三例中,a 条最简单。设有"如果甲是乙,则甲是丙"的假言大前提,我们可以有:

a.承认前件的办法:

如果甲是乙,则甲是丙;

甲是乙,

所以甲是丙。

此可以用三段论表示:

> 所有"是乙之甲"都是丙，
>
> <u>甲是"是乙之甲"，</u>
>
> ∴ 甲是丙。

而此三段论没有错处。

    b.否认前件的办法：

> 如果甲是乙,则甲是丙；
>
> <u>甲不是乙,</u>
>
> 无结论。

此亦可以用三段论表示不能有结论：

> 所有"是乙之甲"都是丙，
>
> <u>甲不是"是乙之甲"，</u>
>
> 无结论。

此处两前件不能得结论,因为如得"甲不是丙"的命题,则有大词周延之错误。同时此为第一格,第一格之小前提须肯定,此为否定,所以无结论。

    c.否认后件的办法：

> 如果甲是乙,则甲是丙；
>
> 甲不是丙,
>
> 所以甲不是乙。

用三段论表示如下：

> 所有"是乙之甲"都是丙，
>
> 甲不是丙,
>
> ∴ 甲不是"是乙之甲",即"甲不是乙"。

为第二格三段论,无毛病。

    d.承认后件的办法：

> 如果甲是乙,则甲是丙;
>
> <u>甲是丙,</u>
>
> 无结论。

三段论如下:

> 所有"是乙之甲"都是丙,
>
> <u>甲是丙,</u>
>
> 无结论。

此亦为第二格,两前提中无一否定命题,根本不能得结论。此是用以表示承认后件不因此就承认前件。

以上都是用三段论表示对于充分条件的假言推论,承认前件即承认后件,否认前件不能否认后件;否认后件即否认前件,而承认后件不能承认前件。

B.假言推论之二

表示必要条件的假言命题,在传统逻辑之中没有明文的承认,而在日用语言中反有现成的形式。我们可以把这一部分的假言推论加入传统逻辑。日用语言中的"除非——不"是表示必要条件的假言命题。这种假言命题可以说是把一部分的"如果——则"的命题翻转过来的命题。例如"如果 x 是红的,x 是有颜色的",可以变成"除非 x 是有颜色的,x 不能是红的"。普通语言中的"如果——则"的意义颇含糊,有些"如果——则",至少在习惯上,不会把它翻转过来成"除非——不"的命题;例如"如果天晴,我打球"不会翻过来变成"除非我打球,天不晴"。充分条件的假言推论的各式,必要条件的假言推论亦有,不过规律相反而已。

1.必要条件的假言推论也可以有好些式,兹以下列为例:

a.除非甲是乙,甲不是丙;

甲不是乙,

所以甲不是丙。

或,除非甲是乙,甲不是丙;

甲是丙,

所以甲是乙。

b.除非甲是乙,丙不是丁;

甲不是乙,

所以丙不是丁。

或,除非甲是乙,丙不是丁;

丙是丁,

所以甲是乙。

c.除非甲是乙,丙不是乙;

甲不是乙,

所以丙不是乙。

或,除非甲是乙,丙不是乙;

丙是乙,

所以甲是乙。

2.必要条件的假言推论的规律。表示必要条件的假言命题,也有前件与后件的分别。前件是后件的必要条件,后件是前件的充分条件。既然如此,对于此种假言命题的规律与以上的甲种的规律相反。

a.否认前件即否认后件,而承认前件不能就承认后件。如果我说"除非天晴,我不打球"。这句话所要表示的是天下雨或不晴我绝对不会打球,但晴天后我打球与否可没有肯定的表示。这就是说天下雨或不晴,我不打球,天晴我打球与否不定。所以否认前件就否认后件,而承认前件不必就承认后件。

b.承认后件即承认前件,而否认后件不能就否认前件。此处仍从前例。如果天晴而我身体不好,或有病,或没有朋友,或以其他种种理由,我不打球,所以我不打球或者是旁的条件不充足,不能就说是天不晴。但是如果我打球,旁的理由固然满足,而必要的条件一定满足。所以我打球表示天晴,我不打球不表示天不晴。所以承认后件即承认前件,而否认后件不因此就否认前件。

3.以三段论证明以上规律。我们仍以最简单的式为例。我们可以利用其他的式,用同样的方法证明以上的规律,但其他的式比较复杂,与其就繁不如从简。

a.否认前件:

除非甲是乙,甲不是丙;

甲不是乙,

所以甲不是丙。

此可以用三段论表示:

所有的丙都是乙,

甲不是乙,

所以甲不是丙。

b.承认前件:

除非甲是乙,甲不是丙;

甲是乙,

不能得结论。

不能得结论之理由,也可以用三段论表示:

所有的丙都是乙,

甲是乙,

不能得结论,因为中词不周延。

c.承认后件:

除非甲是乙,甲不是丙;

甲是丙,

所以甲是乙。

此可以用三段论表示:

所有的丙都是乙,

甲是丙,

所以甲是乙。

d.否认后件:

除非甲是乙,甲不是丙;

甲不是丙,

不能得结论。

用三段论表示如下:

所有的丙都是乙,

甲不是丙,

无结论。

如得"甲不是乙"一命题,则有大词周延之错误。以上均表示对于必要条件的假言推论,否认前件即否认后件,承认前件不因此就承认后件;承认后件即承认前件,否认后件不因此就否认前件。

C.析取推论

析取推论是由一以析取命题为大前提,以肯定或否定或析取命题为小前提,而得一否定或肯定或析取命题为结论的推论。

1.析取推论以下列各式为例:

a.结论为肯定命题的析取推论,这一种的小前提为否定命题,例如:

> 甲是乙或是丙;
>
> 甲不是丙,
>
> 所以甲是乙。

b.结论为否定命题的析取推论,这一种的小前提为肯定命题,例如:

> 甲是乙或是丙;
>
> 甲是乙,
>
> 所以甲不是丙。

c.以上不过表示甲有是乙或是丙的两可能,在析取推论中,可能不限于两可能。如有三可能,我们可以有以下的各式:

> 甲是乙,或是丙,或是丁;
>
> 甲不是乙,
>
> 所以甲是丙或是丁。

在此小前提为否定命题,结论为析取命题。但我们也可以有析取命题为小前提,而得一否定命题的结论,例如:

> 甲是乙,或是丙,或是丁;
>
> 甲是丙或是丁,

所以甲不是乙。

总而言之,可能不必有两个,可能愈多,情形当然也就愈复杂。

d.但以上都可以说是名词与名词之间有析取情形关系。析取不限于名词,例如:

甲是乙或丙是丁;

甲是乙,

所以丙不是丁。

2.所列的可能必须彼此不相容而又彼此穷尽。不相容与穷尽有四可能:a.不不相容而不穷尽,b.不不相容而穷尽,c.不相容而不穷尽,d.不相容而穷尽。兹特分别讨论之。

a.不不相容而不穷尽。兹以“甲是乙或是丙”为例。乙与丙既不不相容,则

(一)甲是乙,或是丙;

甲是乙,

甲是丙或不是丙均可以。

乙与丙既又不穷尽,则

(二)甲是乙,或是丙;

甲不是乙,

甲是丙或不是丙均可以。

肯定与否定的小前提均说不通。

b.不不相容而穷尽。乙与丙既不不相容,小前提为肯定,仍无结论,与以上a(一)一样。但乙与丙既穷尽,则

(一)甲是乙,或是丙;

甲不是乙,

所以甲是丙。

两可能彼此不不相容,不能有肯定的小前提;但两可能既彼此穷尽,可以有否定的小前提。

c.不相容而不穷尽。乙与丙既不相容,则:

(一)甲是乙或丙;

甲是乙,

所以甲不是丙。

甲或者同时不是丁等等,但无论如何甲不是丙。乙与丙既不穷尽,则小前提为否定,仍无结论,与 a(二)的情形一样。在此情形下,只能有肯定的小前提,不能有否定的小前提。

d.不相容而穷尽。乙与丙两可能既不相容,则

(一)甲是乙或是丙;

甲是乙,

所以甲不是丙。

同时乙丙两可能既又穷尽,则

(二)甲是乙或是丙;

甲不是乙,

所以甲是丙。

在此情形之下,小前提才既可以肯定,也可以否定。

3.析取推论可以用假言推论式表示。兹以最简单的析取推论为例:甲是乙或是丙,甲不是乙,所以甲是丙,甲是乙,所以甲不是丙。

a.甲是乙或是丙;　　a.如果甲不是乙,则甲是丙;

甲不是乙,　　　　甲不是乙,

所以甲是丙。　　　所以甲是丙。

此为承认前件的式。

b.甲是乙或是丙；　　　b.如果甲不是乙，则甲是丙；

　　甲不是丙，　　　　　　甲不是丙，

　　所以甲是乙。　　　　　所以甲是乙。

　　　　　　　　　　　　　　　此为否认后件的式。

c.甲是乙或是丙；　　　c.如果甲是乙，则甲不是丙；

　　甲是乙，　　　　　　　甲是乙，

　　所以甲不是丙。　　　　所以甲不是丙。

　　　　　　　　　　　　　　　此为承认前件的式。

d.甲是乙或是丙；　　　d.如果甲是乙，则甲不是丙；

　　甲是丙，　　　　　　　甲是丙，

　　所以甲不是乙。　　　　所以甲不是乙。

　　　　　　　　　　　　　　　此为否认后件的式。

析取推论既能用充分条件的假言推论表示，当然也能用必要条件的假言推论表示。读者自己可以写出来，作为练习。

4.析取推论既可以用假言推论表示，也可以用三段论表示：

a.甲是乙或是丙；　　　a.所有非乙之甲都是丙，

　　甲不是乙，　　　　　　甲是"非乙之甲"即"甲不是乙"，

　　所以甲是丙。　　　　　所以甲是丙。

b.甲是乙或是丙；　　　b.无一是乙之甲是丙，

　　甲是乙，　　　　　　　甲是"是乙之甲"即"甲是乙"，

　　所以甲不是丙。　　　　所以甲不是丙。

c.甲是乙或是丙，　　　c.所有非乙之甲都是丙；

　　甲不是丙，　　　　　　甲不是丙，

| 所以甲是乙。 | 所以甲不是"非乙之甲",即"甲是乙"。 |

d.甲是乙或是丙；	d.无一是乙之甲是丙,
甲是丙，	甲是丙，
所以甲不是乙。	所以甲不是"是乙之甲",即"甲不是乙"。（批评见后）

D.二难推论

二难推论是一种假言推论与析取推论联合起来的推论。二难中之"二"根据于析取命题的两可能,二难中之"难"根据于结论之不容易承受或不便承受。可能似不必限于二,而结论亦不必有所难;但传统逻辑不仅是逻辑而且也是辩论的工具,所以这一部分的推论限制于二难推论。

1.二难推论有以下四格：

a.简单的承认前件的二难推论,例如：

如果甲是乙,则丙是丁,如果甲不是乙,则丙是丁；

或者甲是乙,或者甲不是乙；

所以丙是丁。

如果一件事是你能做的,你用不着多说,如果一件事不是你能做的,你也用不着多说；

一件事或者是你能做的或者不是你能做的；

所以你用不着多说。

此例的大前提为两个假言命题联合起来的命题,有两个不同的前件,一个同样的后件。这两个不同的前件联合起来,又为一代表两不相容而又彼此穷尽的析取命题。小前提承认这两个可能,当然也就承认大前提的前件。结论是承认一简单的肯定的后件。

b.简单的否认后件的二难推论,例如:

如果甲是乙,则丙是丁,或是戊;

丙既不是丁,又不是戊;

所以甲不是乙。

以下是教科书所常举的例:

如果一件东西能动,它或者在它所在的地点动,或者在它所不在的地点动;

一件东西既不能在它所在的地点动,也不能在它所不在的地点动;

所以一件东西不能动。

此例中的大前提实在是有同样前件与不同样后件的假言命题。此不同样的后件代表两可能,而小前提否认此两可能,所以也就否认假言命题的前件。结论是一简单的否定命题(批语见第二部)。

c.复杂的承认前件的二难推论,例如:

如果甲是乙,则丙是丁,如果甲是戊,则丙是己;

甲或者是乙,或者是戊;

所以丙或者是丁,或者是己。

以下亦是常举的例:

如果这些书与可兰经的意旨相同,它们是用不着的书,如果这些书与可兰经的意旨不相同,它们是要不得的书;

这些书或者与可兰经的意旨相同,或者与可兰经的意旨不相同;

所以这些书或者是用不着的书或者是要不得的书。
此例中的大前提是一个有两个不同的前件,两个不同的后件的假言命题。小前提为一析取命题,承认这两个不同的前件;结论也是一析取命题,承认两个不同的后件。以前两例的结论,或为一简单的肯定命题,或为一简单的否定命题,所以称为简单的二难推论。现在的例与以下的例,其结论均为析取命题,名之为复杂的二难推论。

d.复杂的否认后件的二难推论,例如:

如果甲是乙,则丙是丁,如果甲是戊,则丙是己;

或者丙不是丁,或者丙不是己;

所以甲或者不是乙,或者不是戊。

如果一个人聪明,他知道他的错误,如果他诚实,他承认他的错误;

他或者不知道他的错误,或者不承认他的错误;

所以他或者不聪明或者不诚实。
此例中的大前提也是一有两个不同前件,两个不同后件的假言命题。小前提是一析取命题,否认两后件;而结论也是一析取命题,否认两前件。所以是复杂的否认后件的二难推论。(此等推论颇不易举例,所举的例总难免有毛病。)

2.二难推论的规律。二难推论既是假言推论与析取推论联合起来的推论,它一方面当然要守假言推论的规律,另一方面似乎又要守析取推论的规律。假言推论的规律有二:一为承认前件因而承认后件,一为否认后件因而否认前件。否认前件不能得结论,承认后件亦不能得结论。析取推论的条件是:所有它所列的可能,一方面要彼此不相容,相容则不能得结论;另一方面要彼此穷尽,不穷尽亦不能得结论。

3.破除二难的方法。破除二难推论的方法有三:a.否认析取可能的穷尽,b.否认假言命题中前件与后件的关联,c.以一能得完全相反的结论的二难推论去破除原来的二难推论。

a.否认析取命题中的可能是穷尽的可能。例如:

如果天热人难受,如果天冷人难受;

天或者热或者冷;

所以人总是难受。

此中"天或者热或者冷"这一命题我们可以否认;我们可以说"天可以不热不冷",那就是说热与冷不是彼此穷尽的可能。既然如此,我们不能得"人总是难受"的结论,而原来的二难推论不能成立。

b.否认假言推论中前件与后件的关联。例如:

如果一件东西能动,它一定或在它所在地方动或在它所不在的地方动;

一件东西既不能在它所在的地方动,也不能在它所不在的地方动;

所以一件东西不能动。

此例的大前提我们可以说有毛病。我们可以说前件不是后件的充分条件,后件不是前件的必要条件。如果一件东西既不在它所"在"的地方动,也不在它所不"在"的地方动,而在它所动的地方动,则此例中的后件不是前件的必要条件。既然如此,则否认后件不因此就否认前件。结论既不能得,则此例根本就说不通。

　　c.以一能得与原来结论完全相反结论的二难推论去破坏原来的二难推论。这差不多是以其人之道还治其人之身。最出名的例就是 Protagoras 与 Enathlas 的官司。他们有一合同，其中的条件如下：（一）Protagoras 教 Enathlas 法律的书，（二）毕业时 Enathlas 须付束修之一半，（三）其余一半须于 Enathlas 头一次官司打胜的时候完全付清。但毕业后 Enathlas 并不执行律师事务。Protagoras 等得不耐烦就在法庭告了 Enathlas，并提出以下的二难推论：

　　　　如果 Enathlas 的官司打败了，则遵照法庭的判断，他一定付债，如果 Enathlas 的官司打胜了，则遵照合同的条件，他一定要付债；

　　　　Enathlas 的官司或者打败或者打胜；

　　　　所以无论如何他一定要付债。

Enathlas 提出与以上完全相反的二难推论：

　　　　如果我打胜，则照法庭的判断，我不应付债，如果我打败，则照合同的条件，我不应付债；

　　　　我官司或者打败或者打胜；

　　　　所以无论如何我不应付债。

以上所表示的就是：如果一二难推论有一与它完全相反的二难推论，则原来的二难推论不能成立。上面 Protagoras 所举的二难推论中最显而易见的毛病，就是引用两种不同的标准，一为法庭的判断，一为合同的条件。这两种不同的标准各有其利于 Protagora 的可能，也各有其不利于 Protagoras 的可能；Protagoras 取其前，而 Enathlas 取其后。如一致地引用两种标准中的任何一种，则不至于有以上的毛病。

传统的演绎部分至二难推论而止。普通教科书大都当有一章专门讨论错误问题。兹予以下附录提出讨论。

附录：错误

错误可以分为以下两种：一是形式的错误，一是非形式的错误。前一种与逻辑的关系大，但我们不必提出讨论，因为这一种错误不过是违背直接间接推论的法则而已。后一种错误与严格的逻辑似乎没有多大关系，是否能说它是错误也发生问题；但实际上在一个人的思想中或者发生这种错误的情形，提出来讨论一下不见得没有益处。兹分非形式的错误为以下三种：1.解释的错误，2.意义不定的错误，3.无形假设的错误。

1.解释的错误（errors of interpretation）。

在这一条下我们仅举以下两项：

a.模棱的言语。

模棱两可的话非常之多，模棱数可的话也不见得少。菩萨面前所得的签，算命先生的批语，都免不了属于这一类。笑话中的"下雨天留客天留客不留"就有两三个解释。中文里这种情形似乎特别的多，文学方面一部分的兴趣，至少在从前，就是一句话的多方面的解释。例如李鸿章游园，说一声"庭前花未发"，其文案某应声对白"阁下李先生"。下联的妙处就在它的两方面的解释。

不只一个解释的话不表示一个命题，以此话为前提而从事于推论，不免有解释的错误。

b.音节的影响。

一句话有时注重一字有一意义,注重另一字又有另一意义。一篇文章有时注重一段有一个印象,注重另一段又有一个印象,若以声音的高低表示注重之所在,一句话因声音的高低不同,而有意义的分别。即以"民可使由之不可使知之"为例(此处的读法与考据无关),我们可以读作"民可'使',由之;不可'使',知之";也可以读作"民可使,'由'之;不可使,'知'之";也可读作"民'可',使由之;'不可','使知之'"。总而言之,一句话的读法不同音节不同,有时意义也不同。假使原来的意义是三读法中之任何一读法,则其余的读法错了。

因音节不同而意义不同的话不表示一个命题,以这样的话为前提,不免有解释的错误。有时不仅有解释的错误,而且有解释的不一致。

2.意义不定的错误。

a.意义变更的名词。

如果一句话或几句话中有意义变更的名词,则那一句话或几句话的内部或彼此的关联不免发生不合逻辑的情形。例如"若能真无道德始能有道德",道德二字的意义前后一致,这句话就有内部的冲突;意义不一致,这句话不过是一个动听的方法表示一个意见而已。一句话中有这样的情形,毛病显而易见,错误很容易免。几句话中有同样情形,毛病或者不显,错误比较容易发生。如果在一三段论中的中词意义不一致,则所谓"结论"者根本就不是结论。

b.合举的错误。

有时一句话对于一集团的任何分子均可以说,而对于那

一集团的全体不能说,如果说的时候,就有此处所说的合举的错误。兹以一常举的例为例:

> 所有三角中之角均小于二直角,
>
> AB 与 C 是三角中之角,
>
> 所以 AB 与 C 小于二直角。

此处小前提与结论中的"与"的意义,如果是把 A、B、C 三角联合起来成一角,则结论错了;大前提所要求的是 A、B、C 个别的分举,而不是它们联合起来的合举。

c.分举的错误。

此处的错误适与以上 b 条相反。即以原例反过来以为例:

> 三角中之角等于二直角,
>
> A 是三角中之角,
>
> 所以 A 等于二直角。

上条表示应分而误合,本条表示应合而误分的错误。

d.普遍与特殊的混乱。

这个就是把一句对于特殊情形所能说的话普及于全体,或者把一句普遍的话引用于条件不同之下的特殊情形。这种错误在普通谈话中时常发生,在逻辑上虽然说不过去,在日常生活中,谈话反有时因这种错误而发生兴趣。

3.无形假设的错误。

a.思想循环的错误。

这就是思想绕圈子的问题。例如:"这件事我不应该干,因为太不对了";但"何以不对呢","因为我知道我不应该干"。这里无形之中把假设视为结论。但思想循环的问题非常之麻烦,非常之复杂。不加严格的解释,不大容易说思想循环是错误。

b.复杂问语的错误。

有时一问语蕴涵一未经承认的假设,如果一个人对于这种问语有所答复,他就无形之中承认了这种假设。例如某甲并未承认吃鸦片,而某乙问他说"你现在戒了鸦片没有"？无论答案是戒了或未戒,某甲免不了承认他吃鸦片。有时这种情形不用直接方式表示而用间接方式表示,用间接方式的时候,常不容易知道此情形之潜在。例如:"希奇得很,昨日有甲乙二人相遇于前门,甲是乙的儿子,而乙不是甲的父亲"。有时我们真会胡思乱想看甲与乙究竟有什么样的希奇的关系。这里父亲与儿子两名词,加上前面希奇得很几个字,无形之中,会使人假设甲乙二人均为男性。无此假设,当然毫无问题。

c.不相干的辩论的错误。

不相干的辩论大都分作以下诸种:

(一)人言混淆的错误。这就是以人废言或以言废人的错误。如果一个人批评孔子,有时会遇着盛气凌人的反攻,"难道你比孔子好吗"？好像一个人不比孔子好就不能批评孔子似的。这种不相干的辩论常见于日常生活。

(二)投合众好。美国已故前总统罗斯福曾在报纸上骂某甲,某甲诉于法庭。见于文字的骂人,不易否认,罗斯福亦未否认。被告律师乃大演其说,专鼓人民之气;历举美国人民对于卸任总统之苛,于法律半字未提。结果是法庭宣告罗斯福无罪。这就是投合众好以不相干的辩论,而得所欲得的结果。

（三）理事混乱。理论上之可能，事实上不必实现；若以理论上的可能为事实上的实现，就有理事混乱的错误。如果一个人因为没有证据使他相信没有灵魂，而以为有灵魂是事实，他的思想就有理事混乱的错误。这与其他的不相干辩论的情形不同，但照老办法，我们仍列于一类。

（四）乱引权威的错误。长于物理学者不必长于政治学，物理学的权威不必是政治学的权威。记得从前有一位弄教育的美国人跑到中国来，有一位好好先生，拿一本笔记簿，问这个美国人，中国的宪法应如何制，地方自治应如何实行，等等问题。把这些答案视为社交上的闲话，不见得毫无意味；以之为学者的政见，就难免乱引权威的错误。在不相干辩论这一项之下，还有所谓不相干结论的错误；但这似乎又是形式错误，所以不提出讨论。

第二部 对于传统逻辑的批评

一、直接推论

A. A、E、I、O 的解释问题

我们现在仍以传统逻辑的四个命题为讨论的根据,因为一方面它们最简单,另一方面它们又为稍习逻辑者之所深悉。在前部一章的 B 节我们讨论主宾词式的命题的时候,曾经提及 A 命题的各种可能的解释。不仅 A 命题有此问题,其他 E、I、O 均有。本段我们仅提出所谓主词存在问题。所谓主词存在问题不是事实上主词所代表的东西究竟存在与否,而是这些命题对于这些东西的存在与不存在的态度。这个态度影响到各命题的意义与它们彼此的关系。

对于主词存在与否(即主词所代表的东西存在与否),我们可有以下五个不同的态度:

1.肯定主词不存在,

2.假设主词不存在,

3.不假设主词存在或不存在,

4.假设主词存在,

5.肯定主词存在。

这五个不同的态度之中,头两个可以撇开,我们提出一命题大约不至于肯定主词不存在,或假设主词不存在。第三态度是逻辑里通常态度,四五两态度则日常生活中亦常有之。

1.不假设主词存在或不存在。设有具 SAP 形式的命题,我们的解释是 S 概念之中有 P 概念,而概念不必有具体的表现。那么无论有 S 与否,无论 S 存在与否,如果一个东西是 S,那个东西就是 P。这样的命题可以说是内包的命题,也可以说它所表示的是概念与概念的关系,可以表示而不必表示耳所能闻目所能见的事实。这种命题的真假不因主词的存在与否而受影响。兹特以下列符号表示之:

SA_nP……………无论有 S 与否,凡 S 皆 P

SE_nP……………无论有 S 与否,无 S 是 P

SI_nP…………… 有 S 是 P,或无 S

SO_nP…………… 有 S 不是 P,或无 S

以上 SA_nP,简单地说,等于说"无 $S\bar{P}$"($\bar{P}$ 可表示非 P),SE_nP 等于说"无 SP",SI_nP 等于说"有 SP 或无 S",SO_nP 等于说"有 SP 或无 S"。

2.假设主词存在。设有具 SAP 形式的命题,我们的解释是以 S 的存在为条件,S 存在,则 SAP 有真假的问题发生;S 不存在,则 SAP 根本就无所谓真假。设有以下命题:"如果你进城,请你把李后主的词带给我"。若你果进城,你可以把那本书带给我,也可以不把那本书带给我。但是你如果决定不进城了,则根本谈不到带与不带。这种命题以主词的存在为条件,条件满足之后才有真假可说;条件未满足,谈不到真假。有这样解释的 SAP 等于说"如果有 S,凡 S 皆 P"。兹以下列符号表示此种命题：

$$SA_hP\cdots\cdots\cdots$$ 如有 S，凡 S 皆 P

$$SE_hP\cdots\cdots\cdots$$ 如有 S，无 S 是 P

$$SI_hP\cdots\cdots\cdots$$ 如有 S，有 S 是 P

$$SO_hP\cdots\cdots\cdots$$ 如有 S，有 S 不是 P

3.肯定主词存在。设有具 SAP 形式的命题，我们的解释是 S 所代表的东西存在，而此命题表示事实。在此解释之下，此命题可以分成两部分，一部分说有 S，一部分说所有的 S 是 P。S 存在与否与 SA_nP 那样的命题没有影响，S 存在与否与 SA_hP 有影响；如果 S 存在，SA_hP 才有意义，如果 S 不存在，则 SA_hP 无所谓真假；现在的解释则又不同。如果 S 存在，SAP 可以是真也可以是假的；但如果 S 不存在，则 SAP 根本就是假的。"如果有鬼，鬼吃人"，如事实上无鬼，则根本无所谓吃人与不吃人；"有鬼而鬼吃人"，如事实上无鬼，则此命题是假的。兹以下列符号表示此第三种命题：

$$SA_cP\cdots\cdots\cdots$$ 有 S，所有的 S 皆是 P

$$SE_cP\cdots\cdots\cdots$$ 有 S，无一 S 是 P

$$SI_cP\cdots\cdots\cdots$$ 有 S，有些 S 是 P

$$SO_cP\cdots\cdots\cdots$$ 有 S，有些 S 不是 P

传统逻辑的 A、E、I、O 在主词存在与否一层，即有意义不一致的情形。这个问题要详细地讨论一下。别的意义不清楚的地方本书从略。为清楚起见，我们先把传统逻辑的直接与间接的推论说明，各部加以批评，然后再总结到新式逻辑。

B.各种不同解释之下的对待关系

如果我们提出存在问题，A、E、I、O 的对待关系就发生影响。从主词存在与否这问题一方面着想，以上的 A、E、I、O 究竟应作何解释呢？在讨论命题的时候，从存在一方面着想，我们只提出三种不同的解释。解释不同，对待的关系也因之而异。

1.以 A、E、I、O 为 A_n、E_n、I_n、O_n。A_n、E_n、I_n、O_n 是不假设主词存在的命题。主词存在与否与这些命题的真假不相干。这四个命题的解释如下：

命题	言语的表示	公式的表示
SA_nP	"无论有 S 与否，凡 S 是 P"	$(S\bar{P}=0)$
SE_nP	"无论有 S 与否，无 S 是 P"	$(SP=0)$
SI_nP	"有 S 是 P，或无 S"	〔$(SP\neq0)$或$(S=0)$〕
SO_nP	"有 S 不是 P，或无 S"	〔$(S\bar{P}\neq0)$或$(S=0)$〕

此四命题既有此解释，则它们的对待关系如下：

a.SA_nP 与 SE_nP 的关系。兹提出 A_n、E_n 真假的可能。先用语言，后用图画。

（一）$SA_nP=(S\bar{P}=0)$

——真→（甲）S 不存在，或

（乙）S 存在，而 $S\bar{P}$ 不存在。

——假→（甲）S 存在，$S\bar{P}$ 存在，而 SP 不存在。

（乙）S 存在，$S\bar{P}$ 存在，而 SP 也存在。

$SE_nP=(SP=0)$

——真→（甲）S 不存在，或

（乙）S 存在，而 SP 不存在。

——假→（甲）SP 存在，而 $S\bar{P}$ 不存在。

（乙）SP 存在，而 $S\bar{P}$ 也存在。

（二）$SA_nP = (S\bar{P} = 0)$

真→（甲）

$SE_nP = (SP = 0)$

真→（甲）

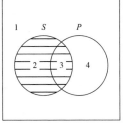

$S\bar{P} = 0$

$SP = 0$

SA_nP

真→（乙）

SE_nP

假→（甲）

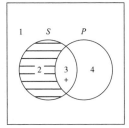

$S\bar{P} = 0$

$SP \neq 0$

SA_nPl

假→（甲）

SE_nP

真→（乙）

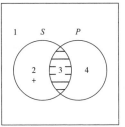

$S\bar{P} \neq 0$

$SP = 0$

SA_nP

假→（乙）

SE_nP

假→（乙）

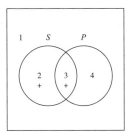

$S\bar{P} \neq 0$

$SP \neq 0$

（三）SA_nP 与 SE_nP 为独立。此处所谓独立者，不过是说没有对待关系而已。

SA_nP 与 SE_nP 俱真——S 不存在。S 既不存在，SP 不存在，而 $S\bar{P}$ 也不存在。SP 不存在，SE_nP 为真；$S\bar{P}$ 不存在，SA_nP 为真。如以上第一图。

SA_nP 真而 SE_nP 假——$S\bar{P}$ 不存在，而 SP 存在。$S\bar{P}$ 不存在，所以 SA_nP 为真；SP 存在，所以 SE_nP 为假。如以上第二图。

SA_nP 假而 SE_nP 真——$S\bar{P}$ 存在，而 SP 不存在。$S\bar{P}$ 存在，所以 SA_nP 为假；SP 不存在，所以 SE_nP 为真。如以上第三图。

SA_nP 与 SE_nP 俱假——$S\bar{P}$ 存在，SP 也存在。$S\bar{P}$ 存在，所以 SA_nP 为假；SP 存在，所以 SE_nP 为假。如以上第四图。

（四）以上表示 SA_nP 与 SE_nP 可以同时真，可以同时假，可以 SA_nP 为真而 SE_nP 为假，也可以 SA_nP 为假，而 SE_nP 为真。既然如此，它们没有传统逻辑里的反对关系，也没有传统逻辑里的任何对待关系，所以是独立。

b.SI_nP 与 SO_nP 的关系。

（一）$SI_nP = \big[(SP \neq 0) 或 (S=0)\big]$

——真→（甲）S 不存在，或

（乙）SP 存在，而 $S\bar{P}$ 存在与否不定。

——假→（甲）S 存在，而 SP 不存在。

$$SO_nP = [(SP \neq 0) \text{或} (S = 0)]$$

——真→（甲）S 不存在，或

　　　　（乙）S$\bar{P}$ 存在，而 SP 存在与否不定。

——假→（甲）S 存在，而 S$\bar{P}$ 不存在。

（请注意以上两命题不是简单的命题，而是两命题而连之以"或"的复杂命题。此两命题之中任何一真，则此复杂命题为真；此两命题俱假，此复杂命题始假。）

（二）$SI_nP = [(SP \neq 0)$

或$(S = 0)]$

真→（甲）

$SO_nP = [(S\bar{P} \neq 0)$

或$(S = 0)]$

真→（甲）

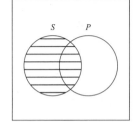

$S\bar{P} = 0$

$SP = 0$

SI_nP

真→（乙）

SO_nP

假→（甲）

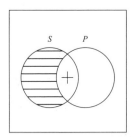

SI_nP

假→（甲）

SO_nP

真→（乙）

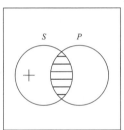

SI_nP

真→（乙）

SO_nP

真→（乙）

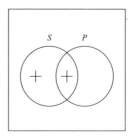

（三）SI_nP 与 SO_nP 的对待关系。

SI_nP 与 SO_nP 同真——S 不存在，或 SP 存在，$S\overline{P}$ 也存在。S 不存在，则两命题的后部分全真。SP 存在，$S\overline{P}$ 也存在，两命题的前一部分都真。如以上第一与第四两图。

SI_nP 真而 SO_nP 假——SP 存在而 $S\overline{P}$ 不存在。SP 既存在，S 也存在，所以 SI_nP 为真；但 $S\overline{P}$ 不存在，所以 SO_nP 为假。如第二图。

SI_nP 假而 SO_nP 真——$S\overline{P}$ 存在，而 SP 不存在。$S\overline{P}$ 既存在，S 也存在，所以 SO_nP 为真；但 SP 不存在，所以 SI_nP 为假。如第三图。

SI_nP 与 SO_nP 不能同假——同假的可能，仅是 SP 与 $S\overline{P}$ 均不存在，但假设它们都不存在，则 S 不存在。此两命题既未假设亦未肯定 S 存在，照以上同真的条件看来它们都是真的，所以不能同假。

（四）SI_nP 与 SO_nP 的对待关系为下反对的关系。它们可以同时真，不能同时假。从（三）条二三两项看来，有 S，此两命题中才能有假命题；而有 S 的时候，一为假则另一必为真，一为真则另一的真假不定，因为它们可以同时真。

c. SA_nP 与 SO_nP、SE_nP 与 SI_nP 的关系。兹以 SA_nP 与

SO_nP 为例：

（一）$SA_nP = (S\bar{P} = 0)$

——真→（甲）S 不存在，或

（乙）S 存在而 $S\bar{P}$ 不存在。

假→（甲）$S\bar{P}$ 存在，而 SP 不存在。

（乙）$S\bar{P}$ 存在，而 SP 也存在。

$SO_nP = [(SP \neq 0) 或 (S = 0)]$

——真→（甲）S 不存在，或

（乙）$S\bar{P}$ 存在，而 SP 不存在。

（丙）$S\bar{P}$ 存在，而 SP 也存在。

——假→（甲）S 存在，而 $S\bar{P}$ 不存在。

（二）$SA_nP = (S\bar{P} = 0)$

真→（甲）

$SO_nP = [(S\bar{P} \neq 0) 或 (S = 0)]$

真→（甲）

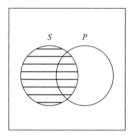

SA_nP

真→（乙）

SO_nP

假→（甲）

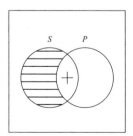

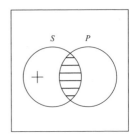

SA_nP

假→（甲）

SO_nP

真→（乙）

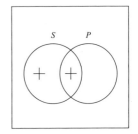

SA_nP

假→（乙）

SO_nP

真→（丙）

（三）SA_nP 与 SO_nP 的对待关系如下：

SA_nP 与 SO_nP 同真——S 不存在。S 不存在，$S\bar{P}$ 也不存在，所以 SA_nP 为真。但 S 不存在，SO_nP 这一命题的后一部分为真，所以 SO_nP 也是真的，如以上第一图。

SA_nP 真而 SO_nP 假——$S\bar{P}$ 不存在，而 SP 存在。$S\bar{P}$ 不存在，所以 SA_nP 为真。SP 既存在，S 当然存在，S 存在而 $S\bar{P}$ 不存在，则 SO_nP 的前后两部分均为假，所以整个命题为假，如第二图。

SA_nP 假而 SO_nP 真——$S\bar{P}$ 存在，SP 或存在或不存在。$S\bar{P}$ 既存在，所以 SA_nP 为假；SO_nP 的前部分为真，所以 SO_nP 为真；SP 存在与否不相干，如第三第四两图。

SA_nP 与 SO_nP 不能同时假——照（一）（二）两条的图示

看来,没有 SA_nP 与 SO_nP 同假的情形。

(四)SA_nP 与 SO_nP 的关系为下反对的关系,因为它们可以同时真,不能同时假。照(二)条的图示看来,如果 SA_nP 为假,无论根据于两条件中的哪一条件,SO_nP 总是真的;如果 SO_nP 为假,只有一条件,而那一条件满足的时候,SA_nP 一定为真。但 SA_nP 与 SO_nP 既可以同时真,则由一命题的真,不能推到另一命题的真假。SE_nP 与 SI_nP 的关系同样的为下反对。

d.SA_nP 与 SI_nP,SE_nP 与 SO_nP 的关系。兹以 SA_nP 与 SI_nP 为例:

(一)$SA_nP = (SP = 0)$

——真→(甲)S 不存在,或

(乙)S 存在,而 $S\overline{P}$ 不存在。

——假→(甲)$S\overline{P}$ 存在,而 SP 不存在。

(乙)$S\overline{P}$ 存在,而 SP 也存在。

$SI_nP = [(SP \neq 0)\text{或}(S = 0)]$

——真→(甲)S 不存在,或

(乙)SP 存在,而 $S\overline{P}$ 不存在,或

(丙)SP 存在,而 $S\overline{P}$ 也存在。

——假→(甲)SP 不存在,而 $S\overline{P}$ 存在。

(二)$SA_nP = (S\overline{P} = 0)$

真→(甲)

$SI_nP = [(SP \neq 0)\text{或}(S = 0)]$

真→(甲)

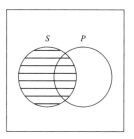

SA_nP

真→（乙）

SI_nP

真→（乙）

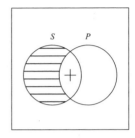

SA_nP

假→（甲）

SI_nP

假→（甲）

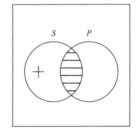

SA_nP

假→（乙）

SI_nP

真→（丙）

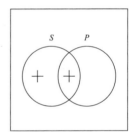

（三）SA_nP 与 SI_nP 的关系如下：

SA_nP 与 SI_nP 可以同真——S 不存在，或 S 存在而 S$\overline{P}$ 不存在。S 不存在则 SA_nP 为真，SI_nP 的后一部分真，所以也真。S 存在而 S$\overline{P}$ 不存在，S$\overline{P}$ 既不存在，SA_nP 为真。S 存在 S$\overline{P}$ 不存在，则 SP 一定存在，所以 SI_nP 一定也为真，如以上第一第二两图。

SA_nP 假而 SI_nP 真——$S\overline{P}$ 存在,而 SP 也存在。两者都存在,则 S 存在而 $S\overline{P}$ 存在,所以 SA_nP 为假。但 S 存在而 SP 也存在,所以 SI_nP 的前一部分为真,所以 SI_nP 为真,如第四图。

SA_nP 假而 SI_nP 亦假——$S\overline{P}$ 存在,而 SP 不存在。$S\overline{P}$ 存在,所以 SA_nP 为假;$S\overline{P}$ 存在,所以 S 存在,而 SP 既不存在,SI_nP 前后两部分均为假,所以 SI_nP 为假,如第三图。

(四)SA_nP 与 SI_nP 的关系为差等的关系;它们可以同时真,也可以同时假。但如果 SA_nP 真,则 SI_nP 必真,SA_nP 假,SI_nP 不定;如果 SI_nP 真,SA_nP 不定,SI_nP 假,则 SA_nP 必假。兹以下图表示 A_n、E_n、I_n、O_n 的对待关系如下:

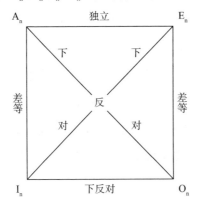

2.以 A、E、I、O 为 A_c、E_c、I_c、O_c。A_c、E_c、I_c、O_c 是肯定主词存在的命题,如果主词不存在,它们都是假的。它们都是两命题而连之以"与"的复杂命题,它们的解释如下:

命题	语言的表示	公式的表示
SA_cP	"有S,所有的S是P"	〔$(S \neq 0)$ 与 $(S\overline{P}=0)$〕
SE_cP	"有S,没有S是P"	〔$(S \neq 0)$ 与 $(SP=0)$〕

SI_cP　　"有 S,有 S 是 P"　　　　〔(S≠0)与(SP≠0)〕

SO_cP　　"有 S,有 S 不是 P"　　〔(S≠0)与($S\bar{P}$≠0)〕

此四命题的解释如上,它们的对待关系如下:

　　a.SA_cP 与 SE_cP 的对待关系:

　　（一）$SA_cP=$〔(S≠0)与($S\bar{P}$=0)〕

　　　　——真→(甲)SP 存在与 $S\bar{P}$ 不存在。

　　　　——假→(甲)S 不存在,或

　　　　　　(乙)$S\bar{P}$ 存在,SP 不存在。

　　　　　　(丙)$S\bar{P}$ 存在,而 SP 也存在。

　　$SE_cP=$〔(S≠0)与(SP=0)〕

　　　　——真→(甲)$S\bar{P}$ 存在而 SP 不存在。

　　　　——假→(甲)S 不存在,或

　　　　　　(乙)SP 存在,$S\bar{P}$ 不存在。

　　　　　　(丙)SP 存在,而 $S\bar{P}$ 也存在。

　　（此两命题既均为两部分以"与"连起来的复杂命题,只要一部分为假,它们就假;要两部分都为真,它们才能真。）

　　（二）$SA_cP=$〔(S≠0)与($S\bar{P}$=0)〕

　　　　真→(甲)

　　　　$SE_cP=$〔(S≠0)与(SP=0)〕

　　　　假→(乙)

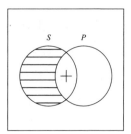

SA$_c$P

假→（甲）

SE$_c$P

假→（甲）

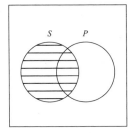

SA$_c$P

假→（乙）

SE$_c$P

真→（甲）

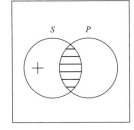

SA$_c$P

假→（丙）

SE$_c$P

假→（丙）

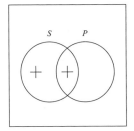

（三）SA$_c$P 与 SE$_c$P 的对待关系：

SA$_c$P 与 SE$_c$P 不能同真。以上四可能中，没有同真的

可能。

SA$_c$P 真，则 SE$_c$P 为假；SE$_c$P 真，则 SA$_c$P 为假。

SA$_c$P 与 SE$_c$P 可以同假；同假的理由有二，一为既无 SP

又无 S$\bar{P}$，一为既有 SP 又有 S$\bar{P}$。

SA$_c$P 假,则 SE$_c$P 可以真,如以上第三图;也可以假,如第四图。

SE$_c$P 假,则 SA$_c$P 可以真,如第一图;也可以假,如第二与第四图。

(四)SA$_c$P 与 SE$_c$P 的对待关系,为反对的关系,因为它们可以同时假,不能同时真;由一命题的真可以推到另一命题的假,由一命题的假不能推到另一命题的真假。

b. SI$_c$P 与 SO$_c$P 的对待关系:

(一)SI$_c$P = 〔(S≠0)与(SP≠0)〕

——真→(甲)SP 存在,而 S$\bar{P}$ 不存在。

(乙)SP 存在,S$\bar{P}$ 也存在。

——假→(甲)SP 不存在,而 S$\bar{P}$ 存在。

(乙)SP 不存在,S$\bar{P}$ 也不存在。

SO$_c$P = 〔(S≠0)与(S$\bar{P}$≠0)〕

——真→(甲)S$\bar{P}$ 存在,SP 不存在。

(乙)S$\bar{P}$ 存在,SP 也存在。

——假→(甲)S$\bar{P}$ 不存在,SP 存在。

(乙)S$\bar{P}$ 不存在,SP 也不存在。

(二)SI$_c$P = 〔(S≠0)与(SP≠0)〕

真→(甲)

SO$_c$P = 〔(S≠0)与(S$\bar{P}$≠0)〕

假→(甲)

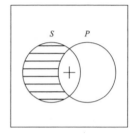

SI$_c$P

真→（乙）

SO$_c$P

真→（乙）

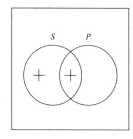

SI$_c$P

假→（甲）

SO$_c$P

真→（甲）

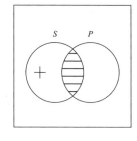

SI$_c$P

假→（乙）

SO$_c$P

假→（乙）

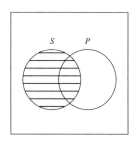

（三）SI$_c$P 与 SO$_c$P 的对待关系如下：

SI$_c$P 与 SO$_c$P 可以同时真，如以上第二图之所表示。

SI$_c$P 与 SO$_c$P 可以同时假，如第四图之所表示。其所以如此者，因为它们都肯定 S 存在，S 既不存在，它们都是假的。

如 SI$_c$P 为真，SO$_c$P 可以真如第二图，也可以假如第一图；如 SO$_c$P 为真，SI$_c$P 可以真如第二图，也可以假如第三图。

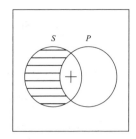

如 SI_cP 为假,SO_cP 可以真如第三图,也可以假如第四图;如 SO_cP 为假,SI_cP 可以真如第一图,也可以假如第四图。

(四)SI_cP 与 SO_cP 为独立。此处所谓独立者,不过是无对待关系中之任何关系而已。它们可以同时真,可以同时假,由一真不能推论到另一之真假,由一假也不能推论到另一之真假。

c.SA_cP 与 SO_cP,SE_cP 与 SI_cP 的关系。

(一)$SA_cP = [(S \neq 0) 与 (S\bar{P} = 0)]$

——真→(甲)$S\bar{P}$ 不存在,SP 存在。

——假→(甲)$S\bar{P}$ 不存在,SP 也不存在。

(乙)$S\bar{P}$ 存在,SP 不存在。

(丙)$S\bar{P}$ 存在,SP 也存在。

$SO_cP = [(S \neq 0) 与 (S\bar{P} \neq 0)]$

——真→(甲)$S\bar{P}$ 存在,SP 不存在。

(乙)$S\bar{P}$ 存在,SP 也存在。

——假→(甲)$S\bar{P}$ 不存在,SP 存在。

(乙)$S\bar{P}$ 不存在,SP 也不存在。

(二)SA_cP

真→(甲)

SO_cP

假→(甲)

SA_cP

假→（甲）

SO_cP

假→（乙）

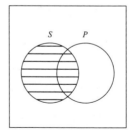

SA_cP

假→（乙）

SO_cP

真→（甲）

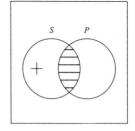

SA_cP

假→（丙）

SO_cP

真→（乙）

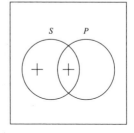

（三）SA_cP 与 SO_cP 的对待关系：

SA_cP 与 SO_cP 不能同时真。以上四个图示中没有同时真的可能。第二图表示 SA_cP 与 SO_cP 同时假。这两命题之所以能同时假者，因为它们都肯定主词存在，如果主词不存在，这两个复杂命题的前一部分都是假的，所以两个整个的复杂命题也是假的。

如果 SA_cP 是真的,则 SO_cP 是假的,如第一图;如果 SO_cP 是真的,则 SA_cP 是假的,如第三第四两图;如果 SA_cP 是假的,则 SO_cP 可以是真的如第三第四两图,也可以是假的如第二图;如果 SO_cP 是假的,则 SA_cP 可以是真的如第一图,也可以是假的如第二图。

(四) SA_cP 与 SO_cP 有反对的对待关系。它们不能同时真,可以同时假;由一为真可以推到另一为假,由一为假不能推到另一为真为假。SE_cP 与 SI_cP 同样。

d. SA_cP 与 SI_cP、SE_cP 与 SO_cP 的对待关系。

(一) $SA_cP = [(S \neq 0)$ 与 $(S\overline{P} = 0)]$

——真→(甲) $S\overline{P}$ 不存在,SP 存在。

——假→(甲) $S\overline{P}$ 不存在,SP 也不存在。

(乙) $S\overline{P}$ 存在,SP 不存在。

(丙) $S\overline{P}$ 存在,SP 也存在。

$SI_cP = [(S \neq 0)$ 与 $(SP \neq 0)]$

——真→(甲) SP 存在,$S\overline{P}$ 不存在。

→(乙) SP 存在,$S\overline{P}$ 也存在。

——假→(甲) SP 不存在,$S\overline{P}$ 存在。

(乙) SP 不存在,$S\overline{P}$ 也不存在。

(二) SA_cP

真→(甲)

SI_cP

真→(甲)

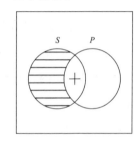

SA_cP

假→（甲）

SI_cP

假→（乙）

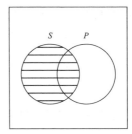

SA_cP

假→（乙）

SI_cP

假→（甲）

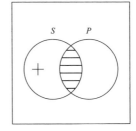

SA_cP

假→（丙）

SI_cP

真→（乙）

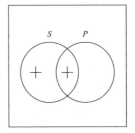

（三）SA_cP 与 SI_cP 的对待关系如下：

SA_cP 与 SI_cP 可以同时真，如以上第一图之表示。

SA_cP 与 SI_cP 也可以同时假，如第二图与第三图之表示。

第二图表示无 S 或主词不存在，所以两命题均假；第三图表示 S$\overline{P}$ 存在，所以 SA_cP 为假，而 SP 不存在，所以 SI_cP 为假。

SA_cP 为真，则 SI_cP 必真，如第一图；SI_cP 为真，则 SA_cP

可以真如第一图,也可以假如第四图。

如 SA$_c$P 为假,则 SI$_c$P 可以真如第四图,也可以假如第二第三两图;如 SI$_c$P 为假,则 SA$_c$P 必假,如第三第二两图。

(四)SA$_c$P 与 SI$_c$P 有差等的关系。它们可以同时真,可以同时假。如果 SA$_c$P 真,则 SI$_c$P 必真,SA$_c$P 假,SI$_c$P 不定;如果 SI$_c$P 真,SA$_c$P 不定,SI$_c$P 假,则 SA$_c$P 必假。SE$_c$P 与 SO$_c$P 同样。兹以下图表示 A$_c$、E$_c$、I$_c$、O$_c$ 的对待关系。

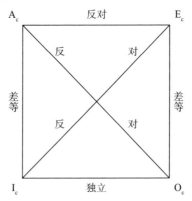

3.以 A、E、I、O 为 A$_h$、E$_h$、I$_h$、O$_h$。A$_h$、E$_h$、I$_h$、O$_h$ 是以主词的存在为条件的命题,如果主词不存在,则这些命题根本用不着说,或简单的说它们无意义。

命题	语言的表示		公式的表示	
SA$_h$P		所有的 S 是 P		S$\overline{\text{P}}$ = 0
SE$_h$P	如有 S	没有 S 是 P	S ≠ 0	SP = 0
SI$_h$P		有 S 是 P		SP ≠ 0
SO$_h$P		有 S 不是 P		S$\overline{\text{P}}$ ≠ 0

此处 S 的存在为四个命题的总条件,如 S 不存在,四个命题无所谓真假,它们有真假的时候,S 存在。它们的解释既如此,

它们的对待关系如下：

a.SA_hP 与 SE_hP 的关系。

（一）$SA_hP = \lbrack (S \neq 0) \rightarrow (S\bar{P} = 0) \rbrack$

　　　　——真→（甲）$S\bar{P}$ 不存在，SP 存在。

　　　　——假→（甲）$S\bar{P}$ 存在，SP 不存在。

　　　　　　　（乙）$S\bar{P}$ 存在，SP 也存在。

　　　　——无$\genfrac{}{}{0pt}{}{真}{假}$→（甲）$S\bar{P}$ 不存在，SP 也不存在。

$SE_hP = \lbrack (S \neq 0) \rightarrow (SP = 0) \rbrack$

　　　　——真→（甲）SP 不存在，$S\bar{P}$ 存在。

　　　　——假→（甲）SP 存在，$S\bar{P}$ 不存在。

　　　　　　　（乙）SP 存在，$S\bar{P}$ 也存在。

　　　　——无$\genfrac{}{}{0pt}{}{真}{假}$→（甲）$SP$ 不存在，$S\bar{P}$ 也不存在。

（二）SA_hP

　　真→（甲）

　　SE_hP

　　假→（甲）

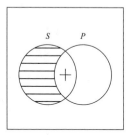

　　SA_hP

　　假→（甲）

　　SE_hP

　　真→（甲）

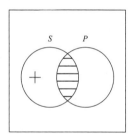

SA_hP

假→（乙）

SE_hP

假→（乙）

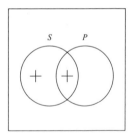

SA_hP

无$\dfrac{真}{假}$→（甲）

SE_hP

无$\dfrac{真}{假}$→（甲）

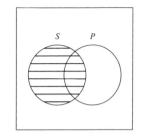

（最后一图可以不画，因条件未满足。）

（三）SA_hP 与 SE_hP 的对待关系如下：

SA_hP 与 SE_hP 不能同时真。若是没有 S，它们都无意义。其他三可能中，没有它们同真的情形。

SA_hP 与 SE_hP 可以同时假，如以上第三图；也可以同时无意义，或无真假，如第四图。但第四图与对待关系不相干。

SA_hP 为真，则 SE_hP 为假，如第一图；SE_hP 为真，则 SA_hP 为假，如第二图。

SA_hP 为假，则 SE_hP 可以真如第二图，亦可以假如第三图；SE_hP 为假，则 SA_hP 可以真如第一图，也可以假如第三图。

（四）SA_hP 与 SE_hP 的对待关系为反对的对待关系。它们可以同时假，不能同时真，由一真可以推到另一为假，由一假不能推到另一为真或假。

b.SI_hP 与 SO_hP 的对待关系。

（一）$SI_hP = [(S \neq 0) \rightarrow (SP \neq 0)]$

——真→（甲）SP 存在，$S\bar{P}$ 不存在。

（乙）SP 存在，$S\bar{P}$ 也存在。

——假→（甲）SP 不存在，$S\bar{P}$ 存在。

——无 $\genfrac{}{}{0pt}{}{真}{假}$ →（甲）SP 不存在，$S\bar{P}$ 也不存在。

$SO_hP = [(S \neq 0) \rightarrow (S\bar{P} \neq 0)]$

——真→（甲）$S\bar{P}$ 存在，SP 不存在。

（乙）$S\bar{P}$ 存在，SP 也存在。

——假→（甲）$S\bar{P}$ 不存在，SP 存在。

——无 $\genfrac{}{}{0pt}{}{真}{假}$ →（甲）$S\bar{P}$ 不存在，SP 也不存在。

（二）SI_hP

真→（甲）

SO_hP

假→（甲）

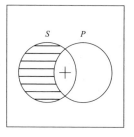

SI_hP

真→（乙）

SO_hP

真→（乙）

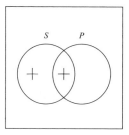

SI_hP

假→(甲)

SO_hP

真→(甲)

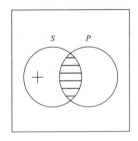

(三)SI_hP 与 SO_hP 的对待关系如下:

SI_hP 与 SO_hP 可以同时真,如以上第二图。

SI_hP 与 SO_hP 不能同时假。如果能同时假,等于没有 S,或 S 不存在;S 不存在,则两命题的条件未满足,无真假。

SI_hP 为真,SO_hP 可以真如第二图,也可以假如第一图。

SO_hP 为真,SI_hP 可以真如第二图,也可以假如第三图。

SI_hP 为假,则 SO_hP 为真,如第三图;SO_hP 为假,则 SI_hP 为真,如第一图。

(四)SI_hP 与 SO_hP 的对待关系为下反对的关系。它们不能同时假,可以同时真;如果一命题为真,另一命题不定,如果一命题为假,则另一命题必真。

c.SA_hP 与 SO_hP,SE_hP 与 SI_hP 的对待关系。以 SA_hP 与 SO_hP 为例:

(一)$SA_hP = [(S \neq 0) \rightarrow (S\bar{P} = 0)]$

——真→(甲)$S\bar{P}$ 不存在,SP 存在。

——假→(甲)$S\bar{P}$ 存在,SP 不存在。

(乙)$S\bar{P}$ 存在,SP 也存在。

$SO_hP = [(S \neq 0) \rightarrow (S\bar{P} \neq 0)]$

——真→(甲)$S\bar{P}$ 存在,SP 不存在。

（乙）S$\overline{P}$ 存在，SP 也存在。

——假→（甲）S$\overline{P}$ 不存在，SP 存在。

（二）SA$_h$P

真→（甲）

SO$_h$P

假→（甲）

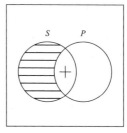

SA$_h$P

假→（甲）

SO$_h$P

真→（甲）

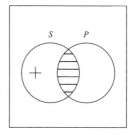

SA$_h$P

假→（乙）

SO$_h$P

真→（乙）

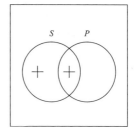

（三）SA$_h$P 与 SO$_h$P 的对待关系如下：

SA$_h$P 与 SO$_h$P 不能同时真，也不能同时假。三图之中，没有同真的情形，也没有同假的情形。

如果 SA$_h$P 为真，则 SO$_h$P 为假，如以上第一图；如果 SA$_h$P 为假，则 SO$_h$P 为真，如第二第三两图。

如果 SO_hP 为真,则 SA_hP 为假,如第二第三两图;如果 SO_hP 为假,则 SA_hP 为真,如第一图。

(四) SA_hP 与 SO_hP 为矛盾的命题。二者不能同真,不能同假。由一真可以推到另一为假,由一假可以推到另一为真。SE_hP 与 SI_hP 同样。

d. SA_hP 与 SI_hP、SE_hP 与 SO_hP 的对待关系。

(一) $SA_hP = [(S\neq0)\rightarrow(S\bar{P}=0)]$

——真→(甲)$S\bar{P}$ 不存在,SP 存在。

——假→(甲)$S\bar{P}$ 存在,SP 不存在。

(乙)$S\bar{P}$ 存在,SP 也存在。

$SI_hP = [(S\neq0)\rightarrow(SP\neq0)]$

——真→(甲)SP 存在,$S\bar{P}$ 不存在。

(乙)$S\bar{P}$ 存在,SP 也存在。

——假→(甲)$S\bar{P}$ 存在,SP 不存在。

(二) SA_hP

真→(甲)

SI_hP

真→(甲)

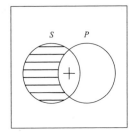

SA_hP

假→(甲)

SI_hP

假→(甲)

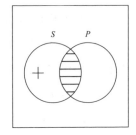

SA_hP

假→(乙)

SI_hP

真→(乙)

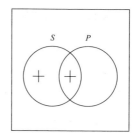

（三）SA_hP 与 SI_hP 的对待关系如下：

SA_hP 与 SI_hP 可以同时真，如以上第一图；也可以同时假，如第二图。

SA_hP 为真，则 SI_hP 必真；SA_hP 为假，SI_hP 可以真如第三图，也可以假如第二图。

SI_hP 为真，则 SA_hP 可以真如第一图，也可以假如第三图；SI_hP 为假，则 SA_hP 必假，如第二图。

（四）SA_hP 与 SI_hP 的对待关系为差等的对待关系。它们可以同时真，可以同时假；如果 SA_hP 的真可以推到 SI_hP 的真，SA_hP 的假不能推到 SI_hP 为真为假；由 SI_hP 的假可以推到 SA_hP 的假，由 SI_hP 的真，不能推到 SA_hP 之为真为假。SE_hP 与 SO_hP 同样。兹以下图表示 A_h、E_h、I_h、O_h 的对待关系：

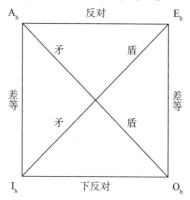

4.以上表示如果我们把传统的 A、E、I、O 当作 A_n、E_n、I_n、O_n 解，则它们的对待关系不是传统的对待关系，或者说传统的对待关系错了。如果传统的对待关系不错，则 A、E、I、O 不能视为 A_n、E_n、I_n、O_n；如果我们把传统的 A、E、I、O 当作 A_c、E_c、I_c、O_c 解，则传统的对待关系也错了；如果传统的对待关系未错，则 A、E、I、O 不能视为 A_c、E_c、I_c、O_c。这就是说如果传统的对待关系对的时候，则 A、E、I、O 既不是不假设主词存在的命题，也不是肯定主词存在的命题。

以上三解释之中只有一个说得通。如果我们以 A、E、I、O 为 A_h、E_h、I_h、O_h，则传统的对待关系对。A_h、E_h、I_h、O_h 是假设主词存在，或以主词存在为条件，而不肯定的说主词存在的命题。这里"假设"的意义颇不易以符号表示。它的意义，一方面似乎是以主词的存在为条件，另一方面似乎主词不存在的可能根本就没有想到，或即想到，而以那种可能用不着讨论或研究。我们或者说从前治逻辑的人要逻辑"适用"，而以为实用的逻辑必为适用的逻辑。可是适用者虽均能实用，而事实上实用者不必普遍地"适用"。对于不存在的东西，事实上所说的话很少，而说话的时候，话中对象无论事实上存在与否，心理上大都以为它们存在。即以"所有的人都是会死的"而论，大多数的人对于此命题，很自然地会想到死的问题，与所有的人都会死，还是有一部分的人可以免死，等等问题，而这一句话既经说出，大多数的人不至于想到没有"人"的可能，或即想到，也以为大可不必讨论或研究。总而言之，空类或无分子的类忽略了。

C.换质换位方面的问题

空类或无分子的类影响到 A、E、I、O 的对待关系,如以上所述;它也影响到换质与换位的直接推论。本段照以上的办法看影响如何。但最初有一问题我们似乎应先提出。

1.传统逻辑中换质换位的推论如下(以 SAP 为例):

原来命题　换质　换位　再换质　再换位　三换质

$$SAP \rightarrow SE\overline{P} \rightarrow \overline{P}ES \rightarrow \overline{P}A\overline{S} \rightarrow \overline{S}I\overline{P} \rightarrow \overline{S}OP$$

前四命题相等,后两命题也相等,但因第五命题是有限制的换位,后两命题与前四命题不相等,但虽不相等,而照换质换位的推论可以推论得到。设原来的命题为 $\overline{S}AP$,它应有以下的推论:

$$\overline{S}AP \rightarrow \overline{S}E\overline{P} \rightarrow \overline{P}E\overline{S} \rightarrow \overline{P}AS \rightarrow SI\overline{P} \rightarrow SOP$$

第二行推论的第四个命题与第一行推论的第三个命题,即 $\overline{P}AS$ 与 $\overline{P}ES$ 显而易见地是两相反对的命题。第一行的原来的命题与第二行的第六命题即 SAP 与 SOP,第二行的第一命题与第一行的第六命题即 $\overline{S}AP$ 与 $\overline{S}OP$,显而易见地是矛盾的命题。

照这两行的推论看来,SAP 与 $\overline{S}AP$ 总有冲突,而这冲突可以分两层看。第一,两行推论之中前四命题相等,那就是说在第一行之中,SAP 等于 $\overline{P}ES$;在第二行之中,$\overline{S}AP$ 等于 $\overline{P}AS$;但 $\overline{P}AS$ 与 $\overline{P}ES$ 既为反对的命题,则 SAP 与 $\overline{S}AP$ 也为反对的命题。第二,最后两命题虽与前四命题不相等,而可以由前四命题推论出来。$\overline{S}AP$ 与由 SAP 推论到的 $\overline{S}OP$ 彼此矛盾,$\overline{S}AP$ 与 SAP 虽不能说本身有矛盾,但似乎可以说不能同时真。无论如何,在传统逻辑的直接推论中,SAP 与 $\overline{S}AP$ 不能同时真。

请注意此处所说的是不能同真,不仅是说有时为假。

　　a.设以"所有的桌子都是四方的"与"所有的非桌子都是四方的"为例。第一命题先换质次换位变成"没有非四方的是桌子",而第二命题先换质次换位再换质成为"所有非四方的都是桌子"。照对待关系看来,以上两命题为反对的命题,那就是说,它们不能同时真。可是,从另外一方面着想,这两个命题表示没有非四方的东西。以图表示很容易看出来:

"所有的桌子都是四方的"

"所有的非桌子都是四方的"

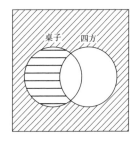

"没有非四方的是桌子"

"所有非四方的都是桌子"

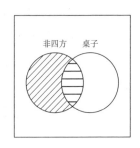

这两命题究竟同是假的呢,还是不能同是真的呢?从常识方面着想,大多数的人或者要说它们都是假的,而理由无非是(一)有圆的东西是桌子,(二)有圆的东西不是桌子。如果我们承认常识,我们似乎不能不说这两个命题都是假的。但它们是否不能同时真呢?

b.设以"所有的人都是有理性的动物"与"所有的非人都是有理性的动物"。用同样的方法我们也可以表示这两个命题否认非理性动物的存在。它们还是一真一假呢，还是不能同真呢？从对于"人"有夜郎自大的感觉的人们看来，头一个命题是真的，而后一个命题是假的。如果我们自己觉得无以解嘲，要借人类尊严的思想以自别于其他万事万物，我们大约也有同样的感想。可是问题还是这两个命题究竟还是一真一假呢，还是不能同时真呢？

c.设以"所有正式电报都是假电报"与"所有的非正式的电报都是假电报"为例。用同样的图示我们也可以表示这两个命题根本否认真电报的存在。如果真有人说这两句话，他不过是以一种俏皮的方法表示没有真的电报而已。但这两命题是否同时真呢？第一，说这样话的人，说"非正式电报"的时候，他所注意的是电报，他不至于把"非正式电报"这一名词包含桌子、椅子等等。第二，他所注意的是在电报范围之内，虽有正式与非正式的分别，而没有真的电报。如果事实上没有真的电报，他可以说他所说的两句话都是真的。但究竟能不能同时真呢？学逻辑的人仍可以说不能同时真，因为"非正式电报"包含桌子、椅子等等，不仅止于电报，所以"所有非正式电报都是假电报"这一命题是一假命题。

d.设以"所有的人都是宇宙的分子"与"所有的非人都是宇宙的分子"为例。如果宇宙的定义是包罗万象的全体，则所有一切均在宇宙范围之内，根本就不能有非宇宙的分子。同时用以上的图示我们也可以表示以上两命题根本否认非宇宙的分子的存在。这两命题，照传统的逻辑看来不能同时真。

可是,照以上"宇宙"的定义看来,它们同时是真的。"非宇宙分子"不仅不存在,而且不能存在。兹以图示表示之:

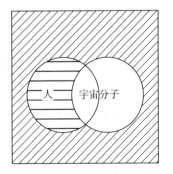

在上图白圈就是宇宙。这两命题的情形与 c 条两命题的情形不同。在"所有的非人都是宇宙的分子"这一命题中,"非人"这一名词可以包含桌子、椅子等等,而这命题仍为真的命题。承认以上宇宙二字的定义,这两命题同时是真的。可是,传统逻辑应该说它们不能同时真。

本条所举的例中,第一命题"所有的人都是宇宙的分子"可用换质换位的方法变成"没有非宇宙的分子是人";而第二命题用同样的方法可以变成"所有的非宇宙的分子是人"。这两个命题一为"E",一为"A"。非宇宙分子既不存在,以 A、E 为 A_c、E_c,它们都是假的;以 A、E 为 A_h、E_h,它们都无意义,因为它们的条件未能满足;以 A、E 为 A_n、E_n,它们都是真的。传统逻辑没有想到无分子的类,所以说以上所举的例不能同真。若仅从对待关系着想,不提存在问题,还可以说得过去;从换质换位的推论方面着想,不提存在问题,就说不过去了。现在把换质与换位连在一块讲,其实问题差不多全是换位的问题,尤其是 E 命题的换位。

兹以下列两 E 命题为例:

> 甲 "没有人是桌子"
>
> 乙 "没有人是鬼"

这两个命题普通我们承认是真命题,可是真的理由或真的根据或真的标准不见得一致。事实上有人,也有桌子;如果我们把具体的人挤在一边,把具体的桌子堆在另一边,甲命题说没有一个前边的具体的东西是后边的具体的东西。事实上虽有人,而没有鬼或鬼不存在。现在我们只有第一类具体的东西,没有第二类具体的东西。乙命题可以有两个说法:(一)说没有前一类的具体的东西,是后一类的具体东西;(二)说没有后一类的具体的东西,所以前一类的任何具体的东西不是后一类的具体的东西。这两个命题虽真,而真的理由不同。理由不同,换位后的命题的真假,就受影响。换位后的甲、乙如下:

> 甲 "没有桌子是人"
>
> 乙 "没有鬼是人"

这两个命题之中,甲命题可以视为 E_c 或 E_h 或 E_n。如果原来的命题是真的,换位后的命题无论是 E_c 也好、E_h 也好、E_n 也好,仍是真的。乙则不然,如果原来的命题是真的,换位后的命题视为 E_c 则假,视为 E_h 则条件未满足无真假可言,视为 E_n 则真。照此看来,E 命题有时可以换位,有时不能换位。兹以各种不同的解释,看换质与换位的推论如何。

2.以 A、E、I、O 为 A_h、E_h、I_h、O_h,传统逻辑的换质换位的推论如下:

$$SAP \rightarrow SE\overline{P} \rightarrow \overline{P}ES \rightarrow \overline{P}A\overline{S} \rightarrow \overline{S}I\overline{P} \rightarrow \overline{S}OP。$$

117

a.$SA_hP \rightarrow SE_h\bar{P}$。

（一）$SA_hP = [(S \neq 0) \rightarrow (S\bar{P} = 0)]$

　　——真→（甲）$S\bar{P}$ 不存在，SP 存在。

　　——假→（甲）$S\bar{P}$ 存在，SP 不存在。

　　　　　（乙）$S\bar{P}$ 存在，SP 也存在。

$SE_h\bar{P} = [(S \neq 0) \rightarrow (S\bar{P} = 0)]$

　　——真假同上。

（二）SA_hP

　　真→（甲）

　　$SE_h\bar{P}$

　　真→（甲）

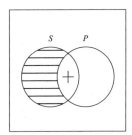

　　SA_hP

　　假→（甲）

　　$SE_h\bar{P}$

　　假→（甲）

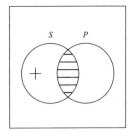

　　SA_hP

　　假→（乙）

　　$SE_h\bar{P}$

　　假→（乙）

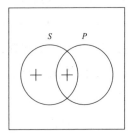

(三)此两命题相等,所以由 SA_hP 可以推到 $SE_h\bar{P}$。

b.$SE_h\bar{P}\rightarrow\bar{P}E_hS$。

(一)$SE_h\bar{P}=[\,(\,S\neq0)\rightarrow(S\bar{P}=0)\,]$

——真→(甲)$S\bar{P}$ 不存在,SP 存在。

——假→(甲)$S\bar{P}$ 存在,SP 不存在。

　　　　(乙)$S\bar{P}$ 存在,SP 也存在。

——无$_{假}^{真}$→(甲)$S\bar{P}$ 不存在,SP 也不存在。

$\bar{P}E_hS=[\,(\,\bar{P}\neq0)\rightarrow(S\bar{P}=0)\,]$

——真→(甲)$S\bar{P}$ 不存在,$\overline{SP}$ 存在。

——假→(甲)$S\bar{P}$ 存在,$\overline{SP}$ 不存在。

　　　　(乙)$S\bar{P}$ 存在,$\overline{SP}$ 也存在。

——无$_{假}^{真}$→(甲)$S\bar{P}$ 不存在,$\overline{SP}$ 也不存在。

(二)$SE_h\bar{P}$

真→(甲)

$\bar{P}E_hS$

真→(甲)

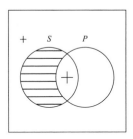

$SE_h\bar{P}$

真→(甲)

$\bar{P}E_hS$

无$_{假}^{真}$→(甲)

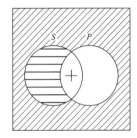

$SE_h\bar{P}$

假→（甲）

$\bar{P}E_hS$

假→（甲）

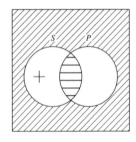

$SE_h\bar{P}$

假→（甲）

$\bar{P}E_hS$

假→（乙）

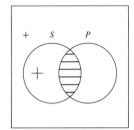

$SE_h\bar{P}$

假→（乙）

$\bar{P}E_hS$

假→（甲）

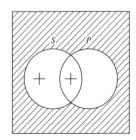

$SE_h\bar{P}$

假→（乙）

$\bar{P}E_hS$

假→（乙）

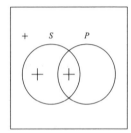

$SE_h\bar{P}$

无 真/假 →（甲）

$\bar{P}E_hS$

真→（甲）

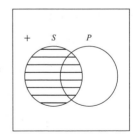

$SE_h\bar{P}$

无 真/假 →（甲）

$\bar{P}E_hS$

无 真/假 →（甲）

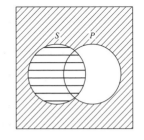

（三）以上表示 $SE_h\bar{P}$ 真，$\bar{P}E_hS$ 可以真如第一图，也可以无真假如第二图；$\bar{P}E_hS$ 真，$SE_h\bar{P}$ 可以真如第一图，也可以无真假如第七图。它们不相等，所以推论说不过去。

c.$\bar{P}E_hS\to\bar{P}A_h\bar{S}$。

（一）$\bar{P}E_hS=[(P\neq0)\to(S\bar{P}=0)]$

$\bar{P}A_h\bar{S}=[(P\neq0)\to(S\bar{P}=0)]$

此两命题一样，前一命题等于$[(\bar{P}\neq0)\to(\bar{P}S=0)]$，而此命题又等于$[(\bar{P}\neq0)\to(S\bar{P}=0)]$；后一命题等于$[(\bar{P}\neq0)\to(\bar{P}\bar{S}=0)]$，此命题等于$[(\bar{P}\neq0)\to(\bar{P}S=0)]$，而此命题又等于$[(\bar{P}\neq0)\to(S\bar{P}=0)]$。

（二）此两命题不必以图形表示。它们既相等，则 $\bar{P}E_hS$

可以推论到 $\bar{P}A_h\bar{S}$。

d. $\bar{P}A_h\bar{S} \rightarrow \bar{S}I_h\bar{P}$。

（一）$\bar{P}A_h\bar{S} = [(\bar{P} \neq 0) \rightarrow (S\bar{P} = 0)]$

——真→（甲）$S\bar{P}$ 不存在,$\bar{S}\bar{P}$ 存在。

——假→（甲）$S\bar{P}$ 存在,$\bar{S}\bar{P}$ 不存在。

（乙）$S\bar{P}$ 存在,$\bar{S}\bar{P}$ 也存在,

——无$\genfrac{}{}{0pt}{}{\text{真}}{\text{假}}$→（甲）$S\bar{P}$ 不存在,$\bar{S}\bar{P}$ 也不存在。

$\bar{S}I_h\bar{P} = [(\bar{S} \neq 0) \rightarrow (\bar{S}\bar{P} \neq 0)]$

——真→（甲）$\bar{S}\bar{P}$ 存在,$S\bar{P}$ 不存在。

（乙）$\bar{S}\bar{P}$ 存在,$S\bar{P}$ 也存在。

——假→（甲）$\bar{S}\bar{P}$ 不存在,$S\bar{P}$ 存在。

——无$\genfrac{}{}{0pt}{}{\text{真}}{\text{假}}$→（甲）$\bar{S}\bar{P}$ 不存在,$S\bar{P}$ 也不存在。

（二）$\bar{P}A_h\bar{S}$

真→（甲）

$\bar{S}I_h\bar{P}$

真→（甲）

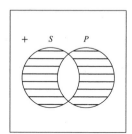

$\bar{P}A_h\bar{S}$

真→（甲）

$\bar{S}I_h\bar{P}$

真→（乙）

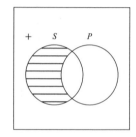

$\overline{P}A_h\overline{S}$

假→（甲）

$\overline{S}I_h\overline{P}$

假→（甲）

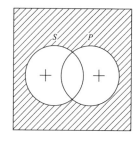

$\overline{P}A_h\overline{S}$

假→（甲）

$\overline{S}I_h\overline{P}$

无 $\genfrac{}{}{0pt}{}{真}{假}$ →（甲）

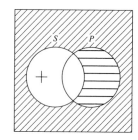

$\overline{P}A_h\overline{S}$

假→（乙）

$\overline{S}I_h\overline{P}$

真→（甲）

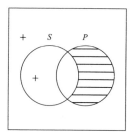

$\overline{P}A_h\overline{S}$

假→（乙）

$\overline{S}I_h\overline{P}$

真→（乙）

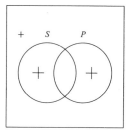

$\overline{P}A_h\overline{S}$

无 $\genfrac{}{}{0pt}{}{真}{假}$ →（甲）

$\overline{S}I_h\overline{P}$

假→（甲）

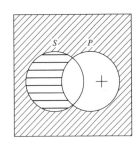

$\overline{P}A_h\overline{S}$

无 $\genfrac{}{}{0pt}{}{真}{假}$ →（甲）

$\overline{S}I_h\overline{P}$

无 $\genfrac{}{}{0pt}{}{真}{假}$ →（甲）

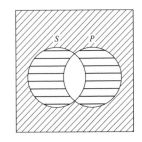

（三）以上表示 $\overline{P}A_h\overline{S}$ 为真，则 $\overline{S}I_h\overline{P}$ 亦为真；它们虽不相等，而可以推论得过去。

e.$\overline{S}I_h\overline{P}\rightarrow\overline{S}O_hP$。

（一）$\overline{S}I_h\overline{P}=[(\overline{S}\neq0)\rightarrow(\overline{SP}\neq0)]$

$\overline{S}O_hP=[(\overline{S}\neq0)\rightarrow(\overline{SP}\neq0)]$

这两命题相等，推论无问题。

f.设以 A、E、I、O 为 A_h、E_h、I_h、O_h，则换质换位如下：

$SA_hP\rightarrow SE_h\overline{P}\rightarrow\overline{P}E_hS\rightarrow\overline{P}A_h\overline{S}\rightarrow\overline{S}I_h\overline{P}\rightarrow\overline{S}O_hP$

第二步的推论说不通，第四步不是相等的推论。

3.以 A、E、I、O 为 A_c、E_c、I_c、O_c。

a.$SA_cP\rightarrow SE_c\overline{P}$。

$$（一）SA_cP=\left[（S\neq0）与（S\bar{P}=0）\right]$$

$$SE_c\bar{P}=\left[（S\neq0）与（S\bar{P}=0）\right]$$

此两命题相等,用不着再提出真假的条件,也用不着利用图式以表示它们的关系。

（二)它们既然相等,则由 SA_cP 到 $SE_c\bar{P}$ 的推论当然说得过去。

b. $SE_c\bar{P}\rightarrow\bar{P}E_cS$。

$$（一）SE_c\bar{P}=\left[（S\neq0）与（S\bar{P}=0）\right]$$

——真→(甲) $S\bar{P}$ 不存在,SP 存在。

——假→(甲) $S\bar{P}$ 存在,SP 不存在。

（乙) $S\bar{P}$ 存在,SP 也存在。

（丙) $S\bar{P}$ 不存在,SP 也不存在。

$$\bar{P}E_cS=\left[（\bar{P}\neq0）与（S\bar{P}=0）\right]$$

——真→(甲) $S\bar{P}$ 不存在,$\bar{S}\bar{P}$ 存在。

——假→(甲) $S\bar{P}$ 存在,$\bar{S}\bar{P}$ 不存在。

（乙) $S\bar{P}$ 存在,$\bar{S}\bar{P}$ 也存在。

（丙) $S\bar{P}$ 不存在,$\bar{S}\bar{P}$ 也不存在。

（二) $SE_c\bar{P}$

真→(甲)

$\bar{P}E_cS$

真→(甲)

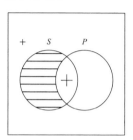

$SE_c\overline{P}$

真→（甲）

$\overline{P}E_cS$

假→（丙）

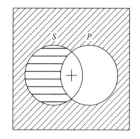

$SE_c\overline{P}$

假→（甲）

$\overline{P}E_cS$

假→（甲）

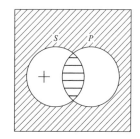

$SE_c\overline{P}$

假→（甲）

$\overline{P}E_cS$

假→（乙）

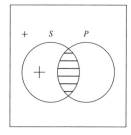

$SE_c\overline{P}$

假→（乙）

$\overline{P}E_cS$

假→（甲）

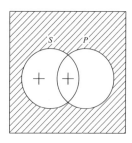

$SE_c\bar{P}$

假→（乙）

$\bar{P}E_cS$

假→（乙）

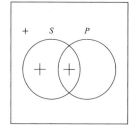

$SE_c\bar{P}$

假→（丙）

$\bar{P}E_cS$

假→（丙）

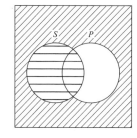

$SE_c\bar{P}$

假→（丙）

$\bar{P}E_cS$

真→（甲）

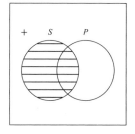

（三）这两命题可以同真，可以同假。$SE_c\bar{P}$ 为真，$\bar{P}E_cS$ 可以真，亦可以假；$\bar{P}E_cS$ 为真，$SE_c\bar{P}$ 可以真，也可以假。它们既不相等，也不能有推论。

c. $\bar{P}E_cS \rightarrow \bar{P}A_c\bar{S}$。

（一）$\bar{P}E_c\bar{S} = [\,(\bar{P} \neq 0)\ 与\ (S\bar{P} = 0)\,]$

$\bar{P}A_c\bar{S} = [\,(\bar{P} \neq 0)\ 与\ (S\bar{P} = 0)\,]$

127

此两命题中,$\overline{P}E_cS = [\,(\overline{P}\neq 0)$ 与 $(\overline{PS}=0)\,] = [\,\overline{P}\neq 0)$ 与 $(S\overline{P}=0)\,]$;而 $\overline{P}A_c\overline{S} = [\,(\overline{P}\neq 0)$ 与 $(\overline{PS}=0)\,] = [\,\overline{P}\neq 0)$ 与 $(S\overline{P}=0)\,]$。它们相等,所以由 $\overline{P}E_cS$ 可以推论到 $\overline{P}A_c\overline{S}$。

d.$\overline{P}A_c\overline{S}\rightarrow\overline{S}I_c\overline{P}$。

(一)$\overline{P}A_c\overline{S} = [\,(\overline{P}\neq 0)$ 与 $(S\overline{P}=0)\,]$

——真→(甲)$S\overline{P}$ 不存在,$\overline{SP}$ 存在。

——假→(甲)$S\overline{P}$ 存在,$\overline{SP}$ 不存在。

(乙)$S\overline{P}$ 存在,$\overline{SP}$ 也存在。

(丙)$S\overline{P}$ 不存在,$\overline{SP}$ 也不存在。

$\overline{S}I_c\overline{P} = [\,(\overline{S}\neq 0)$ 与 $(\overline{SP}\neq 0)\,]$

——真→(甲)$\overline{SP}$ 存在,$\overline{S}P$ 不存在。

(乙)$\overline{SP}$ 存在,$\overline{S}P$ 也存在。

——假→(甲)$\overline{SP}$ 不存在,$\overline{S}P$ 存在。

(乙)$\overline{SP}$ 不存在,$\overline{S}P$ 也不存在。

(二)$\overline{P}A_c\overline{S}$

真→(甲)

$\overline{S}I_c\overline{P}$

真→(甲)

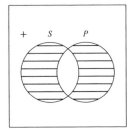

$\overline{P}A_c\overline{S}$

真→(甲)

$\overline{S}I_c\overline{P}$

真→(乙)

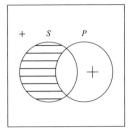

$\overline{P}A_c\overline{S}$

假→（甲）

$\overline{S}I_c\overline{P}$

假→（甲）

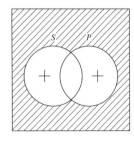

$\overline{P}A_c\overline{S}$

假→（甲）

$\overline{S}I_c\overline{P}$

假→（乙）

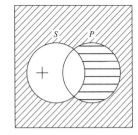

$\overline{P}A_c\overline{S}$

假→（乙）

$\overline{S}I_c\overline{P}$

真→（甲）

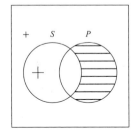

$\overline{P}A_c\overline{S}$

假→（乙）

$\overline{S}I_c\overline{P}$

真→（乙）

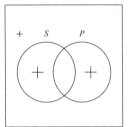

$\overline{P}A_c\overline{S}$

假→（丙）

$\overline{S}I_c\overline{P}$

假→（甲）

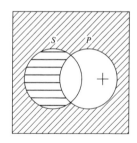

$\overline{P}A_c\overline{S}$

假→（丙）

$\overline{S}I_c\overline{P}$

假→（乙）

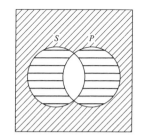

（三）此两命题不相等,可是 $\overline{P}A_c\overline{S}$ 为真,则 $\overline{S}I_c\overline{P}$ 亦真,所以由 $\overline{P}A_c\overline{S}$ 之为真可以推论到 $\overline{S}I_c\overline{P}$ 之为真。兹以 $\overline{P}A_c\overline{S}{\rightarrow}\overline{S}I_c\overline{P}$ 表示虽不相等,而可以推论。

e.$\overline{S}I_c\overline{P}{\rightarrow}\overline{S}O_cP$。

（一）$\overline{S}I_c\overline{P}=[\,(\,\overline{S}{\neq}0)\,与(\,\overline{SP}{\neq}0)\,]$

$\overline{S}O_cP=[\,(\,\overline{S}{\neq}0)\,与(\,\overline{SP}{\neq}0)\,]$

这两命题相等,不必提出真假的条件,也不必提出图式。既然相等,当然可以推论过去。

f.设以 A、E、I、O 为 A_c、E_c、I_c、O_c,则换质换位推论如下:

$$SA_cP{\rightarrow}SE_c\overline{P}{\rightarrow}\overline{P}E_cS{\rightarrow}\overline{P}A_c\overline{S}{\rightarrow}\overline{S}I_c\overline{P}{\rightarrow}\overline{S}O_cP$$

第二步推论不过去,第四步不是相等的推论。

4.兹以 A、E、I、O 为 A_n、E_n、I_n、O_n。

a.$SA_nP \rightarrow SE_n\bar{P}$。

（一）$SA_nP = (S\bar{P} = 0)$

　　$SE_n\bar{P} = (S\bar{P} = 0)$

此两命题相等,当然可以彼此推论,也用不着用图式的方法表示它们相等。

b.$SE_n\bar{P} \rightarrow \bar{P}E_nS$。

（一）$SE_n\bar{P} = (S\bar{P} = 0)$

　　$\bar{P}E_nS = (\bar{P}S = 0) = (S\bar{P} = 0)$

此两命题也相等,由前可以推后。不必以图表示。

c.$\bar{P}E_nS \rightarrow \bar{P}A_n\bar{S}$。

（一）$\bar{P}E_nS = (S\bar{P} = 0)$

　　$\bar{P}A_n\bar{S} = (\bar{P}\bar{\bar{S}} = 0) = (\bar{P}S = 0) = (S\bar{P} = 0)$

此两命题亦相等,推论当然成立。

d.$\bar{P}A_n\bar{S} \rightarrow \bar{S}I_n\bar{P}$。

（一）$(\bar{P}A_n\bar{S}) = (S\bar{P} = 0)$

　　　　——真→（甲）$S\bar{P}$ 不存在,$\bar{S}\bar{P}$ 也不存在。

　　　　　　　（乙）$S\bar{P}$ 不存在,$\bar{S}\bar{P}$ 存在。

　　　　——假→（甲）$S\bar{P}$ 存在,$\bar{S}\bar{P}$ 不存在。

　　　　　　　（乙）$S\bar{P}$ 存在,$\bar{S}\bar{P}$ 也存在。

　　$\bar{S}I_n\bar{P} = [(\bar{S}\bar{P} \neq 0) 或 (\bar{S} = 0)]$

　　　　——真→（甲）$\bar{S}\bar{P}$ 存在,$\bar{S}P$ 不存在。

　　　　　　　（乙）$\bar{S}\bar{P}$ 存在,$\bar{S}P$ 也存在。

　　　　　　　（丙）$\bar{S}\bar{P}$ 不存在,$\bar{S}P$ 也不存在。

　　　　——假→（甲）$\bar{S}\bar{P}$ 不存在,$\bar{S}P$ 存在。

（二）$\bar{P}A_n\bar{S}$

真→（甲）

$\bar{S}I_n\bar{P}$

真→（丙）

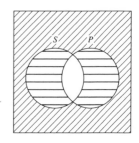

$\bar{P}A_n\bar{S}$

真→（甲）

$\bar{S}I_n\bar{P}$

假→（甲）

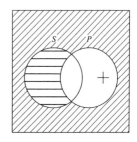

$\bar{P}A_n\bar{S}$

真→（乙）

$\bar{S}I_n\bar{P}$

真→（甲）

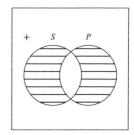

$\bar{P}A_n\bar{S}$

真→（乙）

$\bar{S}I_n\bar{P}$

真→（乙）

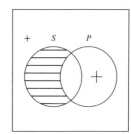

$\overline{P}A_n\overline{S}$

假→（甲）

$\overline{S}I_n\overline{P}$

真→（丙）

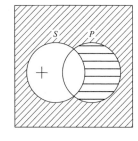

$\overline{P}A_n\overline{S}$

假→（甲）

$\overline{S}I_n\overline{P}$

假→（甲）

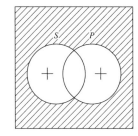

$\overline{P}A_n\overline{S}$

假→（乙）

$\overline{S}I_n\overline{P}$

真→（甲）

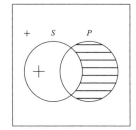

$\overline{P}A_n\overline{S}$

假→（乙）

$\overline{S}I_n\overline{P}$

真→（乙）

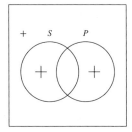

（三）此两命题不相等，也不能推论。这就是说，由 $\overline{P}A_n\overline{S}$ 不能推论到 $\overline{S}I_n\overline{P}$。在此处我们要注意由 $\overline{P}A_n\overline{S}$ 虽可以推论到 $\overline{P}I_n\overline{S}$，它们有差等的关系，而由 $\overline{P}A_n\overline{S}$ 不能换位到 $\overline{S}I_n\overline{P}$。不但 E 换位有困难，I 换位也有困难。在 A_c、E_c、I_c、O_c 与 A_h、E_h、I_h、O_h 中，"E"的换位有困难，而"I"的换位没有。在 A_n、E_n、I_n、O_n 中，"E"的换位没有困难，而"I"的换位有困难。

e. $\overline{S}I_n\overline{P}\rightarrow\overline{S}O_n P$。

（一）$\overline{S}I_n\overline{P}=[(\overline{SP}\neq 0)\ 或\ (\overline{S}=0)]$

$\overline{S}O_n P=[(\overline{SP}\neq 0)\ 或\ (\overline{S}=0)]$

这两命题相等，推论无问题。

f. 以 A、E、I、O 为 A_n、E_n、I_n、O_n，则换质换位的推论如下：

$$SA_n P\rightarrow SE_n\overline{P}\rightarrow\overline{P}E_n S\rightarrow\overline{P}A_n\overline{S}\rightarrow\overline{S}I_n\overline{P}\rightarrow\overline{S}O_n P$$

第四步推论过不去。

5. 以上表示 A、E、I、O 在 A_c、E_c、I_c、O_c，A_h、E_h、I_h、O_h，A_n、E_n、I_n、O_n 三个解释范围之内，没有一个解释可以使换质换位的推论说得通。

同时，如果对待关系说得通的时候，A、E、I、O 应作 A_h、E_h、I_h、O_h 解。

但从 A_h、E_h、I_h、O_h 解释换质换位说不通。这表示传统逻辑的直接推论的前后两部分不一致。

此处的问题当然还是空类的问题。空类的问题在对待关系一方面我们或者不觉得什么，因为从日常生活方面着想，A、E、I、O 如果代表实用的话，用不着提到主词存在问题。在换质换位的推论则不然。从日常生活方面看来，好好的命题，用换质换位的推论，三翻四变，可以变成一主词不存在的命题。在换质换位方面既有这样的问题，在对待关系方面这就不能不预为之备。如果在对待关系方面 A 与 E 不管主词存在问题，而糊里糊涂假设主词存在，则 SAP 与 $\overline{S}$AP 发生冲突。具这种形式的命题在日常生活中虽然少见，可是并不见得没有。以上所举的例不是特别古怪的命题，虽大多数的 SAP 与 $\overline{S}$AP 不同时真，而既有同时真的可能，我们就不能说它们在理论上不能同时真。

总而言之，主词不存在的可能，不能不顾虑到。现在许多人的办法，是把 A、E 两命题为不假设主词存在的命题，I、O 两命题为肯定主词存在的命题。那就是说 A 与 E 为 A_n 与 E_n，而 I 与 O 为 I_c 与 O_c。这个办法有逻辑系统范围之外的理由，也有逻辑系统范围之内的理由。兹先提出前者稍微说几句话。

系统之外的理由，其最大者当然就是以上所说的空类问题。关于空类的问题，我们可以总结如下：要逻辑之适用，我们固然要研究实用的命题；但如果我们把逻辑限制到实用的命题，其结果可以使逻辑不适用。专就实用的命题着想，我们用不着讨论空类或不存在的主词；但如果我们把逻辑限制实用的命题而忽略空类，其结果就免不了有本节所提出的问题，反使逻辑不适用。

但除方才所说的这理由外还有其他的理由。A 与 E 固为全称命题。全称颇费解，即以"所有的人都是有理性的动物"而论，所有的范围究竟如何呢？所有以往的人呢？现在的人呢？将来的人呢？仅指以往，何以应付现在的人呢？仅指已往及现在的人,又何以能使将来之人亦有理性呢?寻常我们说这样的命题由归纳得来,但是怎样得法呢?如果把以往、现在及将来的人均包括在所有范围之内,则命题之全称诚全称矣,但它是直言命题吗?把命题引用到将来等于说"如果将来有人,那些人也是有理性的动物"。A、E 两命题要实在全称,最好从反面着想。SAP 从反面着想说没有 $S\overline{P}$,SEP 从反面着想说没有 SP。或者把它们当作假言命题看待:如果 x 是 S,它就是 P;如果 x 是 S,它就不是 P。这样的命题可以说是描写以往,也可以说是范畴将来,也可以说表示 S 与 P 两概念的关系。必如是,A 与 E 才无疑义的普遍;果如是,则 A 与 E 即为 A_n 与 E_n。

全称命题要不假设主词存在,才能无疑地全称;特称命题要肯定主词存在,才能无疑地特称。"有人是有理性的动物"这样的命题,如果是真的,谅有事实方面或经验方面的根据,既然如此,它就得肯定主词的存在。

系统范围之内的理由,一方面是简单与便利,另一方面是直接推论之一致。前者可以从对待关系着想,后者可以从两部的推论着想。

a.对待关系。

(一)SA_nP 与 SE_nP 为独立,SI_cP 与 SO_cP 亦为独立。这两层前此已经提出,此处不赘。

(二)SA_nP 与 SO_cP 为矛盾,SE_nP 与 SI_cP 亦为矛盾。

$$SA_nP = (S\overline{P} = 0)$$

——真→(甲)$S\overline{P}$ 不存在,SP 也不存在。

(乙)$S\overline{P}$ 不存在,SP 存在。

——假→(甲)S$\overline{P}$ 存在,SP 不存在。

　　　　(乙)S$\overline{P}$ 存在,SP 也存在。

$SO_cP = [(S\overline{P} \neq 0) 与 (S \neq 0)]$

——真→(甲)S$\overline{P}$ 存在,SP 不存在。

　　　　(乙)S$\overline{P}$ 存在,SP 也存在。

——假→(甲)S$\overline{P}$ 不存在,SP 也不存在。

　　　　(乙)S$\overline{P}$ 不存在,SP 存在。

SA_nP

真→(甲)

SO_cP

假→(甲)

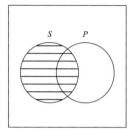

SA_nP

真→(乙)

SO_cP

假→(乙)

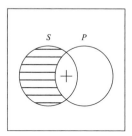

SA_nP

假→(甲)

SO_cP

真→(甲)

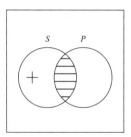

SA_nP

假→（乙）

SO_cP

真→（乙）

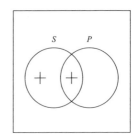

SA_nP 与 SO_cP 不能同真，不能同假，一真则另一为假，一假则另一为真；它们为矛盾的命题。SE_nP 与 SI_cP 同样。

（三）SA_nP 与 SI_cP 为独立，SE_nP 与 SO_cP 同样。兹以 SA_nP 与 SI_cP 为例：

$SA_nP = (S\bar{P} = 0)$

——真→（甲）$S\bar{P}$ 不存在，SP 也不存在。

（乙）$S\bar{P}$ 不存在，SP 存在。

——假→（甲）$S\bar{P}$ 存在，SP 不存在。

（乙）$S\bar{P}$ 存在，SP 也存在。

$SI_cP = [(SP \neq 0) 与 (S \neq 0)]$

——真→（甲）SP 存在，$S\bar{P}$ 不存在。

（乙）SP 存在，$S\bar{P}$ 也存在。

——假→（甲）SP 不存在，$S\bar{P}$ 也不存在。

（乙）SP 不存在，$S\bar{P}$ 存在。

SA_nP

真→（甲）

SI_cP

假→（甲）

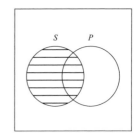

SA_nP

真→（乙）

SI_cP

真→（甲）

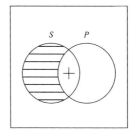

SA_nP

假→（甲）

SI_cP

假→（乙）

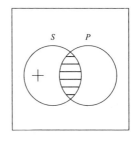

SA_nP

假→（乙）

SI_cP

真→（乙）

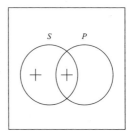

　　SA_nP 与 SI_cP 可以同时真，也可以同时假，一真则另一可真可假，一假则另一亦可真可假。它们没有对待关系，所以独立。SE_nP 与 SO_cP 同样。

　　（四）A_n、E_n、I_c、O_c 的对待关系如下：

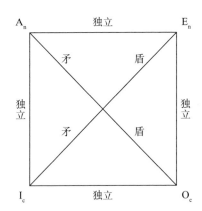

此图示表示只有 A_n 与 O_c、E_n 与 I_c。有对待关系,其他都是独立的命题。这样对待关系非常之简单,同时以记号表示命题,只要表示矛盾关系就行,所以也非常之便利。

b.换质换位的推论。兹特把 A_h、E_h、I_h、O_h 等等的整个换质换位详列于下:

（一）A_h、E_h、I_h、O_h 的换质换位:

	A_h	E_h	I_h	O_h
原来命题	SA_hP	SE_hP	SI_hP	SO_hP
	↓	↓	↓	↓
初换质	$SE_h\bar{P}$	$SA_h\bar{P}$	$\underline{SO_h\bar{P}}$	$SI_h\bar{P}$
	↓	↓		↓
初换位	$\bar{P}E_hS$	$\bar{P}I_hS$		$\bar{P}I_hS$
	↓	↓		↓
再换质	$\bar{P}A_h\bar{S}$	$\underline{\bar{P}O_h\bar{S}}$		$\underline{\bar{P}O_h\bar{S}}$
	↓			
再换位	$\bar{S}I_h\bar{P}$	$\overline{\overline{S}O_h\bar{P}}$		再换质

140

$$\downarrow \qquad\qquad \uparrow$$

三换质 $\quad \underline{\overline{S}O_hP} \qquad \overline{S}I_hP \qquad\qquad\qquad$ 再换位

$$\qquad\qquad\qquad\qquad\quad \uparrow$$

$\qquad\quad \overline{PO_h\overline{S}} \qquad PA_h\overline{S} \qquad \overline{PO_h\overline{S}} \qquad\qquad$ 初换质

$$\qquad\quad \uparrow \qquad\qquad \uparrow \qquad\qquad \uparrow$$

$\qquad\quad PI_hS \qquad PE_hS \qquad PI_hS \qquad\qquad$ 初换位

$$\qquad\quad \uparrow \qquad\qquad \uparrow \qquad\qquad \uparrow$$

$\qquad\quad SA_hP \qquad SE_hP \qquad SI_hP \qquad \overline{SO_hP} \qquad$ 原来命题

（二）A_c、E_c、I_c、O_c 的换质换位：

	A_c	E_c	I_c	O_c
原来命题	SA_cP	SE_cP	SI_cP	SO_cP
	$\downarrow$	$\downarrow$	$\downarrow$	$\downarrow$
初换质	$SE_c\overline{P}$	$SA_c\overline{P}$	$\underline{\overline{S}O_c\overline{P}}$	$SI_c\overline{P}$
	$\downarrow$	$\downarrow$		$\downarrow$
初换位	$\overline{P}E_cS$	$\overline{P}I_cS$		$\overline{P}I_cS$
	$\downarrow$	$\downarrow$		$\downarrow$
再换质	$\overline{P}A_c\overline{S}$	$\underline{\overline{P}O_c\overline{S}}$		$\underline{\overline{P}O_c\overline{S}}$
	$\downarrow$			
再换位	$\overline{S}I_cP$	$\overline{\overline{S}O_c\overline{P}}$		再换质
	$\downarrow$	$\uparrow$		
三换质	$\underline{\overline{S}O_cP}$	$\overline{S}I_cP$		再换位
		$\uparrow$		

$\overline{PO_c\overline{S}}$ $\quad$ $PA_c\overline{S}$ $\quad$ $\overline{PO_c\overline{S}}$ $\qquad$ 初换质

↑ $\qquad$ ↑ $\qquad$ ↑

PI_cS $\qquad$ PE_cS $\qquad$ PI_cS $\qquad$ 初换位

↑ $\qquad$ $\overline{↑}$ $\qquad$ ↑

SA_cP $\qquad$ SE_cP $\qquad$ SI_cP $\qquad$ $\overline{SO_cP}$ $\qquad$ 原来命题

（三）A_n、E_n、I_n、O_n 的换质换位：

	A_n	E_n	I_n	O_n
原来命题	SA_nP	SE_nP	SI_nP	SO_nP
	↓	↓	↓	↓
初换质	$SE_n\overline{P}$	$SA_n\overline{P}$	$SO_n\overline{P}$	$SI_n\overline{P}$
	↓	↓		↓
初换位	$\overline{P}E_nS$	$\overline{P}I_nS$		$\overline{P}I_nS$
	↓	↓		↓
再换质	$\overline{P}A_n\overline{S}$	$\overline{PO_n\overline{S}}$		$\overline{PO_n\overline{S}}$
	↓			
再换位	$\overline{S}I_n\overline{P}$	$\overline{SO_n\overline{P}}$		再换质
	↓	↑		
三换质	$\overline{S}O_nP$	$\overline{S}I_nP$		再换位
		↑		
	$\overline{PO_n\overline{S}}$	$PA_n\overline{S}$	$\overline{PO_n\overline{S}}$	初换质
	↑	↑	↑	
	PI_nS	PE_nS	PI_nS	初换位

$$\overline{\uparrow} \qquad \uparrow \qquad \overline{\uparrow}$$

SA_nP	SE_nP	SI_nP	$\overline{SO_nP}$	原来命题

（四）A_n、E_n、I_c、O_c 的换质与换位：

	A_n	E_n	I_c	O_c	
原来命题	SA_nP	SE_nP	SI_cP	SO_cP	
	↓	↓	↓	↓	
初换质	$SE_n\overline{P}$	$SA_n\overline{P}$	$SO_c\overline{P}$	$SI_c\overline{P}$	
	↓	$\underline{\downarrow}$		↓	
初换位	$\overline{P}E_nS$	$\overline{P}I_cS$		$\overline{P}I_cS$	
	↓	↓		↓	
再换质	$\overline{P}A_n\overline{S}$	$\underline{\overline{PO_c\overline{S}}}$		$\overline{P}O_c\overline{S}$	
	↓				
再换位	$\overline{S}I_cP$	$\overline{SO_c\overline{P}}$			再换质
	↓	↑			
三换质	$\underline{\overline{S}O_cP}$	$\overline{S}I_cP$			再换位
		↑			
	$\overline{PO_c\overline{S}}$	$PA_n\overline{S}$	$\overline{PO_c\overline{S}}$		初换质
	↑	↑	↑		
	PI_cS	PE_nS	PI_cS		初换位
	$\overline{\uparrow}$	↑	↑		
	SA_nP	SE_nP	SI_cP	SO_cP	原来命题

此表表示由全称命题不能用换质换位的方法推论到特称

命题。

由 SA_nP 既不能推论到 $\overline{SO_cP}$,则 SA_nP 与 $\overline{SA_nP}$ 无冲突。由 SA_nP 虽能推论到 $\overline{PE_nS}$,由 $\overline{SA_nP}$ 虽能推论到 $\overline{PA_nS}$,而 $\overline{PE_nS}$ 与 $\overline{PA_nS}$ 既为独立的命题,而非反对的命题,SA_nP 与 $\overline{SA_nP}$ 也非反对的命题。

c. 以 A、E、I、O 为 A_n、E_n、I_c、O_c,则

(一)A、E、I、O 主词都有明确规定。

(二)对待关系特别简单。

(三)换质换位虽没有传统的换质换位那样自由,而没有传统推论所有的毛病。

二、对于间接推论的批评

A. 三 段 论

对于三段论的批评,我们可以分三项。一、继续以上的讨论从主词存在与否的问题方面着想;二、从主宾词式命题方面着想;三、从直言或假言命题方面着想。

1. 三段论的格式共有十九个,其中第一格之 AAA、EAE、AII、EIO 与第二格之 EAE、AEE、EIO、AOO,无论 A、E、I、O 的解释如何,均没有错。其余第三格之 AAI、IAI、AII、EAO、OAO、EIO 与第四格之 AAI、AEE、IAI、EAO、EIO,有些说得通,有些说不通,要看 A、E、I、O 的解释如何。前两格推论此处不提,读者自己可以用图形表示。后两格的推论,均隐包换位,所以有各种问题发生。

a.以 A、E、I、O 为 A_h、E_h、I_h、O_h，则第四格之 AEE 不对，其他均通。

（一）$A_h E_h E_h$ 之关系用以下图表示：

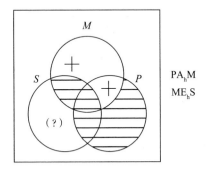

PA$_h$M
ME$_h$S

此图没有表示有 S，不能得 SE$_h$P 的结论。

（二）其他各式均用小前提为肯定命题，结论虽包含换位，推论不至于发生问题。兹以第三格之 $A_h A_h I_h$ 为例：

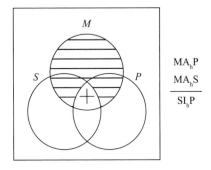

MA$_h$P
MA$_h$S
——————
SI$_h$P

b.以 A、E、I、O 为 A_c、E_c、I_c、O_c，则第四格之 AEE 一样的说不通，其余均说得通。

$A_c E_c E_c$ 的图示与上条一样。其说得通的格式之中，我们可以用另一例以图表示之。

第四格之 $A_c A_c I_c$：

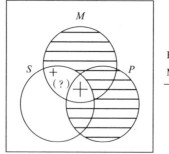

$$PA_cM$$
$$MA_cS$$
$$\overline{SI_cP}$$

c.以 A、E、I、O 为 A_n、E_n、I_n、O_n，则第三第四两格之式，除 $A_nE_nE_n$ 外，均说不通。兹先表示第四格 $A_nE_nE_n$ 说得通，再用一例以表示其余的格式说不通。

（一）第四格之 $A_nE_nE_n$：此处 S 或存在或不存在，无论如何，SP 总不存在，所以能得 SE_nP 的结论。我们要记得 E_n 可以换位。

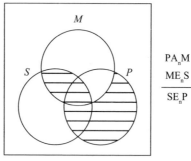

$$PA_nM$$
$$ME_nS$$
$$\overline{SE_nP}$$

（二）设以第三格之 $I_nA_nI_n$ 为例：以下第二图有 SI_nP 为假的可能，所以不能得 SI_nP 的结论。其所以不能得结论者，简而言之，即 A_n、I_n 不能换位，而除第四格之 $A_nE_nE_n$ 外，其余均有 A_n、I_n 换位的情形。

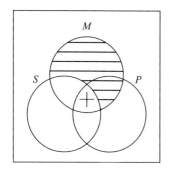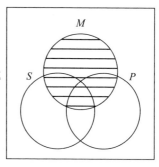

MI_nP 或
MA_nS

d.以 A、E、I、O 为 A_n、E_n、I_c、O_c，则两前提为全称而结论亦为全称者说得通，两前提为全称而结论为特称者说不通，而前提之中一为特称者均说得通。

（一）两前提为全称而结论亦为全称者，只有 $A_nE_nE_n$。这说得通，图形如上。

（二）两前提为全称而结论为特称者说不通，例如 $E_nA_nO_c$：

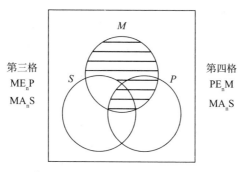

第三格
ME_nP
MA_nS

第四格
PE_nM
MA_nS

（三）两前提中之一为特称者（其结论亦为特称），例如第三第四两格之 $I_cA_nI_c$：

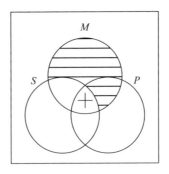

第三格

$$\frac{MI_cP}{MA_nS}$$
$$SI_cP$$

第四格

$$\frac{PI_cM}{MA_nS}$$
$$SI_cP$$

e.传统逻辑本来有"reduction"一层,本书未曾提及。这一层在欧洲经院学者手里弄得很像样,但本书以为是无关宏旨的枝节问题,所以根本就未谈到。A、E、I、O 的各种解释当然影响到"reduction"。如把 A、E、I、O 解作 A_n、E_n、I_c、O_c。传统的"reduction"有一部分说不过去。但这一层本书不提出讨论。

2.A、E、I、O 有主宾词式命题之限制。三段论式的推论不限于主宾词式的命题,而传统的三段论式既受主宾词式之限制,就免不了把一部分推出三段论式的范围之外。我们在此处首先要表示三段论不限于主宾词式的命题,也不限于三段。其次我们要表示传统的三段论,因受主宾词式的限制范围太狭。

a.普通的三段论式可以说是一种传递质的表现。这种传递质不限于本体与属性;个体的关系、类的关系,有时亦有之。这种传递质可以说是一种关系质。这种关系质以后还要谈到,在此处我们仅表示传递不限于属性。

(一)传统逻辑的三段论式的根本原则:凡能形容一命题的宾词者亦能形容那宾词所能形容的主词。设以 x 代表一具体的东西,φ,ψ,θ……代表属性。以上的根本原则说如果 φ 能形容 x,ψ 能形容 φ 所能形容的东西,ψ 也能形容 x;如果 θ 能形容 ψ 所能形容的东西,θ 也能形容 φ……。所谓传递质者即指 θ 之能形容 ψ,可以因 ψ 之能形容 φ 而传递到形容 φ。"形容"有传递质,不能"形容"不必有此传递质,此所以三段论式,能有两肯定的前提,而不能有两否定的前提。

（二）但此传递质不限于属性的形容情形,类与类的关系亦有此传递质。设以类的包含关系为例。如果甲类包含乙类,乙类包含丙类,则甲类亦包含丙类。此中亦有传递质。甲类包含乙类,因乙类包含丙类传递到甲类包含丙类。此处请注意类与类的包含关系不是某分子属于某类的那一种关系。前面的包含关系是传递的,后面的关系不是传递的。张先生是中国一分子,中国是国际联盟一分子,而张先生不是国际联盟一分子。类与类既有此传递质,我们也可以有类称的三段论式法。

（三）命题也是如此。命题与命题间有好几种"蕴涵"关系,我们可以举 Moore 的 entailment 为例。这种蕴涵关系也是传递的。如果 p 蕴涵 q,q 蕴涵 r,p 也蕴涵 r;那就是说,p 蕴涵 q,因 q 蕴涵 r 而传递到 p 蕴涵 r。推论也是如此;如果由 p 可以推论到 q,由 q 可以推论到 r,由 p 也可以推论到 r。既然如此,我们可以有命题的三段论。

（四）即个体与个体之间也有传递的关系;例如某甲比某乙长,某乙比某丙长,某甲也比某丙长;某甲比某乙高,某乙比某丙高,某甲也比某丙高。这长短、轻重、大小、高低等等的关系均有此传递质。既有此传递质,则以个体为单位,亦可以有个体的三段论。

以上表示三段论不限于主宾词式命题所表示的情形或事实,也就表示三段论不限于主宾词的命题。

b.但传统的三段论限于主宾词的命题。此种限制不能说没有好处,可是我们要知道它至少也有坏处。

(一)在传统演绎法中,三段论是最精细的一部分。从初学者一方面着想,三段论最能使初学者得一种逻辑方面的训练。直接推论无论是对待关系也好,换质换位的推论也好,可以说是一种"反正的推论"。这种推论差不多直接根据于二分法,没有许多"如果——则"的推论,也不能成一链条式的逻辑。三段论的规律,尤其是各格的规律,颇有差不多成一串的"如果——则"的推论。这种推论对于初学者的逻辑方面的训练很有益处。

(二)从另外一方面着想,传统的三段论既受限制,传统的逻辑家聚精会神把这个狭义范围之内的三段论弄成一个整个的系统。如果他们最初就研究宽义的三段论,他们或者想不出这许多玩意出来。从这一方面着想,对于主宾词式的三段论,传统逻辑的确可以说有相当的成绩。

(三)但无论如何,传统的三段论免不了范围太狭的毛病。其结果是:(甲)三段论限于主宾词式的命题,而命题的三段论,类称的三段论及其他三段论或数段论,均不能容纳在狭义范围之内。"A 比 B 长,B 比 C 长,所以 A 比 C 长"明明是三段论,而传统逻辑反无法承认其为三段论。(乙)即以主宾词式的命题而论,传统的 A、E、I、O 不是唯一的主宾词式的命题,以上讨论命题时曾经表示这一点。为用其他主宾词式的命题,三段论或者要更改传统的面目。(丙)主宾词式的命题是文法方面的主宾词,其他方面是否一致的成为主宾词式,颇成问题。设有"MAP,SAM,∴ SAP"的三段论,在文法上大前提的主词为 M;小前提的宾词为 M;同一名称在文法上可以是主词也可以是宾词。但如果主词的解释是本质,宾词的解释是属性,则在大前提的 M 代表本质,而在小前提的 M 代表属性,是则 M 的用处在第一格与第四格均不一致。此所以有人把 A 命题的读法改成"凡是 S 者均是 P"。

(四)因有三条的理由,三段论式的实例中有"所有的人都有死","苏格拉底是人","所以苏格拉底有死"。但小前提中的"苏格拉底"这一主词与大前提中的"人"那一主词不同;后一主词可以变成表示属性的名词,而前一主词不过是一个体的名字,不容易换成表示属性的名词。总而言之,范围既狭,有些在宽义范围之内的三段论反无法承认其为三段论;另一方面分析欠精,不同的主宾词式的命题反包括在同一形式范围之内。

3.A、E、I、O 在三段论究竟是直言呢,还是假言呢?这个问题很有讨论的余地,也值得讨论。普通总以为三段论是直言三段论。传统的教科书称三段论为直言推论,而以具"如果——则"的命题的推论为假言推论。可是 A、E、I、O 究竟应视为直言或假言命题,似乎不是毫无问题。在讨论命题时,曾以"A"命题为例,提出许多的解释;在讨论直言推论时,曾从主词存在一方面提出几个不同的解释。现在专从直言或假言方面着想。

a.直言与假言的分别似乎不仅是语言的问题。从语言方面着想:"所有的人都是理性的动物","如果一个东西是四方的,它的四边相等",这两命题在语言方面固然不同。但是它们仅有语言方面的分别吗?而这语言方面的分别就是直言与假言命题的分别吗?讨论命题时,曾以"A"命题为例,提出许多不同的解释,兹特提出两种解释。

(一)"所有的人都是理性的动物"这一命题,可以作以下解释:

甲,有目所能见其他官觉所能觉的赵钱孙李等等。

乙,赵是人,钱是人,孙是人,李是人,等命题都是真的,而除赵钱孙李等等之外没有是人的东西。

丙,赵是理性的动物,钱是理性的动物,孙是理性的动物,等等命题都是真的。

把甲、乙、丙总结起来成"所有的人都是理性的动物"。当然以上不过简单的分析,"所有"的意义及其时空上的范围,我们都没有提到;"赵钱孙李等等"的数目是有量的或无量的,我们也没有提到。但以上所举的甲、乙、丙的情形,表示一种直言命题的性质。如果我们跑到人家房子里看一看,说"这里的桌子都是方的",我们说了一句直言的话。传统逻辑的 A、E 是这种直言命题吗?

(二)"所有的人都是理性的动物"这可以解作两概念的关系:说"人"概念之中有"理性动物"的概念。可是概念有具体的表示与否,与概念本身无关。几何中说"点",世界上不必有"点";柏拉图说"公道",世界上不必有"公道";同时我们也不能说一定没有。以上命题如果视为概念与概念的关系,等于说如果任何一具体的东西是人,则这一具体的东西是理性的动物。这是不是假言命题呢？这种假言命题与"如果我不打球，我就回去"，似乎不大相同。后举的命题，如果它是命题，不容易变成全称肯定的命题。

传统的全称肯定命题可以作一种直言的解释，也可以作一种假言的解释。传统的直言与假言命题究竟应作何解释颇不易说，兹假设它们的解释如以上的解释。这假设也不至于大错。如照此解释，则直言与假言不仅是语言方面的分别。

b.A、E、I、O 的情形不一致。I 与 O 均可以认为是以上解释的那种直言命题。它们似乎都没有困难；它们主词前的"有些"二字如果视为"不等于零"，则在经验范围之内，它们毫无问题。如果孔夫子是有理性的，其他的人无论有理性与否，则"有些人是有理性的"这一句话总可以站得住脚。A 与 E 的情形则大不相同。它们一方面有时空的问题，另一方面又有经验的问题。

（一）"所有的人"所指的是以往的人、现在的人、将来的人都包括在内呢？还是仅指现在的人呢？或仅指以往的人呢？或仅指将来的人呢？如仅指以往的人，则"所有的人"实是"所曾有的人"；如仅指现在的人，则"现在"的界限不容易定，即能定，而命题之为真为假似乎没有一定的意义；如仅指将来的人，则从直言命题一方面着想，根本就说不通，因为将来的人尚未实现。如果"所有的人"包括以往，现在及将来的人，则以"所有的人"为主词的命题根本就不是直言命题。对于将来根本就说不上有以上解释的直言命题。例如"所有的人都是有理性的"这一命题，如认为直言命题，只能解释成"所有的人不能不是有理性的"。但所谓"不能不是"者是说

"如果 x 不是有理性的,则 x 不是人";可是,这样一来,这命题变成了"如果 x 是人,x 是有理性的"。从这一方面看来,A 命题如果实实在在是全称,则 A 命题不是有以上解释的直言命题。E 命题同样。

(二)除时间、空间方面的问题之外,还有经验之内与经验之外的问题。此处所谓经验之内是已曾经验,经验之外是未曾经验。I 与 O 两命题在这一层也没有问题。它们可以是有以上解释的直言命题。A 与 E 又发生问题。仍以"所有的人都是有理性的"为例。"所有的人"是所有我们所曾经验的人呢? 还是包含已曾及未曾经验的人呢? 如系前者,则下段讨论。如系后者,则不能是有以上解释的直言命题。我们未曾经验的 x,y,z……我们既不知其为人,也不知道他们是否有理性。我们不能肯定的说"所有的人都是有理性的"。如果我们要说这样一句肯定的话,我们只能表示无论我们已经经验也好,未曾经验也好,只要 x,y,z……是人,他们就是有理性的。但如此解释,等于说"如果 x,y,z……是人,他们就是有理性的"。可是这又把 A 命题变成以上解释的假言命题了。如果 A 命题普及于未曾经验的主词所代表的东西,则 A 命题只能视为假言命题。E 命题亦然。

c.如"所有的人都是有理性的"这一命题仅指曾经经验的人,则以下问题又不容易对付。A 与 I 在传统逻辑有差等的关系,由 A 之真可以"推论"到 I 之真。"推论"二字在传统逻辑似有由已知到未知的意义,在现在的符号或数理逻辑,"推论"无此意义。兹从传统的"推论"着想,看由 A 推论到 I 的推论是否有传统的意义,第一格之 AAA 是否有这种推论。

（一）"所有的人都是有理性的"，如视为直言命题，而同时主词所代表的东西限于经验范围之内，则此命题有以上 a（一）条所陈述的甲、乙、丙三情形，不过甲情形须加以下修改而已；有已曾经验的赵钱孙李……

A 命题"所有的人都是有理性的"可以分成以下部分：

甲，有已曾经验的赵钱孙李等等。

乙，赵是人，钱是人，孙是人，李是人，等等命题都是真的，而除赵钱孙李等等之外无是人的东西。

丙，赵是有理性的，钱是有理性的，孙是有理性的，李是有理性的，等等都是真的。

I 命题"有些人是有理性的"可以分成以下部分：

甲，有已曾经验的赵钱孙李。

乙，赵是人，钱是人，孙是人，李是人，都是真的。

丙，赵是有理性的，钱是有理性的，孙是有理性的，李是有理性的，都是真的。

传统的"推论"如有"由已知到未知"的意义，则由 A 到 I 无推论。I 不过是 A 的一部分而已。此处之所谓"推论"是有以上限制的推论。在数理逻辑由"赵云姓赵，赵云姓赵"这一命题可以推论到"赵云姓赵"，可是这种推论没有以上的意义。

（二）现在再看 AAA 是否有以上的推论。设有以下 AAA 的三段论：

　　　　所有的人都是有理性的，

　　　　所有的学生都是人，

　∴ 所有的学生都是有理性的。

在此三段论中大前提的分析如上。小前提不过加入以下:"赵钱孙李等等之中至少一部分是学生,而除此部分之外没有是学生的东西"。结论不过是说此部分是学生之赵钱孙李等等都是有理性的。如果我们知道大小两前提所表示的事实,我们也知道结论所表示的事实。从三段论方面着想,即 AAA 也没有以上的推论。

现在的问题就是三段论究竟是"直言"的"推论"吗? 如果传统逻辑所谓直言是以上的直言,而推论是有以上特殊意义的推论,我们至少可以说如果 A、E、I、O 是直言命题,它们彼此的推论不是传统的推论。严格的逻辑是否有那种推论是另一问题。我们可以说严格的逻辑没有这种推论,但此问题现在可以不讨论。

现在可把推论的问题撇开。以上三段论是传统逻辑所称为直言的推论,以下所要提出来的是传统逻辑所称为假言的推论。直言与假言的问题,以下还要讨论。现在不过要请注意:如果 A、E 当作 A_n、E_n;I、O 当作 I_c、O_c,则传统逻辑的假言推论与直言推论,至少有一部可以连合起来。

B.假言推论

关于假言推论的批评可以分以下诸点:1.假言推论中的 implication。2.假言推论中类与类的关系及命题与命题的关系。3.假言推论的证明。

1.蕴涵关系是一命题与命题的关系。它有以下各不同的种类。最流行的有以下四类:a.路易斯的严格蕴涵关系,b. Moore 的 entailment 或意义蕴涵关系,c.形式蕴涵关系,d.真值蕴涵关系。这几种推论以后均须从长讨论,此处从略。它们的共同点就是前件真后件亦真,后件假前件亦假,但各有其特殊情形。真值蕴涵没有意义的关系,那就是说前件与后件在意义上彼此不必相涉。形式蕴涵一方面是假言命题,另一方面又是一直言命题;一方面前件与后件有实质的关系,另一方面它们也可以说有意义的关系。一部分传统逻辑所称为假言命题的命题可以解作形式蕴涵,一部分似乎不能。Moore 的entailment 与普通所谓蕴涵或者最近;但如果形式蕴涵总结多数的真值蕴涵,entailment 也可以说是总结多数的意义蕴涵。传统逻辑是否都是意义的蕴涵呢? 这可不容易说。路易斯的严格蕴涵关系,一方面近乎传统的蕴涵关系,另一方面又的确不是传统的蕴涵关系,因为它有它的"paradox"。

　　究竟传统逻辑的蕴涵关系是怎样的关系,我们不敢说;究竟事实上我们在辩论中所引用的蕴涵关系是怎样的关系,我们也不敢说。不但我们不敢说,恐怕当代名师也不敢说。同时我们似乎也要注意:究竟是有问题未得解决呢? 还是所谓问题者根本就不是问题呢? 如果这问题根本就不是问题,我们用不着讨论;如果是问题,究竟是怎样的问题呢? 对于后一层我们或者可以把它分作好几个问题。(一)传统的蕴涵究竟有一致的或一定的意义吗? (二)如果有以上所表示的,不过是说我们到现在还不知道它一致的或一定的意义如何;如果没有,我们的问题是传统的蕴涵有几种,而各种的不同点又何在呢? (三)各种不同的蕴涵有共同的意义呢? 还是只有最低限度的意义呢? 还是共同的意义就是最低限度的意义呢? 蕴涵的问题太大,牵扯出来的问题太多,本书不必讨论,也不能讨论；现在所要表示的就是传统的蕴涵关系，或者意义不清楚，或者有一致的意义而我们不知其意义之所在。

2.假言命题中类与类的关系及命题与命题的关系。在讨论假言推论的时候，我们曾说表示充分条件的假言推论有三式，而三式之中有以下两式：

a.如果甲是乙，则甲是丙：

甲是乙，　　　　或甲不是丙，

所以甲是丙；　　所以甲不是乙。

b.如果甲是乙，则丙是丁：

甲是乙，　　　　或丙不是丁，

所以丙是丁；　　所以甲不是乙。

此中 a 式的大前提仅有三名词，b 式的大前提有四。仅有三名词的假言命题很容易变成表示名词的关系的直言命题，例如：a 式的大前提可以变成"所有的乙都是丙"或"所有的甲乙（既甲且乙）都是丙"。既然如此，我们可以把 a 式假言命题中前件与后件表示的关系解作名词的关系。比方我说"如果一个人是河北人，则他是中国人"，我们可以把它限制到狭义的表示，解作"所有的河北人都是中国人"。这似乎毫无牵强的地方。b 式的大前提则不然。它这样的假言命题不容易变成表示名词的关系的直言命题。"如果甲是乙，则丙是丁"表面上似乎可以变成：

（一）所有是丙之丁都是乙之甲。

（二）所有的丙是甲，所有的乙是丁。

（三）所有甲是乙的时候，都是丙是丁的时候。

但举一例即知此种假言命题不容易变成表示名词的关系的直

言命题。如果我说"如果你有工夫，我们就上北平去"，我们
不能把他变成：

（一）所有你有工夫，都是我们上北平去。

（二）所有我们都是你，所有上北平去的都是有工夫的。

（三）所有你有工夫的时候，都是我们上北平去的时候。
以上第三变化最不勉强。可是其所以比较不勉强的道理，似
乎就是把前件整个的命题当作一名词，后件整个的命题当作
另一名词。可见最便当的方法即承认 b 种假言命题根本就表
示命题与命题的关系而不表示名词的关系。

　　以上两种假言命题均见传统逻辑，它们所表示的是怎样
的蕴涵关系呢？头一种似乎近乎 Moore 的 entailment；后一种
比较起来与它最相近的似乎是真值蕴涵。但究竟是不是呢？

　　3.叙述传统逻辑的时候曾以三段论证明假言推论之规
律。读者或者已经注意我们所"证明"的都是以上 a 种的假
言推论。其所以如此者，一方面固然是因为以上 a 种假言推
论最简单，但另一方面也就是因为以上 b 种假言推论中的大
前提不容易变成表示名词关系的直言命题。既然有此困难，
当然就不能以三段论的形式去表示这种假言推论，那也就是
说，不容易以三段论去证明它的规律。我们对于假言推论似
应注意以下诸点：

　　a.表示两命题的蕴涵关系的假言命题，不必能改作表示
名词的关系的直言命题。命题间的蕴涵不必根据于类与类的
包含。类的逻辑与命题的逻辑似乎要分开。它们或者能包括
于一系统之内，但要把它们包括系统之内，它们的枢纽应该是
严格的、明文的，用推论方式的枢纽才行。

b.所谓"三段论"者不必是三个名词的关系或三个类的关系,关系可以有三段论,命题也可以有"三段论"。传统的三段论限于三个名词的关系,或三个类的关系,所以是狭义的三段论。假言推论的一部分虽不能或不易改作狭义的三段论,而我们不能说它不能改作宽义的三段论。以上 b 种假言推论就是一种三段论,不过它是命题的三段论,而不是名词或类的三段论而已。

c.名词的三段论或类的三段论似乎均同时也是命题的三段论。即以 barbara 而论,我们固然可以把它分析到大词、中词、小词的关系的三段论,可是我们也可以把它当作前两个命题与后一命题的蕴涵关系的三段论。从这一点看来,命题比名词或者根本。此处根本两字仅表示由命题推到类或名词,比由类或名词推到命题或者容易一点。

C.析取推论

关于析取命题析取推论的批评与以上的差不多。这里的问题也是名词的析取与命题的析取。它们有时可以通,有时不能通。有时命题的析取可以变成名词的析取,有时不能。请先表示命题的析取不能或不容易改成名词的析取;次表示名词的析取在传统逻辑范围之内很容易改成命题的析取;又次表示有些名词的析取不容易改成命题的析取。三者既明,我们又似乎把这两种析取分开。分开之后,所应注意诸点与以上提出的差不多。

1.命题的析取有不易或不能改作名词的析取者。讨论析取命题时,曾举以下的式:

> 甲是乙或丙是丁；
>
> 甲是乙，
>
> 所以丙不是丁。

这是命题的析取，表示"甲是乙"与"丙是丁"两命题不能同真同假。"或"字在这里这种用法，在中文似乎少见，举例不容易。屈原《卜居》那篇文章里或者有这类的命题方面的析取。例如"宁正言不讳以危身乎？将从俗富贵以偷生乎"，我们可以说："正言不讳以危身，所以不从俗富贵以偷生；或从俗富贵以偷生，所以不正言不讳以危身"。这里大前提不容易改成表示名词的关系的命题，这种命题的析取不容易变成名词的析取。

a.设以上的式为例，我们想法子把它变成表示名词的关系，恐怕最便当的办法是先把它改成假言命题。因为这里的析取是两不相容而又彼此穷尽的命题，所以改成假言命题的时候，它可以有以下两式：

（一）如果甲是乙，则丙不是丁；

甲是乙，

所以丙不是丁。

（二）如果甲不是乙，则丙是丁；

甲不是乙，

所以丙是丁。

这里无论（一）式也好（二）式也好，不容易以传统逻辑的工具变成表示名词的关系的命题。至于为什么不容易变成表示名词的命题，在批评假言命题的时候，已经讨论过，此处不赘。

b.但以上的析取推论，我们很容易表示它所包含的是命题的析取。设以 p 代替"甲是乙",以 q 代替"丙是丁"。如果这个析取推论说得通,它一定要守规矩,那就是说,"或"一定是彼此不相容而又彼此穷尽的"或"。p 与 q 两命题只有四个真假可能:(一)pq,(二)p q̄,(三)p̄q,(四)p̄q̄(p 或 q 上加一条线表示非 p 或非 q)。这两命题既彼此不相容,则(一)pq 的可能取消;它们既彼此穷尽,则(四)p̄q̄ 也就取消。既然(一)与(四)均取消,所余者仅(二)pq̄ 与(三)p̄q,(二)表示 p 真 q 假,(三)表示 p 假 q 真;那就是说"甲是乙"、"丙是丁"两命题中,承认其一即否认其二,承认其二即否认其一,否认其一即承认其二,否认其二即承认其一。

2.名词的析取在传统逻辑所举的例的范围之内似乎都可以变成命题的析取。例如以下的式:

甲是乙,或是丙;

甲是乙,

所以甲不是丙。

此式中"甲是乙或是丙"这一析取命题很容易变成"甲是乙"或"甲是丙",例如:"某甲姓李或姓张",此命题很容易变成"某甲姓李"或"某甲姓张"。但前一命题同时是表示名词的关系的命题,我们可以把它先变作假言命题,然后再变成三段论。

没有姓李的是姓张的,

某甲是姓李的,

所以某甲不是姓张的。

这可以表示"某甲姓李或姓张",可以视作表示名词的关系的命题;可是它也可以解作"某甲姓李"或"某甲姓张"。只要前后两命题中的"某甲"代表一个人,"某甲姓李"或"某甲姓张"这一命题与原来的命题无异。我们要注意,我们现在所讨论的,不仅是两名词析取的命题而且是两命题的析取命题。如果仅是前者,我们有时不能以之为析取推论的大前提(见第四部关于或者的讨论),析取推论的大前提一定要同时是命题的析取,才能由小前提而推论到结论。我们可以说在析取推论中的析取命题,虽可以表示名词的析取,一定同时是命题的析取。

3.名词的析取不必是命题的析取。有时一命题中有名词的析取,而命题为一直言命题。有时一命题中有名词的析取,而命题为一假言命题。如果有一件血案,因侦查的结果,巡警局知道杀人者不是姓张的就是姓李的,而二人又有不能同谋的确实证据,那我们可以有以下的问题:

杀人者一定是"姓张的或姓李的"

这一命题仅有名词的析取,它不是一个析取的命题。这里"一定"两字是说姓张的与姓李的两人中必有其一;但这命题没有说杀人者一定是姓张的,也没有说杀人者一定是姓李的。如果我们把它分成两个命题而以或字连起来成一整个的析取命题如下:

"杀人者一定是姓张的"或"杀人者一定是姓李的"

则此命题的意义与原来那命题的意义不同。照原来那命题的意义看来,这析取命题的前后两部分都是假的。

以后对于"或"尚要提出讨论,此处不必多说。以上所说的不过是表示名词的析取有时不能或不容易变成命题的析取。在传统的析取推论的范围之内,名词的析取虽均可以变成命题的析取,而命题的析取不都可以变成名词的析取。既然如此,则以三段论去证明析取推论就发生问题。这问题与以上对假言推论的批评是一样的。

D.二 难 推 论

如果逻辑是一种思想的艺术,二难推论在逻辑上或者有它的地位。如果逻辑是客观的、必然的性质,则二难推论在逻辑上似乎没有任何特殊的地位。它似乎是辩论的工具,它使人注意的地方完全在实质方面。诡辩家或者要利用它做诡辩的工具,治逻辑学者不必特别注意它,因为它的普遍形式不过是一种假言与析取命题相联合的推论而已。

1.所谓二难推论者是指推论中析取部分的两可能,但析取命题既不限于命题方面排中律的析取,则可能不必限制于两可能。可能既不限于两可能,则所谓"难"者不必为"二"。设有以下的推论:

> 如果一个人的生活有意义,他或者可以得道,或者可以长生,或者可以享福;
>
> 但一个人既不能得道,又不能长生,又不能享福;
>
> 所以一个人的生活无意义。

如果这里有所"难",则所难者不仅为二。从形式方面着想,可能不只于二,可能既不只于二,则在形式上无特别提出二难推论的理由。

2.以上是就"二"字方面着想,现在我们可以从"难"字方面着想。逻辑所注重的是形式,而不是实质。而所谓"难"者完全是实质问题,而不是形式问题。形式既无所谓难与不难,则所谓"难"者与逻辑不至于发生任何关系。兹以例说明之：

　　a.如果甲是乙则丙是丁,如果戊是己则丙是丁；

　　甲是乙或戊是己；

　　所以丙是丁。

　　b.如果你特立独行你受人骂,如果你随流合污你受人骂；

　　你或者特立独行或者随流合污；

　　所以你受人骂。

对于不愿意受人骂的人,b 例有二难;但无论对于什么样的人,a 例均无所谓"难"。举例虽非证明,而的确可以表示所谓"难"是实质问题,而非普遍的形式问题。联合假言命题与析取命题的推论,既不必限于"二"也不必有所"难",可见二难推论不过是普遍形式之下一种特别实质的辩论而已。

　　总而言之,以上的讨论表示在形式方面假言命题与析取命题联合起来的推论不限制于两可能,也无所谓"难",而所谓"二难推论"者根本就是实质上彼此非难的工具,而不是逻辑方面的普遍形式。

　　以上所讨论的结果可以总结如下：

　　1.关于对待关系：

　　a.两全称命题均视为不假设主词存在的命题,两特称命题为肯定主词存在的命题,所以传统的 A、E、I、O 变成 A_n、E_n、I_c、O_c。

　　b.既然如此,则对待关系中仅有矛盾一关系,其他如反对、下反对、差等等等关系均取消。

　　2.关于换质与换位：

　　a.为求与上面一致,A 既是 A_n,E 既是 E_n,则全称命题的换质说得通,全称否定的换位也说得通,全称与特称肯定的换位说不通。

3.关于三段论:

a.A、E、I、O 的解释既如以上所述,则前两格无问题,第三格之 AAI、EAO,第四格之 AAI、EAO,均说不通。其他如把大小前提当作整个的命题看待,似均说得通。但三段论的变换法,须完全更改。

b.传统的三段论仅是主宾词式的三段论,其他如类的三段论,关系的三段论,命题的三段论,均不正式地在传统的逻辑范围之内。

c.如把传统三段论当作类的包含关系看待,有时一类包含在另一类的关系,与一分子属于一类的关系相混。

4.关于假言推论:

a.假言推论根据于蕴涵关系,而蕴涵关系有许多不同的种类,传统逻辑似乎没有把各种不同的蕴涵关系弄清楚。

b.传统假言推论中的假言命题,有兼表示名词的关系,有仅表示命题的关系,二者宜分别清楚。

c.表示名词的关系者很容易变成传统的三段论,仅表示命题的关系者不容易变成传统的三段论。

5.关于析取推论:

a.在传统的析取推论中名词的析取与命题的析取没有分清楚。在传统析取推论的范围之内,前者均同时为命题的析取,而后者不一定为名词的析取。

b.名词的析取很容易变成传统的三段论,而命题的析取不容易。此处的不容易与以上关于假言推论的 c 条所说的不容易,均指传统逻辑的工具而言。

c.有名词的析取而不容易变成命题的析取者,但此种名词的析取似不在传统析取推论的范围之内。

6.关于二难推论:

"二难"推论不是普遍形式问题,而是一种特殊的辩论工具,在逻辑范围之内似乎根本就用不着讨论。

以下第三第四两部所要表示如下:(一)传统逻辑的各部分彼此不相关联,不是一个整个的系统,但可以容纳于一个整个的系统范围之内;(二)整个系统可以表示逻辑各部分的关联,且可以表示它们出于一源;(三)整个系统的各部分有些非传统逻辑之所能有,所以范围广;(四)整个演绎系统的命题,除所谓基本概念与基本命题之外,均有证明,所以形式严格而表面上相似的命题不至于相混。本书第三部提出一个节略的系统,第四部讨论逻辑与逻辑系统的种种问题。

本书对于传统的逻辑既有这样长的批评,而对于所谓新式逻辑没有批评,读者或不免发生误会,以为传统逻辑有毛病,而新式逻辑没有毛病。新式逻辑也有毛病,有些毛病或者是传统逻辑所没有的。如果一个人要写一部集大成的逻辑书,他当然要提出新式逻辑(以下介绍的系统在内)的种种毛病,当然也要提出种种批评。本书意不在此,不批评新式逻辑,不见得新式逻辑没有毛病;批评传统逻辑,也不仅是因为传统逻辑有毛病。本书的宗旨在使初学者得批评的训练,使其对于任何逻辑及任何思想,均能运用其批评的能力。

第三部　介绍一逻辑系统

　　本篇要介绍一整个逻辑系统的一部分。因为现在的逻辑系统化,所以要介绍一系统以为例;因为所介绍的是溶逻辑算学于一炉的大系统,本书只能选择最前及最根本的一部分;同时最前及最根本的部分的题材也就包含传统逻辑教科书的题材。根据作者个人教书的经验,在未举逻辑系统实例之前,关于逻辑系统之种种问题不容易提出,也不容易讨论;此所以在第三部介绍系统,而在第四部讨论关于逻辑系统的种种问题。

　　本篇在第一节提出未解析的命题的推演。这一部分在原书中分为好几部分,共一百六十余命题,第一节仅抄六十余命题。每一命题都有证明。读者或不免感觉这种证明的麻烦,可是其所以完全写出证明者就是因为习而惯之,读者可以得一种训练。

一、未解析的命题的推演

A.解释弁言

这里的解释分以下两条:1.关于符号,2.关于推论。

1.关于符号。

以下的符号不必有以下的意义,可是事实上我们给它们以以下的意义。"p,q,r,…"解释成未解析的命题。在本书我们不说它们是最初级的命题。"最初级的命题"这一名称似乎有困难。如果命题要解释,如果我们免不了要用解析的方法以研究命题的意义,则是否有"最初级的命题",颇发生疑问。即有这样的命题,我们也不容易举例。我们手指一物说"这是红的"。"这是红的"是否最初级的命题颇不易说;但只要我们不解析它,它总是未解析的命题。

"⊢"表示断定。每一命题都有断定的成分在内。假如我向窗外一望说"今天天晴","今天天晴"是一命题,有断定成分夹在里面;假如我讨论命题,说"即以'今天天晴'"为例,严格地说,"今天天晴"不是命题,因为它没有断定的成分。"⊢"既表示断定,有此符号的命题,均为此系统断定为真的命题。

"~"表"非"、"负"、"假"。它可以视为运算(operation),也可以视为真假两值中的假值。有时运算与值一样,有时不一样。有此符号的命题有时此符号表示此命题之为假,有时无此表示。即以本系统的矛盾律而论,"⊢.~(p.~p)",括弧外面那个"~"表示括弧里面的命题是假的;可是括弧里面那个"~",严格地说,只能视为运算;因为假设 p 代表一真命题,则括弧里的"~"不过表示 p 的反面而已。但系统的推行既没有因此发生什么困难,我们也不必多作计较。

"∨"表示"或者","p∨q"表示"p 是真的或者 q 是真的"。这里的"或者"是相容的或者,所以 p、q 皆真也是一可能,所排除的不过是二者皆假而已。"p∨q"也可以读成"p、q之中至少有一为真"。负 p 或负 q 的情形同样,"~p∨~q"可以读成"~p、~q 之中至少有一为真"。~(p∨q)即"p、q 之中至少有一为真,是假的",那就是说"p 是假的 q 也是假的"。

"=……Df"表示定义,例如"p⊃q·=·~p∨qDf"。定义不是本系统的命题,它不过表示符号的用法而已。等号之后,加上"Df",即表示定义;那就是说,左边符号的意义就是右边符号的意义。定义既是以比较简单的符号代替比较复杂的符号,所以严格地说来,系统无定义也可以推行,不过不甚方便而已。

"⊃"表示"蕴涵"或"如果——则","p⊃q"表示"如果 p 是真的,则 q 是真的"。照定义,这句话的意义就是"p 是假的或者 q 是真的",或者"'p 是真的而 q 是假的'是假的"。这样的"如果——则"很受了些批评。它是否普通的"如果——则",颇发生问题;普通的"如果——则",究竟是怎样的"如果——则"也不见得容易认清楚。但普通"如果——则"的诸意义中有这里的"如果——则"的意义,同时这里的"如果——则",在本系统范围之内,似乎没有不清楚的地方。

"·"表示"与"或"和",或"而且",或"既——又";"p·q"表示"p 与 q 都是真的"。这命题所要求的是 p 与 q 无一是假。基本定义说"p·q"的意义就是"~(~p∨~q)"的意义。点尚有另外用法,详见下。

"≡"表示命题的真假值相等,"p≡q"表示"p 与 q 或者同真,或者同假"。它的定义是"(p⊃q)·(q⊃p)"。这就是说"p·q"或者"~p·~q",因为(p⊃q)取消"p·~q",而(q

⊃p）取消"~p·q"。在 P.M.（*Principia Mathematica* 之简称）中"∨"、"·"、"≡"是分开来的，本书把它们的推演集为一部。

点除表示"与"、"和"……之外，尚有以之为括弧的用法，点的数目表示括弧的大小，数目愈大，则所包括的愈多；而断定符号"├"后之点表示断定的范围。兹以下式为例：

"├：p⊃q·⊃·~q⊃~p"

断定符号后之两点表示所断定者为整个公式所表示的命题；命题中左右俱有一点的"⊃"为命题中的主要蕴涵关系。表示与的点例如"p·q"力量最小；在"├：p·p·⊃·p·p"，"⊃"两旁虽仅有一点，与表示"与"的点的数目相等，然因其力量大，"⊃"仍为此命题中之主要符号。

每一命题均有号数表示，而证明所根据的命题仅写其号数。假如证明中有［1.1·1.2］这样的符号，此符号表示所引用以为证明的根据的命题为"1.1"与"1.2"两基本命题。

"$\frac{\sim p}{p}$表示以"~p"代替"p"，例如［1.2$\frac{\sim p}{p}$］，此符号表示"1.2"那一基本命题——"p∨p·⊃·p"——以"~p"代替"p"，成所要引用的命题"~p∨~p·⊃·~p"。

2.关于推论。

P.M.中基本命题共有十个，本书仅抄六个。其余四个一方面在本书不甚重要，另一方面它们所应付的问题，本节不预备提出，所以根本没有抄写的必要。

此处所谓"推论"是英文里的 inference，推论原则即 principle of inference。推论原则是非常之麻烦的原则，我们在第四部讨论它一方面的困难问题,此处不谈到。

本节的推论约有以下诸点我们应注意。

以下系统是现在所称为自足系统的系统,它有它本身所备的推论原则。既然如此,它的基本命题不仅是前提,而且是推论的方式。命题虽只有一套,而用法不只一样。有些前提只是前提,不能以为之推论方式,例如:

> 所有的人都是有理性的动物,
>
> 孔子是人,
>
> 所以孔子是有理性的动物。

这里的前提均不是推论的方式,前提的真假与推论的对不对不相干。设有下例,则情形不同:

> 所有真命题所蕴涵的命题都是真命题,
>
> "q"是真命题所蕴涵的命题,
>
> 所以"q"是真命题。

这里的推论方式与以前的一样,其不同之处即此推论方式亦同时为其本身之一例。在此处我们承认大小前提为真命题,也承认大小前提蕴涵结论,也承认结论是真命题;可是,我们没有明白地说这里的结论就是小前提所说的"q"那样的命题。我们可以换一方法表示此意:设以此种推论方式为"A"方式,这里由大小两前提而达到结论的推论方式也是"A"方式;可是,我们虽知此方式为"A"方式,而没有明文表示它是"A"方式。所有的推论都有这里所说的情形,这情形不是推论原则的问题,是引用推论原则的问题。推论原则可以明文表示,而推论原则的引用,严格地说,不能以明文表示;因为推论原则的引用总是特殊的,而承认此引用为普遍方式之一例,也是特殊的。我们虽欲以明文表示推论方式的引用，每次所表示的虽在明文范围之内，而那一次的表示不在明文范围之内。换句话说，总有一次的引用是直接的；既然如此，我们不如干干脆脆，一刀两断，承认推论原则的引用是直接的。在第四部我们对于此困难问题，稍加讨论，此处不再提及。

照以上所说的看来，头一例中的前提仅是前提，后一例中的前提不仅是前提而且也是推论的方式。本系统中的基本命题不仅是前提而且是推论原则；这不过是说，它们有两种用法。以它们为前提是把它们当作结论的根据，由它们所能得到的结论是本系统所能承认为真的命题；以它们为推论原则是把它们当作推论的根据；合乎此原则的推论是本系统所承认为对的推论。

在解释符号的时候，我们曾举"$\left[1.2\ \dfrac{\sim p}{p}\right]$"，说这符号表示"⊦：p∨p・⊃・p"，这一基本命题，以"~p"代替"p"之后，即为"⊦：~p∨~p・⊃・~p"。这里就有以基本命题为原则，直接断定后一命题即为前一命题的例。本系统中的"p，q，r…"既均为任何未解析的命题，则"~p"亦可为"p"之一例（~p也是未解析的命题，这一点本书没有明文表示），所以我们能以"~p"代替"p"；所要求的是，如果在一处以"~p"代替"p"，则一公式中所有的"p"，均须以"~p"代替之。

本系统的基本命题之中，我们写上了："真命题所蕴涵的命题是真命题"这一命题。原书中有两个类似的基本命题：一引用于未解析的命题；一引用于命题函量。但如果本书所抄的系统仅用以下的"1.1"已经尽职（是否如此颇有问题），我们不必有两个类似的基本命题。

B.基本概念与基本命题

1.基本概念：

a.“p，q，r…”等等表示未解析的命题；

b.“∨”表示“或”；“p∨q”表示 p、q 中至少有一为真；

c.“~”表示“非”或“假”；“~p”表示“非 p”，或“p 是假的”。

2.基本定义：

a.p⊃q・ = ・~p∨q　Df；

b.p・q・ = ・~（~p∨~q）　　Df；

c.p≡q・ = ・p⊃q・q⊃p　　Df。

3.基本命题：

1.1，真命题所蕴涵的命题是真命题。

1.2，├ : p∨p・⊃・p

1.3，├ : q・⊃・p∨q

1.4，├ : p∨q・⊃・q∨p

1.5，├ : p∨（q∨r）・⊃・q∨（p∨r）

1.6，├ : .q⊃r・⊃:p∨q・⊃・p∨r

C.命题的推演

2.01，├ : p⊃~p・⊃・~p　　　　　　　　　　　　　［2.01］

证［1.2 $\frac{\sim p}{p}$］├ : ~p∨~p・⊃・~p　　　　　　　　　　（1）

［（1）・（Df a）］├ : p⊃~p・⊃・~p

（这个命题说:如果一命题 p 是真的蕴涵它自己是假的,

则它是假的。右角的号数是原书中此命题的号数。)

2.02, ├: q・⊃・p⊃q　　　　　　　　　　　　　[2.02]

证[1.3 $\frac{\sim p}{p}$] ├: q・⊃・~p∨q　　　　　　　　　　（1）

[（1）・（Df a）] ├: q・⊃・p⊃q

(这命题说:任何命题蕴涵一真命题。请注意此处的蕴涵是所谓真值蕴涵。此点在第四部会提出讨论。)

2.03, ├: p⊃~q・⊃・q⊃~p　　　　　　　　　　[2.03]

证[1.4 $\frac{\sim p,\ \sim q}{p,\ \ q}$] ├: ~p∨~q・⊃・~q∨~p　　　（1）

[（1）・（Df a）] ├: p⊃~q・⊃・q⊃~p

(这命题说:如果 p 是真的蕴涵 q 是假的,则 q 是真的蕴涵 p 是假的。前一部分为一假言命题,如果 p 真则 q 假;后一部分亦为一假言命题,但对于前一部分等于说否认前一部分的后件,亦即否认前一部分的前件。)

2.04, ├:.p・⊃・q⊃r:⊃:q・⊃・p⊃r　　　[2.04]

证[1.5 $\frac{\sim p,\ \sim q}{p,q}$] ├: ~p∨（~q∨r)・⊃・~q∨（~p∨r)

　　　　　　　　　　　　　　　　　　　　　　（1）

[（1）・（Df a）] ├:.p・⊃・q⊃r:⊃:q・⊃・p⊃r

(这命题说:如果在 p 真条件之下,q 蕴涵 r;则在 q 真条件之下,p 蕴涵 r。在真值蕴涵的情形之下,前后两部分的 p,q,可以更换位置。参观 G.Moore, *Philosophical Studies* 一书中关于外在关系的讨论。)

2.05, ├:.q⊃r・⊃:p⊃q・⊃・p⊃r　　　　　[2.05]

证$\left[1.6\frac{\sim p}{p}\right]\vdash:.q\supset r\cdot\supset:\sim p\lor q\cdot\supset\cdot\sim p\lor r$ (1)

$[(1)\cdot(Df\ a)]\vdash:.q\supset r\cdot\supset:p\supset q\cdot\supset\cdot p\supset r$

2.06,$\vdash:.p\supset q\cdot\supset:q\supset r\cdot\supset\cdot p\supset r$ [2.06]

证$\left[2.04\dfrac{q\supset r,p\supset q,p\supset r}{p,q,r}\right]\vdash::q\supset r\cdot\supset:p\supset q\cdot\supset\cdot$

$p\supset r:.\supset:.p\supset q\cdot\supset:q\supset r\cdot\supset\cdot p\supset r$ (1)

$[2.05]\vdash:.q\supset r\cdot\supset:p\supset q\cdot\supset\cdot p\supset r$ (2)

$[(1)\cdot(2)\cdot1.1]\vdash:.p\supset q\cdot\supset:q\supset r\cdot\supset\cdot p\supset r$

（此处最后一行括弧内的数目表示(1)(2)皆真,(2)既
为(1)之前件,则根据(1.1)(1)之后件亦真,而(1)之后件即
为所欲证明之命题。以上 2.05、2.06 在 P.M.称为三段论原
则。以后的"Bardara"三段论即由它们推出。）

2.07,$\vdash:p\cdot\supset\cdot p\lor p$ [2.07]

证$\left[1.3\dfrac{p}{q}\right]\vdash:p\cdot\supset\cdot p\lor p$

2.08,$\vdash\cdot p\supset p$ [2.08]

证$\left[2.05\dfrac{p\lor p,p}{q,\quad r}\right]\vdash::p\lor p\supset\cdot p:\supset:\cdot p\cdot\supset\cdot p\lor$

$p:\supset\cdot p\supset p$ (1)

$[1.2]\vdash:p\lor p\cdot\supset\cdot p$ (2)

$[(1)\cdot(2)\cdot1.1]\vdash:.p\cdot\supset\cdot p\lor p:\supset\cdot p\supset p$ (3)

$[2.07]\vdash:p\cdot\supset\cdot p\lor p$ (4)

$[(3)\cdot(4)\cdot1.1]\vdash\cdot p\supset p$

（此为同一原则。在 P.M.中同一原则与同一律不同。本
书不讨论这一点。）

2.09, $\vdash \cdot \sim p \vee p$

证$[2.08 \cdot (\text{Df a})] \vdash \cdot \sim p \vee p$ [2.1]

2.10, $\vdash \cdot p \vee \sim p$ [2.11]

证$[1.4 \dfrac{\sim p, p}{p, q}] \vdash : \sim p \vee p \cdot \supset p \vee \sim p$ (1)

$[2.09] \vdash \cdot \sim p \vee p$ (2)

$[(1) \cdot (2) \cdot 1.1] \vdash \cdot p \vee \sim p$

(此两命题均为排中律:那就是说一命题或真或假。)

2.11, $\vdash \cdot p \supset \sim (\sim p)$ [2.12]

证$[2.10 \dfrac{\sim p}{p}] \vdash \cdot \sim p \vee \sim (\sim p)$ (1)

$[(1) \cdot (\text{Df a})] \vdash \cdot p \supset \sim (\sim p)$

2.12, $\vdash \cdot p \vee \sim (\sim (\sim p))$ [2.13]

证$[1.6 \dfrac{\sim p, \sim (\sim (\sim p))}{q, \quad r}] \vdash : \sim p \cdot \supset \cdot \sim (\sim (\sim p)) \cdot$

$\supset : p \vee \sim p \cdot \supset \cdot p \vee \sim (\sim (\sim p))$ (1)

$[2.11 \dfrac{\sim p}{p}] \vdash : \sim p \cdot \supset \cdot \sim (\sim (\sim p))$ (2)

$[(1) \cdot (2) \cdot 1.1] \vdash : p \vee \sim p \cdot \supset \cdot p \vee \sim (\sim (\sim p))$

    (3)

$[2.10] \vdash \cdot p \vee \sim p$ (4)

$[(3) \cdot (4) \cdot 1.1] \vdash \cdot p \vee \sim (\sim (\sim p))$

2.13, $\vdash \cdot \sim (\sim p) \supset p$ [2.14]

证$[1.4 \dfrac{\sim (\sim (\sim p))}{q}] \vdash : p \vee \sim (\sim (\sim p)) \cdot \supset \cdot \sim (\sim$

$(\sim p)) \vee p$ (1)

177

$[2.12] \vdash \cdot p \lor \sim(\sim(\sim p))$ (2)

$[(1) \cdot (2) \cdot 1.1] \vdash \cdot \sim(\sim(\sim p)) \lor p$ (3)

$[(3) \cdot Df\ a] \vdash \cdot \sim(\sim p) \supset p$

（以上三命题所表示的都是反反为正的意思。）

$2.14, \vdash : \sim p \supset q \cdot \supset \cdot \sim q \supset p$ [2.15]

证$\left[2.05 \dfrac{\sim p, \sim(\sim q)}{p, \quad r}\right] \vdash : . q \supset \sim(\sim q) \cdot \supset : \sim p \supset q \cdot$

$\supset \cdot \sim p \supset \sim(\sim q)$ (1)

$\left[2.11 \dfrac{p}{q}\right] \vdash . q \supset \sim(\sim q)$ (2)

$[(1) \cdot (2) \cdot 1.1] \vdash : \sim p \supset q \cdot \supset \cdot \sim p \supset \sim(\sim q)$ (3)

$\left[2.03 \dfrac{\sim p, \sim q}{p, \quad q}\right] \vdash : \sim p \supset \sim(\sim q) \cdot \supset \cdot \sim q \supset \sim(\sim p)$

(4)

$\left[2.05 \dfrac{\sim q, \sim(\sim p), p}{p, \quad q, \quad r}\right] \vdash : . \sim(\sim p) \supset p \cdot \supset : \sim q \supset \sim(\sim$

$p) \cdot \supset \cdot \sim q \supset p$ (5)

$[(5) \cdot 2.13 \cdot 1.1] \vdash : \sim q \supset \sim(\sim p) \cdot \supset \cdot \sim q \supset p$ (6)

$\left[2.05 \dfrac{\sim p \supset q, \sim p \supset \sim(\sim q), \sim q \supset \sim(\sim p)}{p, \quad q, \quad r}\right] \vdash : : \sim p$

$\supset \sim(\sim q) \cdot \supset \cdot \sim q \supset \sim(\sim p) : \supset : . \sim p \supset q \cdot \supset \cdot \sim p \supset \sim$

$(\sim q) : \supset : \sim p \supset q \cdot \supset \cdot \sim q \supset \sim(\sim p)$ (7)

$[(4) \cdot (7) \cdot 1.1] \vdash : \cdot \sim p \supset q \cdot \supset \cdot \sim p \supset \sim(\sim q) :$

$\supset : \sim p \supset q \cdot \supset \cdot \sim q \supset \sim(\sim p)$ (8)

$[(3) \cdot (8) \cdot 1.1] \vdash : \sim p \supset q \cdot \supset \cdot \sim q \supset \sim(\sim p)$ (9)

$\left[2.05 \dfrac{\sim p \supset q, \sim q \supset \sim(\sim p), \sim q \supset p}{p, \quad q, \quad r}\right] \vdash : : \sim q \supset \sim(\sim$

p)・⊃・~q⊃p：⊃：.~p⊃q・⊃・~q⊃~（~p）：⊃：~

p⊃q・⊃・~q⊃p　　　　　　　　　　　　　　　　（10）

　　［(6)・(10)・1.1］├：.~p⊃q・⊃・~q⊃~（~p）：

⊃：~p⊃q・⊃・~q⊃p　　　　　　　　　　　　　（11）

　　［(9)・(11)・1.1］├：~p⊃q・⊃・~q⊃p

　　（在此证明中请注意以下诸点：设以~p⊃q 为 p_1，以~p

⊃~（~q）为 p_2，~q⊃~（~p）为 p_3，~q⊃p 为 p_4；以上(3)行

表示 p_1 蕴涵 p_2，(4)行表示 p_2 蕴涵 p_3，(6)行表示 p_3 蕴涵

p_4。最后证明的命题为 p_1 蕴涵 p_4。为使推论的层次严谨起

见，此证明利用 2.05 所表示的三段论原则，证明 p_1 既蕴涵

p_2，p_2 既蕴涵 p_3，(8)行表示 p_1 蕴涵 p_2 蕴涵 p_1 蕴涵 p_3，(9)

行的结论是 p_1 蕴涵 p_3，(10)行的推论是 p_3 蕴涵 p_4 蕴涵 p_1

蕴涵 p_3 蕴涵 p_1 蕴涵 p_4，而此最后即为所要证明的命题。

　　此证明中有连锁推论；若从简便，由(3)(4)(6)已可以

得 p_1 蕴涵 p_4 的结论。

　　同时如果利用"⊃"的定义，则第四基本命题即为此处所

要证明的命题。）

　　2.15, ├：p⊃q・⊃・~q⊃~p　　　　　　　［2.16］

　　证［$2.05\frac{\sim(\sim q)}{r}$］├：.q⊃~（~q）・⊃：p⊃q・⊃・p

⊃~（~q）　　　　　　　　　　　　　　　　　　　（1）

　　［$2.11\frac{q}{p}$］├・q⊃~（~q）　　　　　　　　　（2）

　　［(1)・(2)・1.1］├：p⊃q・⊃・p⊃~（~q）　　　（3）

　　［$2.03\frac{\sim q}{q}$］├：p⊃~（~q）・⊃・~q⊃~p　　　（4）

$[2.05]\vdash\cdot(4)\cdot(3)\cdot\supset\vdash:p\supset q\cdot\supset\cdot\sim q\supset\sim p$

2.16, $\vdash:\sim q\supset\sim p\cdot\supset\cdot p\supset q$ $\qquad[2.17]$

证$\left[2.03\dfrac{\sim q,p}{p,q}\right]\vdash:\sim q\supset\sim p\cdot\supset\cdot p\supset\sim(\sim q)$ $\qquad(1)$

$\left[2.05\dfrac{\sim(\sim q),q}{q,\quad r}\right]\vdash:.\sim(\sim q)\supset q:\supset:p\supset\sim(\sim q)\cdot$

$\supset\cdot p\supset q$ $\qquad(2)$

$\left[2.13\dfrac{q}{p}\right]\vdash\cdot\sim(\sim q)\supset q$ $\qquad(3)$

$[(2)\cdot(3)\cdot1.1]\vdash:p\supset\sim(\sim q)\cdot\supset\cdot p\supset q$ $\qquad(4)$

$[2.05]\vdash\cdot(1)\cdot(4)\cdot\supset\vdash:\sim q\supset\sim p\cdot\supset\cdot p\supset q$

（以上2.14、2.15、2.16与2.03那一命题相似,属于一类。他们都是表示否认后件亦即否认前件。至于前件与后件单独地究竟为真为假与它们当然无关。在 P.M. 中这四个命题称为 principles of transportation。）

2.17, $\vdash\cdot\sim p\supset p\cdot\supset\cdot p$ $\qquad[2.18]$

证$[2.11]\vdash\cdot p\supset\sim(\sim p)\cdot\supset$

$[2.05]\vdash:\sim p\supset p\cdot\supset\cdot\sim p\supset\sim(\sim p)$ $\qquad(1)$

$\left[2.01\dfrac{\sim p}{p}\right]\vdash:\sim p\supset\sim(\sim p)\cdot\supset\cdot\sim(\sim p)$ $\qquad(2)$

$[2.05]\vdash\cdot(1)\cdot(2)\cdot\supset\vdash:\sim p\supset p\cdot\supset\cdot\sim(\sim p)$

$\qquad(3)$

$[2.13]\vdash\cdot\sim(\sim p)\supset p$ $\qquad(4)$

$[2.05]\vdash\cdot(3)\cdot(4)\cdot\supset\vdash:\sim p\supset p\cdot\supset\cdot p$

（2.17与2.01成一对。2.01说:如果 p 是真的蕴涵 p 是假的,则 p 是假的;2.17说:如果 p 是假的蕴涵 p 是真的,则 p

是真的。这里前后两部分仅说是"真"或是"假",但"则"字
后之"真"可以有必然的意义,"则"字后之"假",同时也可以
有不可能的意义。)

2.18, ⊢ : p · ⊃ · p ∨ q   ［2.2］

证［1.3 $\dfrac{p,q}{q,p}$］⊢ : p · ⊃ · q ∨ p   (1)

［1.4］⊢ : q ∨ p · ⊃ · p ∨ q   (2)

［2.05］⊢ · (1) · (2) · ⊃ ⊢ : p · ⊃ · p ∨ q

2.19, ⊢ : ~p · ⊃ · p ⊃ q   ［2.21］

证［2.18 $\dfrac{\sim p}{p}$］⊢ : ~p · ⊃ · ~p ∨ q   (1)

［(1) · (Df a)］⊢ : ~p · ⊃ · p ⊃ q

(此命题与 2.02 成对,均为真值蕴涵的特别情形。2.02
说:任何一真命题被任何命题蕴涵;2.19 说:一假命题蕴涵任
何命题;这一点在第四部还要提及。)

2.20, ⊢ : p · ⊃ · p ⊃ q : ⊃ · p ⊃ q   ［2.43］

证［1.2］⊢ : p ∨ p · ⊃ · p   (1)

［1.6 $\dfrac{p \vee p, p, q,}{q, \quad r, \quad p}$］⊢ : .p ∨ p · ⊃ · p : ⊃ : .q · ∨ · p ∨

p : ⊃ · q ∨ p   (2)

［(1) · (2) · 1.1］⊢ : q · ∨ · p ∨ p : ⊃ · q ∨ p   (3)

［1.4 $\dfrac{p \vee p}{p}$］⊢ : p ∨ p · ∨ · q : ⊃ · q · ∨ · p ∨ p   (4)

［2.05］⊢ · (3) · (4) · ⊃ ⊢ : .p ∨ p · ∨ · q : ⊃ · q ∨ p

(5)

$$\left[1.4\frac{q,p}{p,q}\right]\vdash:q\lor p\cdot\supset\cdot p\lor q \tag{6}$$

$$[2.05]\vdash\cdot(5)\cdot(6)\cdot\supset\vdash:p\lor p\cdot\lor\cdot q:\supset\cdot p\lor q \tag{7}$$

$$\left[1.4\cdot1.6\frac{p\lor q,q\lor p,}{q,\quad r}\right]\vdash:.p\cdot\lor\cdot p\lor q:\supset:p\cdot\lor\cdot q\lor p \tag{8}$$

$$\left[1.5\frac{p}{r}\right]\vdash:.p\cdot\lor\cdot q\lor p:\supset:q\cdot\lor\cdot p\lor p \tag{9}$$

$$[2.05]\vdash\cdot(8)\cdot(9)\cdot\supset\vdash:.p\cdot\lor\cdot p\lor q:\supset:q\cdot\lor\cdot p\lor p \tag{10}$$

$$\left[1.4\frac{q,p\lor p}{p,q}\right]\vdash:.q\cdot\lor\cdot p\lor p:\supset:p\lor p\cdot\lor\cdot q \tag{11}$$

$$[2.05]\vdash\cdot(10)\cdot(11)\cdot\supset\vdash:.p\cdot\lor\cdot p\lor q:\supset:p\lor p\cdot\lor\cdot q \tag{12}$$

$$[2.05]\vdash\cdot(7)\cdot(12)\cdot\supset\vdash:.p\cdot\lor\cdot p\lor q:\supset\cdot p\lor q \tag{13}$$

$$\left[(13)\frac{\sim p}{p}\right]\vdash:.\sim p\cdot\lor\cdot\sim p\lor q:\supset\cdot\sim p\lor q \tag{14}$$

$$[(14)\cdot(\mathrm{Df\ a})]:.p\cdot\supset\cdot p\supset q:\supset\cdot p\supset q$$

（此证与原书中的证明不同。因为我们抛开了好些命题,我们不能用原来的证明。可是,一个证明用不着这样长,读者可想方法求短的简单的证明。此后有好些证明都不是原书中的证明,但本书没有特别表示它们不是。)

$$2.21,\vdash:\sim(p\lor q)\cdot\supset\cdot\sim p \qquad\qquad[2.45]$$

证［2.18］$\vdash : p \cdot \supset \cdot p \vee q$ （1）

［2.15］$\vdash : p \cdot \supset \cdot p \vee q : \supset : \sim(p \vee q) \cdot \supset \cdot \sim p$ （2）

［（1）$\cdot$（2）$\cdot$ 1.1］$\vdash : \sim(p \vee q) \cdot \supset \cdot \sim p$

2.22，$\vdash : \sim(p \vee q) \cdot \supset \cdot \sim q$ ［2.46］

证［1.3 $\cdot$ 2.15 $\cdot$ 1.1］$\vdash : \sim(p \vee q) \cdot \supset \cdot \sim q$

2.23，$\vdash : \sim(p \supset q) \cdot \supset \cdot \sim p \supset q$ ［2.5］

证［2.21 $\frac{\sim p}{p}$］$\vdash : \sim(\sim p \vee q) \cdot \supset \cdot \sim(\sim p)$ （1）

［2.19 $\frac{\sim p}{p}$］$\vdash : \sim(\sim p) \cdot \supset \cdot \sim p \supset q$ （2）

［2.05］$\vdash \cdot$（1）$\cdot$（2）$\cdot \supset \vdash : \sim(\sim p \vee q) \cdot \supset \cdot \sim p \supset q$ （3）

［（3）$\cdot$（Df a）］$\vdash : \sim(p \supset q) \cdot \supset \cdot \sim p \supset q$

2.24，$\vdash : \sim(p \supset q) \cdot \supset \cdot p \supset \sim q$

证［2.22］$\vdash : \sim(p \vee q) \cdot \supset \cdot \sim q$ （1）

［1.3 $\frac{\sim q}{q}$］$\vdash : \sim q \cdot \supset \cdot p \vee \sim q$ （2）

［2.05］$\vdash \cdot$（1）$\cdot$（2）$\cdot \supset \vdash : \sim(p \vee q) \cdot \supset \cdot p \vee \sim q$ （3）

［（3）$\frac{\sim p}{p}$］$\vdash : \sim(\sim p \vee q) \cdot \supset \cdot \sim p \vee \sim q$ （4）

［（4）$\cdot$（Df a）］$\vdash : \sim(p \supset q) \cdot \supset \cdot p \supset \sim q$

2.25，$\vdash : \sim(p \supset q) \cdot \supset \cdot \sim p \supset \sim q$ ［2.52］

证［2.21］$\vdash : \sim(p \vee q) \cdot \supset \cdot \sim p$ （1）

［2.18 $\frac{\sim p, \sim q}{p, \quad q}$］$\vdash : \sim p \cdot \supset \cdot \sim p \vee \sim q$ （2）

[2.05] ⊢ · (1) · (2) · ⊃ ⊢ : ~(p∨q) · ⊃ · ~p∨~q

(3)

$[(3)\dfrac{\sim p}{p}]$ ⊢ : ~(~p∨q) · ⊃ · ~(~p)∨~q　　(4)

[(4) · (Df a)] ⊢ : ~(p⊃q) · ⊃ · ~p⊃~q

2.26, ⊢ : ~(p⊃q) · ⊃ · q⊃p　　　　　　　[2.521]

证[2.25] ⊢ : ~(p⊃q) · ⊃ · ~p⊃~q　　　　　(1)

[2.16] ⊢ : ~p⊃~q · ⊃ · q⊃p　　　　　　　(2)

[2.05] ⊢ · (1) · (2) · ⊃ ⊢ : ~(p⊃q) · ⊃ · q⊃p

（此命题说：如果 p 不蕴涵 q，则 q 蕴涵 p。如果所谓独立的命题是彼此没有蕴涵关系的命题，则本系统的命题没有独立的。）

2.27, ⊢ : .p · ⊃ · q⊃r : ⊃ : p⊃q · ⊃ · p⊃r　[2.77]

证[2.04] ⊢ : .p · ⊃q · ⊃r : ⊃ : q · ⊃ · p⊃r　　(1)

$[2.05\dfrac{p\supset r}{r}]$ ⊢ : : q · ⊃ · p⊃r : ⊃ : .p⊃q · ⊃ : p ·

⊃ · p⊃r　　　　　　　　　　　　　　　　　(2)

[2.05] ⊢ · (1) · (2) · ⊃ ⊢ : : p · ⊃ · q⊃r : ⊃ : .p

⊃q · ⊃ : p · ⊃ · p⊃r　　　　　　　　　　　(3)

$[2.20\dfrac{r}{q}]$ ⊢ : p · ⊃ · p⊃r : ⊃p⊃r　　　　(4)

[(3) · (4)] ⊢ : .p · ⊃ · q⊃r : ⊃ : p⊃q · ⊃ · p⊃r

2.28, ⊢ : p·q · ⊃ · ~(~p∨~q)　　　　　　[3.1]

证$[2.08\dfrac{p \cdot q}{p}]$ ⊢ : p·q · ⊃ · p·q

[(Df b)] ⊢ : p·q · ⊃ · ~(~p∨~q)

2.29, ├ : ~ (~p ∨ ~q) · ⊃ · p · q　　　　　[3.11]

证 [2.08 (Df b)]

2.30, ├ : ~ (p · q) · ⊃ · ~p ∨ ~q　　　　　[3.13]

证 [2.14] ├ : . ~ (~p ∨ ~q) · ⊃ · p · q : ⊃ : ~ (p ·

q) · ⊃ · ~p ∨ ~q　　　　　　　　　　　　　　(1)

　　[2.29] ├ : ~ (~p ∨ ~q) · ⊃ · p · q　　　　(2)

　　[(1) · (2) · 1.1] ├ : ~ (p · q) · ⊃ · ~p ∨ ~q

2.31, ├ : ~p ∨ ~q · ⊃ · ~ (p · q)　　　　　[3.14]

证 [2.28] ├ : p · q · ⊃ · ~ (~p ∨ ~q)　　　(1)

　　[2.03] ├ : . p · q · ⊃ · ~ (~p ∨ ~q) : ⊃ : ~p ∨ ~q ·

⊃ · ~ (p · q)　　　　　　　　　　　　　　(2)

　　[(1) · (2) · 1.1] ├ : ~p ∨ ~q · ⊃ · ~ (p · q)

2.32, ├ : p · ⊃ : q · ⊃ · p · q　　　　　　[3.2]

证 [2.10 $\dfrac{\text{~p} \vee \text{~q}}{\text{p}}$] ├ : ~p ∨ ~q · ∨ · ~ (~p ∨ ~q) (1)

　　[(1) · (Df b)] ├ : ~p ∨ ~q · ∨ · p · q　　　(2)

　　[1.4] ├ : . ~p ∨ ~q · ∨ · p · q : ⊃ : p · q · ∨ · ~p

∨ ~q　　　　　　　　　　　　　　　　　　　(3)

　　[1.5] ├ : : p · q · ∨ · ~p ∨ ~q : ⊃ : . ~p · ∨ : p ·

q · ∨ · ~q :　　　　　　　　　　　　　　　　(4)

　　[1.4] ⊃ : ~p · ∨ : ~q · ∨ · p · q　　　　　(5)

　　[2.05] ├ · (3) · (5) · ⊃ ├ : . ~p ∨ ~q · ∨ · p · q :

⊃ : ~p · ∨ : ~q · ∨ · p · q　　　　　　　　　(6)

　　[(2) · (6) · 1.1] ├ : ~p · ∨ : ~q · ∨ · p · q　(7)

　　[(7) · (Df a)] ├ : p · ⊃ : q · ⊃ · p · q

（这命题说：如果 p 是真的，则 q 是真的蕴涵 p 与 q 都是真的。这命题可以是一种推论的方式，至少在本系统范围之内，我们可以利用它把两个分别断定的真命题，合起来断定其为真。例如 2.28 与 2.29 可以使我们得"⊢：p・q・≡・～（～p∨～q）"的结论。）

2.33，⊢・～（p・～p）   ［3.24］

证 $\left[2.10\dfrac{\sim p}{p}\right]$ ⊢・～p∨～（～p）   （1）

$\left[2.31\dfrac{\sim p}{q}\right]$ ⊢：～p∨～（～p）・⊃・～（p.～p）   （2）

［（1）・（2）・1.1］⊢～（p・～p）

（此为"矛盾律"："p 是真的又是假的是假的。"我们以"与"的思想表示矛盾律，以"或"的思想表示排中律；"或"的思想出现在前，所以排中律先矛盾律而出现。这不过是说在本系统的成文秩序中，排中律在前，矛盾律在后，这与它们彼此的重要问题没有关系。

在此证明中，我们利用排中律去证明矛盾律；这当然纯是根据于成文的先后；设成文的先后反转过来。我们也可以利用矛盾律去证明排中律。）

2.34，⊢：p・q・⊃・p   ［3.26］

证 $\left[2.21\dfrac{\sim p,\sim q}{p,\quad q}\right]$ ⊢：～（～p∨～q）・⊃・～（～p）   （1）

［2.13］⊢・～（～p）⊃p   （2）

［2.05］⊢・（1）・（2）・⊃⊢：～（～p∨～q）・⊃・p

                                    （3）

〔(3)・(Df b)〕├：p・q・⊃・p

2.35，├：p・q・⊃・q　　　　　　　　　　　　　　〔3.27〕

证〔2.22 $\frac{\sim p, \sim q}{p, q}$〕├：～(～p∨～q)・⊃・～(～q)　(1)

〔2.13〕├・～(～q)⊃q　　　　　　　　　　　　(2)

〔2.05〕├・(1)・(2)・⊃├：～(～p∨～q)・⊃・q

　　　　　　　　　　　　　　　　　　　　　(3)

〔(3)・(Df b)〕├：p・q・⊃・q

2.36，├：p・q・⊃・q・p　　　　　　　　　　　　〔3.22〕

证〔2.30 $\frac{q, p}{p, q}$〕├：～(q・p)・⊃・～q∨～p・　(1)

〔1.4〕⊃・～p∨～q・　　　　　　　　　　　　(2)

〔2.31〕⊃～(p・q)　　　　　　　　　　　　(3)

〔2.16〕├・(3)・⊃├：p・q・⊃・q・p

2.37，├：.p・q・⊃・r：⊃：p・⊃・q⊃r　　　〔3.3〕

证〔2.08.(Df b)〕├：.p・q・⊃・r：⊃：～(～p∨～
q)・⊃・r　　　　　　　　　　　　　　　　(1)

〔2.14〕├：.～(～p∨～q)・⊃・r：⊃：～r・⊃・～p
∨～q　　　　　　　　　　　　　　　　　(2)

〔2.08(Df a)〕├：.～r・⊃・～p∨～q：⊃：～r・⊃・p
⊃～q　　　　　　　　　　　　　　　　　(3)

〔2.04〕├：.～r・⊃・p⊃～q：⊃：p・⊃・～r⊃～q
　　　　　　　　　　　　　　　　　　　　(4)

〔2.05〕├・(1)・(2)・(3)・(4)・⊃├：.p・q・
⊃・r：⊃：p・⊃・～r⊃～q

$[2.16] \supset \cdot q \supset r$ (5)

$[(5)] \vdash : .p \cdot q \cdot \supset \cdot r : \supset : p \cdot \supset \cdot q \supset r$

$2.38, \vdash : .p \cdot \supset \cdot q \supset r : \supset : p \cdot q \cdot \supset \cdot r$ [3.31]

证 $[2.08 \cdot (\mathrm{Df\ a})] \vdash : .p \cdot \supset \cdot q \supset r : \supset : \sim p \cdot \vee \cdot \sim$

$q \vee r :$

$[1.4] \quad \supset : \sim p \cdot \vee \cdot r \vee \sim q$ (1)

$[1.5] \vdash : . \sim p \cdot \vee \cdot r \vee \sim q : \supset : r \cdot \vee \cdot \sim p \vee \sim q$ (2)

$[1.4] \vdash : .r \cdot \vee \cdot \sim p \vee \sim q : \supset : \sim p \vee \sim q \cdot \vee \cdot r$ (3)

$[(\mathrm{Df\ a})] \quad \supset : \sim(\sim p \vee \sim q) \supset r$ (4)

$[2.05] \vdash \cdot (1) \cdot (2) \cdot (3) \cdot (4) \cdot \supset \vdash : .p \cdot \supset \cdot q$

$\supset r : \supset \cdot \sim(\sim p \vee \sim q) \supset r$ (5)

$[(\mathrm{Df\ b})] \vdash : .p \cdot \supset \cdot q \supset r : \supset : p \cdot q \cdot \supset \cdot r$

（P. M. 称 2.37 为 principle of exportation，称 2.38 为 principle of importation。）

$2.39, \vdash : p \supset q \cdot q \supset r \cdot \supset \cdot p \supset r$ [3.33]

证 $\left[2.38 \dfrac{p \supset q, q \supset r, p \supset r}{p, q, r}\right] \vdash : : p \supset q \cdot \supset : q \supset r \cdot \supset \cdot$

$p \supset r : . \supset : p \supset q \cdot q \supset r \cdot \supset \cdot p \supset r$ (1)

$[2.06] \vdash : .p \supset q \cdot \supset : q \supset r \cdot \supset \cdot p \supset r$ (2)

$[(1) \cdot (2) \cdot 1.1] \vdash : p \supset q \cdot q \supset r \cdot \supset \cdot p \supset r$

$2.40, \vdash : q \supset r \cdot p \supset q \cdot \supset \cdot p \supset r$ [3.34]

证 $[2.05] \vdash : .q \supset r \cdot \supset : p \supset q \cdot \supset \cdot p \supset r$

$\left[2.38 \dfrac{q \supset r, p \supset q, p \supset r}{p, \quad q, \quad r}\right] \vdash : .q \supset r \cdot \supset : p \supset q \cdot \supset$

$p \supset r : . \supset : q \supset r \cdot p \supset q \cdot \supset \cdot p \supset r$ (2)

$[(1) \cdot (2) \cdot 1.1] \vdash : q \supset r \cdot p \supset q \cdot \supset \cdot p \supset r$

（此两命题均为三段论原则之另两种表示，以后亦利用之以为推论。这两个命题与传统的三段论比之 2.05、2.06 更为切近，2.40 使人想到"barbara"。情形当然不同，因为这里的 p、q、r、p⊃q、q⊃r、p⊃r，不必是传统三段论中的 A、E、I、O 那样的命题。）

2.41，$\vdash : p \cdot p \supset q \cdot \supset \cdot q$ 　　　　　　　[3.35]

证 $\left[2.09 \dfrac{p \vee q}{p}\right] \vdash : \sim(p \vee q) \cdot \vee \cdot (p \vee q)$ 　　　(1)

$[1.5 \cdot (1)] \vdash : . \sim(p \vee q) \cdot \vee \cdot (p \vee q) : \supset : p \cdot$
$\vee \cdot (\sim(p \vee q) \cdot \vee \cdot q) :$ 　　　　　　　(2)

$[(1) \cdot (2) \cdot 1.1 \cdot (\text{Df a})] \supset \vdash : . p : \vee : p \vee q \cdot \supset \cdot q$
　　　　　　　　　　　　　　　　　　　　　　　(3)

$\left[(3) \dfrac{\sim p}{p}\right] \vdash : . \sim p : \vee : \sim p \vee q \cdot \supset \cdot q$ 　　　(4)

$[(4) \cdot (\text{Df a})] \vdash : . p . \supset : p \supset q \cdot \supset \cdot q$ 　　　(5)

$\left[2.38 \dfrac{p \supset q}{q} \dfrac{q}{r}\right] \vdash : : p \cdot \supset \cdot p \supset q \cdot \supset \cdot q : . \supset : p \cdot p \supset q \cdot \supset \cdot q$ 　　　　　　　　　　　　　　　　　(6)

$[(5) \cdot (6) \cdot 1.1] \vdash : p \cdot p \supset q \cdot \supset \cdot q$ 　　　(7)

（此命题说：如果 p 是真的，而 p 蕴涵 q 也是真的，则 q 是真的。）

请注意在此证明中，由（5）（6）而得（7）的结论，其推论与 2.41 这一命题相似；我们可以把它写成：

$p \cdot \supset : p \supset q \cdot \supset q : : p \cdot \supset : p \supset q \cdot \supset \cdot q : . \supset : p \cdot p \supset$

q·⊃q：：⊃：p·p⊃q·⊃·q,不同之点如下：

（一）在证明中的推论,(5)与(6)两前件本系统均断定其为真,而在2.41这一命题中,p与p⊃q两前件,我们仅假设其为真,究竟为真与否,无从说起;2.41所断定的是整个的命题,而不是前面那一部分。

（二）在证明中的是推论,是 inference。而在这命题中的是蕴涵,是 implication。推论说得通的时候,定有蕴涵关系;但有蕴涵关系的时候,不必有推论。在证明中,我们可以说(5)是真的,(6)是真的,"所以"(7)是真的;2.41这一命题虽是真的,而我们既不能说前件是真的,我们也不能说"所以"后件是真的。

（三）证明中的推论的根据是1.1那一基本命题,由此可以知道1.1与2.41为不同的命题。)

2.42,⊢：.p·q·⊃·r：⊃：p·~r·⊃·~q　[3.37]

证[2.15]⊢：q⊃r·⊃·~r⊃~q　　　　　　　　(1)

[2.05·(1)]⊢：.p·⊃·q⊃r：⊃：p·⊃·~r⊃~q

(2)

[2.37]⊢：.p·q·⊃·r：⊃：p·⊃·q⊃r　　　(3)

[2.05]⊢·(2)·(3)·⊃⊢：.p·q·⊃r：⊃：p·⊃·~r⊃~q　　　　　　　　　　　　　　　　(4)

[2.38]⊢：.p·⊃·~r⊃~q：⊃：p·~r·⊃·~q

(5)

[2.39]⊢·(4)·(5)·⊃⊢：.p.q·⊃·r：⊃：p·~r·⊃·~q

（此命题所表示的可以用所谓 anti-syllogism 为例。设有

以下甲乙两组的命题，以普通的三段论的形式表示之，2.42
说甲组蕴涵乙组。

甲，所有的人都是有理性的动物 　　（p）

疯子是人 　　　　　　　　　　　（q）

疯子是有理性的动物 　　　　　　　（r）

乙，所有的人都是有理性的动物 　　（p）

疯子不是有理性的动物 　　　　　　（～r）

疯子不是人 　　　　　　　　　　（～q）

请注意以上的例有很不妥当的地方；2.42 这一命题没有
断定 p、q、r 之为真为假；用普通语言表示，它不过是说如果甲
组是对的，乙组也是对的。）

2.43, ⊢：·p⊃q·p⊃r·⊃：p·⊃·q·r 　　　　［3.43］

证［2.32 $\dfrac{q,r}{p,q}$］⊢：.q·⊃：r·⊃·q·r 　　　　　　　（1）

［2.05］⊢·（1）·⊃⊢：：p⊃q·⊃：.p·⊃：r·⊃·
q·r 　　　　　　　　　　　　　　　　　　　　　　（2）

［2.27］⊢：：p·⊃：r·⊃·q·r：.⊃：.p⊃r·⊃：
p·⊃·q·r 　　　　　　　　　　　　　　　　　　　（3）

［2.05］⊢·（2）·（3）·⊃⊢：：p⊃q·⊃：.p⊃r·
⊃：p·⊃·q·r 　　　　　　　　　　　　　　　　　（4）

［（4）·2.38］⊢：.p⊃q·p⊃r·⊃：p·⊃·q·r

2.44, ⊢：.q⊃p·r⊃p·⊃：q∨r·⊃·p

证［2.39 $\dfrac{\sim q,r,p}{p,q,r}$］⊢：～q⊃r·r⊃p·⊃·～q⊃p 　（1）

［1.6］⊢：.～q⊃p·⊃：p∨～q·⊃·p∨p：

［1.4］　⊃：～q∨p·⊃·p∨p 　　　　　　　　　（2）

$[1.2 \cdot (\text{Df } a) \cdot (2)] \vdash : . \sim q \supset p \cdot \supset : q \supset p \cdot \supset \cdot p$

(3)

$[2.05] \vdash \cdot (1) \cdot (3) \cdot \supset \vdash : . \sim q \supset r \cdot r \supset p \cdot \supset : q \supset$
$p \cdot \supset \cdot p$

(4)

$[2.37] \vdash \cdot (4) \cdot \supset \vdash : : \sim q \supset r \cdot \supset : . r \supset p \cdot \supset : q \supset$
$p \cdot \supset \cdot p : .$

(5)

$[2.04] \quad \supset : . q \supset p \cdot \supset : r \supset p \cdot \supset \cdot p : .$

$[2.38] \quad \supset : q \supset p \cdot r \supset p \cdot \supset \cdot p$

(6)

$[2.04] \vdash \cdot (6) \cdot \supset \vdash : . q \supset p \cdot r \supset p \cdot \supset : \sim q \supset r \cdot$
$\supset \cdot p :$

$[(\text{Df } a)] \quad \supset : \sim (\sim q) \vee r \cdot \supset \cdot p :$

(7)

$[2.14 \cdot (7)] \vdash : . q \supset p \cdot r \supset p \cdot \supset : q \vee r \cdot \supset \cdot p$

$2.45, \vdash : . p \supset q \cdot \supset : p \cdot r \cdot \supset \cdot q \cdot r \qquad [3.45]$

证$[2.06,] \vdash : . p \supset q \cdot \supset : q \supset \sim r \cdot \supset \cdot p \supset \sim r$

(1)

$[2.15] \vdash : . q \supset \sim r \cdot \supset \cdot p \supset \sim r : \supset : \sim (p \supset \sim r) \cdot$
$\supset \cdot \sim (q \supset \sim r)$

(2)

$[2.08 \cdot (\text{Df } a)] \vdash : . q \supset \sim r \cdot \supset \cdot p \supset \sim r : \supset : \sim (\sim p$
$\vee \sim r) \supset \cdot \sim (\sim q \vee \sim r)$

(3)

$[2.08 \cdot (\text{Df } b)] \vdash : . \sim (\sim p \vee \sim r) \cdot \supset \cdot \sim (\sim q \vee \sim$
$r) : \supset : p \cdot r \cdot \supset \cdot q \cdot r$

(4)

$[2.39] \vdash \cdot (1) \cdot (3) \cdot (4) \cdot \supset \vdash : . p \supset q \cdot \supset : p \cdot$
$r \cdot \supset \cdot q \cdot r$

（此命题与第六基本命题成对,第六基本命题表示"或"
方面的关系,而此命题表示"与"方面的关系。）

$2.46, \vdash : . p \supset r \cdot q \supset s \cdot \supset : p \cdot q \cdot \supset \cdot r \cdot s \qquad [3.47]$

证[2.34] ⊢：.p⊃r・q⊃s・⊃・p⊃r　　　　　　　　　（1）

[2.45] ⊢：.p⊃r・⊃：p・q・⊃・r・q

[2.36]　⊃・q・r　　　　　　　　　　　　　　　（2）

[2.05] ⊢・（1）・（2）・⊃ ⊢：.p⊃r・q⊃s・⊃：p・
q・⊃・q・r　　　　　　　　　　　　　　　　　（3）

[2.35] ⊢：.p⊃r・q⊃s・⊃・q⊃s　　　　　　　　（4）

[2.45] ⊢：.q⊃s・⊃：q・r・⊃・s・r・

[2.36]　⊃・r・s　　　　　　　　　　　　　　　（5）

[2.05] ⊢・（4）・（5）・⊃ ⊢：.p⊃r・q⊃s・⊃：q・
r・⊃・r・s　　　　　　　　　　　　　　　　　（6）

[2.43] ⊢・（3）・（6）・⊃ ⊢：：p⊃r・q⊃s・⊃：.p・
q・⊃・q・r：q・r・⊃r・s　　　　　　　　　　（7）

[2.39] ⊢：.p・q・⊃・q・r：q・r・⊃・r・s：⊃：
p・q・⊃・r・s　　　　　　　　　　　　　　　（8）

[2.39] ⊢・（7）・（8）・⊃ ⊢：.p⊃r・q⊃s・⊃：p・q
⊃・r・s

2.47, ⊢：.p⊃r・q⊃s・⊃：p∨q・⊃・r∨s　　[3.48]

证[2.34] ⊢：p⊃r・q⊃s・⊃・p⊃r　　　　　　　　（1）

[1.6] ⊢：.p⊃r・⊃：q∨p・⊃・q∨r：

[1.4]　⊃：p∨q・⊃・q∨r　　　　　　　　　　　（2）

[2.39] ⊢・（1）・（2）・⊃ ⊢：.p⊃r・q⊃s・⊃：p∨
q・⊃・q∨r　　　　　　　　　　　　　　　　　（3）

[2.35] ⊢：p⊃r・q⊃s・⊃・q⊃s　　　　　　　　（4）

[1.6・1.4] ⊢：.q⊃s・⊃：q∨r・⊃・r∨s　　　　（5）

[2.39] ⊢・（4）・（5）・⊃ ⊢：.p⊃r・q⊃s・⊃：q∨

r・⊃・r∨s   (6)

　　[2.43]├・(3)・(6)・⊃├∴p⊃r・q⊃s・⊃∴p∨

q・⊃・q∨r：q∨r・⊃r∨s   (7)

　　[2.39]├∵p∨q・⊃・q∨r：q∨r・⊃・r∨s∶⊃∶

p∨q・⊃・r∨s   (8)

　　[2.39]├・(7)・(8)・⊃├∴p⊃r・q⊃s・⊃∶p∨

q・⊃・r∨s

　　2.48,├∶p⊃q・≡・~q⊃~p   [4.1]

　　证[2.15]├∶p⊃q・⊃・~q⊃~p   (1)

　　[2.16]├∶~q⊃~p・⊃・p⊃q   (2)

　　[2.32]├∵p⊃q・⊃・~q⊃~p∶⊃∴~q⊃~p・

⊃・p⊃q∶⊃├∴p⊃q・⊃・~q⊃~p∶~q⊃~p・⊃・p⊃q

                                                                              (3)

　　[(3)・(Df c)]├∶p⊃q・≡・~q⊃~p

（以后虽用2.32,而不必把整个的公式写出来。）

　　2.49,├∶p≡q・≡・~p≡~q

　　证[2.15]├∶p⊃q・⊃・~q⊃~p   (1)

　　[2.15$\frac{q,p}{p,q}$]├∶q⊃p・⊃・~p⊃~q   (2)

　　[2.46]├・(1)・(2)・⊃├∶p⊃q・q⊃p・⊃・~q

⊃~p・~p⊃~q   (3)

　　[2.36]├∶~q⊃~p・~p⊃~q・⊃・~p⊃~q・~q⊃~p

                                                                              (4)

　　[2.05]├・(3)・(4)・⊃├∶p⊃q・q⊃p・⊃・~p

⊃~q・~q⊃~p   (5)

$[(5) \cdot (Df\ c)] \vdash : p \equiv q \cdot \supset \cdot \sim p \equiv \sim q$ (6)

$[2.16] \vdash : \sim p \supset \sim q \cdot \supset \cdot q \supset p$ (7)

$[2.16] \vdash : \sim q \supset \sim p \cdot \supset \cdot p \supset q$ (8)

$[2.46] \vdash \cdot (7) \cdot (8) \cdot \supset \vdash : \sim p \supset \sim q \cdot \sim q \supset \sim p \cdot$
$\supset \cdot q \supset p \cdot p \supset q$ (9)

$[2.36] \vdash : q \supset p \cdot p \supset q \cdot \supset \cdot p \supset q \cdot q \supset p$ (10)

$[2.05] \vdash \cdot (9) \cdot (10) \cdot \supset \vdash : \sim p \supset \sim q \cdot \sim q \supset \sim p \cdot$
$\supset \cdot p \supset q \cdot q \supset p$ (11)

$[(11) \cdot (Df\ c)] \vdash : \sim p \equiv \sim q \cdot \supset \cdot p \equiv q$ (12)

$[(Df\ c) \cdot 2.32] \vdash \cdot (6) \cdot (12) \cdot \supset \vdash : p \equiv q \cdot \equiv \cdot \sim$
$p \equiv \sim q$

2.50, $\vdash : p \equiv \sim q \cdot \equiv \cdot q \equiv \sim p$

（此命题的证明与以上一样,请读者自备。）

2.51, $\vdash \cdot p \equiv \sim (\sim p)$

证$[2.11 \cdot 2.13 \cdot (Df\ c)] \vdash \cdot p \equiv \sim (\sim p)$

2.52, $\vdash : .p \cdot q \cdot \supset \cdot r : \equiv : p \cdot \sim r \cdot \supset \cdot \sim q$ [4.14]

证$[2.42] \vdash : .p \cdot q \cdot \supset \cdot r : \supset : p \cdot \sim r \cdot \supset \cdot \sim q$ (1)

$[2.42] \vdash : .p \cdot \sim r \cdot \supset \cdot \sim q : \supset : p \cdot \sim (\sim q) \cdot \supset \cdot \sim$
$(\sim r) :$

$[2.51] \quad \supset : p \cdot q \cdot \supset \cdot r$ (2)

$[(Df\ c)] \vdash \cdot (1) \cdot (2) \cdot \supset \vdash : .p \cdot q \cdot \supset \cdot r : \equiv :$
$p \cdot \sim r \cdot \supset \cdot \sim q$

2.53, $\vdash : .p \cdot q \cdot \supset \cdot \sim r : \equiv : q \cdot r \cdot \supset \cdot \sim p$ [4.15]

证$[2.36 \frac{q}{p}] \vdash : q \cdot p \cdot \supset \cdot p \cdot q$ (1)

〔2.06·（1）〕├：.p·q·⊃·~r：⊃：q·p·⊃~r

（2）

〔2.42〕├：.q·p·⊃~r：⊃：q·r·⊃·~p　　　（3）

〔2.39〕├·（2）·（3）·⊃├：.p·q·⊃·~r：⊃：

q·r·⊃·~p　　　　　　　　　　　　　　　　（4）

〔2.36〕├：p·q·⊃·q·p　　　　　　　　　　（5）

〔2.06·（5）〕├：.q·p·⊃·~r：⊃：p·q·⊃·~r

（6）

〔2.42〕├：.q·r·⊃·~p：⊃：q·p·⊃·~r　（7）

〔2.40〕├·（6）·（7）·⊃├：.q·r·⊃·~p：⊃：

p·q·⊃·~r　　　　　　　　　　　　　　　　（8）

〔（Df c）·2.32〕├·（4）·（8）·⊃├：.p·q·⊃·~

r：≡：q·r·⊃·~p

2.54，├·p≡p　　　　　　　　　　　　　　〔4.2〕

证〔2.08〕├·p⊃p　　　　　　　　　　　　（1）

〔2.32〕├：.p⊃p·⊃：p⊃p·⊃·p⊃p·p⊃p　（2）

〔（1）·（2）·1.1〕├：p⊃p·p⊃p　　　　　（3）

〔（3）·（Df c）〕├·p≡p

2.55，├：p≡q·≡·q≡p　　　　　　　　　〔4.21〕

证〔2.36〕├：p⊃q·q⊃p·⊃·q⊃p·p⊃q　（1）

├：q⊃p·p⊃q·⊃·p⊃q·q⊃p　　　　　　（2）

〔Df（c）〕├·（1）·（2）·⊃├：p≡q·≡·q≡p

2.56，├：p≡q·q≡r·⊃·p≡r　　　　　　　〔4.22〕

证〔2.34〕├：p≡q·q≡r·⊃·p≡q·

〔（Df c）·2.34〕　⊃·p⊃q　　　　　　　　（1）

$[2.35]\vdash:p\equiv q\cdot q\equiv r\cdot\supset\cdot q\equiv r\cdot$

$[(Df\ c)\cdot2.34]\quad\supset\cdot q\supset r$ (2)

$[(1)\cdot(2)\cdot2.43\cdot2.39]\vdash:p\equiv q\cdot q\equiv r\cdot\supset\cdot p\supset r$

(3)

$[2.35]\vdash:p\equiv q\cdot q\equiv r\cdot\supset\cdot q\equiv r\cdot$

$[(Df\ c)\cdot2.35]\quad\supset\cdot r\supset q$ (4)

$[2.34]\vdash:p\equiv q\cdot q\equiv r\cdot\supset\cdot p\equiv q\cdot$

$[(Df\ c)\cdot2.35]\quad\supset\cdot q\supset p$ (5)

$[(4)\cdot(5)\cdot2.43\cdot2.39]\vdash:p\equiv q\cdot q\equiv r\cdot\supset\cdot r\supset p$

(6)

$[(3)\cdot(6)\cdot2.43]\vdash:p\equiv q\cdot q\equiv r\cdot\supset\cdot p\supset r\cdot r\supset p$

(7)

$[(Df\ c)\cdot7]\vdash:p\equiv q\cdot q\equiv r\cdot\supset\cdot p\equiv r$

（以上 2.54、2.55、2.56 三命题表示命题的真假值相等有自反质（self-reflexive）、对称质（symmetrical）、传递质（transitive）。蕴涵仅有自反与传递质。）

$2.57,\vdash:p\cdot\equiv\cdot p\cdot p$ [4.24]

证$[2.34]\vdash:p\cdot p\cdot\supset\cdot p$ (1)

$[2.32]\vdash:.p\cdot\supset:p\cdot\supset\cdot p\cdot p$ (2)

$[2.20]\vdash:.p\cdot\supset:p\cdot\supset\cdot p\cdot p:.\supset:p\cdot\supset\cdot p\cdot p$

(3)

$[(2)\cdot(3)\cdot1.1]\vdash:p\cdot\supset\cdot p\cdot p$ (4)

$[2.32\cdot(Df\ c)]\vdash\cdot(4)\cdot(1)\cdot\supset\vdash:p\cdot\equiv\cdot p\cdot p$

$2.58,\vdash:p\cdot\equiv\cdot p\vee p$ [4.25]

证$[2.07]\vdash:p\cdot\supset\cdot p\vee p$ (1)

$[1.2]\vdash\colon p\vee p\cdot\supset\cdot p$ (2)

$[(\mathrm{Df\,c})]\vdash\cdot(1)\cdot(2)\cdot\supset\vdash\colon p\cdot\equiv\cdot p\vee p$

2.59, $\vdash\colon(p\cdot q)\cdot r\cdot\equiv\cdot p\cdot(q\cdot r)$ [4.32]

证$[2.53]\vdash\colon.p\cdot q\cdot\supset\cdot\sim r\colon\equiv\cdot q\cdot r\cdot\supset\cdot\sim p\colon$

$[2.50]\quad\equiv\colon p\cdot\supset\cdot\sim(q\cdot r)$ (1)

$[(1)\cdot2.49]\vdash\colon\sim(p\cdot q\cdot\supset\cdot\sim r)\colon\equiv\colon\sim(p\cdot\supset\sim\cdot(q\cdot r))$ (2)

$[(2)\cdot\mathrm{Df(a)}]\vdash\colon\sim(\sim(p\cdot q)\cdot\vee\cdot\sim r)\cdot\equiv\cdot\sim(\sim p\cdot\vee\cdot\sim(q\cdot r))$ (3)

$[(3)\cdot(\mathrm{Df\,b})]\vdash\colon(p\cdot q)\cdot r\equiv\cdot p\cdot(q\cdot r)$

2.60, $\vdash\colon(p\vee q)\vee r\cdot\equiv\cdot p\vee(q\vee r)$ [4.33]

证$[1.4]\vdash\colon(p\vee q)\vee r\cdot\supset\cdot r\vee(p\vee q)$ (1)

$[1.5]\vdash\colon r\vee(p\vee q)\cdot\supset\cdot p\vee(r\vee q)$ (2)

$[1.4]\vdash\colon p\vee(r\vee q)\cdot\supset\cdot p\vee(q\vee r)$ (3)

$[2.39]\vdash\cdot(1)\cdot(2)\cdot(3)\cdot\supset\vdash\colon(p\vee q)\vee r\cdot\supset\cdot p\vee(q\vee r)$ (4)

$[1.5]\vdash\colon p\vee(q\vee r)\cdot\supset\cdot q\vee(p\vee r)$ (5)

$[1.4]\vdash\colon q\vee(p\vee r)\cdot\supset\cdot q\vee(r\vee p)$ (6)

$[1.5]\vdash\colon q\vee(r\vee p)\cdot\supset\cdot r\vee(q\vee p)$ (7)

$[1.4]\vdash\colon r\vee(q\vee p)\cdot\supset\cdot r\vee(p\vee q)$ (8)

$[1.4]\vdash\colon r\vee(p\vee q)\cdot\supset\cdot(p\vee q)\vee r$ (9)

$[2.39]\vdash\cdot(5)\cdot(6)\cdot(7)\cdot(8)\cdot(9)\cdot\supset\vdash\colon p\vee(q\vee r)\cdot\supset\cdot(p\vee q)\vee r$ (10)

$[(\mathrm{Df\,c})]\vdash\cdot(4)\cdot(10)\cdot\supset\vdash\colon(p\vee q)\vee r\cdot\equiv\cdot p\vee(q\vee r)$

2.61, ├ : .p・q∨r.≡ : p・q・∨・p・r　　　　　［4.4］

证 ├・2.32・⊃├ : : p・⊃ : q・⊃・p・q : .p・⊃ :

r・⊃・p・r : :　　　　　　　　　　　　　　　　（1）

［2.43］⊃├ : : p・⊃ : .q・⊃・p・q : r・⊃・p・r : :

　　　　　　　　　　　　　　　　　　　　　　（2）

［2.47］⊃ : : p・⊃ : .q∨r・⊃ : p・q・∨・p・r　（3）

［2.38］├・（3）・⊃├ : .p・q∨r・⊃ : p・q・∨・p・r

　　　　　　　　　　　　　　　　　　　　　　（4）

├・2.34・2.32.⊃├ : .p・q・⊃・p : p・r・⊃・p :

　　　　　　　　　　　　　　　　　　　　　　（5）

［2.44］⊃├ : .p・q・∨・p・r : ⊃・p　　　　　（6）

├・2.35・2.32・├⊃ : .p・q・⊃・q : p・r・⊃・r : .

　　　　　　　　　　　　　　　　　　　　　　（7）

［2.47］⊃├ : .p・q・∨・p・r : ⊃・q∨r　　　　（8）

├・（6）・（8）・2.43.⊃├ : .p・q・∨・p・r : ⊃・

p・q∨r　　　　　　　　　　　　　　　　　　（9）

［（Df c）］├・（4）・（9）・2.32.⊃├ : .p・q∨r・≡ :

p・q∨・p・r

2.62, ├ : .p・∨・q・r : ≡・p∨q・p∨r　　　［4.41］

证［2.34$\frac{q,r}{p,q}$］├ : q・r・⊃・q :　　　　　（1）

［1.6］⊃├ : .p・∨・q・r : ⊃・p∨q　　　　　（2）

［2.35$\frac{q,r}{p,q}$］├ : q・r・⊃・r :　　　　　　（3）

［1.6］⊃├ : .p・∨・q・r : ⊃・p∨r　　　　　（4）

[2.43]├·(2)·(4)·⊃├:.p·∨·q·r:⊃·p∨

q·p∨r   (5)

[2.11]├·p⊃~(~p)·   (6)

[1.6·1.4]⊃├:p∨q·⊃·~(~p)∨q: (7)

[(Df a)]⊃├:p∨q·⊃·~p⊃q   (8)

[2.46]├:.p∨q·⊃·~p⊃q:p∨r·⊃·~p⊃r:.

(9)

⊃├:p∨q·p∨r·⊃·~p⊃q·~p⊃r·   (10)

[2.43]⊃:~p·⊃·q·r: (11)

[2.54·(Df a)·2.51]⊃:p·∨·q·r   (12)

[2.32·(Df c)]├·(5)·(12)·⊃├:.p·∨·q·

r:≡·p∨q·p∨r

2.63,├:.p·≡:p·q·∨·p·~q   [4.42]

证[2.32 $\frac{q\vee\sim q,\,p}{p,\quad q}$]├:.q∨~q·⊃:p·⊃·q∨~q·

p·

[2.36] ⊃·p·q∨~q   (1)

[2.20]├·(1)·⊃├:p·⊃·p·q∨~q   (2)

[2.34]├:p·q∨~q·⊃·p   (3)

[(Df c)]├(2)·(3)·⊃├:p·≡·p·q∨~q   (4)

[2.61]├:p·q∨~q·≡:p·q·∨·p·~q   (5)

[2.56]├·(4)·(5)·⊃├:.p·≡:p·q·∨·

p·~q

2.64,├:.p·≡:p∨q·p∨~q   [4.43]

证[2.18]├:p·⊃·p∨q:p·⊃·p∨~q:.

200

$[2.43]\supset\vdash:p\cdot\supset\cdot p\lor q\cdot p\lor\sim q$ (1)

$[1.6]\vdash:p\supset q\cdot\supset:q\lor p\cdot\supset\cdot q\lor q$ (2)

$[1.4\cdot2.04\cdot(\text{Df a})\cdot1.2]\vdash\cdot(2)\cdot\supset\vdash:p\lor q\cdot$
$\supset:\sim p\lor q\cdot\supset\cdot q$ (3)

$[(3)\dfrac{q,p}{p,q}]\vdash:q\lor p\cdot\supset:\sim q\lor p\cdot\supset\cdot p$ (4)

$[(4)\dfrac{\sim p}{p}\cdot1.4]\vdash:\sim p\lor q\cdot\supset:\sim p\lor\sim q\cdot\supset\cdot\sim p$

        (5)

$[(5)\cdot(\text{Df a})]\vdash:p\supset q\cdot\supset:p\supset\sim q\cdot\supset\cdot\sim p$ (6)

$[(6)\dfrac{\sim p}{p}]\vdash:.\sim p\supset q\cdot\supset:\sim p\supset\sim q\cdot\supset\cdot\sim(\sim p)$(7)

$[2.38]\vdash(7)\cdot2.13\cdot\supset\cdot\vdash:\sim p\supset q\cdot\sim p\supset\sim q\cdot\supset\cdot p$

        (8)

$[(8)\cdot(\text{Df a})]\vdash:\sim(\sim p)\lor q\cdot\sim(\sim p)\lor\sim q\cdot\supset\cdot p$

        (9)

$[2.13\cdot(9)]\vdash:p\lor q\cdot p\lor\sim q\cdot\supset\cdot p$ (10)

$[2.32\cdot(\text{Df c})]\vdash\cdot(1)\cdot(10)\supset\vdash:.p\cdot\equiv:p\lor q\cdot$
$p\lor\sim q$

2.65, $\vdash:.p\cdot\equiv:p\cdot\lor\cdot p\cdot q$ [4.44]

证$[2.18\dfrac{p\cdot q}{q}]\vdash:p\cdot\supset:p\cdot\lor\cdot p\cdot q$ (1)

$[2.08\cdot2.34\cdot2.32]\vdash:.p\supset p:p\cdot q\cdot\supset\cdot p:.$

$[2.44]\supset\vdash:.p\cdot\lor\cdot p\cdot q:\supset\cdot p$ (2)

$[2.32\cdot(\text{Df c})]\vdash\cdot(1)\cdot(2)\cdot\supset\vdash:.p\cdot\equiv:p\cdot$
$\lor\cdot p\cdot q$

2.66, ⊢ : p ≡ · p · p ∨ q　　　　　　　　　[4.45]

证 [2.08 · 2.18 · 2.32] ⊢ : p ⊃ p : p · ⊃ · p ∨ q : .

[2.43] ⊃ ⊢ : p · ⊃ · p · p ∨ q　　　　　　　　（1）

[2.34] ⊢ : p · p ∨ q · ⊃ · p　　　　　　　　　（2）

[2.32 · (Df c)] ⊢ · (1) · (2) · ⊃ ⊢ : p · ≡ · p · p ∨ q

2.67, ⊢ : .p ⊃ q · ≡ : p · ⊃ · p · q

[2.35] ⊢ : p · q · ⊃ · q :

[2.05] ⊃ ⊢ : .p · ⊃ · p · q : ⊃ · p ⊃ q　　　　（1）

[2.43] ⊢ : .p ⊃ p · p ⊃ q · ⊃ : p · ⊃ · p · q : .　（2）

[2.37] ⊃ ⊢ : : p ⊃ p · ⊃ : .p ⊃ q · ⊃ : p · ⊃ · p · q

　　　　　　　　　　　　　　　　　　　　（3）

[2.08] ⊢ · p ⊃ p　　　　　　　　　　　　　（4）

[(4) · (3) · 1.1] ⊢ : .p ⊃ q · ⊃ : p · ⊃ · p · q　（5）

[2.32 · (Df c)] ⊢ · (1) · (5) · ⊃ · ⊢ : .p ⊃ q · ≡ :

p · ⊃ · p · q

二、由未解析的命题到类与关系的推演

本章分以下各节：A.具一表面任指词的命题的推演；B.具两表面任指词的命题的推演；C.具相同思想的命题的推演；D.具叙述词的命题的推演；E.类词的发现与关系词的发现。本节的宗旨在介绍原书中一步一步的推演办法。

A.具一表面任指词的命题的推演

1.解释弁言。

兹假设未解析的命题是"这(指一东西)是红的"或"这(指一东西)比那个(指另一东西)大"这样的命题。这样的命题可以解析成"个体词(数目不定)——谓词(此处的谓词非第一部的宾词)"。如以"x,y,z,…"表示个体,为个体词;以"φ,ψ,χ,…"表示"性质",为谓词;则未解析的命题可以容纳到"φx"或"φ(x,y)"等式的命题;而"φx","φ(x,y)"等等,本书称之为命题函量。

x,y,z,…,φ,ψ,χ,…均称之为任指词。所谓任指词者,是说"x,y,z,…虽指个体,而不指某一个体;"φ,ψ,χ,…"等虽指性质,而不指某一属性,或某一关系质。这里的任指词似乎可以称为"变词",但无论"任指词"这一名词是否有毛病,而"变词"这一名词总有毛病。词无所谓变,而"x,y,z,…"、"φ,ψ,χ,…"也无所谓变。说它们变者在此处似乎是定与不定的问题。任指词一方面"定",因为"x,y,z,…"定指个体;另一方面"不定",因为它们不定指某某个体。普通指必有所指,而所指者大都是能以"某一"相称的东西或情形。任指词既不指出一能以"某一"相称的东西或情形,而同时又有一固定的范围,所以"x,y,z,…"指个体范围之内的任何一个,而"φ,ψ,χ,…"指性质范围之内的任何一性质。

"x,y,z,…"所表示的个体,可以是,而不必是我们经验方面的"具体的东西"。个体两个字仅有相对的意义,它们所代表的不是性质,不是命题,不是函量;可是在一公式内是个体者在另一公式内不必是个体。此处所要求的个体不过是在一范围之内或不是那一范围之内的性质或命题或函量而已。

"φ,ψ,χ,…"为"谓词",它们所代表的是性质。照此处的用法,性与质不同;性为质,而质不必为性;性属于一个体,所以称之为属性;质可以兼存于多数个体之间。兹以性质二字总其和。代表性质之词称之为"谓词"。谓词在此处与第一部所谈的宾词不同;在那里的宾词可以说是完全代表属性,此处的谓词也代表关系。"φ,ψ,χ,…"均为谓词,均代表性质,不过没有指出某一性质而已。

"φx"为命题函量,而非命题。"x"既未指出某一个体,"φ"也没有指出某一性质,"φx"无所谓真假,所以不是命题。它也是任指词,它虽未指出某一命题,而代表具某种形式的命题。假设"φ"所指者为"是红的",则"x"的范围受限制;假设"x"所指者为我们所称为"书"的个体,则"φ"受限制。这里有能有意思与不能有意思的问题,本篇不提出讨论。

我们可以用符号表示"φx"总是真的。如果我们遵照 P.M.的办法用"(x)"表示"任何"或"所有"或"凡"x,则"(x)φx"表示"一切都是 φ",或"φx 总是真的"。如果我们用"∃x"表示"有 x"或"至少有一 x",则"(∃x)φx"表示"有 x 是 φ",或"至少有一 x 是 φ"。在 P.M.,(x)φx 与(∃x)φx 均视为命题,这或者是对于"φ,ψ,χ,…"之所指,P.M.根本没有兴趣。无论如何,假设我们写出这样一句话来,"(x)x 是红的";这句话是一命题,因为这等于说"一切都是红的",而这里的 x 已经不是货真价实的任指词,而是 P.M. 书中的 apparent variable,本书称之为表面任指词。

P.M.中一部分的推论是(x)φx,(∃x)φx,这样命题的推论,而这样命题的推论中也有(x)φx⊃ψx 这样的命题。这一部分就是本段的具一表面任指词的推论,它也有几个基本命题,可是在本书我们可以不必提出。本段仅抄出几个命题。证明的方式与上节的一样。我们在此处所注意的既仅是命题,而不是它们排列的系统化,我们不必抄写旧证明,也不必发现新证明。各命题的号数均为原书中的号数。

2.本段所选的几个命题。

10.25, ├：(x)·φx·⊃·(∃x)·φx

（这命题看起来似乎就是传统演绎法里的由 A 到 I 的推论,其实有问题。传统逻辑中的 A、E、I、O,不是(x)φx,(∃x)φx,这样的命题,但蕴涵关系相似。）

10.251, ├：(x)·~φx·⊃·~((x)·φx)

（此与 10.25 有同样的情形,它很像由 E 之真推到 A 之假。）

10.252, ├：~((∃x)·φx)·≡·(x)·~φx

10.253, ├：~((x)·φx)·≡·(∃x)·~φx

（10.252 好像是说 I 命题的假等于 E 命题的真,10.253 好像是说 A 命题的假等于 O 命题的真。可是,我们还是要记在心里,(x)φx、(∃x)φx 等等,不是传统逻辑中的 A、I 等等命题。）

10.26, ├：.(z)·φz⊃ψz：φx：⊃·ψx

（此即普通三段论之一种。设"φz"代表"z 是人","ψz"代表"z 是会死的","x"代表任何一个体;则此命题说"如果任何一个体 z 是人蕴涵 z 是会死的,而 x 这一个体是人,则 x 是会死的"。普通常引用的"所有的人都是会死的,孔子是人,孔子是会死的"是这样的三段论,其推论的根据就是这个命题。可是这命题与10.3那一命题不同。严格地说,只有那一命题才是 AAA,这一命题不是,因为如果$(z) \cdot \varphi z \supset \psi z$ 是"A"命题,则 φx 不是"A"命题,而 ψx 的结果也不是"A"命题。同时我们也可以注意:传统演绎法既把三命题分开来,使人注重到它们在事实方面个别的真假问题;P.M.系统没有说$(z) \cdot \varphi z \supset \psi z$ 是真的,也没有说 φx 是真的,也没有说 ψx 是真的;P.M.只说 10.26 这一整个的命题是真的。)

10.27,$\vdash : . (z) \cdot \varphi z \supset \psi z \cdot \supset : (z) \cdot \varphi z \cdot \supset \cdot (z) \cdot \psi z$

10.28,$\vdash : . (x) \cdot \varphi x \supset \psi x \cdot \supset : (\exists x) \cdot \varphi x \cdot \supset \cdot (\exists x) \psi x$

(此两命题是一对,10.27 说如果凡 φ 是 ψ,那么,如果一切是 φ,则一切是 ψ。10.28 说如果所有的 φ 都是 ψ,则有 φ 即有 ψ。)

10.29,$\vdash : . (x) \cdot \varphi x \supset \psi x : (x) \cdot \varphi x \supset \chi x : \equiv : (x) : \varphi x \cdot \supset \cdot \psi x \cdot \chi x$

(这就是说:说凡 φ 是 ψ,凡 φ 是 χ,等于说凡 φ 既是 ψ 又是 χ。)

10.3,$\vdash : . (x) \cdot \varphi x \supset \psi x : (x) \cdot \psi x \supset \chi x : \supset \cdot (x) \cdot \varphi x \supset \chi x$

(此命题实即传统演绎法里的"AAA",不过三个命题的位置稍有不同而已。传统的"AAA"的排列为大前提,小前提,而后结论;若照那样排法,此命题中的第二命题应该摆在最前面。可是,我们要知道,这命题前件中的两命题,哪一在前哪一在后,在本系统没有关系。

在原书中,此命题的证明利用上节中已证明的三段论的原则。

这没有什么毛病,因为上节的命题是未解析的命题,所以是另外一套。兹以下例表示:

2.39 那一命题如下,"$\vdash : p \supset q \cdot q \supset r \cdot \supset \cdot p \supset r$"

设以"p"代表"孔子是中国人"

"q"代表"孔子是人"

"r"代表"孔子是会死的"

那么,2.39 说:"如果孔子是中国人蕴涵孔子是人,而孔子是人又蕴涵孔子是会死的;则孔子是中国人蕴涵孔子是会死的"。我们若不用以上三命题,用另外意义无关的三命题,只要它们有以上真值蕴涵的关系,2.39 那一命题仍为三段论原则。可是它没有表示:"如果凡中国人是人,凡人是会死的;则凡中国人是会死的"。这个,在本系统中,到 10.3 这一命题才表示出来,而这个推论才是真正的"AAA"。)

10.301,$\vdash : . (x) \cdot \varphi x \equiv \psi x : (x) \cdot \psi x \equiv \chi x : \supset \cdot (x) \cdot \varphi x \equiv \chi x$

10.32,$\vdash : (x) \cdot \varphi x \equiv \psi x \cdot \equiv \cdot (x) \cdot \psi x \equiv \varphi x$

(此两命题中头一个表示相等有传递质,第二个表示相等有对称质。)

10.412,$\vdash : (x) \cdot \varphi x \equiv \psi x \cdot \equiv \cdot (x) \cdot \sim \varphi x \equiv \sim \psi x$

(此命题与传统的直接推论的换质法相似,可是传统演绎法中的"A"命题不是"$(x) \cdot \varphi x \equiv \psi x$"这样的命题。这样的命题,用普通语言表示,可以说是"所有的 φ 是所有的 ψ",或"无论哪一件东西说它是 φ 等于说它是 ψ",或"凡 φ 是 ψ,凡

ψ 是 φ"。)

10.412 说:"说所有的 φ 是所有的 ψ,等于说所有的非 φ 是所有的非 ψ",或"说凡 φ 是 ψ,凡 ψ 是 φ,等于说凡非 φ 是非 ψ,凡非 ψ 是非 φ"。)

10.42, ├ ：. (∃x) · φx · ∨ · (∃x) · ψx ：≡ · (∃x) · φx ∨ ψx

(这命题说:"说有 φ 或有 ψ 等于说有 φ 或 ψ"。)

10.5, ├ ：. (∃x) · φx · ψx · ⊃ ：(∃x) · φx ：(∃x) · ψx

(此命题与 10.42 那一命题表示"或"与"与"的分别。那一命题的等号不仅表示前一部分蕴涵后一部分,而且后一部分蕴涵前一部分。10.5 则不然,它说:"如果有 x 是 φ 与 ψ(此一部分暂视为传统逻辑的'I'命题,'有 φ 是 ψ'),则有 x 是 φ 而且有 x 是 ψ。"举例来说,"如果有 x 是四方桌子,则有 x 是四方的,而且有 x 是桌子";但反过来可不成,如果有 x 是中国人,而且有 x 是外国人,我们不能跟着就说有 x 是中国外国人(既中国且外国的人)。在"或"一方面,前部与后部相等;在"与"一方面,前件与后件不相等。可是,我们要知道在普通语言中,有些用"或"的话也是不能反过来的,例如"杀人者一定是张三或李四"不等于"杀人者一定是张三或杀人者一定是李四"。)

10.51, ├ ：～((∃x) · φx · ψx) · ≡ ：(x) · φx · ⊃ · ～ψx

(此命题可以视为对待关系中由"I"假而得"E"真,由"E"真而得"I"假的推论;"有 φ 是 ψ 是假的等于无 φ 是 ψ 是真的"。此命题也可以视为由"E"到"A"的换质："无 φ 是 ψ 等于凡 φ 是非 ψ"。)

10.53, ⊢：～（∃x）·φx·⊃：（x）·φx⊃ψx

（这命题表示第二部的讨论是相干的讨论，因为这命题差不多明明白白地说（x）·φx⊃ψx 不是 A_c，也不是 A_h，而是 A_n。它的前件说没有是"φ"的 x，或"φ"不存在；既然如此，则设（x）·φx⊃ψx 为 A_c，后件为假命题，设（x）·φx⊃ψx 为 A_h，后件无意思。此命题既说如果无 φ，则凡 φ 是 ψ 是真的，则所谓"凡 φ 是 ψ"者只能是 A_n，而不能是 A_c 或 A_h。)

10.56, ⊢：.（x）·φx⊃ψx：（∃x）·φx·χx：⊃·（∃x）·ψx·χx

（此命题可以视为 Disamis，第三格三段论之一式：

　　　有 φ 是 χ，

　　　凡 φ 是 ψ，

　　　所以有 ψ 是 χ。

不同之处就是：（x）·φx⊃ψx 不是传统的"A"命题，（∃x）·φx·χx 也不是传统的"I"命题，它们的位置也不是传统三段论大小前提的位置。)

B.具两表面任指词的命题的推演

1.解释弁言。

在原书中，本段有好几个定义，有一个基本命题。我们在此处仍用 A 段的办法，抄写几个命题。本书所选的命题不一定就是原书中所认为重要的命题。这情形不限于本段，本节各段均有。

表面任指词的数目可以很多,但在具多数表面任指词的命题中,仅举具两个表面任指词的命题以为例,已经够了。

这里的"φ,ψ,χ,…"等仍为谓词,但个体词的数目增加,谓词所指的情形与以前的不一样,而谓词的解释也受影响。最容易使人想到的就是关系,可是 φ(x,y) 在此处仍为命题函量,关系词尚未出现。

2.本段所选择的几个命题。

11.22,⊢:(∃x,y)·φ(x,y)·≡·~((x,y)·~φ(x,y))

(此命题与 A 段的 10.252,10.253 那样的命题相似。本段的命题在普通的语言方面都有表示的困难。若必欲以普通语言表示,我们似乎可以说:"说有是 φ 的 x,y 是真的(x,y 不必代表两个个体)等于说无是 φ 的 x,y 是假的"。x,y 虽不必代表两个个体,而可以代表两个个体。在普通语言方面,对于一个体 x,说 x"是"什么,似乎不发生问题;对于两个个体 x,y,说它们"是"什么,就有问题;至少在中文方面,有时用"是",有时不用。)

11.25,⊢:~((∃x,y)·φ(x,y))·≡·(x,y)·~φ(x,y)

(这就是上面那个命题,把它反过来说而已。)

11.26⊢:.(∃x):(y)·φ(x,y)·⊃:(y):(∃x)·φ(x,y)

(这是很重要的命题。我们可以举例如下:如果有 x 是任何 y 的上帝,则任何 y 有 x 是他的上帝;可是反过来不成,如果任何 y 有 x 是他的上帝,不见得有 x 是任何 y 的上帝;因为不仅所有的 y 可以有他们的共同的上帝,而且任何的 y 可以有他的个别的上帝。说这命题重要,不是说它包藏特别的大道理,是因为有好些人的反感以为它的后件真,前件亦真;没有这命题的明白表示,这反感或者不容易取消。)

11.32,$\vdash : .(x,y) : \varphi(x,y) \cdot \supset \cdot \psi(x,y) : \supset : (x,y) \cdot \varphi(x,y) \cdot \supset \cdot (x,y) \cdot \psi(x,y)$

11.33,$\vdash : .(x,y) : \varphi(x,y) \cdot \equiv \cdot \psi(x,y) : \supset : (x,y) \cdot \varphi(x,y) \cdot \equiv \cdot (x,y) \cdot \psi(x,y)$

(这两个命题与 10.27 相似,不过前一命题表示蕴涵,后一命题表示相等而已。11.32 说:"如果凡是 φ 的 x,y 都是 ψ 的 x,y,那么,如果一切 x,y 是 φ,则一切 x,y 是 ψ。"11.33 说:"如果凡 x,y 说它们是 φ 等于说它们是 ψ,那么,如果说凡 x,y 是 φ 等于说凡 x,y 是 ψ"。)

11.34,$\vdash : .(x,y) : \varphi(x,y) \cdot \supset \cdot \psi(x,y) : \supset : (\exists x,y) \cdot \varphi(x,y) \cdot \supset \cdot (\exists x,y) \cdot \psi(x,y)$

11.341,$\vdash : .(x,y) : \varphi(x,y) \cdot \equiv \cdot \psi(x,y) : \supset : (\exists x,y) \cdot \varphi(x,y) \equiv \cdot (\exists x,y) \cdot \psi(x,y)$

(这与以上两命题差不多,不过后件不是具(x,y)这种表面任指词之命题,而是具($\exists$x,y)这种表面任指词的命题而已。这两种表面任指词的解释与 A 段一样。)

11.37,$\vdash : : (x,y) : \varphi(x,y) \cdot \supset \cdot \psi(x,y) : .(x,y) : \psi(x,y) \cdot \supset \cdot \chi(x,y) : . \supset : (x,y) : \varphi(x,y) \cdot \supset \cdot \chi(x,y)$

(这命题与 10.3 一样,也是三段论原则,不过它是两个表面任指词的三段论而已。以关系为例或者容易清楚一点:"如果对于任何的 x,y,x 是 y 的哥哥,则 x 与 y 有共同的父母;对于任何 x,y,x 与 y 有共同的父母,则 x 与 y 有共同的祖宗;那么,对于任何 x,y,如果 x 是 y 的哥哥,则 x 与 y 有共同的祖宗"。)

11.371,⊢∶∶(x,y)∶φ(x,y)·≡·ψ(x,y)∶.(x, y)∶ψ(x,y)·≡·χ(x,y)∶.⊃∶(x,y)∶φ(x,y)·≡·χ(x,y)

(以上命题可以说表示蕴涵有传递质,这个命题表示相等有传递质。同时它也是三段论原则之一。)

11.41,⊢∶.(∃x,y)·φ(x,y)∶∨∶(∃x,y)·ψ(x, y)∶.≡∶(∃x,y)∶φ(x,y)·∨·ψ(x,y)

(这命题与 10.42 那一命题一样。这可见它所表示的道理不限于表面任指词的数目的多少。"说有是 φ 的 x,y 或有是 ψ 的 x,y 等于说有是 φ 或是 ψ 的 x,y。"还是以关系为例容易清楚一点,我们可以说如果有比 y 长的 x,或者有比 y 大的 x,则有比 y 长或比 y 大的 x;反过来我们也可以说如果有比 y 长或比 y 大的 x,则有比 y 长的 x,或者有比 y 大的 x。由前到后、由后到前既均可以说得通,则照定义,前后相等。)

11.42,⊢∶.(∃x,y)·φ(x,y)·ψ(x,y)·⊃∶(∃x, y)·φ(x,y)∶(∃x,y)·ψ(x,y)

(此命题与 10.5 那一命题相似。它与 11.41 的分别也就是 10.42 与 10.5 的分别。即以上面的例也可以证实此命题。"如果有既比 y 长又比 y 大的 x,则有比 y 长的 x,也有比 y 大的 x。"反过来可不成了。如果有比 y 长的 x,也有比 y 大的 x,不见得有既比 y 长又比 y 大的 x,因比 y 长者不必比 y 大,比 y 大者不必比 y 长。)

11.421，├：.(x,y)·φ(x,y)·∨·(x,y)·ψ(x,y)：
⊃：(x,y)：φ(x,y)·∨·ψ(x,y)

（此命题与 11.41 差不多，分别仅在（x,y）与（∃x,y）
而已。）

11.5，├：.(∃x)：~((y)·φ(x,y)·)：≡：~((x,
y)·φ(x,y))：≡：(∃x,y)·~φ(x,y)

（此命题分三部分：头一部分说"有 x，对于它'无论任何
y,φ(x,y)'是假的"，第二部分说"'无论任何 x,y,φ(x,y)'
是假的"，第三部分说"有不是 φ 的 x,y"。本命题说"说第一
部分等于说第二部分等于说第三部分"。举例颇不容易。设
第一部分为"有整数 x，对于其他任何整数 y，x 大于 y 是假
的"，这等于说"任何一整数大于另一整数是假的"，而这又等
于说"有不大于 y 整数的 x 整数"。）

11.51，├：.(∃x)：(y)·φ(x,y)：≡：~((x)：
(∃y)·~φ(x,y))

（这命题的形式与 10.252 差不多，但复杂多了。我们可
以说，说有 x 无论任何 y，x 小于 y，等于说无论任何 x，有 y，x
不小于 y 是假的。）

11.52，├：.(∃x,y)·φ(x,y)·ψ(x,y)·≡·~((x,
y)：φ(x,y)·⊃·~ψ(x,y))

（此命题与"I"真等于"E"假差不多，但复杂多了。说有
φ 是 ψ 的 x,y，等于说无 φ 是 ψ 的 x,y 是假的。设 φ(x,y)代
表 x 与 y 同姓，ψ(x,y)代表 x 与 y 结婚，这命题说：说有同姓
结婚者等于说同姓不婚是假的。）

11.521，├：.~((∃x,y)·φ(x,y)·~ψ(x,y))·≡：

$(x,y):\varphi(x,y)\cdot\supset\cdot\psi(x,y)$

（11.52 那一命题与"I"真等于"E"假差不多，11.521 这一命题与"O"假等于"A"真差不多。）

11.54, $\vdash$ ∴$(\exists x,y)\cdot\varphi x\cdot\psi y\cdot\equiv\cdot(\exists x)\cdot\varphi x$：$(\exists y)\cdot\psi y$

（这命题在语言方面前后两部分的分别很少。"它说有 φx 与 ψy 等于说有 φx 与有 ψy"。此命题与 11.42 及 10.5 的不同处就是 x 与 y 无论代表一个体或不同的个体，它们总是两个个体词；此命题把 φ，ψ 两谓词分别地引用于两个体词，无论事实上分与合，前后两部分的真假值相等。举例言之，盼望能清楚一点。先就分言，设 x, y 代表两个体，例如有椅子与笔，则有椅子与有笔；而有椅子与有笔，则有椅子与笔，照定义，前后两部分相等。再就合言，请注意在此处我们先假设 x, y 代表一个体，在所谈的是一个个体的假设之下 10.5 那一命题的前后两部也相等；例如有红脸与穿绿袍的"关云长"，则有红脸的"关云长"，有穿绿袍的"关云长"；而有红脸的"关云长"，有穿绿袍的"关云长"，则有红脸与穿绿袍的"关云长"。此处利用"关云长"以为个体者，不过是要表示所谈的是一个个体而已。在 10.5 的后一部分，$(\exists x)\cdot\varphi x$：$(\exists x)\cdot\psi x$，我们无法知道是 φ 的 x 是否即为是 ψ 的 x；如果是一个体，则那一命题的前后两部分的真假值相等，如果不是，则它们不相等。在本命题的前后部分，x 与 y 事实上虽可以代表一个体，而在形式上它们本来是分开来的；无论是一个体也好，两个体也好，前后两部分的真假值总是相等。）

11.63, $\vdash$ ∴$\sim(\exists x,y)\cdot\varphi(x,y)\cdot\supset:(x,y):\varphi(x,$

y)・⊃・ψ(x,y)

（此命题与 10.53 相似。如果把(x,y)∶φ(x,y)・⊃・ψ(x,y)视为"A"命题那样的命题,则它不是 A_c,不是 A_h,而是 A_n。）

C.具相同思想的命题的推演

1.解释弁言。

P.M.中这一部分的命题在本书中有解释方面的困难。相同的定义在原书中利用 predicative function 与 axiom of reducibility 两思想。本书因为种种理由,这两个思想根本没有介绍。所以原来的定义,本书不能直抄。同时用另外方法解释此定义,又为作者才力之所不能及。

这里的同,本书说是"相同",因为它是否即为我们在知识论方面所能承认为同一律之"同"颇有问题。为便利起见,我们分"同"为以下四种:

甲、φ 与 φ 同,

乙、φ 与 ψ 同,

丙、x 与 x 同,

丁、x 与 y 同。

以上四种,甲乙为一类,丙丁为一类。甲乙是谓词方面的同,概念方面的同,关系方面的同,共相方面的同;丙丁的 x,y 虽不必是我们经验中的具体的东西,而可以是具体的东西,所以丙丁的同可以说是个体的具体的东西方面的同。

有些人的主张是把同一律的同限制到甲乙类,因为甲乙类的同不发生变的问题,而丙丁类的同免不了变的问题。本书的作者,不仅主张把同一律之同限制到头一类,而且主张把同一律之同限制到甲种;如此则同一之同是完全的、绝对的,而事物的变化无论如何的快,决不至于影响到这样的同,因为这样一来,同一律对于具体的东西,没有肯定的积极的主张。照此看法,表示同一律的命题在 P.M.中可以是"├ • p ⊃ p"那一命题,或"├ • p ≡ p"那一命题,而不是"x, y, z, …"出现之后的"├ • x = x"那一命题。

但 P.M.那本书的主张不是这样。它的同是丙丁类的同,是"x, y, z, …"出现之后才有的同,而表示同一律的那一命题在原书中是"├ • x = x"那一命题。这样的同,照本书的作者看来,只是相同。"x, y, z, …"虽不必代表我们经验中的具体的东西,而可以代表那样的东西;如果代表那样的东西,则"├ • x = x"免不了变迁的问题,除非把这命题的效力限制到时点上去。

无论如何,本段所谈的同是原书中的同,不是本书作者所要求于同一律之同。

2.本段所选择的几个命题。

13.101, ├ : x = y • ⊃ • ψx ⊃ ψy

(这就是说:如果 x 与 y 相同,那么,如果 x 是 ψ,则 y 也是 ψ(或 y 有 x 所有的性质)。根据以上的讨论"性质"二字,照 A 段的解释,就发生问题。)

13.12, ├ : x = y • ⊃ • ψx ≡ ψy

(这命题比以上的更进一层。如果 x 与 y 相同,则说 x 是 ψ 等于说 y 是 ψ。x 与 y 间的等号"="是个体的同,ψx 与 ψy 间的"≡"是命题的真假值的相同。)

13.13，├：ψx・x＝y・⊃・ψy

（这就是说：如果 ψx 是真的，而 x 与 y 同，则 ψy 也是真的。这里的证明是很容易的，读者可以试试。）

13.14，├：ψx・～ψy・⊃・x≠y

（如果 ψx 是真的，而 ψy 是假的，则 x 与 y 不同。这命题的证明也是很容易的。13.101、13.13、13.14,这三命题可以视为一套。）

13.15，├：x＝x

（此即原书中的同一律。）

13.16，├：x＝y・≡・y＝x

（说 x 与 y 同等于说 y 与 x 同。）

13.17，├：x＝y・y＝z・⊃・x＝z

（这个命题说：如果 x 与 y 同，y 与 z 同，则 x 与 z 同。这里的三个命题也成一组。头一命题表示相同有自反质，第二命题表示相同有对称质,第三命题表示相同有传递质。）

13.171，├：x＝y・x＝z・⊃・y＝z

13.172，├：y＝x・z＝x・⊃・y＝z

（这两个命题表示凡与一物相同者彼此亦相同。这两命题与 13.17 那一命题实在表示一样的情形。）

13.18，├：x＝y・x≠z・⊃・y≠z

13.181，├：x＝y・y≠z・⊃・x≠z

（这两个命题表示凡与一物不相同者与其相同者彼此亦不相同。）

13.182，├：.x＝y・⊃：(z)：z＝x・≡・z＝y

13.183，├：.x＝y・≡：(z)：z＝x・≡・z＝y

（这里头一个命题说：如果 x 与 y 相同，则说任何 z 与 x 相同等于说 z 与 y 相同。第二命题更进一步说：说 x 与 y 相同等于说，任何 z，说它与 x 相同等于说它与 y 相同。）

13.191，$\vdash :.(y) : y=x \cdot \supset \cdot \varphi y : \equiv \cdot \varphi x$

（这命题说：如果任何 y 与 x 相同，则 φy 是真的等于说 φx 是真的。这是显而易见的理。说任何与 x 相同的东西是圆的等于说 x 是圆的，其他形形色色同样。）

13.192，$\vdash :: (\exists c) :.(x) : x=b \cdot \equiv \cdot x=c :\psi c :. \equiv \cdot \psi b$

（这命题在下段有用。它说：有 c（c 指某一个体，b 亦然）说任何个体与 b 相同等于说它与 c 相同，而 ψc 是真的，这一句整个的话等于说 ψb 是真的。）

13.195，$\vdash : (\exists y) \cdot y=x \cdot \varphi y \cdot \equiv \cdot \varphi x$

（这命题与 13.191 成一对。根据那一命题的例，我们可以说有与 x 相同的东西而它是圆的，等于说 x 是圆的。其他性质同样。）

13.22，$\vdash : (\exists z,w) \cdot z=x \cdot w=y \cdot \varphi(z,w) \cdot \equiv \cdot \varphi(x,y)$

（这个命题就是引用于两个表面任指词的 13.195。）

D.具叙述词的命题的推演

1.解释弁言。

P.M.的作者对于"美国皇帝是胖子"这样的话，很费了一番解析的工夫。这样的话一方面有存在的问题，另一方面又有所谓叙述词的问题。所谓叙述词者在原书中为 description。"叙述词"这一名词很不好，可是如果我们改用"形容词"或

"摹状词"结果恐怕更坏。

在此处我们稍微谈谈存在方面的困难。"龙不存在"这样一命题有什么困难呢？如果龙存在,那么就有那样存在的东西,我们不能先假设这样存在的东西,而又否认它的存在。如果龙不存在,我们的困难更大,我们不能提出一不存在的东西,叫它作龙,说它不存在。这样看来,龙存在,有困难;龙不存在,也有困难。照 P.M.的作者的解析,龙根本不是逻辑上的主词,仅是文法上的主词;不是命题的主词,而是一句话的主词。照他们的解析,"龙不存在"等于"'有 x,而 x 是龙,是假的'"。这样一来,主词的龙已经消灭。

以上存在的问题,发生于叙述词。P.M.曾举"author of waverley"以为叙述词的例。从这个例看来,原书中的"description"不便称之为摹状词,或形容词。我们可以用"孔子是《春秋》的作者"为例。这命题中的《春秋》的作者"就是所谓叙述词。在英文里这种词都有"the"字在前面,很容易识别,在中文里似乎不容易;即以以上"龙不存在"那一命题中的"龙"字而论,它可以解释成叙述词,而不必作如是的解释。但"《春秋》的作者"是 P.M.书中所讨论的叙述词,它就是"(ɿx)(x 作《春秋》)"。"孔子是《春秋》的作者"这一命题表示孔子与《春秋》的作者是一个人。但如果"《春秋》的作者"是某甲的名字,则此命题成为"孔子是某甲";如果某甲不是孔子,则此命题是假的;如果某甲是孔子,则此命题成为"孔子是孔子",而此决非原来命题的意义。"《春秋》的作者"这样的叙述词,P.M.称之为不完整的符号,其所以认为不完整的符号的道理,因为它们似乎没有独立的意义。它们虽没有独立的意义,而具叙述词的命题仍有真假。单就"《春秋》的作者"而言,我们或不至于发生此处所提出的问题,但如果所讨论者为"法国的国王姓赵"、"美国的皇帝是胖子"、"帝尧是冬夏的作者"等等,则此处所提出的问题就会发生。

叙述词既无独立的意义,而只有具叙述词的命题的意义,我们所要解释的当然是后者,仍以"孔子是《春秋》的作者"为例,我们所要解释的不是"《春秋》的作者"这样的叙述词,而是"孔子是《春秋》的作者"这样的命题。解析起来,这一命题所肯定的有以下三命题:

a.有一个 x 作《春秋》

b.只有一个 x 作《春秋》

c.作《春秋》的 x 是 c,而 c 是孔子

如果三个命题之中有一为假,则"孔子是《春秋》的作者"为假。如第一命题为假,则根本就没有《春秋》的作者;如第二命题为假,即有《春秋》的作者,而作者不只一人;如第三个命题为假,则《春秋》的作者即有其人,而且即只有一人,那个人也不是孔子。兹以"φ"代表作《春秋》,"f"代表是孔子,"孔子是《春秋》的作者"可以有以下的表示:

$$(\exists c):.(x):\varphi x \cdot \equiv \cdot x=c:fc$$

在此表示中,叙述词已经消灭。"孔子是《春秋》的作者"看起来是简单的命题,其实不是。

P.M.以 $(\iota x)(\varphi x)$ 代表叙述词,那就是说,满足 φ 的 x。这种叙述词有时叙述存在的个体,有时叙述不存在的个体。前者的问题以上的讨论已经很够,后者的问题尚有应该补充的地方。例如"英国的国王不是胖子",假设这一命题是假的,

其根据是英国的国王事实上不满足"胖子"的定义,而不是没有英国的国王。但是,如果我们的命题是"美国的皇帝不是胖子",则这一命题的假有不清楚的地方。我们可以把它解释成"有美国的皇帝,而他不是胖子";但我们也可以把它解释成"有美国的皇帝,而他是胖子"是假的。"美国皇帝不是胖子"照第一解释是假命题,因为根本就没有美国的皇帝;照第二解释是真命题,因为美国皇帝是胖子是一假命题。这两种不同的解释要有符号方面的分别才行。P. M.有以下不同的表示,其不同之处根据于叙述词力量所及的范围,而这个范围以叙述词右旁的点的多少以表示之。例如以下甲乙两公式:

甲,$[(\iota x)\varphi x] \cdot \psi(\iota x)(\varphi x) \cdot \supset \cdot p$

$(\exists c):(x) \cdot \varphi x \cdot \equiv \cdot x = c:\psi c:\supset \cdot p$

乙,$[(\iota x)\varphi x]:\psi(\iota x)(\varphi x) \cdot \supset \cdot p$

$(\exists c):.(x) \cdot \varphi x \cdot \equiv \cdot x = c:\psi c:\supset \cdot p$

在甲公式中,$(\iota x)(\varphi x)$的力量仅及于$\psi(\iota x)(\varphi \cdot x)$而已,不达到 p;如果$(\iota x)(\varphi x)$叙述一不存在的东西,则"$\supset$"之前的命题既是假的,照以前已经证明"$\supset$"所有的含义看来,整个的命题是真的。在乙公式中,$(\iota x)(\varphi x)$的力量及于整个的命题,如果$(\iota x)(\varphi x)$叙述一不存在的东西,则此整个的命题是假的。这里甲乙两式的分别完全在叙述词右旁的点的多少。举例或者能使我们清楚一点。设$(\iota x)(\varphi x)$叙述美国的皇帝,φ 代表是胖子,p 代表"我不是人"。甲说"如果有美国的皇帝而他是胖子,则我不是人";乙说"有美国的皇帝,如果他是胖子,则我不是人"。前一命题是我们日常生活中打赌的时候常说的话,它不过表示前件为假而已;所以如果前件是假的,则整个的命题是真的。后一命题中,美国皇帝的存在不是假设,所以如果没有美国的皇帝,则整个的命题是假的。

上面所说的"美国皇帝不是胖子"那一句话的两个解释有同样的问题,不过在此处与其从叙述词的力量的范围方面着想,不如从"不"的力量的范围方面着想。第一解释"有美国的皇帝,而他不是胖子"可以有以下的表示:

丙,$(\iota x)(\varphi x) \cdot \sim \psi(\iota x)(\varphi x)$;

第二解释"'有美国的皇帝,而他是胖子'是假的"可以有以下的表示:

丁,$\sim((\iota x)(\varphi x) \cdot \psi(\iota x)(\varphi x))$。

在丙式中"不"的力量仅及于美国皇帝的"胖"而无关于美国皇帝的存在;所以只要美国皇帝不存在,这一命题就是假的。在丁式中"不"的力量及于美国皇帝是胖子这一整个命题;所以只要美国的皇帝不存在,这一命题就是真的。

2.本段所选择的几个命题。

14.1,$\vdash :: [(\iota x)(\varphi x)] \cdot \psi(\iota x)(\varphi x) \cdot \equiv : .(\exists b) : .$
$(x) : \varphi x \cdot \equiv \cdot x = b : \psi b$

(这就是利用具叙述词的命题的定义说它与某样不具叙述词的命题真假值相等。前一部的写法可以从简仅写 $\psi(\iota x)(\varphi x)$。)

14.112,$\vdash : .f((\iota x)(\varphi x) \cdot (\iota x)(\psi x)) \cdot \equiv : .(\exists b,$
$c) : .(x) : \varphi x \cdot \equiv \cdot x = b : (x) : \psi x \cdot \equiv \cdot x = c : f(b,c)$

(这不过是具两个叙述词的命题,其他情形与以上一样)

14.12,$\vdash : .E!(\iota x)(\varphi x) \cdot \supset : .(x,y) : \varphi x \cdot \varphi y \cdot \supset \cdot$

x = y

（这里表示如果满足 φ 的 x 存在,则凡满足 φ 的 x,y 都相同。这里的叙述词是唯一的叙述词。）

14.13,⊢：a = (ιx)(φx) · ≡ · (ιx)(φx) = a

（上段 13.16 那一命题说:x = y · ≡ · y = x,本命题不是由那一命题直接推论出来的,因为"a = (ιx)(φx)"不是"a = y"的值,因为叙述词无独立的意义。）

14.131,⊢：(ιx)(φx) = (ιx)(ψx) · ≡ · (ιx)(ψx) = (ιx)(φx)

（以上的注解在此处亦同样引用。）

14.14,⊢：a = b · b = (ιx)(φx) · ⊃ · a = (ιx)(φx)

14.142,⊢：a = (ιx)(φx) · (ιx)(φx) = (ιx)(ψx) · ⊃ · a = (ιx)(ψx)

（这段里的 a,b,c,……都指具体的个体而言。这两个命题所表示的情形一样,不过方法不同而已。如果某甲是《旧夷列传》的作者,而《伯夷列传》的作者是《货殖列传》的作者,则某甲是《货殖列传》的作者。前一命题不过少一叙述词而已。）

14.144,⊢(ιx)(φx) = (ιx)(ψx) · (ιx)(ψx) = (ιx)(χx) · ⊃ · (ιx)(φx) = (ιx)(χx)

（这与 14.142 那一命题的分别不过是那一命题的"a"在这一命题中也以一叙述词表示之。这三个命题表示叙述词有传递质。）

14.16,⊢：. (ιx)(φx) = (ιx)(ψx) · ⊃ : χ ((ιx)(φx)) · ≡ · χ((ιx)(ψx))

（举例来说："如果《伯夷列传》的作者就是《货殖列传》的作者，则说前者是汉朝人等于说后者是汉朝人"。这里的"等"是真假值的等。）

14.18，$\vdash：.E!（\iota x）（\varphi x）\cdot \supset：（x）\cdot \psi x \cdot \supset \cdot \psi（\iota x）（\varphi x）$

（如果一叙述词所叙述的东西存在，则如果所有的东西是ψ，这东西也是ψ。P.M.的意见是以叙述词的存在为它有无性质的条件；如果它不存在，则存在东西所有的最普遍的逻辑方面的情形，它也没有；例如法国皇帝（现在的）既不胖也不不胖。这里的意见是否为治逻辑者所能赞成为另一问题。）

14.201，$\vdash：E!（\iota x）（\varphi x）\cdot \supset \cdot （\exists x）\cdot \varphi x$

（这是一极显而易见的命题。如果有是φ的x，则有x的φ。"是"字不妥当，举实例时常用不着它。）

14.202，$\vdash：.（x）：\varphi x \cdot \equiv \cdot x=b：\equiv：（\iota x）（\varphi x）=b：$
$\equiv：（x）：\varphi x \cdot \equiv \cdot b=x：\equiv：b=（\iota x）（\varphi x）$

（说"任何东西是φ等于说它是b"，这一整个的命题等于说"是φ的x是b"……。）

14.204，$\vdash：E!（\iota x）（\varphi x）\cdot \equiv \cdot （\exists b）\cdot （\iota x）（\varphi x）=b$

（这个也很易见，读者自己可以给它以语言方面的解释。）

14.205，$\vdash：\psi（\iota x）（\varphi x）\cdot \equiv \cdot （\exists b）\cdot b=（\iota x）（\varphi x）\cdot \psi b$

（举例来说：说《春秋》的作者是圣人等于说有某甲，他是《春秋》的作者而他是圣人。）

14.21，├：$\psi(\iota x)(\varphi x) \cdot \supset \cdot E!(\iota x)(\varphi x)$

（这命题表示叙述词的存在至为重要。存在是具叙述词的命题的必要条件。如果我们能说《春秋》的作者是圣人，则《春秋》的作者存在。）

14.22，├：$E!(\iota x)(\varphi x) \cdot \equiv \cdot \varphi(\iota x)(\varphi x)$

（这命题也表示叙述词的存在的重要。说《春秋》的作者存在等于说《春秋》的作者作《春秋》。《春秋》的作者作《春秋》，照 P.M.看来，不是必然的命题，因为如果没有《春秋》的作者，则这句话是假的。）

14.28，├：$E!(\iota x)(\varphi x) \cdot \equiv \cdot (\iota x)(\varphi x) = (\iota x)(\varphi x)$

（14.13 与 14.131，两命题可以说是表示叙述词有对称质；14.14、14.142 与 14.144，三命题均表示叙述词有传递质。本命题表示在叙述词这一方面自反质与其他两质不同，叙述词的自反质须以存在为条件。"《春秋》的作者是《春秋》的作者"这一命题以"《春秋》的作者"的存在为条件，它不是必然命题；"美国的皇帝是美国的皇帝"是一假命题。）

E.类词与关系词的出现

1.类词的出现。

每一"φx"这样的命题函量有时有"x，y，z，…"个体满足它的要求，而满足一命题函量的个体就是那一命题函量所定的类。类是一命题函量的外延函量。如果两命题函量的真假值相等——那就是说，如满足这两命题函量的命题或者同真或者同假——则这命题函量所定的类是一类。

关于类，1910 年版的 P.M.说，须有以下情形，才能尽类所要尽的职务。

（一）类的分子，其数目可以无量，可以等于一，可以等于零；设等于零，那一类就是空类。

（二）两真假值相等的命题函量所定的类是一类。例如："x 是无毛的两足动物"，与"x 是人"，无论 x 所指的是什么；头一命题是真的，后一命题也是真的；头一命题是假的，后一命题也是假的；在这样情形之下，无毛的两足动物类就是人类。

（三）反过来，定一类的两个命题函量，其真假值相等。这不过是表示一类的分子就只有那一类的分子，不属于一类的个体不成一类。

（四）不仅个体有类，类亦有类。

（五）在任何情形之下，一类不能视为它自己分子之一。所谓不能视为它自己分子之一者，是说断定它为自己分子之一的那一命题是无意思的话。

以上（四）、（五）两条各有它的特别情形，（四）条可以说是数学基础之一，（五）条可以说是避免矛盾的原则。关于这一点以后如有机会还要提及。

在 P.M.类词与叙述词相似，它也是不完整的符号，这就是说它没有独立的意义。P.M.说我们不必假设类的存在。这部书的作者只承认具类词的命题是有意义的命题，而类称在工具方面给我们以很大的便利。

在本书范围之内，类词的定义与摹状词一样有很大的困难。所要下定义的不是类词，而是具类词的命题。具类词的命题的定义也牵扯到 axiom of reducibility 与 predicative function,而这都是本书没有提及的思想;所以对于定义,本书根本就不说什么。关于类的命题都是关于能满足一命题函量的个体的命题。设以"$\hat{z}(\varphi z)$"代表所有满足 φx 命题的个体,则关于类的命题或具类词的命题都是"$f(\hat{z}(\varphi z))$"式的命题。P. M.给"$f(\hat{z}(\varphi z))$"下定义,而"$f(\hat{z}(\varphi z))$"是一具类词的命题函量。

满足一命题函量的个体就是一类,$\hat{z}(\varphi z)$ 就是满足 φx 的类。以后除少数命题外,在大多数命题中,我们用 A,B,C,D 等替代 $\hat{z}(\varphi z)$ 符号。

2.关系词的出现。

在本书的 A 段,我们已经表示,"$\varphi, \psi, \chi, \cdots$"谓词任指词表示性质。性为属性,质为关系质。本书以为 x 有一种关系质,就是 x 与另一个体有某种关系(此意见不必是原书作者的意见)。属性属于一个体,而关系质存于多数个体之间。既然如此,引用于一个体词的谓词表示属性,引用于多数个体词的谓词的表示关系。属性定类,凡满足 φx 命题函量的个体为一类;关系质定关系,凡满足 $\varphi(x, y)$ 的个体有一种关系。

类与关系均有两方面:一为内包,一为外延。类的内包兹以类概念名之,类的外延就是类的分子。对于类,我们似乎很容易注重外延;可是对于关系,普通不大注重它的外延。本书的类是外延的类,那就是说,属于一类的个体;本书的关系是外延的关系,那就是说,有某种关系的个体。引用于一个体的谓词表示属性,所以 φx 这一命题函量所定的是类,而"$\hat{z}(\varphi z)$"表示类;引用于多数个体的谓词表示关系,所以 $\varphi(x, y)$ 这命题函量所定的是关系,而 $\hat{x}\hat{y}\varphi(x, y)$ 表示关系。P.M.不给类词下定义,给具类词的命题函量"$f(\hat{z}(\varphi z))$"下定义;不给关系词下定义,给具关系词的命题函量"$f(\hat{x},\hat{y}\varphi(x,y))$"下定义。

三、类与关系的推演

本章分两节,A 节为类的推演,B 节为关系的推演。A 节分 1、2 两段,1 段为普遍的具类词的命题,2 段为类的推算;B 节也分 1、2 两段,1 段为普遍的具关系词的命题,2 段为关系的推算。本章的各段不过选出原书中几个命题而已。

A.类 的 推 演

本节的 1 段承上接下,介绍具类词的命题;2 段为类的推算。所谓类的推算者就是近代符号逻辑新兴时期的 calculus of classes。

1.普遍的具类词的命题。

本段的命题可以分为三组。第一组表示类的基本质,第二组是具类词而同时又具叙述词的命题,第三组的命题表示"类"与个体有同样的质。本段的各命题既大都有注解,各组命题无另条表示的需要。

20.11,$\vdash : . (x) \cdot \psi x \equiv \chi x \cdot \supset : f(\hat{z}(\psi z)) \cdot \equiv \cdot f(\hat{z}(\chi z))$

(具类词的命题表示定那一类的命题函量的外延质。它的真假值根据于定类的命题函量的外延,而不根据于引用那一命题函量为定类的命题函量。)

20.13，├：（x）·ψx≡χx·⊃·$\hat{z}$（ψz）＝$\hat{z}$（χz）

20.14，├：$\hat{z}$（ψz）＝$\hat{z}$（χz）·⊃·（x）·ψx≡χx

20.15，├：（x）·ψx≡χx·≡·$\hat{z}$（ψz）＝$\hat{z}$（χz）

（这三命题成一套，而最后这一命题总结前两命题。它表示只有两真假值相等的命题函量才定一类。那就是说两命题函量的真假值不相等，它们所定的类是两类。所谓命题函量的真假值相等者，就是说满足第一命题函量的个体就是满足第二命题函量的个体。这是类的根本条件。）

20.18，├：．$\hat{z}$（φz）＝$\hat{z}$（ψz）·⊃：f（$\hat{z}$（φz））·≡·f（$\hat{z}$（ψz））

（如果两类相等，则此两类中任何一类有一性质，另一类亦有之。）

20.2，├：$\hat{z}$（φz）＝$\hat{z}$（φz）

20.21，├：$\hat{z}$（φz）＝$\hat{z}$（ψz）·≡·$\hat{z}$（ψz）＝$\hat{z}$（φz）

20.22，├：$\hat{z}$（φz）＝$\hat{z}$（ψz）·$\hat{z}$（ψz）＝$\hat{z}$（χz）·⊃·$\hat{z}$（φz）＝$\hat{z}$（χz）

（这三命题中第一命题表示类的相同有自反质，第二命题表示类的相同有对称质，第三命题表示类的相同有传递质。可是这三命题不是直接从第二章 C 节 2 段的 13.15、13.16、13.17 推论出来的。f（$\hat{z}$（φz））不是 fx 的值，那就是说 x 不指 $\hat{z}$（φz）这样的东西，而 $\hat{z}$（φz≡$\hat{z}$（ψz）也不是 x＝y 的例。）

20.25，├：（A）：A＝$\hat{z}$（φz）·A＝$\hat{z}$（ψz）：≡·$\hat{z}$（φz）＝$\hat{z}$（ψz）

（任何类 A 是满足 φz 的个体，同时也是满足 ψz 的个体，此两命题函量所定的类是一类。）

20.3，├：x ∈ ẑ(ψz) · ≡ · ψx

（此命题表示只有 ψx 是真的，x 才是 ψx 所定的类的分子。"∈"代表"是分子"，这是个体与个体的类的关系。它不是包含关系，它没有传递质。从这一方面着想，"所有的人都是有理性的，所有的圣贤都是人，所以所有的圣贤都是有理性的"；与"所有的人都是有理性的，孔子是人，所以孔子是有理性的"；这两个三段论的形式根本不同。）

20.31，├：.ẑ(φz)=ẑ(ψz) · ≡ :（x）：x ∈ ẑ(φz) · ≡ · x ∈ ẑ(ψz)

（两类相同等于说任何 x 属于头一类就是说它属于第二类。总而言之，对于类所注重的是外延。）

20.35，├：.x=y · ≡ :（A）：x ∈ A · ≡ y ∈ A

（x 与 y 相同等于说 x 属于任何类就是说 y 属于该类。此命题与 20.25 那一命题一样，把类词用为表面任指词。）

20.43，├：.A=B · ≡ :（x）：x ∈ A · ≡ · x ∈ B

（此命题与 20.31 一样，不过 A、B 这样的符号简单而已。）

20.5，├：（ιx）（φx）∈ ẑ(ψz) · ≡ · ψ((ιx)(φx))

（这个命题不仅是具类词的命题，而且是具叙述词的命题。举例来说：《春秋》的作者属于人类等于说《春秋》的作者是人。以 φ 代表作《春秋》，（ηx）（φx）就代表《春秋》的作者；以 ψz 代表 z 是人，ẑ(ψx) 就代表满足 ψz 这命题函量的个体，那就是说人类，而此命题的前一部分就是说《春秋》的作者是人类的分子；此命题的后一部分说《春秋》的作者是人。）

20.51，├：.（ιx）（φx）=b · ≡ :（A）：（ιx）（φx）∈ A · ≡ · b ∈ A

（设以 b 代表孔子，$(\iota x)(\varphi x)$ 仍代表《春秋》的作者；这个命题说《春秋》的作者是孔子等于说《春秋》的作者是任何一类（A）的分子，就是说孔子是那一类的分子。）

20.52，$\vdash : . E ! (\iota x)(\varphi x) \cdot \equiv : (\exists b) : (A) \cdot (\iota x)$

$(\varphi x) \in A \equiv b \in A$

（仍以举例表示：有《原富》的作者就是说有某个体，说《原富》的作者属于一类等于说那个体属于那一类。）

20.59，$\vdash : \hat{z}(\varphi z) = (\iota A)(fA) \cdot \equiv \cdot (\iota A)(fA) = \hat{z}(\varphi z)$

（这里表示不仅有叙述个体的词，而且有叙述类的词。$(\iota A)(fA)$ 这符号与 $(\iota x)(\varphi x)$ 那一符号有同样情形，不过事实上的例比较困难一点而已。第三组表示类与个体有同样情形的命题，本书不抄。）

2.类的推算（calculus of classes）。

a.在本书第四部的第一章 A 节里，有一系统通式。那个系统通式可以有各种不同的解释。如果我们以类去解释那个系统通式，我们所得的就是这里的类的推算。如果我们以命题去解释那系统通式，我们所得的就是本书第三部的第一章。

经解释后，那个系统通式，所有的基本命题，在此处大都均能证明；其所以如此者，因为这些基本命题所表示的道理，此前已经承认。

这里的类的推算未开始之前，就有好几个定义，可是我们不必抄写，因为定义既下，跟着就有好几个命题把这些定义都容纳在里面。

b.所选择的命题。

22.1，$\vdash : . A \subset B \cdot \equiv : (x) : x \in A \cdot \supset \cdot x \in B$

（"A⊂B"的定义就是本命题的后部。这符号可以读成"A 类包含在 B 类之中"。这命题说:A 类包含在 B 类等于说如果任何个体属于 A 类,则那一个体属于 B 类。在 P.M.的程序中,作者利用命题的蕴涵以表示类的包含关系。）

22.2，⊢·A∩B=x̂(x∈A·x∈B)

（"A∩B"的定义就是本命题的后一部分。这符号可以读成"既是 A 又是 B 的类"。满足"x 既属于 A 又属于 B"这一命题函量的"x 个体"就是"A∩B"类。）

20.3，⊢·A∪B=x̂(x∈A·∨·x∈B)

（情形同上,不过改"与"为"或"而已。）

22.31，⊢·—A=x̂(~x∈A)

（"—A"即非 A 类。非 A 类就是满足"x 不属于 A 类"这一命题函量的个体。这里利用否定命题以表示负类。）

22.32，⊢·A—B=x̂(x∈A·~x∈B)

（"A—B"可以读成 A 类与非 B 类,或既 A 而又非 B 类。有定义说 A—B 就是 A∩—B。）

22.33，⊢：x∈A∩B·≡·x∈A·x∈B

（这命题说:说 x 属于既 A 又 B 类等于说 x 既属于 A 类,x 又属于 B 类。）

22.34，⊢：.x∈A∪B·≡：x∈A·∨·x∈B

（这命题说:说 x 属于或 A 或 B 类等于说 x 属于 A 类或者 x 属于 B 类。"或"与"与"的情形在此处一致。）

22.35，⊢：x∈—A·≡·~x∈A

（这个命题表示说 x 属于非 A 类等于说 x 不属于 A 类。这样一来,命题的"不"与类的"非"完全一致。）

22.351，├·—A≠A

（非 A 类不是 A 类或非 A 类与非 A 类不是一类。P.M.以后用这个命题证明至少有两类存在，而"至少有两类存在"这一命题就是本书在第四部第一章所举的那个系统通式中经解释后的一命题。这一命题本书不预备抄下，仅在此处提及而已。）

22.36，├·A∩B∈Cls

22.37，├·A∪B∈Cls

（A∩B 是类，A∪B 是类。这两个命题就是方才所说的那系统通式中经解释后起头的两个命题。"Cls"这符号代表类。）

22.38，├·—A∈Cls

（这里表示非 A 是类。）

22.4，├：.A⊂B·B⊂A·≡：（x）：x∈A·≡·x∈B

（说 A 类包含在 B 类而 B 类又包含在 A 类，就是说任何 x 是 A 类的分子等于说它是 B 类的分子。两类互相包含，则实同，所谓实同者就是说它们的外延完全一样。）

22.41，├：A⊂B·B⊂A·≡·A=B

（这与以上命题一样，不过直接表示两互相包含的类相同，而没有说它们的分子而已。）

22.42，├·A⊂A

（任何类包含自己。这与"p⊃p"相似。）

22.43，├·A∩B⊂A

（既 A 又 B 的类包含在 A 类。或者有人感觉这命题奇怪。如果有人以为"A∩B"是 A·B 两类之"和"而"和"又是两类相加的意思，那么"A∩B"不会包含在 A 类。但"A∩B"

为"既 A 又 B"类——例如有理性的动物类,其分子当然都是有理性类的分子,也当然都是动物类的分子——而"既 A 又 B"类不能不包含在 A 类,也不能不包含在 B 类)

22.44,$\vdash : A \subset B \cdot B \subset C \cdot \supset \cdot A \subset C$

(这命题说:如果 A 类包含在 B 类,B 类包含在 C 类,则 A 类包含在 C 类。这也是三段论。如果把"$B \subset C$"写在"$A \subset B$"的前面,这命题可以解作传统逻辑中的"barbara"。)

22.441,$\vdash : A \subset B \cdot x \in A \cdot \supset \cdot x \in B$

(这也是三段论。可是与上面不同的地方就是这里的"$x \in A$"不是类与类包含的关系,而是个体与类的关系。"$\in$"无传递质而"$\subset$"有传递质。这个命题与以上那个命题应该有明文的分别。)

22.45,$\vdash : A \subset B \cdot A \subset C \cdot \equiv \cdot A \subset B \cap C$

(说 A 类包含在 B 类,A 类也包含在 C 类,等于说 A 包含在既 B 又 C 类。)

22.46,$\vdash : x \in A \cdot A \subset B \cdot \supset \cdot x \in B$

(这就是 22.441 那一命题,不过把前件的秩序变更而已。)

20.47,$\vdash : A \subset C \cdot \supset \cdot A \cap B \subset C$

(如果 A 类包含在 C 类,则既 A 又 B 类包含在 C 类。这个命题参考 22.43 就知道清楚。)

22.48,$\vdash : A \subset B \cdot \supset \cdot A \cap C \subset B \cap C$

22.481,$\vdash : A = B \cdot \supset \cdot A \cap C = B \cap C$

(如果 A 类包含在 B 类,则既 A 且 C 类包含在既 B 且 C 类;如果 A 类等于 B 类,则既 A 且 C 类等于既 B 且 C 类。读者请举例即明。）

22.49，⊢：A⊂B・C⊂D・⊃・A∩C⊂B∩D

（如果 A 类包含在 B 类，C 类包含在 D 类，则既 A 且 C 类包含在既 B 且 D 类。读者请举例。）

22.5，⊢：A∩A＝A

（既 A 而又 A 类等于 A 类。这里表示"既是人而又是人，其结果还是人"。一方面类的"和"与数的"相乘"不同，另一方面与中文文字的一部分的习惯不要相混。风风雨雨的意思不仅止于风雨，但逻辑上既 A 而又 A 的类还是 A 类。）

22.51，⊢・A∩B＝B∩A

22.52，⊢・（A∩B）∩C＝A∩（B∩C）

（这两命题都是第四部第一章那个系统通式中的原则。第一命题表示 A 与 B 两类的"与"，它们彼此的位置可以调换。第二命题表示 A，B，C 三类的"与"，把任何两类视为一类与其余一类的相与等于把任何其他两类视为一类与其余的一类的相与。）

22.54，⊢：.A＝B・⊃：A⊂C・≡・B⊂C

（如果 A 类等于 B 类，则说 A 类包含在 C 类等于或 B 类包含在 C 类。）

22.55，⊢：.A＝B・⊃：C⊂A・≡・C⊂B

（如果 A 类等于 B 类，则说 C 类包含在 A 类等于说 C 类包含在 B 类。）

22.551，⊢：A＝B・⊃・A∪C＝B∪C

（如果 A 类等于 B 类，则或 A 或 C 类等于或 B 或 C 类。）

22.56，⊢・A∪A＝A

（22.5 那一命题说既 A 而又 A 类是 A 类,22.56 这一命题说 A 或 A 类是 A 类。逻辑上的"与"与数学上的"乘",逻辑上的"或"与数学上的"加"都不同。）

22.57,⊢·A∪B=B∪A

（这一命题表示 A,B 两类的"和",彼此的位置可以调换。）

22.58,⊢·A⊂A∪B·B⊂A∪B

（A 类包含在 A 或 B 类,B 类包含在 A 或 B 类。这是显而易见,因为 A 或 B 类可以包含三类;1.A 类,2.B 类,3.既 A 而又 B 类。）

22.59,⊢:A⊂C·B⊂C·≡·A∪B⊂C

（说 A 类包含在 C 类,而 B 类也包含在 C 类,等于说 A 或 B 类包含在 C 类。在此处我们要注意,说 A 包含在 B 类,或 A 包含在 C 类,不等于说 A 类包含在 B 或 C 类;那就是说,

⊢:A⊂B·∨·A⊂C·≡·A⊂B∪C

是假的。⊢:.A⊂B·∨·A⊂C:⊃·A⊂B∪C 虽是真命题,那就是说,如果 A 类包含在 B 类,或者 A 类包含在 C 类,则 A 类包含在 B 或 C 类;而

⊢:.A⊂B∪C⊃:A⊂B·∨·A⊂C

是假的,那就是说,如果 A 类包含在 B 或 C 类,不一定 A 类就包含在 B 类或者 A 类就包含在 C 类。读者可以用图形表示这里所说的道理。）

22.6,⊢:x∈A∪B·≡:(C)A⊂C.B⊂C·⊃·x∈C

（说 x 是 A 或 B 类的分子等于说无论 C 是什么类,如果 A 类包含在 C 类,而 B 类也包含在 C 类,则 x 是 C 类的分子。）

22.61，⊢：A⊂B·⊃·A⊂B∪C

（这是显而易见的道理，读者或以语言或以图形表示均可。）

22.62，⊢：A⊂B·≡·A∪B=B

（这也是显而易见的道理，以图形表示非常之容易。）

22.621，⊢：A⊂B·≡·A∩B=A

（这与以上成一对，而这一对命题表示"或"与"与"的分别。）

22.63，⊢：A∪（A∩B）=A

（这命题在语言方面颇麻烦，用图形很容易表示。）

22.631，⊢：A∩（A∪B）=A

（这与22.63那一命题也成一对，读者自己设法表示。）

22.632，⊢：A=B·⊃·A=A∩B

（如果 A 类等于 B 类，则 A 类等于既 A 而又 B 类。可是反过来说不通。如果 A 类等于既 A 又 B 类，A 类固可以等于 B 类，但也可以包含在 B 类。）

22.633，⊢：A⊂B·⊃·A∪C=（A∩B）∪C

（如果 A 类包含在 B 类，则 A 或 C 类就是既 A 又 B 类或 C 类。）

22.64，⊢：.A⊂C·∨·B⊂C：⊃·A∩B⊂C

（如果 A 类包含在 C 类或 B 类包含在 C 类，则既 A 又 B 类包含在 C 类。既 A 又 B 类是 A 类的一部分，它也是 B 类的一部分，所以无论前件两条件中那一条件是真，后件总是真。可是反过来说不通。如果既 A 又 B 类包含在 C 类，非 B 的 A 类不必包含在 C 类，非 A 的 B 类不必包含在 C 类。）

22.65，⊢：A⊂B·∨·A⊂C：⊃·A⊂B∪C

（此命题在22.59已经讨论过，此处不赘。）

22.66, ⊢：A⊂B・⊃・A∪C⊂B∪C

（这是显而易见的道理，读者以图表示之即明。）

22.68, ⊢・(A∩B)∪(A∩C)=A∩(B∪C)

22.69, ⊢・(A∪B)∩(A∪C)=A∪(B∩C)

（这两命题成一对。用语言表示不如用图形表示。兹以前一命题为例；前部以甲、乙、丙三图表示之，后部以（一）、（二）、（三）图表示之。以下丙图与（三）图表示同一的类。22.69 那一命题可以用类似的方法表示。）

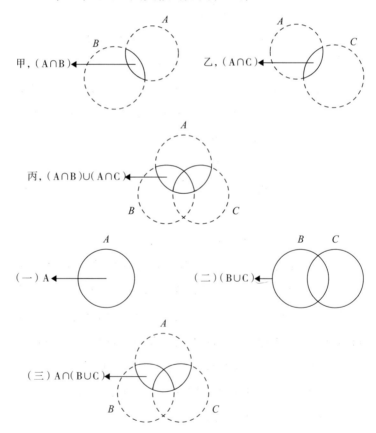

238

22.7，⊢·（A∪B）∪C＝A∪（B∪C）

（这与22.52那一命题成对。三类的和,把任何两类的和视为一类与其余一类相和等于把任其他两类的和视为一类与其余一类相和。以语言表示此命题似乎很难听,还是用图形好。）

22.72，⊢：A⊂C·B⊂D·⊃·A∪B⊂C∪D

22.73，⊢：A＝C·B＝D·⊃·A∪B＝C∪D

（这两命题很容易明白,读者自备方法表示。）

22.74，⊢：A∩B⊂C.A∩C⊂B·≡·A∩B≡A∩C

（说既 A 又 B 类包含在 C 类,而既 A 又 C 类又包含在 B 类,等于说既 A 又 B 类就是既 A 又 C 类。以图形表示更容易。）

22.8，⊢·—（—A）＝A

（非非 A 类就是 A 类,在类方面再负为正好像在命题方面再假为真一样。）

22.81，⊢：A⊂B·≡·—B⊂—A

（说 A 类包含在 B 类等于说非 B 类包含在非 A 类。混沌一点的说,说所有的 A 都是 B 等于说所有的非 B 都是非 A。）

22.82，⊢：A∩B⊂C·≡·A∩—C⊂—B

（说既 A 又 B 类包含在 C 类,等于说既 A 又非 C 类包含在非 B 类。）

22.83，⊢：A＝B·≡·—A＝—B

（说 A 类等于 B 类等于说非 A 类等于非 B 类。）

22.84，⊢·—（A∩B）＝—A∪—B

22.85，⊢·（A∩B）＝—（—A∪—B）

239

20.86, $\vdash \cdot -(-A \cap -B) = A \cup B$

22.87, $\vdash \cdot -A \cap -B = -(A \cup B)$

（这四个命题名为 De Morgan 公式。它们都表示"与"与"或"的关系。兹以语言表示第一命题即够："非既 A 又 B 类等于非 A 或非 B 类"。兹以下图表示：

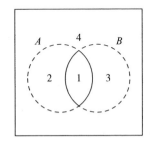

（1）为 A∩B 类，（2）为 A∩—B 类

（3）为—A∩B 类，（4）为—A∩—B 类

图中"非（1）"等于"或（2）或（3）或（4）"。但"或（2）或（3）或（4）"就是"非 A 或非 B"，因为"非 A 或非 B 类"中的"或"既为相容的或，这一类所包含的可能共有以下三类，即 A 而非 B，B 而非 A，既非 A 而又非 B；换言之，即图中的"或（2）或（3）或（4）"。）

22.88, $\vdash \cdot (x) \cdot x \in (A \cup -A)$

（这就是说任何个体是 A 或非 A 类的分子。无论 x 是什么个体，它不是 A 类的分子，就是非 A 类的分子，同时不是非 A 类的分子，就是 A 类的分子。这是排中律的一种表示。）

22.89, $\vdash \cdot (x) \cdot \sim x \in (A \cap -A)$

（这就是说任何 x 不是既 A 而又非 A 类的分子。这是矛盾律的一种说法。）

22.9，⊦·（A∪B）—B＝A—B

（在语言方面，"（A∪B）—B"颇不易表示。图形表示毫无问题。）

22.91，⊦·A∪B＝A∪（B—A）

（在语言方面有以上所说的情形。）

22.92，⊦：A⊂B·⊃·B＝A∪（B—A）

（如果 A 类包含在 B 类，则 B 类等于 A 类或非 A 的 B 类。如果 A 类包含在 B 类，则 B 类可以分作两部分，一是既 A 又 B 类，二是 B 而非 A 类。无论第二类存在与否。B 类总是第一类或第二类。）

22.93，⊦·A—B＝A—（A∩B）

（"A—（A∩B）"在语言方面有困难，不易表示。图形表示无问题。）

B.关系的推演

本节与 A 节一样，分为两段：1 段介绍具关系词的命题，2 段为关系的推算。所谓关系的推算者就是英文中的 calculus of relations。

1.普遍的具关系词的命题。

本段的命题与 A 节的 1 段一样。本系统所注重的类是外延的类，本系统所注重的关系是外延的关系。类是满足 φx 这样命题函量的个体，关系是满足 $\varphi(x,y)$ 这样命题函量的个体。类是 $\hat{z}(\varphi z)$ 这符号所表示的东西，关系是 $\hat{x}\hat{y}\varphi(x,y)$ 这样符号所表示的东西。具类词的命题其形式为 $f(\hat{z}(\varphi z))$，具关系词的命题其形式为 $f(\hat{x}\hat{y}\varphi(x,y))$。

以下所举的具关系词的命题,在原书中,排列在类的推算之前,所以命题以号数为"21."而非"23."。这些命题也可以分为三组,但我们不必有明文的表示。本段所选择的命题如下:

21.11, $\vdash : .(x,y) \cdot \psi(x,y) \equiv \chi(x,y) \cdot \supset : f(\hat{x}\hat{y}\psi(x,y)) \cdot \equiv f(\hat{x}\hat{y}\chi(x,y))$

(具关系词的命题表示定那一关系的命题函量的外延质。它的真假值根据命题函量的外延,而不根据于引用那一命题函量为定关系的命题函量。)

21.13, $\vdash : (x,y) \cdot \psi(x,y) \equiv \chi(x,y) \cdot \supset .\hat{x}\hat{y}\psi(x,y) = \hat{x}\hat{y}\chi(x,y)$

22.14, $\vdash : \hat{x}\hat{y}\psi(x,y) = xy\chi(x,y) \cdot \supset \cdot (x,y) \cdot \psi(x,y) \equiv \chi(x,y)$

22.15, $\vdash : (x,y) \cdot \psi(x,y) \equiv \chi(x,y) \cdot \equiv \cdot \hat{x}\hat{y}\psi(x,y) = \hat{x}\hat{y}\chi(x,y)$

(这三个命题成一套,最后一命题总结前两命题。它表示只有两真假值相等的命题函量才定同一的关系。两命题函量的真假值不相等,它们所定的关系是两关系。所谓命题函量的真假值相等者,就是说满足第一命题函量的个体就是满足第二命题函量的个体。注重关系的外延,这是根本条件。)

2.18, $\vdash : .\hat{x}\hat{y}\varphi(x,y) = \hat{x}\hat{y}\psi(x,y) \cdot \supset : f(\hat{x}\hat{y}\varphi(x,y)) \cdot \equiv \cdot f(\hat{x}\hat{y}\psi(x,y))$

(如果两关系相等,则此两关系中任何一关系有任何质,另一关系亦有之。)

21.2, $\vdash \cdot \hat{x}\hat{y}\varphi(x,y) = \hat{x}\hat{y}\varphi(x,y)$

21.21，⊦：$\hat{x}\hat{y}\varphi(x,y)=\hat{x}\hat{y}\psi(x,y). \equiv \cdot \hat{x}\hat{y}\psi(x,y)=\hat{x}\hat{y}\varphi$（x,y）

21.22，⊦：$\hat{x}\hat{y}\varphi(x,y)=\hat{x}\hat{y}\psi(x,y)\cdot\hat{x}\hat{y}\psi(x,y)=\hat{x}\hat{y}\chi(x,$y）$\cdot \supset \cdot \hat{x}\hat{y}\varphi(x,y)=\hat{x}\hat{y}\chi(x,y)$

（这三个命题成一组，第一命题表示关系的相同有自反质，第二命题表示它有对称质，第三命题表示它有传递质。关系的相同与类的相同一样，这三个命题不是从第二章 C 节 2段的 13.15、13.16、13.17 直接推论出来的。$f(\hat{x}\hat{y}\varphi(x,y))$ 既不是 fx 的值，$f(\hat{x}\hat{y}\varphi(x,y))=f(\hat{x}\hat{y}\varphi(x,y))$ 也不是 x=y 的例。）

21.23，⊦：$\hat{x}\hat{y}\varphi(x,y)=\hat{x}\hat{y}\psi(x,y)\cdot\hat{x}\hat{y}\varphi(x,y)=\hat{x}\hat{y}\chi(x,$y）$\cdot \supset \cdot \hat{x}\hat{y}\psi(x,y)=\hat{x}\hat{y}\chi(x,y)$

21.24，⊦：$\hat{x}\hat{y}\psi(x,y)=\hat{x}\hat{y}\varphi(x,y)\cdot\hat{x}\hat{y}\chi(x,y)=\hat{x}\hat{y}\varphi(x,$y）$\cdot \supset \cdot \hat{x}\hat{y}\psi(x,y)=\hat{x}\hat{y}\chi(x,y)$

（这两命题与以上 21.22 那一命题也可以成一套。它们都表示与一共同关系相同的两关系彼此也相同。）

21.3，⊦：$x(\hat{x}\hat{y}\psi(x,y))y \cdot \equiv \cdot \psi(x,y)$

（"$x(\hat{x}\hat{y}\psi(x,y))y$"这符号表示 x 与 y 有 $\psi(x,y)$ 这一命题函量所定的关系。这命题表示只有 $\psi(x,y)$ 是真的，x 与 y 才有 $\psi(x,y)$ 所定的关系。）

21.31，⊦：$.\hat{x}\hat{y}\psi(x,y)=\hat{x}\hat{y}\chi(x,y) \cdot \equiv : (x,y) : x(\hat{x}\hat{y}\psi$（x,y）$)y \cdot \equiv \cdot x(\hat{x}\hat{y}\chi(x,y))y$

（两关系相等等于说，任何 x,y 有头一关系等于说它们也有第二关系。这就是说：要有后一部分所说的情形满足，两关系才相等。）

21.33，⊦：$R=\hat{x}\hat{y}\varphi(x,y) \cdot \equiv \cdot (x,y) \cdot xRy \equiv \varphi(x,y)$

（以 R 代替 $\hat{x}\hat{y}\varphi(x,y)$，当然便利得多。谈关系而不必提到定那关系的命题函量的时候，复杂的符号如 $\hat{x}\hat{y}\varphi(x,y)$ 均可以用简单的 R 代替。在任何 x,y 有 R 关系等于 $\varphi(x,y)$ 是真的条件之下，R 是 $\varphi(x,y)$ 这命题函量所定的关系。）

21.43, $\vdash$ ∴ $.R=S\cdot\equiv:(x,y)\cdot xRy\equiv xSy$

（如果说任何 x 与任何 y 有 R 的关系等于说它们有 S 的关系，则 R 与 S 两关系相等；如果 R 与 S 两关系相等，则说任何 x 与任何 y 有 R 关系等于说它们有 S 关系。）

21.53, $\vdash$ ∶ $.(S):S=R\cdot\supset\cdot\varphi S:\equiv\cdot\varphi R$

（说任何关系 S 与 R 相等，则说它就是 φ 等于说 R 是 φ。要举实例，比较麻烦。请注意这里的(S)表示关系也可以有表面任指词。在这一点上，个体、类的关系也有一致的情形。）

21.54, $\vdash$ ∴ $.(\exists S):S=R\cdot\varphi S:\equiv\cdot\varphi R$

（有等于 R 的 S 关系而它是 φ 等于说 R 关系是 φ。这命题与以上那个命题成一对。）

21.55, $\vdash\cdot\hat{x}\hat{y}\varphi(x,y)\equiv(\eta R)((x,y):xRy\cdot\equiv\cdot\varphi(x,y))$

（此处的命题用一句话讲本来是不容易的事，而这一命题似乎更难。意思大约可以有以下的表示：说任何 x,y 有 R 关系等于说 $\varphi(x,y)$，这里所说的这个 R 关系就是满足 $\varphi(x,y)$ 命题函量的 x,y。）

21.56, $\vdash\cdot E!(\eta R)((x,y):xRy\cdot\equiv\cdot\varphi(x,y))$

（这个命题不过是说有以上 21.55 所叙述的 R 关系。这两个命题都以关系为叙述词。）

21.58, $\vdash\cdot\hat{x}\hat{y}\varphi(x,y)\equiv(\eta R)(R=\hat{x}\hat{y}\varphi(x,y))$

（满足一命题函量的个体就是与它相等的那关系。）

21.6，├：.（∃S）·fR·≡·（（R）·~fR）

（这命题的前后两部分的关系与传统逻辑中的 I 与 E 的关系相似，有是 f 的 R 关系等于说"无是 f 的 R 关系"是假的。）

2.关系的推算（calculus of relations）。

a.这一段的命题与类的推算那一段的命题相似。类的推算可以说第四部第一章的那系统通式的解释，关第的推算也可以作如此看法。这里的关系是外延的关系，以上 21.58 那一命题就表示本系统的关系是外延的关系。所谓关系的推算者是说这里的这个推算中的原子。

推算未开始之前，也就有好几个定义；可是这里的情形与类的推算的情形相似；我们不必抄写定义，因为定义既下，跟着就有好几个命题把这些定义都容纳在内。

b.所选择的命题。

23.1，├：.R⊂S·＝：（x，y）：xRy·⊃·xSy

（这里关系间的⊂，与类间的"⊂"，命题间的"⊃"相似。命题间的"⊃"我们读为"蕴涵"。类间的"⊂"我们读为"包含在"，可是关系间的"⊂"，我们不知道如何读法好。符号方面的定义已经容纳在这一命题之中。如果我们把"⊂"读作包含在，这一命题说：R 关系包含在 S 关系之中等于说如果任何 x 与 y 有 R 关系，它们就有 S 关系。P.M.的作者也是利用命题方面的"⊃"去表示关系方面的⊂。）

23.2，├·R∩S＝x̂ŷ（xRy·xSy）

（关系间的"∩"与类间的"∩"，命题间的"·"相似。这似乎也可以用"与"、"和"、"同"、"既——又"等等字眼去表示。它的定义就是本命题的后一部分。这里也是用命题方面的"·"去表示关系方面的"∩"。这命题也表示这里的关系是外延的关系。)

23.3，⊢·R⊍S=$\hat{x}\hat{y}$(xRy·∨·xSy)

（关系间的"⊍"与类间的"∪"，命题间的"∨"相似。这似乎也可以用"或"表示，它的定义就是这命题的后一部分。关系方面的"⊍"也是用命题方面的"∨"去表示。）

23.31，⊢·$\dot{-}$R=$\hat{x}\hat{y}$(~(xRy))

（关系方面的"$\dot{-}$"与类方面的"—"，命题方面的"~"相似。"$\dot{-}$"的定义就是本命题的后一部分，而这定义也就是利用命题方面的"~"去表示关系方面的"$\dot{-}$"。）

23.32，⊢·R$\dot{-}$S=$\hat{x}\hat{y}$(xRy·~(xSy))

（是R关系而不是S关系就是满足"xRy是真的而xSy是假的"这一命题函量的x,y。我们要清楚，这里的R关系就是有R关系的x,y，那就是说，R的外延。）

23.33，⊢∶x(R$\dot{\cap}$S)y·≡·xRy·xSy

（x与y有R与S的关系，等于说x与y有R关系，而且x与y有S的关系。）

23.34，⊢∶.x(R⊍S)y·≡∶xRy·∨·xSy

（x与y有R或S的关系，等于说x与y有R关系或者x与y有S的关系。这一对命题表示关系间的"或"与"与"等于具相当形式的命题间的"或"与"与"。）

23.35，⊢∶x$\dot{-}$Ry·≡·~(xRy)

（如果我们把"$\dot{-}$"读为"非"，这个命题说x与y有非R

的关系等于说 x 与 y 有 R 关系是假的。）

23.351，├ · ∸R ≠ R

（非 R 关系不是 R 关系。22.351 那一命题说非 A 类不是 A 类。P.M.用那一命题证明至少有两类，我们似乎也可以利用这里这个命题证明至少有两关系。）

23.36，├ · R ∩̇ S ∈ Rel

23.37，├ · R ∪̇ S ∈ Rel

（"Rel"这符号表示关系。这两个命题无非是表示 R ∩̇ S，与 R ∪̇ S 都是关系。如果我们把关系视为第四部第一章那个系统通式的原子，这两个命题就是那系统的最初两个基本命题。）

23.38，├ · ∸R ∈ Rel

（这个命题表示非 R 也是关系。）

23.4，├ : R ⊂ S.S ⊂ R · ≡ : (x,y) : xRy · ≡ · xSy

（说 R 关系包含在 S 关系而 S 关系又包含在 R 关系，等于说任何 x,y 有 R 关系等于说它们有 S 关系。两关系互相包含，则它们的外延一样。）

23.41，├ : R ⊂ S · S ⊂ R · ≡ · R = S

（这与以上一样，它不过直接表示两互相包含的关系相等，没有提到分子问题。）

25.42，├ R ⊂ R

（任何关系包含它自己，这与命题方面的"p ⊃ p"，类方面的"A ⊂ A"相似。）

23.43，├ · R ∩̇ S ⊂ R

（这与类方面的 A ∩ B ⊂ A 那一命题相似。在那一命题注解下所说的话这里也可以说。）

23.44，⊢：R ⊆ S · S ⊆ T · ⊃ · R ⊆ T

（这命题说，如果 R 关系包含在 S 关系，S 关系包含在 T 关系，则 R 关系包含在 T 关系。这是关系方面的三段论。三段论不限于命题，也不限于类。例如：如果 x 是 y 的学生，x 就比 y 年轻；x 比 y 年轻，x 就是 y 的后辈；则 x 是 y 的学生，x 就是 y 的后辈。）

23.441，⊢：R ⊆ S · xRy · ⊃ · xSy

（如果 R 关系包含在 S 关系，而 x 与 y 有 R 关系，则 x 与 y 有 S 关系。读者自己举例。）

23.45，⊢：R ⊆ S · R ⊆ T · ⊃ · R ⊆ S ∩̇ T

（如果 R 关系包含在 S 关系，而又包含在 T 关系，则 R 关系包含在既 S 而又 T 的关系。此命题仅表示"如果——则"的关系，其实前件与后件的真假值相等。）

23.46，⊢：xRy · R ⊆ S · ⊃ · xSy

（这就是 23.441 那一命题，不过前件中的两命题的位置彼此更换而已。）

23.47，⊢：R ⊆ T · ⊃ · R ∩̇ S ⊆ T

（如果 R 关系包含在 T 关系，则既 R 而又 S 的关系包含在 T 关系。这个命题可以利用 23.43 那一命题及三段论可以证明。例如：

（一）⊢：R ∩̇ S ⊆ R . R ⊆ T . ⊃ · R ∩̇ S ⊆ T：

（二）⊃ ⊢：.R ∩̇ S ⊆ R · ⊃ : R ⊆ T · ⊃ · R ∩̇ S ⊆ T

（三）⊢ · R ∩̇ S ⊆ R

（四）⊢：R ⊆ T · ⊃ · R ∩̇ S ⊆ T

此处及以前的命题,读者均可以自己设法证明以为训练。)

23.48,├ : R ⊆ S ・ ⊃ ・ R ∩̇ T ⊆ S ∩̇ T

23.481,├ : R = S ・ ⊃ ・ R ∩̇ T = S ∩̇ T

（如果 R 关系包含在 S 关系,则既 R 而又 T 的关系包含在既 S 而又 T 的关系。如果 R 关系与 S 关系相等,则既 R 而又 T 的关系等于既 S 而又 T 的关系。读者或举例或证明。)

23.49,├ : P ⊆ Q . R ⊆ S ・ ⊃ ・ P ∩̇ R ⊆ Q ∩̇ S

（如果 P 关系包含在 Q 关系,而 R 包含在 S 关系,则既 P 而又 R 的关系包含在既 Q 而又 S 的关系。)

23.5,├ ・ R ∩̇ R = R

（既 R 而又 R 的关系就是 R 关系。x 既在 y 的左边,而又在 y 的左边,其结果仍是 x 在 y 的左边。)

23.51,├ ・ R ∩̇ S = S ∩̇ R

23.52,├ ・ (R ∩̇ S) ∩̇ T = R ∩̇ (S ∩̇ T)

（第一命题表示两关系的相"与",与两类的相"与"一样,不受它们的位置的更换的影响。第二命题表示三关系的相"与",把任何两关系视为一组,等于把任何其他任何两关系视为一组。)

23.54,R = S ・ ⊃ : R ⊆ T ・ ≡ ・ S ⊆ T

（如果 R 关系等于 S 关系,则说 R 关系包含在 T 关系等于说 S 关系包含在 T 关系。)

23.55,├ : . R = S ・ ⊃ : T ⊆ R ・ ≡ ・ T ⊆ S

（如果 R 关系等于 S 关系,则说 T 关系包含在 R 关系等于说 T 关系包含在 S 关系。)

23.551, R＝S・⊃・R ∪T＝S ∪T

（如果 R 关系等于 S 关系,则或 R 或 T 的关系等于或 S 或 T 的关系。）

23.56, ├・R ∪R＝R

（23.5 说既 R 而又 R 的关系就是 R 关系,此命题说 R 或 R 的关系就是 R 关系。这两命题成一对表示逻辑上关系的相"与"与数的相乘不一样,逻辑上关系的"或"与数的相加不一样。）

23.57, ├・R ∪S＝S ∪R

（两关系的和不受彼此前后位置的更换的影响。）

23.58, ├・R ⊂R ∪S・S ⊂R ∪S

（R 关系包含在或 R 或 S 的关系,而 S 关系也包含在或 R 或 S 的关系。）

23.59, ├・R ⊂T.S ⊂T・≡・R ∪S ⊂T

（说 R 关系包含在 T 关系,S 关系也包含在 T 关系,等于说 R 或 S 关系包含在 T 关系。请看 22.59 的注解。）

23.6, ├：.x(R ∪S)y・≡：(T)：R ⊂T・S ⊂T・⊃・xTy

（说 x 与 y 有 R 或 S 的关系,等于说如果 R 关系包含在任何 T 关系,而 S 也包含在任何 T 关系,则 x 与 y 有 T 关系。）

23.61, ├：R ⊂S・⊃・R ⊂S ∪T

（如果 R 关系包含在 S 关系,则 R 关系包含在 S 或 T 的关系。）

23.62, ├：R ⊂S・≡・R ∪S＝S

（说 R 关系包含在 S 关系,等于说 R 或 S 的关系就是 S 关系。）

23.621, ├ : R ⊆ S · ≡ · R $\dot\cap$ S = R

（说 R 关系包含在 S 关系，等于说既 R 而又 S 的关系就是 R 关系。这两命题是一对，表示"或"与"与"的分别。）

23.63, ├ · R ∪ (R $\dot\cap$ S) = R

（这命题在语言方面颇麻烦。参考 22.63 那一命题。读者试以图形表示。）

23.631, ├ : R $\dot\cap$ (R ∪ S) = R

（这命题与以上成对，情形同样。）

23.632, ├ : R = S · ⊃ · R = R $\dot\cap$ S

（如果 R 关系等于 S 关系，则 R 关系等于既 R 而又 S 的关系。反过来说不通。如果 R 关系等于既 R 而又 S 的关系，R 关系固可以等于 S 关系，但也可以包含在 S 关系。）

23.633, ├ : R ⊆ S · ⊃ · R ∪ T = (R $\dot\cap$ S) ∪ T

（这命题在语言方面颇麻烦，读者试以图形表示。）

23.64, ├ : . R ⊆ T · ∨ · S ⊆ T : ⊃ · (R $\dot\cap$ S) ⊆ T

（这命题与 22.64 那一命题相似，请参考那一命题的注解。）

23.65, ├ : . R ⊆ S · ∨ · R ⊆ T : ⊃ · R ⊆ (S ∪ T)

（参考 22.59 及 22.65 两命题的注解。）

23.66, ├ : R ⊆ S · ⊃ · R ∪ T ⊆ S ∪ T

（如果 R 关系包含在 S 关系，则 R 或 T 的关系包含在 S 或 T 的关系。）

23.68, ├ · (R $\dot\cap$ S) ∪ (R $\dot\cap$ T) = R $\dot\cap$ (S ∪ T)

23.69, ├ · (R ∪ S) $\dot\cap$ (R ∪ T) = R ∪ (S $\dot\cap$ T)

（这两命题成一对。请参阅 22.68 与 22.69 那两个命题的注解。）

23.7，⊢·(R∪S)∪T=R∪(S∪T)

（语言表示非常之麻烦。请参阅 22.7 那一命题的注解。）

23.72，⊢：P⊂R·Q⊂S·⊃·P∪Q⊂R∪S

23.73，⊢：P=R·Q=S·⊃·P∪Q=R∪S

（这里第一命题说，如果 P 关系包含在 R 关系，而 Q 关系又包含在 S 关系，则 P 或 Q 的关系包含在 R 或 S 的关系。第二命题说如果 P 关系等于 R 关系，而 Q 关系又等于 S 关系，则 P 或 Q 的关系等于 R 或 S 关系。）

23.74，⊢：P∩Q⊂R.P∩R⊂Q.≡.P∩Q=P∩R

（说既 P 又 Q 的关系包含在 R，而既 P 又 R 的关系又包含在 Q，等于说既 P 又 Q 的关系就是既 P 又 R 的关系。）

23.8，⊢·∸(∸R)=R

（非非 R 关系就是 R 关系。此情形与类方面及命题方面的情形一样。）

23.81，⊢：R⊂S·≡·∸S⊂∸R

（说 R 关系包含在 S 关系等于说非 S 关系包含在非 R 关系。参阅 22.81 那一命题。）

23.82，⊢：R∩S⊂T·≡·R∸T⊂∸S

（说既 R 又 S 的关系包含在 T 关系，等于说既 R 而又非 T 的关系包含在非 S 关系。）

23.83，⊢：R=S·≡·∸R=∸S

（说 R 关系等于 S 关系，等于说非 R 关系等于非 S 关系。）

23.84，├・─(R $\dot\cap$ S)=─R ∪─S

23.85，├・R $\dot\cap$ S=─(─R ∪─S)

23.86，├・─(─R $\dot\cap$ ─S)= R ∪ S

23.87，├・─R $\dot\cap$ ─S=─(R ∪ S)

（请参考22.84、22.85、22.86、22.87那四个命题的注解。）

23.88，├・(x,y)・x(R ∪─R)y

（这就是关系方面的排中律。任何 x 与 y 有 R 或非 R 的关系。总而言之，它们若无 R 的关系，就有非 R 的关系；若无非 R 的关系，就有 R 的关系。）

23.89，├・(x,y)・~(x(R $\dot\cap$ ─R)y)

（这就是关系方面的矛盾律。任何 x 与 y 有既 R 而又非 R 的关系是假的。）

23.9，├・(R ∪ S)─S=R ─S

23.91，├・R ∪ S=R ∪(S ─R)

（这两命题可以用图形表示，以语言表示似乎佶屈聱牙。）

23.92，├：R ⊆ S・⊃・S=R ∪(S ─R)

（如果 R 关系包含在 S 关系，则 S 关系等于 R 或 S 而非 R 的关系。）

23.93，├・R ─S=R ─(R $\dot\cap$ S)

（读者试以图形表示。）

第四部 关于逻辑系统之种种

一、逻辑系统通论

A.系统通论

每一句话划分一种领域。领域有范围大小的不同,内部的秩序有程度高低的不同。每一领域至少有一系统。所以每一句话均可以说有系统为它的背景,比方北京人说:"某某去串门去了"。其他不管,即"串门"二字,已有一系统为背景,在那一系统之内,可以有好几个相联的命题,而这些相联的命题,联合起来,定"串门"二字的意义。系统因有范围大小的不同,及紧凑与松懈程度的不同,所以它的意义也就空泛而它的种类也就非常之多。平汉铁路是一系统,美国政府是一系统,伦敦的地道车是一系统,国际联盟也是一系统。所有的科学均为系统,而哲学系统是常用的名词。我们所要提出的不是普遍的系统问题,也不是寻常在事实上所称为系统的系统,而是演绎系统。

1.演绎系统当然也有范围大小与程度高低的问题。它的紧凑的程度比其余非演绎系统的程度高。它的特点如下。

a.出发点可以武断。演绎系统的出发点,从语言或命题方面说,大都是几个基本命题。这些基本命题与非演绎系统的基本原则不同。非演绎系统的基本原则或者是已经证明其为真命题或者我们相信其为真命题。真假问题不能与这些原则分开。演绎系统的基本命题则不然,它们的真假我们可以不管。它们与普通的假设也不同。普通的假设——归纳法的假设与普通任何科学中的假设——都是我们盼望它为真,或猜想它为真,或有多少证据使我们暂时承认其为真的命题。演绎系统的基本命题则不然,我们不必盼望它为真,也不暂时承认它为真;即我们疑心它是假的,也无碍于那演绎系统之为演绎系统。一演绎系统的基本命题为那一系统的出发点,我们既不必证明或假设其为真,我们选择的范围比较的广,而究竟哪些命题为我们所选择,就很有武断的成分夹杂其间。

b.演绎系统的思想,除最初利用几个在系统范围之外的思想外,其他都可以称为自生的思想。所谓自生思想者即根据于系统的基本思想,用系统的产生工具与适合于系统所承认的方法,而产生的思想。基本命题既不必为真,这些自生思想也不必适合于系统范围之外的事物。兹以欧克里几何为例。几何可以视为一演绎系统,也可以视为一门科学。我们现在所要注意的是演绎系统的几何。这个系统利用系统外的思想,如长宽厚等产生系统内的"点""线"等思想。由"点""线"等思想又产生"三角""四方"等思想。严格地说,经验中没有那样的点与线,但点与线不因此经验问题就不能成为一演绎系统的基本思想。系统内的"三角"与"四方"是系统内自生的思想。这些思想虽可以与外界的情形符合,而不必与它们符合。即不与外界的情形或事物符合,而既为一系统的自生思想,它们仍有它们系统范围之内的位置。

c.演绎系统的各部分大都是互相关联的。关联的程度或有高低的不同。各部分的位置或有更改的可能,但一部分的更改总有使他部分也有相当更改的必要。各部分的形式或有更改的可能,但一部分形式上的更改也使其他部分在形式上有相当更改的必要。一系统内的部分是这样,一部分的分子彼此的关系也是这样,我们似乎可以说一系统的部分与部分的关系,一系统分子与分子的关系,大都是内在关系。这里的话免不了说得含糊一点,若要正确,篇幅就太长。我们所要表示的是:演绎系统内部的结构彼此牵连的程度可以使我们说整个的系统是一有机的系统。这可以说是从正面着想。从反面着想,一演绎系统的最低限度是内部不能有彼此不相融洽的地方。但一系统在事实上彼此融洽不足以表示它是演绎系统。

演绎系统或者尚有旁的特点,以上所举的已经可以表示它之所以异于其他系统者何在,所以我们也不必再追求特点提出讨论。

2.演绎系统大都分作两大部分:一曰演绎干部,一曰演绎支部。干部为系统的根本,支部为系统的枝叶。前一部所包含者为系统的基本概念与基本命题,后一部为由前一部所推论出来的命题。这不是说事实上所有的演绎系统都有一种成文的干部与支部,事实上的情形或者不是这样,但如果我们把任何演绎系统加以分析,我们可以把它分成一演绎干部一演绎支部。演绎干部可以分作二部,一为基本概念,一为基本命题;支部可以分作许多部分,也可以不分。干部以下分两段讨论,支部不须特别讨论;我们要表示的不过是干部既定,支部随之。

a.基本概念部分。所谓基本概念即一演绎系统的最基本的概念。关于基本概念我们似应注意以下诸点。

(一)基本概念可以有定义,也可以无定义。我们可以用系统外之思想定一系统基本概念的意义,也可以不用系统外的思想,同时也就不给一系统的基本概念下定义。我们所要注意的是在一系统范围之内,我们不能用那系统的概念想给那一系统的基本概念下定义。我们可以说,如果我们在一系统的立场上,那一系统的基本概念是不能以那一系统的思想去下定义的;如果我们不在任何系统的立场上,一系统的基本概念似乎都是可以下定义的。

(二)一系统不必有它所有的基本概念,那就是说,我们承认哪一些概念为基本概念大有选择的余地。从质的方面说,含义狭的概念不容易用为基本概念。含义狭就不富于推论,不富于推论就不容易用为基本概念。系统的历程大都是由简而繁,——这似乎是一件事实,但究竟是势所必至的事实还是理有固然的情形,颇不易说——无论如何,复杂的思想不容易为基本的概念。我们对于基本概念虽有选择的余地,而选择的范围总免不了是一很小的范围。

(三)从量的方面着想,一系统的基本概念的数目也是一问题。一方面基本概念的数目要少。恐怕偏于一边的说法是愈少愈好。如果基本概念太多,它们可以多到不必分别基本与非基本概念的程度,而系统的历程可以根本取消。基本概念的数目要少似乎是显而易见。但另一方面有便利问题。有时基本概念的数目可以减少到最低限度,而到了最低限度的时候,推论的历程太难、太长、太复杂,使求简的志愿,得之于思想方面,而失之于推论方面。我们似乎可以说基本概念的数目虽要少,但不宜少到减少推论不便利的程度。

b.基本命题部分。关于基本命题我们应注意以下数点。

(一)从量的方面着想,基本命题的数目也宜从少,但不宜少到不够用的程度。所谓够用与不够用是指能不能推论所要推论出来的命题而言。每一系统不能缺乏它所必要包含的部分或命题,几何系统要包含几何学所必要的原则,逻辑系统要包含逻辑所必要的各部分。如果基本命题的数目少到不能推出一系统所必要的部分或命题,它们当然不够用。所以基本命题一定要够用。

(二)基本命题一定要一致。基本命题是一系统的大前提,其他所有的命题都可以说是基本命题的"结论"。如果基本命题彼此不一致,由它们推论出来的结论也不一致。如果一系统内的命题彼此不一致,则所谓演绎系统者根本就不是演绎系统。我们现在所要表示的是基本命题要一致。至于究竟一致与否是一问题,而此问题的各方面有各种不同的困难。好在我们现在用不着谈到。

(三)基本命题要彼此独立。所谓独立者是说它们彼此不相"蕴涵"。如果一命题蕴涵另一命题,则后一命题可以由前一命题推论出来,如能由前一命题推论出来,则举前一命题为基本命题等于举后一命题为基本命题。那就是说举前一命题已经够了。若前后两命题并举,不过是废词而已,其效果等于仅举前一命题。基本命题的数目既求其少,则它们彼此独立以免重复之病。

c.演绎支部就是由演绎干部所推论出来的各部分。此处所要注意的就是"推论"二字。"推论"二字或有含糊的地方，它们的含义至少有以下成分。

（一）所有推论出来的部分，所有推论出来的命题，都是演绎干部所能有的部分，所能有的命题。从心理方面说，或从认识方面说，推论出来的部分或者有"新"的部分，推论出来的命题或者有"新"的命题；但从演绎干部所蕴涵的意义方面说，推论出来的部分或命题都是干部所有或能有的部分或命题，所以它们不是"新"的部分或"新"的命题。

（二）推论出来的部分，都是已经证明的部分；推论出来的命题，都是已经证明的命题。证明与证实不同。证明仅有系统内的标准，证实尚有系统外的标准。如果我们把一演绎系统仅仅视为一演绎系统，我们仅有证明的问题；如果我们同时把它当作一门科学，则除证明问题之外，尚有证实问题。推论出来的部分或命题既云"推论"出来，则必遵守一系统的标准与它的推论的原则。既然如此，则在一系统范围之内，它们当然是已经证明的了。

（三）推论出来的部分或命题，其性质、其界说均由干部而定。干部的思想与命题，如为几何学方面的思想或命题，则推论出来的部分或命题也就是几何学方面的部分或命题。其他由此类推。部分的长短、范围的宽狭、命题的多少则不必因干部而定。所谓不必因干部而定者是说它们的标准可以是系统之外的标准。

3.照以上所说一演绎系统之性质，因其干部而定，所以干部的性质亦即整个系统的性质。既然如此,演绎系统的种类也就是干部的种类。现在我们要介绍一种演绎系统的通式。一种演绎系统的通式不是普遍演绎系统的通式,演绎系统不仅止于一种通式。一种演绎系统的通式本身不是一系统,好像 Φx 是一种命题的函量,而本身不是一命题。

a.兹举以下一种演绎干部通式。

基本概念任指词:

(一)原子,a,b,c,…

(二)运算或关系,⊕

⊙

基本命题函量:

(一)(a,b).a⊕b 是原子

(二)(a,b).a⊙b 是原子

(三)(a,b).a⊕b=b⊕a

(四)(a,b).a⊙b=b⊙a

(五)(∃Z)(a).a⊕Z=a

(六)(∃U)(a).a⊙U=a

(七)(a,b,c).a⊕(b⊙c)=(a⊕b)⊙(a⊕c)

(八)(a,b,c).a⊙(b⊕c)=(a⊙b)⊕(a⊙c)

(九)(a)(∃ā).a⊕ā=U

a⊙ā=Z

(十)至少有两个原子

b.大部分的读者对于以上或者感觉茫然。“原子”,⊕,⊙,(a,b),(∃Z),(∃U),(a)等等均不知应作何解释。但以上以符号表示的公式其所以为干部通式者,一方面就是因为它可以有解释,而不必限于任何一解释,所以没有"应"作何解释的问题。以上的系统可以作以下的解释。

（一）设以原子代表命题,⊕代表"或者",⊙代表"与",a,b 代表任何命题,（∃）代表"有",U 代表"真",Z 代表"假",ā 代表"非 a",则以上基本命题函量都变成基本命题。例如（一）如 a,b 为两命题,a 或者 b 也是一命题。（三）如 a,b 为两命题,"a 或者 b"等于"b 或者 a"。（九）的前一半为排中律,后一半为矛盾律。其他可以不举,读者可以自己去试一试。

（二）设以原子代表"类",⊕⊙（∃）仍旧,U 代表所有分子的类,Z 代表无分子的类,ā 代表"非 a 类",则以上基本命题函量也就都变成基本命题。第九命题说,"a 类或者非 a 类是所有分子的类"、"a 类而又非 a 类是无分子的类"。其他命题都说得通。

（三）以原子代表"区域",或一种特殊的数目——如 boolian integers——其余符号加以相当的解释亦都说得通。即以原子代表谈论的范围——universe of discourse——也可以说得通。每一个解释是一个系统。这些可以解释以上系统通式的系统是一种演绎系统,反过来说这一种演绎系统的通式就是以上所举的系统的通式。

c.因原子可以代表不同的东西,⊕与⊙可以代表不同的运算或关系等等,以上那种演绎系统通式可以解释成性质不同的系统。那就是说,它可以解释成一数目的系统,也可以解释成一几何的系统,也可以解释成类的系统或命题的系统。如果我们把逻辑一字限制到它的狭义范围之内,则一种演绎系统通式不必代表一逻辑系统。既然如此，以上所说的话虽可以说是与逻辑系统有关，而不必是对于逻辑系统的讨论。究竟什么样的系统是逻辑系统，以后还要谈到。

B.演绎系统与逻辑系统的界说

每一演绎系统都划分一领域，一范围或一界说。既有此情形，则必有达到此情形的工具。现在所要提出讨论的就是这种工具。

1.演绎系统划分界说的工具。演绎系统划分界说的工具大略可以分为以下三项：a.保留的工具，b.淘汰的工具，c.推行的工具。兹特分别讨论。

a.保留的工具。每一系统的原子就是那一系统所要对付的对象，每一系统的运算或关系就是运用那种对象的工具。有对象而无运用的工具，根本就不能有组织那对象的可能。有对象，有运用对象的工具，而无基本命题，则工具虽有，而运用工具的方法仍缺。基本命题的责任有时仅是一系统的大前提，有时兼是运用工具的法则。这两种不同的情形以后再讨论。无论如何基本命题总是一系统的前提。既是一系统的前提，则合于此前提的运用原子的方法，就是保留的标准。根据此保留的标准，原来的运用工具就变成了保留的工具。一演绎系统的支部都是要保留的部分。

b.不合于基本命题的运用原子的方法就是淘汰的标准，而根据此标准，原来的运用工具就变成了淘汰的工具。可是在此处我们要注意以上曾经提及的一点；一演绎支部的部分的大小，命题的多少，不是系统内的问题，那就是说演绎支部虽都是一演绎系统所要保留的部分,而不必是一演绎系统所能保留的部分。有些部分虽可以保留而没有保留。所以我们不能说没有保留的部分都是要淘汰的部分。我们只能说要淘汰的部分都是不能保留的。这样一来有些部分既不必保留,也不必淘汰。这些"中立"部分有时有特别的情形是我们所应注意的。对于这一层,以后到相当时期再说。

　　c.推行工具。以上保留的工具与淘汰的工具都包含推行的工具。可是推行的工具有时在系统范围之内,有时在系统范围之外,这要看基本命题是否仅是一系统的前提,或兼是那一系统的运用工具的法则。如果基本命题仅是前者,有些推行工具在系统范围之外;如果兼是后者,则所有推行工具均在系统范围之内。所谓推行的工具即以上所说的"自生"的工具,没有这种工具,一演绎系统的干部就不能"动",那就是说支部"生产"不出来,而系统就不成其为系统。

　　以上三种工具不过是分析出来的情形,事实上它们好像耕田的犁一样,犁一动,土就分,界限也就随之而出。但说到系统的界说,我们不能不说分析的话。逻辑系统的特别情形是由这样的分析才能比较地弄清楚。

　　2.逻辑系统的界说。逻辑系统与其他演绎系统的分别不是原子的分别、运算的分别或关系的分别。以上所举的一种系统通式可以解释成几何学、类学、命题学或几何系统、类的系统、命题的系统。一演绎系统不因其原子为点线等等就不是逻辑系统,也不因其原子为类为命题就变成逻辑系统。逻辑系统可以说是没有特殊的原子,它的独有情形不在原子而在它的系统所要保留的"东西"(此处用"东西"二字是因为我们不知道更便当的名词）。为表示逻辑系统之所以为逻辑系统起见，我们请注意以下诸点。

a."可能"二字不易解释，假设我们知道它的意义。每一件事实是一个可能，可是每一个可能不必是一件事实。演绎系统既如 A 段所述不必牵扯到真假问题，当然也就不必限于一件一件的事实，或表示一大堆事实的自然律或普遍命题。它所包含的总有一部分是可能的研究，或者总有一方面可以视为可能的研究。有些系统可以视为可能的分类。可能的分类也不限于一可能。最便当的或者是把可能分为两类。但如果我们不怕麻烦，我们也可以把它分为三类或四类。简单地说，我们可把它分为"n"类。

b.把可能分为"n"类之后有两种很重要的性质发生：一为承认所有的可能，一为否认所有的可能。如果一个演绎系统是一个分可能为"n"类的系统，则在那一系统范围之内，列举"n"可能中各可能而分别承认之，是那一系统所无法逃避的情形。这情形我们以"必然"二字形容之。设一系统把可能分为两类，分别承认此两种可能的命题在那一系统范围之内为必然的命题。设另一系统把可能分为三类，分别承认此三类的命题在第二系统范围之内为必然的命题。我们可以说在分可能为"n"类的系统范围之内，分别承认"n"可能的命题为那一系统的必然的命题。

c.以上是分别承认所有的可能，还有否认所有可能的情形。如果一个演绎系统是分可能为"n"类的系统，则在那一系统范围之内，列举"n"可能中之各可能而均否认之，是那一系统所不能承认其为可能的情形。这情形我们以不可能或

"矛盾"一字形容之。设一系统把可能分为两类,否认此两类可能的命题为矛盾的命题。设另一系统把可能分为三类,则否认此三类可能的命题在第二系统范围之内为矛盾的命题。由此类推,在一分可能为"n"类的系统,否认此"n"可能的命题为那一系统的矛盾命题。

3.逻辑系统的特点如下:

a.逻辑系统有保留的标准、保留的工具与所要保留的情形。逻辑系统之所以为逻辑系统者,其特点,照许多人分析,就在它所要保留者,是必然的情形。必然的情形是相对的抑或是绝对的颇不易说。这个问题还是一般人继续在那里打笔墨官司的问题。我们在此处不讨论这个问题,我们假设表示必然的方式是相对的。所谓相对者是说可能的分法不只一种,各种分法有表示必然的方法。但无论如何在一种系统范围之内,只有一种必然,只能有一种必然。从命题方面着想——系统总可以当作一大堆相关联的命题看待——如果一系统所要保留的都是那一系统的必然的命题,则那一系统是一逻辑系统。此处说"要保留"而不说"保留"者,因为逻辑系统所保留者在事实上,至少在事实上,或者还没有做到都是必然命题的地步。

b.逻辑系统有淘汰的标准、淘汰的工具与所要淘汰的情形。这所要淘汰的情形就是以上所说的矛盾的情形。从命题方面说,所要淘汰的是矛盾的"命题"。

c.保留与淘汰可以说是同时并进。既云并进,就表示有推行的工具。逻辑系统的推行的工具有所谓"蕴涵",有"同"有"等"有"代替"。这些工具也可以说是与系统为相对的。

"同"与"等"或者有超过一特殊系统范围之外的意义，这一点我们现在不必讨论。现在所要注意的就是逻辑系统所要保留的既是必然的命题，推行的工具就是把各种形式不同的必然的命题保留起来，加以组织，使它们成一系统。

以后关于必然、关于矛盾、关于蕴涵等等都要分别讨论，此处不赘。逻辑系统的特点既如以上所述，也就免不了有牵连出来的情形。照以上所说，逻辑系统的特点就是"必然"，而此"必然"的形式问题与实质问题有应特别注意的情形，我们似应分别讨论如下。

4.必然之形式。此处"形式"二字的意义与普通的不同，它们所指的是我们用以表示必然的工具的形式。此处说"必然之形式"而不说"必然的形式"者是因为我们所要提出的是"form of tautology"而不是"tautological form"，必然之形式是相对的。以上我们曾经说过我们假设必然的表示是相对的。那时候我们没有把形式与实质分别讨论。现在我们要分别讨论，分别之后，我们所要表示的是必然之形式是相对的。

a.照以上所述：二分法的系统把可能分为二类，三分法的系统把可能分为三类，"n"分法的系统把可能分为"n"类。承认二分法系统中两可能的命题为二分法系统中的必然命题，承认三分法系统中的三可能的命题为三分法系统中的必然命题，承认"n"分法系统中的"n"可能的命题为"n"分法系统中的必然命题。这些不同系统中的必然命题都不同。事实上现在有三分法的系统。

b.每一系统都有它的基本概念与基本命题，那就是说，每一系统都有它的出发点。每一系统的出发点是否为必然的出发点呢？必然不是原子，不是运算，也不是一种简单的关系；如果它是关系的时候，它是根据系统所认为合法的联合方法而组织起来的复杂关系。那么，基本概念无所谓必然。基本命题是否是必然的命题？这问题不容易得一答案。但我们可以假设一系统的基本命题也都是那一系统的必然命题，进一步问那一系统的出发点是否也就因此成为必然的出发点。还是不能。出发点的形式不仅靠基本命题，也靠基本概念。而基本概念无所谓必然。

c.现在的问题是基本概念是一系统范围之内的思想呢，还是一系统范围之外的思想呢？我们可以把基本概念当作解释系统的思想，如果它们是解释系统的思想，它们可以是系统范围之外的思想。但我们也可以把它们当作一系统的原质，如果它们是系统的原质，它们也就是系统范围之内的思想。至少从 P.M. 的系统看来，后说近似。但无论如何，即令所有的基本命题都是一系统的必然命题，即令必然命题之所以为必然与基本概念无涉，而所以表示那一必然的工具仍是靠基本概念。基本概念既无所谓必然，表示必然命题的工具——此处的工具不是符号——也就不是必然的。那就是说，必然之形式是相对的。

以上 a 条所说的或者是偶然的情形，我们不能以之为以上结论的前提。但如果 b、c 两条的话靠得住，则即令把事实上所有的系统都联络起来成一整个的系统，而那一整个的系统的形式仍不是必然的形式。无论一必然之系统是否同时就是一必然的系统，我们至少总可以说一系统的形式不是必然的。

5.必然之实质。上面所说的形式是表现的形式,此处的实质是形式所表现的实质。形式与实质两词,或者容易发生误会。我们可以利用 C.Peirce 的字眼,说上面的形式是"token",此处的实质是"type"。如果美金一元是一个"type",在我的经验中,这个"type"至少就有两个"token",一为"美金一元"的钱票,一为"美金一元"的银圆。利用比方总不免有毛病,但如果利用比方可以间接地使我们领会到此处形式与实质的分别,我们也就不必十分注意到流弊。

必然之实质与必然之形式问题不同。以下诸点似应特别注意:

a.必然之形式虽不必然,而必然之实质是必然。这命题的后面这一部分就等于表示同一律。同一律既不能否认,从这一方面着想,必然之实质不能不是必然。我们要注意,在文字上,"必然之形式"与"必然之实质"虽有同样的形式,而前者不等于"必然形式",后者等于"必然实质"。那就是说无论必然之形式如何,必然之实质则一。因其有此实质,所以不同的逻辑系统都是逻辑系统;也因其有此实质,所以也有以下应特别注意的情形。

b.无论必然的形式如何,一必然命题总是普遍的。这里的普遍,与自然律及其他真的普遍命题的普遍不同。后一种命题是可以假而无往不真的普遍命题,必然的命题根本就不能假。因其不能假,其所以真者也与其他命题的真不同。它不形容事实,而范畴事实,事实无论如何的变,总逃不出一必然命题的圈子。一逻辑系统既为必然之系统,则无论事实如何,它总可以引用。

c.必然命题,不仅能普遍地引用于任何事实,而且也是推论的普遍公式。这一层似乎是近代新逻辑学的发现。此处的推论不是归纳方面由相当证据而得到相当结果的推论,它是由前提而得到结论的推论。这一种推论都有它们的普遍公式,而各种不同的推论公式,在一逻辑系统范围之内,都可以用必然命题表示之。所谓逻辑系统者无非是把各种不同的推论公式条理之、组织之、定其系统方面之先后,而以必然命题表示之。既然如此,一逻辑系统不仅能普遍地引用于事实,而且也是一普遍的对与不对的标准。

d.照以上第 3 条的说法,逻辑系统所保留者既为必然命题,而所淘汰者既为矛盾,则有许许多多的命题,既不是一逻辑系统所要保留,也不是一逻辑系统所要淘汰。这些命题可以说既不在一逻辑系统范围之外,也不在一逻辑系统范围之内。承认与否认它们的标准不是逻辑,而是观察、实验、试验等等。各种科学中的命题都在这个范围之内。但这些命题的关系虽不必为必然,而不能为矛盾。若为矛盾则必为逻辑所淘汰。一命题与真命题一致者虽不必真,而与真命题不对者必假;逻辑既为普遍的对与不对的标准,当然也是一范畴各种科学的普遍工具。

e.本条所说的话,都是从必然之实质方面着想而不是从必然之形式方面着想,是从逻辑系统的实质方面着想而不是从逻辑系统的形式方面着想。每一逻辑系统都是逻辑之所能有的一种形式,所以每一逻辑系统都代表逻辑,可是逻辑不必为任何一系统所代表。逻辑系统是一种形式,虽然是必然之系统,而本身不是必然的。逻辑的实质就是必然,必然既不能不是必然,逻辑也不能没有它的实质。我们在本条所注意的既然为实质,所谈的问题就是逻辑;但以下又回到逻辑系统的问题,所以在下节我们还要谈逻辑系统。

C.逻辑系统的干部

1.自足的系统与不自足的系统。自足的意思是无求于外,不自足的意思是有求于外。逻辑系统有自足与不自足的分别。兹先以一不自足的演绎系统表示不自足的情形,然后提出自足的要求与达到此要求的办法。

a.几何系统是一不自足的系统。它利用"同一"的思想,利用"所以"的思想,似乎也利用"不可能"的思想;可是它本身没有解释这种思想。它假设在它范围之外,有逻辑随时可以供给它所用的一部分的原则。我们当然可以说几何系统不是逻辑系统,它可以利用一比较根本而同时比较更普遍的逻辑系统为它的基础。但不仅几何系统有此情形,即布尔(George Boole)的逻辑系统也有此情形。可见有时逻辑系统也是不自足的系统。

b.现在的逻辑系统大都是自足的系统,而自足的情形恰与以上所说的相反。系统内所引用的思想均为系统本身所供给。欲达到此目的,一系统不但要把它的干部的特别情形所应有的思想包括在内,而且要把那一系统所引用的思想都包括在内。自足的逻辑系统可以使我们说如果我们承认它、引用它,我们不必正式地利用那一系统范围之外任何学问、任何科学、任何其他的系统所有的材料。这在从前似乎是不容易办到的事体,而现在似乎办得到。

c.达到此目的的办法似乎有两层。一方面以基本命题为系统的大前提,另一方面又以之为推论的公式。这样一来,大前提固在系统范围之内,推论的公式也在系统范围之内。以干部为前提,支部的命题都是结论,以干部为推论的公式,则由前提到结论的历程不过是一部分干部的引用而已。P.M.的办法即是如此。基本命题之中以普通语言表示的命题似均为推论的公式。既然如此,不仅"如果——则",即"所以"亦在系统范围之中。这就是所谓自足的系统。

为使系统自足起见,基本概念的选择不能不慎,而基本命题也要够以上所说的两方面的用处。但这不过是系统方面的问题,那就是说是表示方面的问题。所表示的实质仍在保留必然与淘汰矛盾。此目的之达到与否、达到的方法如何、方法之便利与否,均为表示问题,均为系统问题。以下对于基本思想与基本命题的讨论,均可以视为保留必然、淘汰矛盾的工具或方式的讨论。

2.基本概念、基本命题等等。

关于基本概念与基本命题等等的问题,本部第三章从长讨论。

二、界说方面的种种

A.可能的可能,"同一"的意义

以前曾经说过逻辑系统可以说是可能的分类。最初就有可能的可能问题。可能的可能或者有别的条件,但无论可能分为多少,每一个可能总要是那一个可能才行。如果一个可能可以不是那一个可能,至少说话无意义,而可能就不能成其为可能。即以说话的可能而论,如果一个字可以不是那一个字,一句话可以不是那一句话,则语言文字不但无意义而且不能有意义。意义的条件不少,但至少有一条件为大家所承认的,此即普通所称为同一律中的"同一"思想。

1.意义的条件。在此处我们顺便说几句关于"律"的话,然后表示"同一"是能否有意义的条件,最后因"同一"有此职责,提出"同一"的说法问题。

a."律"字的意义有二,一为"Jus",一为"Lex";若以这两意义为标准,普通所谓思想律者不是律。有些人的"思想"似乎不遵守思想律。有理性的思想的确遵守思想律;但有理性的思想,就是遵守思想律的思想;其结果是遵守思想律的思想,遵守思想律。思想律的"律"与其他的律大不相同,为免除误会起见,最好是把思想律这名称根本取消。以后谈到"必然"的时候还要提到此问题,此处从略。

b.设有以下命题——"这张桌子是四方的"——这命题之所以能成为一命题者,有它的不可缺少的条件。不满足此条件,一命题根本就不能成立。此不可缺乏的条件即"桌子"一定要是"桌子","四方"一定要是"四方"。如果"桌子"可以不是"桌子","四方"可以不是"四方",则"这张桌子是四方的",不能有意义。任何人稍微想一想即知道这个道理。如果"桌子"可以不是"桌子",则指出任何一具体的东西说它是"桌子"等于以无量数中的任何一名称去形容那个具体的东西。在这种情形之下我们说"这是桌子"的时候,我们不过发出多少声音或者画了几个样式,我们根本没有说话,也没有利用文字表示一个命题来。"四方"也是一样,其他名称亦莫不皆然。否定命题亦然。在"这张桌子不是四方的"这命题里,桌子固然一定要是"桌子",四方固然一定要是"四方",而"不是"也一定要是"不是"。

　　c.意义条件的同一是完全的同一,绝对的同一,否则它不能尽它为意义条件的责任。"同一"思想可以有另外的职务,但在此处可以不必提及。同一既是完全的同一,绝对的同一,则普通说法颇有问题发生。普通的说法有二:一是"一件东西与它本身相同",一是"甲是甲"。前一说法把名称方面能有意义与否的条件当作形容事实的命题。这个根本说不通。在时点——空点,这个命题是真的,但在时间——空间,因为"天下无不变的是事体"是真的,这个命题是假的。后一说法也有毛病,一方面常常发生某甲是某甲的问题,另一方面又发生无论何时何地一件东西是否是甲的问题。若有这两方面的误会,同一思想就说不通了。比较说得通的办法是把具体的东西与名称完全分开。如果以 x 代表具体的东西,我们可以用"如果——则"式的命题表示"同一"的思想,说"如果 x 是甲,x 就是甲"。这样的说法对于 x 那个具体的东西没有肯定的主张;x 那个具体的东西可以是甲也可以不是甲,可以在一时是甲,在另一时不是甲,在一地是甲,在另一地不是甲。但对于甲有主张,那就是说甲总是甲。

　　2."同一"的证明问题。学过逻辑的人或者要提出"同一"的证明问题。所谓证明者可以从两方面说,一方面是形式的证明,另一方面是实质的证明(此处实质两字与以前实质两字的意义不同,此处表示事实)。前一方面称为证明,后一方面称为证实。先讨论证明问题。

a.证明是不能离开系统的问题,所以谈到证明,就谈到一特殊系统。在一特殊系统范围之内,同一原则是可以证明的。P.M.的基本概念中没有"同一"的思想,基本命题中也没有"同一"的原则;但"同一原则"与所谓"同一律"者在 P.M.均是推论出来的命题,那就是说它们都是得到证明的命题。其所以有如此情形者理由如下:

(一)照现在的逻辑系统看来,只有基本概念是不给它们下定义的思想,亦只有基本命题是不给它们证明的命题。其他概念都有定义,其他命题都有证明。事实上办到与否是另一问题。

(二)一系统的基本概念与基本命题的选择根据于简单便利等等问题或标准,而没有那一系统范围之外的根本与不根本的问题发生。在一系统范围之内的根本思想,在另一系统不必是根本的思想。

(三)一系统范围之内有那一系统的特殊先后问题。照二条所说,"同一"概念不必是一系统的最先的思想,"同一"原则也不必是一系统的最先命题。

(四)既然如此,如果一特殊系统的基本思想或命题是相当的、得当的或能尽职的,而"同一"概念不是那一系统的基本概念,或"同一"原则不是那一系统的基本命题,则照那一系统的证明方式,"同一"概念当然是可以下定义的,而"同一"原则当然是可以证明的。

b.习于传统逻辑学的人,或者习于哲学的人,不免要说"同一律"非常之根本。无论你说一句什么话,那一句话就蕴涵"同一律"。形式方面的证明不能离开命题。引用任何的命题来证明同一律等于"先"承认同一律而"后"再证明"同一律"。这个意见,作者从前也相信,现在想想似乎问题全在"先""后"两字。普通先后两字有时间方面的先后与逻辑方面的先后两意义。我们现在所要注意的当然仅是逻辑方面的先后,而逻辑方面的先后也有两个不同的意义。

(一)宪法有成文与不成文的分别。这种字眼虽然容易发生误会,可是为求达意起见,我们似乎可以借用。逻辑方面的先后也有成文与不成文的分别。所谓成文的先后者是一系统内以语言文字或符号表示的命题的先后;所谓不成文的先后者是一系统内所有的命题彼此所能有而未以文字或符号表示的含义。在一系统范围之内只有成文的先后是那一系统所能承认的先后。为什么呢? 如果我们有一个理想的演绎系统,这个系统有一万个命题。这个系统既是理想的,一定是百分的严格,既然是百分的严格,则从命题的不成文的含义方面着想,说了头几个命题的时候,已经说上了一万个命题。如果在这个理想的系统范围之内我们承认不成文的先后,则第一万个命题反可以说在头几个命题之先,因为头几个命题之含义中已经有第一万个命题在内。由此可见,在任何一系统范围之内,只有成文的先后是那一系统所能承认的先后。

(二)既有以上的道理,则在一系统之内,"同一"原则的证明问题根本就不会有能不能证明的问题。如果同一思想是一系统中基本概念之一,我们不给它下定义;如果同一原则是一系统中基本命题之一,我们不给它证明。如果同一原则发现于一系统内推论出来的命题之中,则在那一系统范围之内,它已经有证明。如果既不是一系统的基本命题之一,也不在推论出来的命题之中,则那一系统,如果视为自足的逻辑系统,恐怕就有毛病。

3.证实问题。如果我们所求者是同一原则的证实问题,而所谓证实者是举事列物求与"同一"原则相符的事实,则我们根本谈不到证实。其所以有如此情形者理由如下。

a."同一"原则根本不能形容具体的事物的状态。我国的成语说"天下无不变的事体"。从性质方面说,事物在百年之内可变,在一年之内我们不能必其不变,既然如此,在一月、一日、一时、一秒钟之内,我们也不能必其不变。至多我们只能说在相当情形之下我们不能经验事物的变迁。但事物的变迁有我们所能经验的,有我们所不能经验的,有我们已经经验的,有我们未曾经验的。我们未曾经验一事物之变,不是说那一事物没有变;我们不能经验一事物之变,不是说那一事物不能变。总而言之,在有量时间事物总可以变,既可以变,则引用同一原则以形容有量时间的事物,所得到的或者是一个假命题,或者是一命题函量,有时假,有时真。无论如何,所得到的不是普遍的原则。

b.从关系方面着想,我们更可以说事物无时不变。具体的事物普通大都认为是占时空的事物。别的关系可以不提,时空的关系总是在那里变。空间关系之变与不变完全要看环境的大小范围如何。若以天文学所研究的对象为环境,则我们房子里东西的空间关系无时不变。至于具体东西的时间上的关系当然是老在那里变。总而言之,具体的东西,无论从性质方面或从关系方面着想,总不能保其不变。既然如此,同一原则根本不能形容具体的事物。

c.如果我们把时间缩小到时点,缩小到不存在或不能经验的时点,我们或者可以意想得到一具体的事物在"时点"完全与它自己相同。可是我们要记得,这种"时点"的存在就发生问题。即令把"存在"两字的意义改变,使我们能说这种"时点"存在,而我们仍然不能经验它。我们既不能经验"时点",当然也就不能经验在"时点"的具体的事物。总而言之,一个东西在时点上或者可以说与它自己完全相同,绝对相同,但是我们既不能经验此情形,根本没有证实的问题。如果证实的问题有意义,则具体的东西一定是在时间的东西,而在时间的东西,我们不能保其不变,既不能保其不变,就不能谈同一。

以上三点,都表示"同一"原则不是形容事物的原则,根本没有证实的问题。

4.同一原则的真假与有用或无用的问题。上面所说的是同一原则无所谓证实问题;它不必要有这种证实才能成立,反过来说它也不因为没有证实就不能成立。现在有人提出同一的原则的真假问题与它有用或无用的问题。兹先提出真假问题,次提出有用与否的问题。此两问题的答案可以总结以上关于同一的讨论。

a.真假有两方面,一方面是不必真的真,不必假的假;另一方面是必真的真,必假的假。普通命题的真是不必真的真,假也是不必假的假;同一原则是逻辑命题,是以下所要解析的必然命题;它的真是必真的真,不是不必真而适真的真。

(一)以上曾经说过,同一原则不是表示一件事实的命题,不是形容事物的命题。既然如此,引用天演变化以之为对于同一原则的批评根本就不相干。

(二)同一原则无往而不真。它是本章 B 节所讨论的必然命题。必然命题对于事实毫无断定,对于可能莫不分别地承认。它根本不能假,关于这一点,下节当详言之。这里我们仅断定"如果 x 是甲,则 x 是甲"是一不能假的命题,而不能假的理由与其他必然命题之不能假的理由一样。

(三)同一原则既是必真的命题,它没有普通所谓真假的问题。其所以发生普通所谓真假问题者,因为有些人误认它为断定事实或形容事物的普遍命题,承认这里第一条的理由,则同一原则不因其不表示事实而为假;承认第二条的理由,则它没有普通的真假问题。

b.有人说"同一"原则无用。所谓无用者是说此原则既不能形容具体的东西,则与"科学"不相干,于知识毫无用处。用与无用是根据于一种要求才能说的。没有一种普遍的有用或无用的东西或思想或原则。如果我们的要求是收复东北四省,至少我们可以说同一原则没有直接的用处。可是如果我们的要求是说话要有意义,则"同一"原则是不能缺少的。如果知识须用命题表示,则同一原则也是不可少的。如果科学是条理化的知识,而它的表现又是一组有系统的命题,则同一原则又是不可缺少的。既没有普遍的有用或无用的东西或思想,则有用或无用的命题,似乎要看对于什么样的要求,才能有意义。

B.必然的解释

在未讨论必然之前,我们可以提出一青年所难免发生的问题。作者在十几年前与同学清谈时，就不免表示对于算学家有十分的景仰。尤其使他五体投地的就是算学家可以坐在书房写公式，不必求合于自然界而自然界却毫不反抗地自动地承受算学公式。这问题在许多读者们中或者根本没有发生过，或者发生过而自己有相当的解释，亦未可知。作者对于此问题，以算学素非所习，所以谈不到解释的方式。近年经奥人维特根斯坦与英人袁梦西的分析才知道纯粹算学，至少他们所称为"纯粹算学"的算学，或逻辑学，有一种特别的情形。此情形即为以上所称为逻辑的必然，或穷尽可能的必然。对于这种必然我们可以分以下三层讨论。

同时，排中律就是一最简单而又最显而易见的必然命题，此处讨论必然命题，间接地也就是在那里讨论排中律。

1.要知道此种必然的性质，我们最好先谈二分法。设以X代表任何东西或事体或事实或思想，如果我们引用二分法，即有X与非X的正反的分别。

a.如果X代表类称，引用二分法后即有正反两种类称，那就是，X与$\bar{X}$(非X)。

这种正反两分别的变类要看原来的类称数目多少。有X与Y两类，引用二分法后，就有四种不同的类称。如果以$\bar{X}$代表非X类，$\bar{Y}$代表非Y类，这四种类称如下：

$$XY, X\bar{Y},$$
$$\bar{X}Y, \bar{X}\bar{Y}。$$

如果我们有XYZ三类称，引用二分法后，就有以下八类：

$$XYZ, \bar{X}YZ, X\bar{Y}Z,$$
$$XY\bar{Z}, \bar{X}\bar{Y}Z, X\bar{Y}\bar{Z},$$

$\overline{X}\overline{Y}\overline{Z},\overline{X}\overline{Y}\overline{Z}$。

由此我们可以看出,如果我们以 2 表示正与反两分别,n 代表原来类称数目,引用二分法后,所能有的类称的总数为 2^n。

b.以上是以二分法引用于类称,可是当然不必限制到类称方面。现在研究逻辑的人似乎都觉得命题比类称还要根本。这一层在此处不必讨论。我们所注意的是二分法之引用于命题方面与用之于类称方面是一样的。命题也可以有正与反。普通以正为真、以反为假,我们可以照办。可是我们不要把真假看得太呆板,我们现在只认它们为正与反两绝对分别中之一种解释而已。

如果我们有一个命题 p,引用真假二分法后,就有以下真假两可能:

$p,\overline{p}$。

如果有两个命题 p 与 q 引用二分法后,就有以下四可能:

$p\,q,p\,\overline{q}$,

$\overline{p}\,q,\overline{p}\,\overline{q}$。

如果有三个命题 p,q 与 r,引用二分法后,就有以下八个可能:

$p\,q\,r,\overline{p}\,q\,r,p\,\overline{q}\,r$,

$p\,q\,\overline{r},\overline{p}\,\overline{q}\,r,\overline{p}\,q\,\overline{r}$,

$p\,\overline{q}\,\overline{r},\overline{p}\,\overline{q}\,\overline{r}$。

这种可能我们称为真假可能。它的数目为 2^n,与类称方面的正反可能一样。

2.类称方面的正反可能有正反可能的函数,命题方面的真假可能有真假可能的函数。我们从最简单的例着手。

a.一个命题p,引用二分法后,有真假两可能,我们最好用以下方式表示这两个可能:

P	
1.	真
2.	假

可是对于这两个可能,我们从承认与否认方面着想,可以有四种不同的态度,或者说有四种真假可能的函数。

这四种不同的态度,可以表示如下:以上"1"与"2"代表一命题的真假两可能,"a"、"b"、"c"、"d"代表四种不同的态度,或真假可能的函数。原来的真假两可能是两个命题,一个说p是真的,一个说p是假的。a、b、c、d四个不同的态度是四个不同的命题如下:

	1.	2.
a.	真	真
b.	真	假
c.	假	真
d.	假	假

a."p是真的"是真的或"p是假的"是真的。

b."p是真的"是真的而"p是假的"是假的。

c."p是真的"是假的而"p是假的"是真的。

d."p是真的"是假的"p是假的"也是假的。

以上四命题中"b"与"c"可以不必提出讨论,因为它们只承认真假两可能中之一可能。"b"命题不过是说"p是真的",因"p 是假的是假的"等于"p 是真的"。"c"命题不过是说"p 是假的",因"p 是真的是假的"等于"p 是假的"。

b."a"与"d"两命题有特别的情形。"d"命题对于原来的两可能均不承认。原来的真假两可能一方面彼此不相容,另一方面彼此穷尽;事实上的情形无论若何的复杂不能逃出二者范围之外。换句话说,所有的可能都包括在原来两可能之中。若将所有的可能均否认之是不可能。"d"命题既否认所有的可能,是一不可能的命题,那就是说是一矛盾。

"a"命题与"d"命题的情形恰恰相反。"a"命题把原来任何可能都承认了。"d"命题不能是真的,而"a"命题则不能是假的。这两个命题的真假与寻常命题的真假不同。寻常命题或者是真的或者是假的而这两个命题中一个不能不假,一个不能不真。

我们要记得"a"命题说"'p 是真的'是真的或者'p 是假的'是真的",这不过是说"p 是真的或者 p 是假的"。我们可以用一个很寻常的命题来试试。假如我们说"这个东西或者是桌子或者不是桌子",这句话无论如何是不会错的。所谓"这个东西"者既可以是桌子,而不是其他的东西,但也可以是人,或者是椅子,或者是米,或者是西瓜等等。可是无论它是什么,它都可以容纳到"是桌子或者不是桌子"的范围之内。照此看来"a"命题无往而不真,我们不能否认它,因为在引用二分法条件之下它承认所有的可能。

同时我们也要注意"a"命题这样的命题对于具体的事实或自然界的情形根本就没有一句肯定的话。这种命题既不限制到一个可能而承认所有的可能,在无论什么情形之下,它都可以引用。这就是承认所有可能的"必然"命题。

c.以上不过是就一个命题而说的话,如果有 p、q 两命题,原则一样,不过真假可能加多而已。p 与 q 两命题的真假可能有四个如下:

$$p\,q,\ p\,\bar{q},$$
$$\bar{p}\,q,\ \bar{p}\,\bar{q}。$$

而这四个真假可能的函数则有十六个。那就是说,我们对于这四个可能可以有十六个不同的命题表示十六个不同的态度。此十六个命题之中有一个不可能的命题,有一个必然的命题。前者否认所有的可能,后者承认任何可能。

如果我们有三个命题如 p, q, r,我们有八个真假可能,有二百五十六个真假可能的函数。那就是说,我们可以有二百五十六个命题,表示对于这八个可能有二百五十六个不同的态度。这些命题之中有一个否认所有的可能,所以是矛盾的命题;一个承认任何可能,所以是必然的命题。

3.凡从以上所讨论的必然的命题所推论出来的命题都是必然的命题。这句话容易说,而不容易表示,更不容易证明。现在姑就容易着手的一方面,表示逻辑的基本命题是方才所说的这一种必然的命题。逻辑与算学或者是已经打成一片,或者是可以打成一片,或者是根本不能打成一片;但无论如何,在 P.M.的定义范围之内它们是已经打成一片。这部书的基本命题也就是它的逻辑与算学的前提。我们可以看看这些基本命题是否是必然的命题。

P.M.第一章(在 1910 版中)有六个基本概念,一个定义,十个基本命题。基本命题之中,有五个是用符号表示的,有五

个是用普通言语表示的。后者之中有两个是推论的规律。以
语言表示的基本命题应否视为此系统的基本部分,颇发生疑
问。无论如何本书可以不去管它们。我们在此处仅表示所有
以符号表示的五个基本命题都是必然的命题。

1.01,$p \supset q \cdot = \cdot \sim p \vee q$ Df.

这是定义。我们要利用这个定义,去表示以下五个基本
命题都是必然的命题。我们要知道:

$$\sim p \vee q = \sim p \sim q \vee \sim p q \vee p q$$

以上“$\sim$”代表“非”或“反”,“$\vee$”代表“或者”。

1.2,$\vdash : p \vee p \cdot \supset \cdot p$　Pp.(Pp 表示是基本命题)

这是第一个以符号表示的基本命题。照以上的定义它可
以变成以下的形式:

$$= \sim (p \vee p) \vee p$$
$$= \sim p \sim p \vee p$$
$$= \sim p \vee p$$

这个命题说“p 或者是假的或者是真的”。一个命题 p 只有这
两个可能,若此两可能之中任何一可能均为此基本命题所承
认,它一定是必然的命题。

1.3,$\vdash : q \cdot \supset \cdot p \vee q$ Pp.

照以上的基本定义,这命题可以变成以下诸形式:

$$= \sim q \cdot \vee \cdot (p \vee q)$$
$$= \sim q \cdot \vee : (pq \cdot \vee \cdot p \sim q \cdot \vee \cdot \sim pq)$$
$$= p \sim q \cdot \vee \cdot \sim p \sim q \cdot \vee \cdot pq \cdot \vee \cdot p \sim q \cdot \vee \cdot \sim pq$$
$$= p \sim q \cdot \vee \cdot \sim p \sim q \cdot \vee \cdot pq \cdot \vee \cdot \sim pq$$

1.4,$\vdash : p \vee q \supset \cdot q \vee p$　Pp.

$$= \sim (p \lor q) \cdot \lor \cdot q \lor p$$

$$= \sim p \sim q \cdot \lor \cdot pq \cdot \lor \cdot \sim pq \cdot \lor \cdot p \sim q$$

p 与 q 两命题的真假可能可用下图表示：

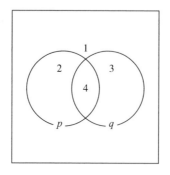

1 = ~p~q   2 = p~q

3 = ~pq   4 = pq

以上 1.3 与 1.4 两基本命题把 p 与 q 所有的真假可能中的任何可能均承认之，所以它们都是以上所讨论的必然命题。

1.5, ⊢ : p∨(q∨r)·⊃·q∨(p∨r) Pp.

根据同样的办法，这一个命题可以有以下的形式上的变化：

$$= \sim [p \lor (q \lor r)] \cdot \lor \cdot [q \lor (p \lor r)]$$

$$= \sim [p \cdot \lor \cdot (q \sim r \cdot \lor \cdot qr \cdot \lor \cdot \sim qr)] \cdot \lor \cdot$$

$$[q \cdot \lor \cdot (p \sim r \cdot \lor \cdot pr \cdot \lor \cdot \sim pr)]$$

$$= \sim p \sim q \sim r \cdot \lor \cdot [q \cdot \lor \cdot (p \sim r \cdot \lor \cdot pr \cdot \lor \cdot \sim pr)]$$

$$= \sim p \sim q \sim r \cdot \lor \cdot \sim pq \sim r \cdot \lor \cdot pq \sim r \cdot \lor \cdot pqr \cdot$$

$$\lor \cdot \sim pqr \cdot \lor \cdot p \sim q \sim r \cdot \lor \cdot p \sim qr \cdot \lor \cdot \sim p \sim qr$$

1.6, ⊢ : q⊃r·⊃ : p∨q·⊃·p∨r Pp.

我们可以先把以上命题分成两部，用同样的办法改变它的形式。

$$q \supset r \cdot = \cdot \sim q \lor r$$

$$= \sim q \sim r \cdot \lor \cdot \sim qr \cdot \lor \cdot qr$$

而 $p \lor q \cdot \supset \cdot p \lor r = \sim (p \lor q) \cdot \lor \cdot (p \lor r)$

$$= \sim p \sim q \cdot \lor \cdot (p \sim r \cdot \lor \cdot pr \cdot \lor \cdot \sim pr)$$

所以整个的命题是：

$$\sim [\sim q \sim r \cdot \lor \cdot \sim qr \cdot \lor \cdot qr] \cdot \lor \cdot [\sim p \sim q \cdot \lor \cdot (p \sim r \cdot \lor \cdot pr \cdot \lor \cdot \sim pr)]$$

$$= q \sim r \cdot \lor \cdot [\sim p \sim q \sim r \cdot \lor \cdot \sim p \sim qr \cdot \lor \cdot p \sim q \sim r \cdot \lor \cdot pq \sim r \cdot \lor \cdot p \sim qr \cdot \lor \cdot pqr \cdot \lor \cdot \sim pqr]$$

可是 $q \sim r$ 对于 p 有两个可能：$pq \sim r$ 与 $\sim pq \sim r$，所以以上等于

$$pq \sim r \cdot \lor \cdot \sim pq \sim r \cdot \lor \cdot \sim p \sim q \sim r \cdot \lor \cdot \sim p \sim qr \cdot \lor \cdot p \sim q \sim r \cdot \lor \cdot pq \sim r \cdot \lor \cdot p \sim qr \cdot \lor \cdot pqr \cdot \lor \cdot \sim pqr$$

此中 $pq \sim r$ 重复，但毫无妨碍。

p, q, r 三命题的真假可能共有八个，兹以图表示如下：

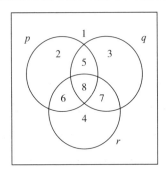

$1 = \sim p \sim q \sim r$ $2 = p \sim q \sim r$ $3 = \sim pq \sim r$ $4 = \sim p \sim qr$

$5 = pq \sim r$ $6 = p \sim qr$ $7 = \sim pqr$ $8 = pqr$

以上 1.5 与 1.6 两基本命题把 p,q,r 所有的真假可能中的任何可能均承认之,所以它们也是以上所讨论的必然命题。

P.M. 的十个基本命题中,五个以语言表示的都没有"⊢"符号。有这个符号,表示这部书的作者肯定的说这些命题是真的。照以上的分析,这五个以符号表示的命题不但是真而且都是必然的命题。

C.逻辑的取舍

上面所提出的是必然的性质。我们费那么大工夫去讨论它,因为它是逻辑系统所要表示的实质。在本段我们要提出矛盾的性质,因为它是逻辑系统之所要淘汰的。但矛盾问题,我们在此处仅能讨论一部分,另一部分是自相矛盾与废话的问题,对于这问题,作者感觉麻烦,在本书不预备提出。所以本段所注意的仅为矛盾的性质及说法,表示它为逻辑之所舍,而非逻辑之所取。因为在此处注重逻辑的取舍,我们借这个机会讨论所谓"思想律"者在逻辑与逻辑系统的位置。

1.矛盾的性质。

a.在上段讨论必然时,已经说明引用二分法于一命题我们有真假两可能,而对于这两个可能,我们可以有四个真假函数。这四个之中,有一个是必然的命题,有一个是矛盾的命题。在上段我们所讨论的是第一命题,它是一个必然的命题。在本段我们要讨论第四命题。它是矛盾的命题,既然是矛盾,它是命题与否颇有问题,但现在我们可以不管。

b.为什么说它是矛盾命题呢? 这个命题说 p 是假的是假的,那就是说 p 是真的;而又说 p 是真的是假的,那就是说 p

是假的。其结果这句话等于说"p既是真的又是假的"。这样的话普通认为是矛盾的命题,传统逻辑给我们这种习惯,在此处我们不妨引用故有的名称。矛盾的性质,因以上第四命题那样说法,有使我们容易清楚明白的好处。我们既引用二分法,就是把可能分为两类。事实无所逃于此两可能之间,非此即彼,非彼即此,若将此两可能均否认之是不可能。矛盾命题之所以为不可能的者在此。若以下命题为例:

甲,"这(指一个东西)是四方的"引用二分法后,就有以下命题。

乙,"这(指那一东西)不是四方的。"

事实上无论所指的东西是什么——是四方的也好,是长方的也好,是圆的也好等等——这两命题不能都是假的(废话问题以后再谈)。如果我们两可能均否认之,即否认二分法范围之内所有的可能。否认所有的可能当然是不可能,因为所有的可能都是不可能为一自相矛盾的命题。如果所有的可能都是不可能是一可能则所否认的不是所有的可能;如果所否认的为所有的可能,则否认所有的可能不是一个可能。总而言之,矛盾之所以为不可能者,因为它否认所有的可能。

2.矛盾律的说法与证明等问题。"矛盾"这思想与"同一"一样也有说法与证明两问题。我们可以利用这两个问题表示矛盾之性质与它在系统内所具的形式。

a.矛盾所具的形式不一,兹以下列三说法为例:

(一)一命题不能是真的与不是真的。

(二)x 不能是 B 与非 B。

(三)x 不能是 B 与不是 B。

第一个说法完全是以命题方面的真假两可能为表示矛盾的工具。这在以命题为原子的逻辑系统范围之内是直接的相干的表示，而在以类为原子的逻辑系统范围之内它虽仍表示矛盾，而无直接的用处。可是我们不能说它在第二范围之内，没有直接的用处，就以为我们不能利用它为表示矛盾的工具。

第二个说法是以类称方面的正反两可能为表示矛盾的工具。对于此说法我们可以加以注解说"B与非B"为不可能的类，所以x不能是B与非B。这个说法虽然与上面的一样表示矛盾，可是它在以类为原子的系统里它的用处比第一说法为直接。这里有"非B"的范围问题，但在此处我们不提出讨论，因这个问题，牵扯到整个的"非"的问题。

第三个说法可以说是以类表示矛盾，也可以说是以命题表示矛盾。在以类为原子的系统里，它有直接的用处，在以命题为原子的系统里，它也有直接的用处。若把类的系统与命题的系统连合起来成一系统，我们有系统范围之外的理由使我们先推演命题的系统，后推演类的系统。果若如此则由（一）可以得（三），由（三）可以得（二）。如果我们有系统范围之外的理由使我们先推演类的系统，后推演命题的系统，我们或者能由（二）得（三）、由（三）得（一）。

总而言之，矛盾的表示形式对于系统是相对的。因一系统的原子不同，利用以为表示矛盾的工具也可以不同。不仅如此，矛盾的表示，对于二分法也是相对的；如果我们利用三分法或n分法，则表示矛盾的方式与引用二分法的方式不同。

b.矛盾律之证明问题。讨论"同一"思想或"同一"原则的时候我们所特别注意的是系统内成文的先后问题。这个问题在证明"矛盾"原则一方面，似乎一样的重要，不过在此处我们可以特别地注意系统范围之内与系统范围之外不一致的情形。兹特举以下三"证明"的例：

（一）设以下例命题表示矛盾之原则：

甲，"一命题不能是真的与不是真的"

乙，"一命题能是真的与不是真的"

甲、乙两命题的关系如何呢？如果乙命题不否认甲命题则无论乙命题能成立与否，甲命题不受影响。如果乙命题否认甲命题，则甲、乙之间必有一真一假。那就是说：

丙，"一命题不能是'是真的与不是真的'与不是'是真的与不是真的'"

但丙命题等于说：

丁，"一命题不能是真的与不是真的"

丁命题就是甲命题。所以如果乙命题否认甲命题，则承认甲命题，所以甲命题是不能否认的，既不能否认，则必得承认。但甲命题即矛盾原则，所以矛盾原则因用反证法而得证明。

（二）设以下例命题表示矛盾原则：

甲，$A\bar{A} = 0$（没有或不能有 A 与非 A 类）

乙，$\bar{A} = (1-A)$（非 A 即除 A 之外的所有一切）

丙，$A\bar{A} = A(1-A)$

丁，$A(1-A) = A - A^2$

戊，但 $A^2 = A$（类与数不同的情形）

己，$A - A^2 = A - A$

庚，$A - A = 0$

辛，所以 $A\bar{A} = 0$

（三）设以下例命题证明矛盾原则：

甲，2.33 ⊢・~（p・~p）　　　　　　　　　　　　　　（1）

乙，证〔2.10 $\frac{\sim p}{p}$〕⊢・~p∨~（~p）　　　　　　　　　（2）

丙，[2.31] ⊢・~p∨~（~p）・⊃・~（p・~p）

丁，[（1）・（2）・1.1] ⊢・~（p・~p）（以上见第三部）

c.以上三个证明的例各有不同的情形。第一例的特殊情形就是乙命题与丙命题之间的那一段推论。那一段推论是承认矛盾原则以后才能成立的推论。推论能成立，才能证明矛盾原则，推论不能成立，我们不能以那种方法证明矛盾原则。推论之能成立与否要看我们承认矛盾原则与否。结果是第一例的证明是承认矛盾原则后再去证明矛盾原则。不仅如此，我们可以说它是直接引用矛盾原则去证明矛盾原则。

第二例也可以说是承认矛盾原则后去证明矛盾原则，可是在形式上它没有直接引用矛盾原则去证明矛盾原则。在这里我们所应特别注意的是在一大堆具有等号（＝）的公式中，我们可以用此以明彼，也可以用彼以明此。我们所得到的是一部分思想的关联或互相关系。如果我们把第二例的秩序变更，我们也可以利用"A$\bar{A}$＝0"去证明"A^2＝A"。这样看来，究竟谁证明谁，要看秩序如何。如果没有一个特定的秩序，根本就谈不到证明。

第三例的情形一方面与第二例一样，另一方面可不是一样。由前一方面说，我们表示"排中"原则，"或"（∨）、"与"（・）、"蕴涵"（⊃）及"推论"原则与矛盾原则的相互关系。

若无特殊秩序,我们可以用此以明彼,也可以用彼以明此。这是与第二例一样的。从后一方面说"或"为 P.M.的基本概念(1910 年版),"蕴涵"为基本关系,"推论"原则为基本命题,由乙经丙到丁的推论根据于"推论原则","与"在矛盾原则未成文地发现以前,已经介绍,"排中"原则在矛盾原则未成文地发现以前,已经证明。P.M.有它的特别的秩序,在这个特别的秩序里,第三例毫无疑义地是矛盾原则的证明。

d.以上的讨论可以归纳到以下诸点。

(一)在一逻辑系统范围之内,所要证明的原则实即在那一系统范围之内那一原则的表示方式。矛盾原则可以有不同的表示方式。每一方式在一相当的系统范围之内才能证明,否则不能。

(二)所谓逻辑的证明都是逻辑系统内的证明而不是证实。但其所以能等于证实者因为逻辑系统中的命题是必然的命题。

(三)每一逻辑系统均有一特别的秩序,所谓成文的先后即此特别秩序中的先后。逻辑的证明,既是逻辑系统中的证明,当然不能离开一系统的秩序。

(四)不在任何逻辑系统的立场上,即不在任何秩序的立场上,我们不能说逻辑的证明。

总而言之,谈到证明,系统范围之内与系统范围之外的情形不一致。我们在此处可以说是利用"同一"思想、"矛盾"思想以明"证明",同时也利用"证明"思想以明"同一"与"矛盾"。

3.所谓"思想律"的解释。读者或者要问以上对于"同一"与"矛盾"两原则均讨论"证明"问题,何以对于"排中"没有讨论,也没有提出证明问题。其实 B 段所讨论的必然的性质问题即为"排中"问题。"排中"原则的证明问题与其他两原则的证明问题稍微有点不同。逻辑系统所要保留的都是或都要是必然命题,而必然命题都表示"排中"原则。既然如此,每一必然命题的证明都间接地是"排中"原则的证明。所以整个逻辑系统的演进可以视为"排中"原则的证明。

A 节所讨论的为"同一",B 节所讨论的为"排中",C 节所讨论的为"矛盾"。这三个原则就是传统逻辑里的三个"思想律"。现在对于所谓"思想律"者有一番批评。有一个无关宏旨的批评,——就是思想律不是"律"的那一批评——因为前此已经提及,用不着再谈。除此以外,也有别的批评,我们似乎不应该不提出讨论。我觉得我们对于这三个原则有点误会。在逻辑系统里,它们有两种不同的立场,一种是逻辑系统的实质,一种是逻辑系统的工具。习于传统逻辑的人以"思想律"为无上的"根本"思想,而从事于符号逻辑的人又以为"思想律"与其他思想两相比较孰为"根本"一问题,完全为系统问题。这两说似乎都有理。前一说法似乎是界说方面的说法,后一说法似乎是工具方面的说法。兹特分别讨论。

a.界说方面的"同一"、"排中"与"矛盾"。同一原则是可能的可能,是意义的条件。它也是必然的命题。关于同一原则,我们不必再有所讨论。此处所要讨论的是排中原则与矛盾原则。

(一)"排中"原则。这个原则与其说是"排中"不如说是"排外"。排中原则的可能是彼此穷尽的可能。如把可能分为两类,则此两可能之外没有第三可能;排中原则所排的是第三可能。如把可能分为三类,则三可能之外没有第四可能;排中原则所排的是第四可能。如把可能分为 n 类,则 n 类可能之外没有(n+1)可能;排中原则所排的是(n+1)可能。所以说所谓"排中"实即"排外"。这个原则不过表示可能之拒绝遗漏而已。必然的命题从正面说是承认所有可能的命题,从反面说是拒绝遗漏的命题。逻辑所保留的是必然命题,所以它所保留的是表示"排中"原则的命题。

(二)"矛盾"原则。逻辑方面的可能不仅彼此穷尽,而且彼此不相容。如把可能分为两类,则此两可能不能同时承认之。如把可能分为三类,则此三可能不能同时承认之。如把可能分为 n 类,则此 n 可能不能同时承认之。矛盾原则可以说是表示可能之拒绝兼容。从消极方面说矛盾是否认所有的可能,从积极方面说它是所有可能的兼容。矛盾是逻辑之所要淘汰的,那就是逻辑之所舍。

(三)以上表示必然为逻辑之所取,矛盾为逻辑之所舍。其他既非矛盾又非必然的命题,逻辑既不舍,也不取。逻辑系统之所取为逻辑上之所不能不取,逻辑系统之所舍为逻辑上之所不能不舍。既非必然又非矛盾的命题在逻辑上均能取而不必取。对于这些命题取与不取的标准不在逻辑范围之内,试验、实验、经验,都是对于它们取与不取的标准。但有矛盾的命题在无论什么系统范围之内总是要淘汰的命题。

以上三点可以表示逻辑的功用。它是思想的剪刀,一方面它排除与它的标准相反的思想,另一方面因为它供给能取与否的标准,它又是组织其他任何系统的工具。各种学问都有它自己的系统,各系统虽有严与不严程度不同的问题,而其为系统则一,既为系统就不能离开逻辑。各种学问既都是这样,自然科学也是这样,不过命题之取与不取,承认与否,除逻辑标准之外,尚有旁的标准而已。

界说方面的"同一"、"排中"与"矛盾"不仅是逻辑系统中的思想,而且是逻辑的思想;不仅是逻辑系统中的组织工具,而且是组织别的系统的工具与标准。传统逻辑以它们为无上"根本"思想的道理,或者就是因为它们除在逻辑系统有职务外,还有范畴其他任何思想的职务。从这一方面着想,它们与逻辑系统中的其他工具似乎不同,把它们视为一组的思想,我们似乎可以说这一组的思想比别的逻辑思想更为重要。

b.系统中的"同一"、"排中"与"矛盾"。系统中的"同一"、"排中"与"矛盾"是系统中的工具。在这个工具的立场上,它们与其他的工具一方面无所谓根本与不根本的问题,也可以说没有一定的孰为比较的根本,孰为比较的不根本的问题。另一方面每一系统有一特别的成文的先后,而在这成文先后的秩序里,这三个工具可以发现在别的工具之前,也可以发现在别的工具之后;以一特殊系统为背景,它们有孰为比较的根本、孰为比较的不根本的问题。

(一)系统方面的问题与界说方面的问题不必相同。界说方面的原则是逻辑的原则,是逻辑系统的对象的原则,(合而为一)或者说它是原则的实质,不是原则的形式。如果有不相融的逻辑系统,界说方面的"同一"、"排中"与"矛盾"均为各系统之原则,不过表示的形式不同而已。系统的工具是一系统所利用以为那一系统演进与推论的工具。逻辑是普遍的,逻辑系统是特殊的。每一逻辑系统均是一特殊的秩序,组织那一特殊秩序的工具总免不了有特殊情形。

(二)即以 P.M.系统而论,"或"(∨)、"与"(·)、"非"(~)、"蕴涵"(⊃)、"p∨~p"、"p⊃p"、"~(p·~p)"、"(x)"、"∃x",等等,均为 P.M.系统中的工具。从工具的立场上看来,在 P.M.系统范围之内,后面的工具不若前面的根本。但这些工具之中,有些是这个系统中的特殊工具如"⊃",有些是语言方面的普遍思想如"或"(∨)等等,但是也有一些如"p∨~p"、"~(p·~p)",同时也是划分逻辑范围的原则。从后面这立场上看来,它们不能与其他工具相提并论。

(三)总而言之,一方面"同一"是意义的条件,"排中"与"矛盾"都是划分逻辑界限的原则;另一方面,它们又是系统中的工具。从前一立场上看来,它们与其他的工具没有比较根本与不根本的问题,从后一立场上看来,究竟孰为比较的根本或比较的不根本完全是一系统的组织问题,或成文的先后的问题。

D.推行的工具

一系统中由一命题推到另一命题,由一部分推到另一部分,须有它的推行的工具。推行的工具不止一种,"同"、"等"、"代替"等等均同时是推行的工具;但最重要的一方面是"蕴涵",一方面是"所以"。这两个思想在界说方面重要,在系统方面也重要。别的推行工具,我们可以不必特别提出讨论,但这两个工具似乎不能不提出。兹特先讨论"蕴涵",

然后再讨论"所以"。

1."蕴涵"。"蕴涵"是命题与命题的关系。这关系在普通语言中以"如果——则"的方式表示之。提出蕴涵可真是非同小可。恐怕没有人敢说事实上"蕴涵"的意义究竟是怎么一回事。现在各系统中所有的蕴涵可以分作以下数种讨论。

a.真值蕴涵"$p \supset q$"。这种蕴涵是 P.M.系统中最基本的蕴涵。其所以称真值蕴涵者,因为这关系根据于事实上两命题的真或假。它的定义如下:"$p \supset q$"等于"$\sim p \vee q$"。那就是说"p 是假的或 q 是真的"。"或"字在此不是不相容的"或"。所以这句话等于"p 是假的而 q 是真的,或者 p 是假的而 q 也是假的,或者 p 是真的 q 也是真的",所以这又等于说"p 是真的而 q 是假的是假的"。只要 p,q 所代表的命题事实上或者都真,或者都假,或 p 假而 q 真,我们均可以说"$p \supset q$"。这个蕴涵关系有以下特点:

(一)p,q 代表任何命题,照上面的定义,"$p \supset q$"等于 $\sim p \cdot q \cdot \vee \cdot \sim p \cdot \sim q \cdot \vee \cdot p \cdot q$。如果"p"所代表的是一假命题,"q"所代表的命题可真也可假,而无论为真或为假,$p \supset q$ 总可以说得过去;因为 $\sim pq \vee \sim p \sim q$ 这两可能均为 $p \supset q$ 的定义所承认。其结果是一假命题蕴涵($\supset$)任何命题。那就是说,"$\sim p \cdot \supset \cdot p \supset q$"。

(二)如果"q"所代表的是一真命题,p 所代表的命题可以真也可以假,而无论其为真或假,$p \supset q$ 总可以说得通;因为 $\sim pq \vee pq$ 这两可能均为 $p \supset q$ 的定义所承认。其结果是任何命题蕴涵($\supset$)一真命题。那就是说,"$q \cdot \supset \cdot p \supset q$"。

（三）既然如此,这种蕴涵关系就是很奇怪的蕴涵关系。可是它是普通语言中一部分的"如果——则"的关系。对于这种蕴涵关系的批评很多,但大多数的批评不在否认此情形为关系,而在否认此关系为蕴涵关系。这差不多完全是"蕴涵"这名词的问题。对于这个批评一方面我们可以说,而 P. M.的作者也曾明白表示过,他们有用字的自由权。另一方面我们也可以说,如果 p,q 两命题有以上所表示的关系,则"如果 p 是真的,q 也是真的"这一命题可以表示这样的关系,因为 p,q 既有如此关系,则"p 是真的而 q 是假的"是假的。请注意我们只说"如果 p 是真的,q'也'是真的",我们不说"如果 p 是真的,q'就'是真的",因为 p,q 两命题在此关系中不必有意义上的关系。

（四）同时我们也得要承认这种蕴涵关系是否就是普通语言中的蕴涵关系,至少发生问题,所以叫它作真值蕴涵以别于其他蕴涵。但何以名之为真值蕴涵呢？ 这种蕴涵关系不是说 p,q 两命题在意义上有任何关联,它所表示的不过是"p 真而 q 假"事实上是假命题。一个真命题有"真值",一个假命题有"假值"。这种蕴涵关系既是两命题事实上的真假关系,也可以说是真假值的关系,所以简单地称为"真值蕴涵"。

b.形式蕴涵或"（x）·$\varphi x \supset \psi x$"。这种蕴涵可以说是由真值蕴涵归纳得来的,也可以说是无量普遍化或抽象化的蕴涵关系。这两说的不同处很大。兹先把它当作由真值蕴涵归纳得来的蕴涵看待。

（一）设 p,q 代表任何简单的主宾词式的命题,φ,ψ 代表谓词,x 代表个体的东西;设 p 可以分析成 φx,q 可以分析成

ψx,"p⊃q"可以改作"φx⊃ψx"。"x"可以代表任何东西,同时无论它代表什么东西,"φx⊃ψx"都是真的。这情形可以用以下方式表示:

(1)φx⊃ψx

(2)φx⊃ψx

(3)φx⊃ψx

⋮ ⋮ ⋮ ⋮ ⋮

⋮ ⋮ ⋮ ⋮ ⋮

(n)φx⊃ψx

如果"n"代表一有量的数,而同时又是限于时地的东西的总数,我们可以用(x)符号表示任何限于时地的东西,总结以上(1)(2)(3)…(n)命题如下:

"(x)·φx⊃ψx"。

这个命题在语言方面可以有好几个表示方式。我们可以说(甲)所有的 φ 是 ψ,(乙)无论是哪个 x,x 是 φ 它就是 ψ,(丙)无论是哪个 x,x 是 φ 是真的,x 是 ψ 是假的是假的。这三个说法之中以(丙)说为严格。(甲)说有以下毛病,它与传统逻辑的"A"命题不同。它的主词所代表的东西可以不存在,如不存在,则此命题是真的。所以它是"A_n",不是普通的"A"。(乙)说也有毛病,它与普通的"如果——则"的命题不同。我们可以说"无论 x 是什么,如果它是龙,它就是四方的"。照普通的"如果——则"的命题看来,这至少有毛病,而照此处所讨论的蕴涵看来,这个命题是真的。总而言之,"形式蕴涵"照以上的解释,似乎免不了真值蕴涵的古怪情形。

(二)但如果上条中的"n"代表无量数,或不能达到的数,

而 x 代表不限于任何时地的东西，则"形式蕴涵"的意义改
变。以上所说的古怪情形就是真值蕴涵的古怪情形。照真值
蕴涵的定义，一假命题蕴涵任何命题，所以在(x)·φx⊃ψx
中，只要前件是假的，形式蕴涵总可以说得通。同时照以上的
解释 φx 可以老是假的。因为 x 代表限于时地的东西，因为事
实上没有"千角兽"，说"x 是千角兽"，这总是假命题。既然
如此"无论 x 是什么，如果 x 是千角兽，x 是圆的"总是说得通
的或真的形式蕴涵。

现在"n"既代表无量，x 所代表的东西又无时地的限制，
则"x 是千角兽"不能说老是假命题，那就是说它也可以是真
命题。如果前后两件既可真可假，而同时又承认形式蕴涵其
他部分的思想，则有时我们可以利用形式蕴涵以为定义的工
具。如果我们利用它以为定义的工具，形式蕴涵就表示"φ"
与"ψ"的意义上的关系。如果"φ"与"ψ"有意义上的关系，形
式蕴涵就与意义上的"如果——则"的命题接近了。所以从
本条的解释看来，真假值的蕴涵关系可以变成意义上的蕴涵
关系。

同时我们要记得有以上解释的形式蕴涵，虽可以是而不
必就是意义上"如果——则"的命题。我们以前曾经说过，普
通"如果——则"的命题不容易说究竟是怎样的命题。有以
上解释的蕴涵不必是有意义关系的蕴涵。所以至少它不必是
表示意义关系的普通"如果——则"的命题。别的不说，如果
"φx"代表一个复杂的而同时又是不可能的命题，则有以上所
解释的形式蕴涵似乎就变成路意斯氏的"严格"蕴涵。就这
一点而言，这种蕴涵关系也就与普通的"如果——则"的命题

不一样。

形式蕴涵有以上(一)、(二)两解释。究竟是哪一解释代表形式蕴涵呢？这问题颇不容易答复。在 P.M.似乎只有前一解释,但把 x 这符号的意义改变,它就可以有后一解释。我们现在恐怕只能说所谓"形式蕴涵"者至少有以上不同的两种蕴涵关系。

c.穆尔蕴涵或 entailment。这个蕴涵关系似乎与一部分的普通"如果——则"的命题最相似,但究竟是这样与否,也难说。设有两个命题 p、q,而它有时有一种关系使我们说"q 可以由 p 推论出来",穆尔蕴涵就是与"可以推论出来"这一关系倒过来的关系。"这本书是有颜色的"这一命题可以由"这本书是红的"这一命题推论出来;"孔子是人"这一命题可以由"所有有理性的都是人"与"孔子是有理性的"这两命题联合起来的命题推论出来。照以上的说法,"这本书是红的"蕴涵(entails)"这本书是有颜色的";"所有有理性的都是人"与"孔子是有理性的"蕴涵(entails)"孔子是人"。对于这种蕴涵关系我们可以注意以下诸点。

(一)这种蕴涵关系没有真值蕴涵的古怪情形。一假命题不蕴涵(entails)任何命题,任何命题也不蕴涵一真命题。理由简单,"唐太宗是人"决不能由"中国在非洲"推论出来,所以"中国在非洲"虽"⊃""唐太宗是人",而不"entails""唐太宗是人","中国在非洲"也决不能由"唐太宗是人"推论出来,它们根本就没有穆尔蕴涵。

(二)这种蕴涵也没有 d 条所要提出的严格推论的古怪情形。这一点请参观 d 条。

（三）这种蕴涵一方面可以说是表示事实。事实上所有的红东西都是有颜色的东西，所以"如果 x 是红的，它就是有颜色的"。另一方面它也可以说表示抽象的理论或名称的定义，欧克里几何的"点"既有那特别定义，我们可以说"如果 x 是欧克里的点，x 就无长短、无厚薄、无高低"。但前一方面的情形可以容纳于后一方面，所以它总是意义方面的蕴涵。

（四）这种蕴涵与真值蕴涵根本不能比较，与第一义的形式蕴涵也可以说是完全不同。它可以说是第二义的形式蕴涵之一部分，可是它的范围比较的狭。

d. 严格蕴涵或路意斯的"p→q"。这种蕴涵的定义包含"不可能"的思想，而同时"不可能"又视为简单命题所能有的各值中之一值。这一层以后再提及。设有 p, q 两命题，p 严格蕴涵（→）q，就是说"p 是真的而 q 是假的是不可能的"。对于此蕴涵关系，应注意以下诸点。

（一）"不可能"的意义不是矛盾。如果"不可能"的意义是矛盾，则 p, q 两命题的意义相同，实为一命题。其结果是不仅 p 蕴涵 q，而且 q 也蕴涵 p。所以如果"不可能"的意义是矛盾，则严格蕴涵应该是对称的。但严格蕴涵不是对称的，那就是说 p 虽"→"q 而 q 不必"→"p。

（二）"不可能"的意义似乎也不是"不一致"的意思。如果"不可能"的意思有普通所谓"不一致"或者"冲突"意思，则仅有复杂的命题才能是"不可能"的命题，因为"不一致"是两命题或多数命题之关系，所以一定要是简单命题联合起来的复杂命题才能称为"不可能"的命题。但 p 可以代表"x 是红的"这样的简单命题，这样的简单命题，路氏有时也说它

"不可能",所以"不可能"不能是"不一致"。究竟是什么颇不易说。在路易斯系统里,它是一基本概念。

(三)严格蕴涵有以下奇怪情形。这里的奇怪情形与真值蕴涵的奇怪情形相似。照定义,p 严格蕴涵 q 等于说 p 是真的而 q 是假的是不可能的。如果 p 是一不可能的命题,则无论 q 为真、为假、为可能、为不可能、为必然的命题,"p 是真的而 q 是假的"总是一不可能的命题,所以 p 总"严格蕴涵" q。结果是一不可能的命题"严格蕴涵"任何命题。由同样情形,任何命题"严格蕴涵"一必然的命题。

(四)除以上奇怪情形之外,严格蕴涵可以说是意义上的蕴涵,不过它不仅是意义上的蕴涵而已。如果 p 所代表的是"这本书是红的",q 所代表的是"这本书是有颜色的",因为"红"与"有颜色"有定义上的关系,所以"这本书是红的"严格蕴涵"这本书是有颜色的"。从这一方面着想,它与穆尔蕴涵相似。但严格蕴涵既有以上的奇怪情形而以上的奇怪情形又不表示两命题意义上的关系,严格蕴涵虽可以是而不必是意义上的蕴涵。

e.以上所举的是四种不同的蕴涵关系,有的与普通"如果——则"的命题接近,有的则大不相同。这四种蕴涵关系与普通的"如果——则"的命题之间就有以下的问题。它们代表普通"如果——则"呢? 它们是新发明呢? 它们是新发现呢? 在此处我们又要表示普通"如果——则"的命题究竟是怎样的命题,实在不容易说。恐怕最妥当的说法是说它包含各种不同的蕴涵关系。即以普通语言为例:"如果今天天晴,我就打球"与"如果你是中国人,你就是黄种人"。这两种

"如果——则"的命题,普通语言中都有,可是它们包含两种不同的蕴涵关系。我们或者可以说,这里提出的四种不同的蕴涵关系,均不成文地寓于普通"如果——则"命题之中;可是成文之后,意义比较正确;意义既比较正确之后,我们就不应把它们相混起来。在没有分别或解析之前,我们糊里糊涂用些"如果——则"的命题;在既分别或解析之后,我们虽仍用"如果——则"式的命题,我们就得知道这命题里所包含的蕴涵关系是哪一种蕴涵关系。同时我们要记得这四种蕴涵关系并不能说是包举无遗,恐怕还有好些的蕴涵关系没有发现。

2."所以"。此处所说的"所以"是演绎方面的所以,不是归纳方面,或普通语言中的所以。这种"所以"是演绎方面的"inference"。它根据于蕴涵。能说所以的时候总有蕴涵关系。本段所要提出的问题是有蕴涵的时候是否能说"所以"。

a.这个问题是 Lewis Carrol 提出来的。古希腊有"阿乞黎"——以善跑出名者——与乌龟赛跑,只要乌龟先动身,阿乞黎永远追不上的论辩。Carrol 利用这论辩中的角色以为表示推论不可能的工具。阿乞黎说一个三段论(兹假设为以下三段论):

　　　　(甲)所有的人都是会死的,

　　　　(乙)苏格拉底是人,

　　　　(丙)所以苏格拉底是会死的。

这个三段论在阿乞黎是毫无问题;但在乌龟方面,它总觉得结论靠不住。何以靠不住呢? 乌龟的理由如下:仅有(甲)(乙)两命题,我们不能得(丙)命题的结论,因为我们不知道(甲)(乙)是否蕴涵(丙)命题。如欲得(丙)命题的结论,我们要加一命题如下："（甲）（乙）两命题真蕴涵（丙）命题"。这样，欲得（丙）命题的结论，我们不仅要有（甲）（乙）两命题为前提，而且要有第三命题为第三前提。但这仍不够，因为根据同样理由，我们要加一命题："（甲）（乙）与第三命题联合起来真蕴涵（丙）命题"为第四前提才行。由此一步一步的类推，（甲）（乙）两前提之后，要有无量数的前提才行。那就是说我们不能得（丙）命题的结论。

b.我们或者要说以上是诡辩，但它有相当的理由。它表示蕴涵关系可以成为一串链子，不容我们中断，而我们要得结论，那就是说，要使我们对于一命题能冠以"所以"两字，我们非打断那一串蕴涵关系不成。唯一打断的法子就是承认以上（甲）（乙）两前提既均蕴涵（丙）命题，只要承认（甲）（乙）两命题我们就可以直接得（丙）命题的结论。如（甲）（乙）两命题不蕴涵（丙）命题，则根本不能得（丙）命题的结论。问题是（甲）（乙）两命题与（丙）命题之间有蕴涵关系没有。如有，则用不着第三、第四等等命题；如无，则根本不能得结论，根本就不能说"所以"。

c.可是照以上的情形看来，如无成文的方式打断蕴涵的链子，我们可以假设链子没有打断。如未打断，则"所以"说不通。推论的原则一方面固然是普遍的推论方式，另一方面也可以说是打断蕴涵链子的原则。从前一方面着想，它有积极的用处；从后一方面着想，它又有消极方面的用处。在自足的逻辑系统内，我们似乎免不了要有成文的推论原则。在 P. M.基本命题之中，有推论原则。

其他的推行工具，如"同"、"等"、"代替"等等，其情形与蕴涵相似。它们都是使我们能说"所以"的根据。我们不必一一讨论。在此处我们可以说"代替"在 P.M.系统中是一很重要的方式。p,q,r 等既代表任何命题,则承认 p∨~p 之后,我们也承认 q∨~q;换言之,我们能以 q 代替 p,以~q 代替~p。代替的范围可以毫无限制,所要求者,一致而已,那就是说我不能以 q 代替 p,以 r 代替~p。

三、逻辑系统的基本概念与命题

A.原　子

原子是逻辑系统方面的对象,不是逻辑方面的对象。逻辑方面的对象是必然,逻辑系统不过是利用某种原子以为表示必然的工具而已。事实上本书第三部利用"类"、"关系"、"命题"为逻辑系统的原子。除此之外,别的原子也可以,例如"论域"(unlverse of discourse),但在此处我们可以不必提出讨论。

1.类。此处所谓类即普通的类,如"人类,桌子类,山类,水类,……"。类有类的概念,例如人类有"人"概念;类大都有类的分子,例如"人类有张三,李四……"。类与属性不同,因为它注重它的分子;它与集体不同,因为每一分子均能分别地为那一类的概念所形容。"类"的问题,或关于类的问题不少,可是为逻辑系统的原子的类有以下诸特点。兹特分别讨论:

a.在做逻辑系统原子的类中有两特别的类,一为零类,一为全类。零类没有分子,所有的分子都是全类的分子。普通以"0"代表零类，以"1"代表全类。在本部第一章 A 节 3 段所举的系统干部通式中，第五基本命题函量如下：

$$(\exists Z) \cdot (a) \cdot a \oplus Z = a。$$

如果我们把"a，b，c，…"当作类，则 Z 就代表零类，而这个基本命题说"零类或 a 类等于 a 类"。这命题等于说"零类包含在任何类之中"，因为 a 类在此处代表任何类，即零类与全类，a 类亦代表之。兹以图表示之如下：

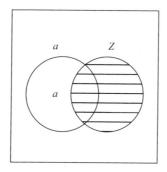

此图表示零类既没有分子，则或是零类或是 a 类的分子不过是 a 类的分子而已，所以零类包含在任何类之中。

b.同在一系统通式中，第六基本命题函量如下：

$$(\exists U) \cdot (a) \cdot a \odot U = a。$$

如果我们把"a，b，c，…"解作类，则 U 就代表全类。这个基本命题说"全类与 a 类等于 a 类"。（"与"字有"既……又"的意思，"全类与 a 类"等于"既是全类又是 a 类"。）这命题等于说"任何类均包含在全类之中"。a 类在此处也代表任何类，即零类与全类亦代表之。

兹以图表示之如下：

307

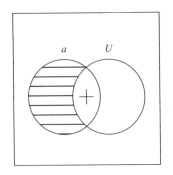

此图表示所有的分子既都是全类的分子,则在全类之外的 a 无分子:那就是说如果 a 类有分子,a 类的分子都是全类的分子,那也就是 a 类包含在全类之中。

这两类的用处非常之大。我们可以利用它们以定非 a 类,或非 b 类的意义。如果我们利用它们(同时利用"="等号),我们可以说有某类,或无某类;某类有分子,某类无分子;例如"a = 1"或"a = 0"。这两类又彼此相反,那就是说"非 0"即"1""非 1"即"0"。总而言之,以此两类为工具,逻辑方面的推论变化等等都可以发生。

c.类有层次问题。如果我们以经验中的个体,如这张桌子、那张椅子等为分子,我们可以得一以个体为分子的类。如果我们把各类集起来再为分类,我们可以得一以类为分子的类。那就是说,我们可以有个体的类、"类"的类、"类的类"的类,等等。这许多的类的层次不同不能相混,如果相混就有毛病发生。现在要表示层次不能不分的理由。

设有以下命题:

"凡不是它们自己的分子之一的类的总类是那总类的分子之一"。我们知道人类不是一个人,桌子类不是一张桌子等等。这些类都不是它自己的分子。把这样的类都集起来成一类名之为甲类,以上命题说甲类是它自己的分子之一。这样一句话表面上看起来似乎没有什么问题。可是层次不分清楚就有毛病。兹以容易明白起见,特备以下图表。A 是 $a_1a_2a_3\cdots a_n\cdots$ 分子的类,B 是 $b_1b_2b_3\cdots b_n\cdots$ 分子的类,C 是 $c_1c_2c_3\cdots c_n\cdots$ 分子的类,等等。A 类不是 $a_1,a_2,a_3,\cdots,a_n,\cdots$ 之一,B 类不是 $b_1,b_2,b_3,\cdots,b_n,\cdots$ 之一,C 类也不是 $c_1,c_2,c_3,\cdots,c_n,\cdots$ 之一。把 $A,B,C,\cdots,N,\cdots$ 集起来成为甲类如下图:

$$
\begin{array}{c}
\text{甲} \\[2pt]
\overbrace{\quad\quad\quad\quad\quad\quad\quad\quad\quad\quad\quad} \\
\begin{array}{cccc}
A & B & C\cdots & N\cdots \\
\underbrace{a_1a_2a_3\cdots a_n} & \underbrace{b_1b_2b_3\cdots b_n}\cdots & \underbrace{c_1c_2c_3\cdots c_n}\cdots & \cdots
\end{array}
\end{array}
$$

以上的命题说甲类是它的分子 $A,B,C,\cdots,N,\cdots$ 之一。如果它是的,则它或者是 A,或者是 B,或者是 $C\cdots,N,\cdots$,但 $A,B,C,\cdots,N,\cdots$ 等既都不是它们的分子之一,则甲类也不是它的分子之一。那就是说它不是 A,不是 B,不是 C,$\cdots$,不是 $N,\cdots$。所以,如果甲是它的分子之一,则它不是它的分子之一。反过来也有同样的情形:如果甲不是它的分子之一,则它就是它的分子之一。这岂不是矛盾吗? 在此处我们要注意以上的情形实在是根据于甲与 $A,B,C,\cdots,N,\cdots$ 相混。甲与 $A,B,C,\cdots,N,\cdots$ 虽同为类,而层次不同,不能相混;相混之后,就有毛病发生。

d.类与命题。习于传统逻辑的人或者以为类比命题"根本",因为我们可以把命题分析为类与类的关系。命题可以分析到个体与类的关系,或类与类的关系,但不能使我们说类比命题"根本"。"根本"与"不根本"有系统为背景。如果在系统之内,命题是由类产生的,则类比命题根本;可是,如果在一系统之内,类是由命题产生的,则命题比类根本。在 Boole 的 algebra of logic,类比命题根本;在 P.M.命题比类根本。在第三部我们已经表示过类可以由命题产生。

但是有系统范围以外的理由使我们先命题而后类,别的不说,事实上类与类的关系的推论还是根据于命题与命题的推论。

2.关系。此处所要讨论的关系是普遍的关系,不仅是以之为一系统的运算或关系的几种关系,是以之为系统的原子的关系。但从系统的原子这一方面看来,我们讨论关系的时候,不必提出关于关系的各种各色的情形,我们仅谈到关系的推论质就够了。此处所注重的推论质仅有两种:一曰对称质,一曰传递质。从对称方面着想,可以有对称、非对称及反对称;从传递方面着想,可以有传递、非传递及反传递。两质的结合,可以有九种不同的关系。

a.对称的传递的关系。在此项下,我们可以举"相同"与"相等"两关系为例:

(一)如果甲与乙相同,乙与甲也相同;如果甲与乙相等,乙与甲也相等。此之谓对称。

(二)如果甲与乙相同,乙与丙相同,则甲与丙相同;如果甲与乙相等,乙与丙相等,则甲与丙相等。此之谓传递。相同与相等之能传递与否,要看它们是否完全的、绝对的相同与相等。相似的"相同"与差不多的"相等"没有传递质。

b.对称的非传递的关系。在此项下可举不相同,或不相等,或相似等关系：

（一）如果甲与乙相似,乙与甲也相似;甲与乙不相同,乙与甲也不相同。此之谓对称。

（二）如果甲与乙相似,乙与丙相似,甲与丙不必相似;甲与乙不相同,乙与丙不相同,甲与丙不必不相同。此之谓非传递。

c.对称的反传递的关系。如果在一条直线上,甲、乙、丙有相傍的关系,则：

（一）如果甲在乙傍边,乙也在甲傍边。此所谓对称。

（二）如果甲在乙傍边,乙在丙傍边,则甲一定不在丙傍边。此所谓反传递。b 条的例可以传递而不必传递,本条的例"一定"不能传递。

d.非对称的传递的关系。在此项下,我们可举英文中的"brother of"或"sister of"：

（一）如果甲是乙的 brother,乙可以是而不必是甲的brother。此之谓非对称。

（二）如果甲是乙的 brother,乙是丙的 brother,则甲是丙的 brother。可见这关系是传递的关系。

e.非对称的非传递的关系。这可以说是一极贫于推论质的关系。在此项下可举"好朋友"与"认识"两关系：

（一）如果甲是乙的"好朋友",乙可以是而不必是甲的好朋友;如果甲认识乙,乙可以认识而不必认识甲。

（二）如果甲是乙的好朋友,乙是丙的好朋友,甲可以是而不必是丙的好朋友;如果甲认识乙,乙认识丙,甲可以认识丙而不必认识丙。可见这两关系既非对称又非传递。

f.非对称的反传递的关系。在此项下我们可以举异性的恋爱为例：

（一）如果甲爱乙，乙可以爱而不必爱甲。

（二）如果甲爱乙，乙爱丙，则甲一定不爱丙。

同性恋爱虽是非对称的关系，而不是反传递的关系，因为如果甲同性恋爱乙，乙同性恋爱丙，甲可以而不必同性恋爱丙。本条的例要特别提出异性恋爱者在此。

g.反对称的传递的关系。此项下的关系非常之多，而且非常之显著。兹仅举"大于"为例：

（一）如果甲大于乙，则乙一定不能大于甲，只能小于甲。此之谓反对称。

（二）如果甲大于乙，乙大于丙，则甲一定大于丙。此之谓传递。"小于"、"长于"、"重于"、"高于"等等关系都是这种关系，它们很富于推论质。

h.反对称的非传递的关系。在此项下，我们可以举"是客人"的关系为例。但我们要求一个同一的环境：

（一）如果甲是乙的客人，则在同一环境之下，乙一定不是甲的客人。所以是反对称。

（二）如果甲是乙的客人，乙是丙的客人，甲可以是而不必是丙的客人。所以是非传递。

i.反对称的反传递的关系。在此项下我们可以举"父亲"为例：

（一）如果甲是乙的父亲，乙一定不是甲的父亲。

（二）如果甲是乙的父亲，乙是丙的父亲，则甲一定不是丙的父亲。

以上是从推论质去分关系的种类。此九种中以第一、第四、第七种比较的常见于逻辑。关系也可以作系统的原子,可是我们也不必利用它作系统的原子。

3.命题。关于命题,我们从以下几方面讨论:命题的重要、Token 与 type、命题的解析、表示各种命题的符号、命题的值。

a.命题的重要。如果我们要建造一整个逻辑系统,我们或者要问最好从什么原子动手,而现在的意见似乎是最好从命题动手。其所以如此者至少有以下的理由。

(一)逻辑方面的重要关系,似乎大部分是命题与命题的关系,而不是类与类的关系。我们有时可以用类方面的包含关系去解释命题方面的蕴涵关系,可是我们有时也可以用命题方面的蕴涵关系去解释类方面的包含关系。推论是命题方面的关系。名称似乎无所谓推论,我们不能由一类推论到任何类。所谓推论者大都是承认一命题之后,承认它所蕴涵的命题。矛盾与排中,用命题表示似乎比用类表示更显明、更清楚。

(二)如果我们所要建造的系统是自足的系统,我们似乎不能不从命题方面着手。自足系统所应用的工具都要容纳到系统之中。如果我们从类方面着手我们可以利用推论或不利用推论。若不利用推论,则根本不能成系统;若利用推论,则不能不有命题方面的推行工具。这些工具若在系统范围之外,则所建的系统不是自足的系统。如果把它们容纳在系统范围之内,则它们既为命题方面的工具,我们似乎要从命题方面动手才行。现在逻辑学家所要建造的系统大都是自足的系统。既然如此，他们大都从命题方面着手。

（三）事实上我们用以达意的是话；有时是命题，有时不是命题；但无论如何不是单个的字。即令有时我们仅说出一个字，听者懂得我们的意思，而所懂的意思不是一个字而是一命题。在日常生活中我们有这样的情形，在逻辑系统范围之内，我们也逃不出这情形范围之外。学逻辑的人开口即是命题，动笔即是命题；事实上他们也就不容易不从命题着手。

b.命题的 type 与 token。我们所注意的是命题的 type，不是命题的 token。type 与 token 的分别如下：

（一）如果有以下两"字"字：

甲"字"，乙"字"。

我们可以说这是两个字，也可以说是一个字。说它们是两个字是指在这张纸上两个不同位置的个体而言，而这两个个体均属于字类。说它们是一个字时是指这两个个体所共有的形式而言。由前说那就是由 token 方面说写上一万个"字"字就有一万个字。由后说那就是从 type 方面说写上一百万"字"字仍只有一个字。名称有 type 与 token 的分别，命题也有。我们所注意的是命题的 type，不是命题的 token。

（二）我们以后分析普通命题的时候，我们要谈到属性与关系。如果我们不把 type 与 token 弄清楚，我们或者免不了一种错误。假如我们说"两名词发生关系，其结果即为一命题"。这一个命题就有毛病。比方我说：

"人类"在"有理性类"的左边。

在这一大堆字里，"人类"这名称与"有理性类"这名称的确有"在左"的关系；如果把这一堆字当作命题看，它所表示的是：

"人类""有理性类"

那就是说"人类"两字的 token 在"有理性类"这四个字的 token 的左边。如果我们所想到的是 type，这一大堆字就根本不是命题了。两名称的 token 虽有在左的关系，两名称的 type 没有。我们所注意的既是 type，以上那句话——"两名称发生关系，其结果即为一命题"——的意思是"两名称之间有两名称所代表的东西彼此的关系，其结果即为一命题"。总而言之，一个命题写上一百次还只有一个命题。

c.命题的解析。命题有相对简单与复杂的分别，而复杂又有程度不同的问题。现在要提出命题由相对简单而相对复杂的层次问题，再分析最简单命题的种类。

（一）最简单的命题大都是手有所指而说出话来的命题，这个如何如何，那个如何如何。这种命题是否货真价实的简单命题，颇成问题。命题无论若何的简单，能够简单到不能再解析的程度与否，也是问题。这里所说的简单命题的主词是符号呢？是具体的东西？似乎都是问题。这些问题无论怎样解决，我们对于这里所谈的命题所要注意的：第一它们是命题，不是定义，所以有真假；第二它们是本书所不再解析的命题，所以是本书的最简单的命题。

这种最初级、最简单的命题可以由种种组合方法产生次一级的命题。设有两个初级命题如下：（甲）这是桌子；（乙）这是四方的，（假设所指的是一个东西）。这两个命题的真假可能有四个，而我们对于这四个真假可能有十六个不同的态度（见前），而十六个不同的态度中有一个说这两个命题都是真的，其余三可能都是假的。表示这一个态度的命题就是普通生活中所谓简单的命题"这张桌子是四方的"。

由"这张桌子是四方的"这样的命题,我们又可以由种种组合方法产生更次一级或更复杂的命题,如"所有的桌子是四方的"或"任何桌子是四方的"或"有些桌子不是四方的"等等。总而言之,命题之由简单到复杂可以有许多的层次。

(二)最简单的命题可以分为两种:(甲)表示属性;(乙)表示关系。所谓属性是事物方面的属性,所谓关系是事物方面的关系;属性名称不过在语言方面表示属性,关系名称不过在语言方面表示关系而已。表示属性的命题其形式与普通教科书中的"主宾词"式的命题相似。所不同者普通主宾词式的命题大都是复杂的命题而已。属性二字似乎要加以解释才好。如果 x 代表一个具体的东西,x 可以是红的、四方的,等等。从命题方面着想,它所谈到的只有一个具体的 x。红色与方形虽可以附属于另外的具体东西,而在这里所谈的事实之中,它们不是离开"x"的两个具体的东西。这情形与关系的情形大不相同。表示属性的命题,其对象可以是一个具体的东西,表示关系的命题,除一二特殊关系外,其对象至少要两个具体的东西。这两种命题根本不能混为一谈。设有以下表示属性的命题:

  (甲)x 是人。

  (乙)x 有人性(这种话在中文不成话,但我们可以利用以表示属性与关系的分别)。

  (丙)x 是一个人。

第一个命题里所谈到的只有一个具体的 x。所谓是人者不过是以"人"去摹 x 的状而已。以"人"去形容 x,好像以红去形容 y，以"四方"去形容 z。此处的"是人"当然不表示关系。第二个命题形式已变。它所表示的看起来似乎是关系，因为有些表面上同式的命题表示关系。比方说"张先生有一本宋版书"。这命题所表示的情形中有两个具体的东西，一是具体的而能以"人"形容的东西，一是具体的而能以"书"形容的东西。这两个具体的东西有"有"所表示的那个极复杂的关系。既然如此，我们很容易联想到"x 有人性"这命题也就表示关系。如果我们这样想，我们就错了。此"有"非彼"有"，有书之"有"是关系，而有人性之"有"不是关系。从个体方面着想"人性"是一个个体的属性，所以有人性的"有"不是两个个体的关系。第三个命题似乎也表示关系。所谓"是一个人"者是说人类中有 $1,2,3,\cdots,n,\cdots$ 的分子，而 x 是这些分子中之一。x 即是人类分子中之一，它与人类似乎发生包含关系。其实不然，我们可以提出以下两理由：

（甲）"是一分子"不是"包含"关系。包含关系是同一层次上两类的关系，而"是一分子"不是同一层次上两类的关系。在"x 是一个人"这命题之中，x 不是类，是个体，所以"是一个人"不能是包含关系。同时包含关系是传递的关系；那就是说，如果甲包含乙，乙包含丙，则甲包含丙。"是一分子"，即视为关系，也不是包含关系，因为它无传递质；如果甲是乙的分子，乙是丙的分子，甲不能同样的是丙的分子。无论如何，它不是包含关系。

（乙）个体与个体有关系。"是一分子"是否是个体与个体的关系呢？在这命题所表示的情形中，只有 x 个体，其他非 x 的，可以有而不必有的，人类的分子，如 $1,2,3,\cdots,n,\cdots$，虽有共同的属性,虽可以有它们彼此的关系,而在我们所讨论的命题范围之内这些可有的关系都与此命题不相干。

总而言之,以上所举的命题都不是表示关系的命题。表示属性的命题虽可以有种种不同的表示,而我们大都不能勉勉强强地把它变成表示关系的命题。有一两种关系是例外,但在此处我们不必提出讨论。请注意这是从简单命题一方面着想,复杂命题情形不同。

(三)表示关系的命题也不容易变成表示属性的命题。最好的例就是传统逻辑教科书里的 a fortiori argument。兹以

x 比 y 长,

y 比 z 长,

所以 x 比 z 长。

此推论毫无错处,可是照传统的三段论式法看来,则有毛病,(甲)三段论式的命题都是主宾词式的命题,而这个推论中的命题不是。(乙)三段论式只有,而照它的规律看来,只能有三个名称,而这个推论有四个名称。有此情形,有些人就想法子消除此困难,说以上的推论虽不是三段论,而它实在根据于三段论,它的普遍形式如下:

凡长于 y 者是长于 z 者,

x 是长于 y 者,

所以 x 是长于 z 者。

这个说法把"比——长"的关系当作属性,把原来的四个名称变成三个名称。但无论如何,大多数的人看起来总不免觉得以上的办法太勉强。"比——长"、"比——大"等等不容易叫作"性",而在 x 比 y 长这情形或事实中"比 y 长"不属于 x,即

勉强说它属于 x,也不像形色之属于 x。总而言之,表示关系的简单命题也不是表示属性的简单命题。

d.表示命题的符号。现在我们介绍表示命题的符号。最初有未解析的简单命题,其次有解析后的两种命题,又其次有复杂的命题。

(一)未解析的简单命题。未解析的简单命题,以 p,q,r 等表示之。这些命题中有表示属性的,也有表示关系的。其实所谓"简单命题"大有问题。简单的标准如何、程度如何,是不能解析呢还是不便解析呢? 这些问题都不容易解决。但这些命题可以作系统中最初的原子,利用它们以表示逻辑方面的关系。

(二)这些简单命题可以分成表示个体的属性与表示个体与个体的关系的命题。我可以用"x,y,z,…"表示个体,用"$\varphi,\psi,X,\cdots$"表示属性,用"$R_1,R_2,R_3,\cdots$"表示关系。

(甲)表示属性命题的函量为 $\varphi x,\psi x,X x,\cdots$。

(乙)表示关系命题的函量为 $R x,y,R x,y,z,R x,y,z,w,\cdots$。

(三)关于(二)条有两种特别要注意。(一)条的"p,q,r,…"代表未解析的命题,我们虽不知道它们所代表的命题究竟为真为假而我们知道它们所代表的为命题,而无论所代表的是什么命题,我们总可以说它们或真或假。(二)条里的 φx 或 $R x,y$ 则不然。它们所表示的不一定是命题,如果所代表的不是命题,或不是一个系统之内的命题,则无所谓真假,或无所谓这一个系统之内的真假。兹以 φx 为例:如果 x 代表这张桌子。φ 代表"方",则 φx 是真的;如果 x 代表饭厅里那张圆桌子，φ 仍旧，则 φx 是假的；如果 x 仍旧，φ 代表"有理性的"，则 φx 可以说是无所谓真假。所以 φx 等等，Rx,y,Rx,y,z,…不是命题，它们不过是两种命题函量。这是一点，还有一点要注意的就是有些关系要两个个体做它们的关系分子（relata），有些要三个，有些要四个，等。这一层我们不能不预为之备。Rx,y,z 虽有以上 φx 所有的问题，而如果 R 是要三个关系分子的关系，则在 Rx,y 中，无论 x,y 代表什么，Rx,y 总无所谓真假。

（四）"x"可以代表这一个个体、那一个个体，等等。如果我们的意思是说"'φx₁'与'φx₂'与'φx₃'与…'φxₙ'…"是真的，我们可以用以下符号表示：

$$(x) \cdot \varphi x,((x) \text{可以有两种解释见前})$$

如果我们的意思是说"'φx₁'或'φx₂'或'φx₃'或…'φxₙ'…"是真的，我们可以用以下符号表示：

$$(\exists x) \cdot \varphi x,$$

前一公式表示"所有的 x 是 φ"或"任何 x 是 φ"；后一公式表示"有 x 是 φ"或"至少有一 x 是 φ"。表示关系的命题函量也可以照以上方法变 $(x,y).Rx,y,(\exists x, \exists y) \cdot Rx,y$。

由此我们可以慢慢地由简单命题函量一步步地进而得复杂的命题函量。既有如此通式，我们当然也可以用同样的方法，慢慢地由简单命题而得复杂的命题。

e.命题的值。从前曾说过逻辑系统可以视为可能的分类。把可能的分类引用到命题上面去，就是命题的值的问题。命题有多少值要看我们预备把可能分为多少类。如果我们把可能分为两类，命题有两值。如果我们把可能分为三类或 n

类,命题有三值或 n 值。关于值我们可以注意以下诸点。

（一）设把可能分为两类,那么命题有两值。设以+、-表示之。对于这两个符号,我们有系统通式看法与系统的看法。从系统通式的看法,它们就是两符号而已,我们对于这两符号,可以有而事实上不见得即有种种的解释。我们可以把它们视作"正"、"负",我们也可以把它们视作"真"、"假";我们不必把它们视作"正"、"负",也不必把它们视作"真"、"假"。当然每一特殊系统,对于以上的符号,事实上总有一特殊的解释。在二分法方面,这两个值引用到命题上去,大都解作"真"、"假"。可能既彼此不相容而又彼此穷尽,则命题的值也就彼此不相容,而又彼此穷尽。那就是说一命题不真即假,不假即真,它不能既真且假,也不能非真非假。

（二）设把可能分为三类,命题就有三值。兹以 Lukasiewicz 与 Tarski 的三值系统通式为例,以"|"、"?"、"o"表示之。从系统通式方面着想,这与以上情形相似。这三个符号可以有,而事实上不见得即有种种的解释。事实上有一解释说得通。"|"可以视为"定真","?"可以视为不定真假,"o"可以视为"定假"。既然如此,则在此系统内,一命题或"定真"或"定假"或"真假不定"。这个系统的值与以上那个系统的值不同。上面的值可以说是没有心理成分,而这里的值有心理成分。这不是说逻辑是"心理的",这不过是说这三个符号有这种解释之后所得到的三个值有心理成分在内。此系统的"定真"不是那一系统的"真",此系统的"定假"不是那一系统的"假"。在那一系统之内不能有非真非假的命题,而在这系统之内可以有不定真不定假的命题。这系统虽有不定真不

定假的命题,它还是不能有既不"定真"又不"定假"又不"不定真假"的命题。

(三)从系统通式方面着想,我们可以有 n 类可能,命题也可以有 n 值的可能,无论 n 的数目多大。可是系统通式的问题与系统的问题不同。在系统通式方面,我们可以有 n 可能,命题也可以有 n 值,而这些可能的解释,这些值的解释,都不是系统通式范围之内的问题。在系统则不然,n 可能要有 n 解释,n 值也要有 n 值的解释,而事实上 n 的数目太大时,n 可能与 n 值的解释均不易得。即勉强得到,而系统之是否为逻辑系统,也就发生问题。

B.运算或关系

一系统的原子不必是类,不必是关系,不必是命题;一系统的运算也不必是"或"、"与"、"非"、"蕴涵"。它们虽不必是一系统的运算,而一系统之运算中大都少不了它们。兹特提出讨论。

1."或"。普通语言方面,或有相容与不相容的分别。比方我对甲乙二人说:"或者你或者他到火车站上去一次",那么甲可以去而乙不去,乙可以去而甲不去,甲乙也可以同去。可是,如果我对他们两个人说:"某学校的校长缺位,或者你去做,或者他去做",那么甲可以去而乙不去,乙可以去而甲不去,但甲乙不能同去。前一"或者"的用法是相容的用法,后一用法是不相容的用法。排中或排外原则中的"或者"是不相容的或者,而 P.M.系统的基本概念中的"或者"(1910 年版)是相容的或者。这是"或"的用法上两大分别。除此之外尚有其他不同点。罗素在他的算学原理一书中（*Principles of Mathematics*，1903 年版），曾举以下许多的例，我们在此处可以照办。

a."如果你所遇的是姓张的或是姓李的，你遇着了一个很热烈的宗教家"。这命题中的或者，是两名词间的或者，而不是或不容易变成两命题间的或者。以上这命题可以分成两个相"与"的命题，那就是说，两个要同时真的命题如下：

（一）"如果你所遇着的是姓张的，你遇着了一个热烈的宗教家"并且（and）"如果你所遇着的是姓李的，你遇着了一个热烈的宗教家"。

（二）原来的命题不能分作："如果你所遇着的是姓张的，你遇着了一个热烈的宗教家"或者"如果你所遇着的是姓李的，你遇着了一个热烈的宗教家"。这个命题的两部分是以"或者"联合起来的，它们虽可以同时真，而它们不必一定要同时真；既必要同时真，则不能表示原来命题的意义。前一命题的两部分是以"与"联合起来的，一定要它们同时真，整个的命题才能真。从这一方面看来，它与原来的命题意义一样。可见名词方面的"或"可以变成命题方面的"与"。

b."如果是铁路局求事者之一，他一定是姓张的或姓李的"。请注意这里的"一定"是指"姓张的或姓李的"而言，不是指姓张的个人，也不是指姓李的个人。此命题不能改成以下（一）、（二）两命题，而只能改成以下第三命题。

（一）"如果是铁路局求事者之一，他一定是姓张的"或"如果是铁路局求事者之一，他一定是姓李的"。如果原来的命题是真的，这一个命题是假的；因为原来的命题没有说铁路局的求事者一定是姓张的,也没有说他一定是姓李的,而(一)命题前一部分说铁路局的求事者一定是姓张的,所以前一部分假,后一部分说他一定是姓李的,所以后一部分也是假的。前后两部分既都是假的,所以(一)命题也是假的。既然如此,(一)命题不等于原来的命题。

(二)"如果是铁路局的求事者,他一定是姓张的"并且(与)"如果是铁路局的求事者,他一定是姓李的"。这一命题的部分既是以"与"(and)连起来的,要两部分皆真,才能真。如果原来的命题是真的,这一命题的部分都是假的,所以它也是假的。它与原来的命题也不相等。总而言之,(一)、(二)两命题把"一定"分别地引用于姓张与姓李的,所以与原来的命题不同。

(三)原来的命题中的"姓张的或姓李的"可以分开,可是要用两个有"不是——就"的形式的话去分开:"如果是铁路局的求事者之一,他不是姓李的就是姓张的,而且(与)不是姓张的就是姓李的"。

c."王小姐与姓张的或姓李的结婚"。在一法律上不许重婚的国家,这一命题只能改作:

(一)"王小姐与姓张的结婚"或"王小姐与姓李的结婚";而不能改作:

(二)"王小姐与姓张的结婚"而且(与)"王小姐与姓李的结婚"。后一命题要它两部分同时真它才能真,所以它不等于原来的命题;在前一命题的两部分可以一真一假,用不着同时真,它才能真。虽在不许重婚的国家,仍可以真,因为只要任何一部分真,它就是真的。它与原来的命题一样。如无法律方面的限制,原来命题中的"或"可以是相容的,也可以是不相容的;(一)命题中的"或"也一样,可以是相容的或不相容的。

总而言之,"或"有相容与不相容的两大分别。但除此分别之外,有时名词方面的"或"不能改成命题方面的"或",而能改成命题方面的与;有时可以改成命题方面的或,而不能改成命题方面的与;有时两方面似乎都有困难。在第三部那个系统的基本概念中的"或"是命题方面相容的或。相容的"或"的意义比不相容的"或"的意义广。前者的用法比较便当。因为加以相当限制,即成不相容的"或"。

2."与"。此处的"与"即英文中的"and";中文方面有时用"与",有时用"和",有时用"同",有时用"而",有时用"并且",有时用"而且",等等。"与"的不同的意义也非常之多,有深有浅,以下的例不能说包举无遗,但大致可以代表各种不同的用处。

a."那间房子里有桌子'与'椅子"这一命题中的"与"是极平淡的"与",它不过表示空间相与而已。我们可以把这命题分作两个以"与"相联的命题。

b."人是两脚的,直立的,'与'有理性的动物"。这命题里的"与"与以上的有相同点,也有不相同点。

(一)相同点是:

(甲)这一命题可以分作好几个命题,而这些命题又可以彼此独立。

(乙)这些命题又可以联之以"与",使成一整个命题。

(丙)这些命题中可以只说出任何一个或两个,而忽略其余的命题。

（二）不相同点是：这命题中相与的名词是属性名词，可以寄托于一种或一个具体的东西，而第一命题中的名词不能寄托于一种或一个具体的东西。

c. "他的温和'与'智慧征服了她的心"（此例得之于王遵明先生）。这里的"与"与以上两个"与"都不同。这里的"与"似乎有点意义含糊的地方。这句话可以表示两命题的真，例如，"他的温和征服了她的心""与""他的智慧征服了她的心"；可是也可以表示"他的温和与智慧（联合起来）征服了她的心"。究竟这里的"与"是名词方面的与还是命题方面的与似乎不能定。

d. "中国花布的颜色是红'与'蓝"。如果我们心目中的花布是现在的花布，这一命题中的"与"是名词方面的"与"而不是命题方面的"与"。那就是说，这一命题不能分作以下两命题：（1）"中国花布的颜色是红的"；（2）"中国花布的颜色是蓝的"。因为这两个命题都是假的。同时这里的"与"虽是名词方面的"与"而没有两色凝为一色的意思，它所表示的是中国花布的颜色有红亦有蓝。

e. "紫颜色是蓝与红"。这命题中的"与"与（d）命题中的"与"的前一点相同，后一点不相同。前一点相同，我们不能把此命题分为两个命题说：（1）"紫颜色是蓝的"，（2）"紫颜色是红的"。后一点不相同，这里的红与蓝凝成一色。

f. "秦'与'楚为世仇"。此处的"与"一方面不能变成两命题的相与，我们不能根据这个命题说（1）秦为世仇与（2）楚为世仇。另一方面又表示秦楚不并立，与 e 例中的红与蓝不一样。

g."真与假，善与恶，美与丑均为价值"。此中的"与"表示相反或不相容。这一层不必利用宾词已经可以表示出来，因为美、丑、真、假、善、恶的普通意义已经有彼此相反与不相容的情形。但其所以用"与"而不用"或"是因为真、假、善、恶、美、丑均各为价值。在名词方面真假不能相与，善恶不能相与，美丑不能相与；而在命题方面，"真为价值"，"假为价值"等等，命题联之以"与"与原来的命题一样。这可以说是一种名词不相与而命题方面相与的例。

h."因与果之关系是有因必有果，有果必有因"。此处的"与"是：（一）名词方面可以说而命题方面不能说的"与"。（二）因与果为相对名称，在一特殊范围或方面之下，不能兼备于一具体的事物。（三）这里的因果不是甲因与乙果，所以它们的关系不是甲乙的关系。它们不是两事物相与，而是两思想的相与。

以上表示"与"的用途很广，用法很多。因为它的用法不同，而它的意义不一致的地方也很多。这些例当然不能说是包举无遗，可是已经可以表示各种不同的用法。外国文字所有而中国文字所无的例，此处不举，不是"and"的与，当然不必谈到。

在演绎系统里，"与"也是非常之重要的运算，它虽然不必是一系统的基本概念，而我们可以说它是基本概念之一。我们可以用"或"与"非"表示它的意义，也可以用它与"非"表示"或"的意义。

在1925年出版的P.M.中，"或"与"非"都有定义；那就是

说它们已经不是基本概念。代替它们为基本概念的是"p|q"，而p|q的意思是说p,q两命题冲突，或者说它们不同真。如果p,q两命题都是假的，或者其中任何一命题是假的，则"p|q"为真。遵照此义，~p,p⊃q,p∨q,p·q，均有以下的定义：

$$\sim p \cdot = \cdot p|p \qquad Df$$

$$p \supset q \cdot = \cdot p|\sim q \qquad Df$$

$$p \vee q \cdot = \cdot \sim p|\sim q \qquad Df$$

$$p \cdot q \cdot = \cdot \sim(p|q) \qquad Df$$

从基本思想的数量方面着想，以"p|q"为基本思想，可以说是进步。但"p|q"不是大多数人所习惯的思想，而最初的推论又因此基本思想而变为复杂。基本思想方面的简单虽得，而推论方面的简单反失，此所以本书所介绍的系统是1910年出版的P.M.，而不是改变后的系统。

3."非"。此处的"非"是用之为运算的非，不是或不仅是真假值中的假值。对于运算的非，我们应注意以下诸点。

a."非"的意义与可能的分类为相对。如果我们把可能分为两大类，我们所引用的就是二分法；所引用的既是二分法，所得的系统就是二分法的系统。在二分法的系统里有二分法的"非"，在三分法的系统里有三分法的"非"，在n分法系统里有n分法的"非"。"非"的意义或"非"的范围，在系统方面就有二分法、三分法或n分法的分别。引用二分法于命题，非真为假，非假为真；引用三分法于命题，例如Lukasiewicz与Tarski的三值系统，非定真虽为定假，而定真与定假不是穷尽的可能。

b.二分法最简单，兹特从二分法着想。二分法的"非"引用于类有小范围的意义、大范围的意义、无范围的意义。

（一）小范围的意义。设以非红为例。小范围的非红即为颜色的范围。如果我指出一 x，说它是非红；我这一句话可以有以下的形式："x 是绿的，或是黄的，或是黑的，……"。这样的命题有以下的问题。

（甲）假设 x 是有颜色的东西，而又不是红的，这样的析取命题一定是真的。所以如果"x 是红的"是假的，则"x 是非红的"一定是真的；如果"x 是红的"是真的，则"x 是非红的"是假的。

（乙）可是如果 x 是没有颜色的个体事体或事实，则"x 是红的"与"x 是非红的"都是假的。如此，则排中不能成立。

（二）大范围的意义。设非红不限于颜色，即形、声、嗅、触等性，及存在的东西、事体、事实所能有的关系质，非红亦均代表之，其限制仅在"x 是非红的"这一命题须有意思而已；则非红的意义是大范围的意义。

（甲）非红的意义既如此，则"x 是非红的"形式，照以上的办法，也是一析取命题。即今所指的没有颜色，这个命题仍是真的。无论如何，"x 是红的"与"x 是非红的"不能同时是假的。

（乙）可是，如果"x 是红的"是真命题，"x 是非红的"要是假命题才能排中。那就是说"x 是非红的"要等于否定"x 是红的"那一命题才行。这样一来，负类要牵扯到负命题。

（三）无范围的意义。设以非红分别地代表"红"之外任何一切的谓词，而"x 是非红的"这一命题，解析起来，不仅包含有意思的命题，而且包含废话。废话问题以后不预备再提及。在此处我们仅分废话为甲乙两种:甲种为无意思的废话,乙种为不能有意思的废话。无范围的"非"也可以分为甲乙两种。

(甲)甲种"x是非红的"仅包含无意思的废话。无意思的废话,有人称为实质废话,表示这种废话仅是在事实上无意义,而不是在逻辑上不能有意思。这样的废话,逻辑可以置之不理。

(乙)乙种"x是非红的"兼有不能有意思的废话。有人称这种废话为形式废话。既然如此,就有逻辑上的问题。所谓形式废话者似乎有自相矛盾的废话在内,矛盾既为逻辑之所淘汰,乙种"x是非红的"不能包含自相矛盾的废话在内。同时除去自相矛盾的废话之外,尚有形式废话与否,本身就是不容易应付的问题。

c.引用于命题的"非"。以上是类方面的正负。命题方面也有正负。负命题普通以"不"字表示,例如"x不是红的"。负命题也有各种范围不同的意义。这里的情形与以上一样,不必重复地讨论。所要注意的就是以下两点。

(一)负命题的范围也是以大范围或无范围的甲种为宜。正负命题之间要有排中,而排中情形小范围的正负命题似乎没有。同时无范围的乙种负命题之说得通否,根本就有问题。

(二)名词方面的非与命题方面的非,其范围须要一致。这一点的用意就是要把"x是非红的"这样的正命题等于"x不是红的"这样的负命题。这两命题相等,推论方面当然有便利。这可不是说所有的命题都有同样的情形,例如,"所有S是非P"不必等于"所有的S不是P"。后面这句话可以有两个不同的解释,这两个不同的解释是两个不同的命题。如果"不是"的意义是"不都是",则"所有的 S 不是 P"等于"有些 S 不是 P",而"有些 S 不是 P"不等于"所有的 S 是非 P";如果"不是"的意义是"都不是",则"所有 S 不是 P"等于"无一 S 是 P",而"无一 S 是 P"等于"所有的 S 是非 P"。这里当然有语言的习惯问题。在作者的经验中,大多数的学生很自然地把"所有的 S 不是 P"这样的话解释成"无一 S 是 P"。可是习于英文的人,讲英国话的时候,大都会把"所有的 S 不是 P"这样的话解释成"有(些)S 不是 P"。无论如何,在以个体为主词的简单命题,名词的非与命题的非须要一致。复杂命题的情形,表面上因为有语言方面的习惯虽似乎是例外,而分析起来,与简单命题,或比较最简单的命题一样。

d.从纯粹客观方面着想,任何具体的东西,"x"无所谓是桌子或不是桌子,它不过是那么一个具体的东西而已。说"x 是桌子"实在是把语言方面的符号,表示那东西的性质,用之以为那类东西的名词。但这可以有两个不同的解释。

(一)把"x 是桌子"当作定义看。定义虽是话,不是普通的命题。定义不过是命名而已。各人有引用符号的自由权,一个人所引用的符号不必与他人一致。既然如此,则定义无所谓真假。如果我们把"x 是桌子"当作定义看待,这句话无所谓真假。正的方面既无所谓真假,负的方面也无所谓真假。那就是说如果把"x 是桌子"当作定义,则"x 不是桌子"不过是不承认定义而已,无所谓真假。

(二)把"x 是桌子"当作命题看待。定义虽无所谓真假,但"桌子"之义既定,而"x"又实在是桌子一类中的具体的分子,则"x 是桌子"这一句话就是一命题。利用"x"以定"桌子"之义,说出一句话来,那句话是定义;表示"桌子"之义,事实上已经为大家所公认,而指出具体的 x 说那个具体的东西在"桌子"的定义范围之内,所说的话为命题。在"桌子"的意义事实上既定之后,说 x 是桌子或不是桌子才有标准,才有真假,所以才是命题。

(三)本书所谓简单命题都是以具体的 x, y, z, …为主词的话。如果这种话都视为定义,它们都无所谓真假,它们既无所谓真假,则由它们配合出来的复杂命题也就无所谓真假。这样一来,一系统范围之内的命题都变成定义。为消除这种结果起见,"x 是桌子"这一类的话一定要视为命题才行。那就是说"x 不是桌子"也是命题。要这类的简单话是命题,真假值才能引用,不然不能引用。

这里所表示的是运算中的"非",是语言方面的问题,不是纯粹客观事物方面的问题。

e.利用"非"以定"或""与"的关系或意义。在讨论"必然"的时候,我们曾表示引用二分法于 x, y 两名词,我们有以下四个可能:

$$xy, \overline{x}y, x\overline{y}, \overline{x}\overline{y},$$

(一)兹以 x, y 两名词为例:"x 或 y"(设"或"为相容的"或")实有以下三可能,而此三可能又均能以"或"为之联络:

$$\overline{x}y \text{ 或 } x\overline{y} \text{ 或 } xy。$$

引用"非"于"x 或 y"——即"非(x 或 y)"——那就是把两名词所有四可能之中除去以上三可能,所余只有以下一可能 $\overline{x}\overline{y}$;所以非（x 或 y）等于"非（$\overline{xy}$ 或 x$\overline{y}$ 或 $\overline{x}$y）"，

而非（$\overline{xy}$ 或 x$\overline{y}$ 或 $\overline{x}$y）等于 xy，

所以非（x 或 y）等于 $\overline{xy}$。

"$\overline{xy}$"既可以读为非 x 与非 y，又可以读为既非 x 又非 y。无论如何，它表示"与"的意义。这就是利用"非"与"或"以明"与"的意义。

（二）我们也可以利用"非"与"与"以明"或"的意义。非"非 x 与非 y"即"x 或 y"，非"x 与 y"即"非 x 或非 y"，非"x 与非 y"即"非 x 或 y"，非"非 x 与 y"即"x 或非 y"。总而言之，这几个运算的意义四通八达，谁摆在前、谁摆在后都可以。究竟谁先谁后不是逻辑的问题，而是系统的问题。

C.定义与基本命题

本段所要提出讨论的各点如下：1.定义，2.系统的前提与推论方式，3.选择的条件。

1.定义。关于定义前此已经提及，一部分的问题也已经讨论过，此处不赘。此处所要提出的几点是：a.系统中的定义表示引用名词之自由，b.系统中定义的职责在化复杂为简单，c.系统中的定义无所谓真假，d.系统中的定义不在系统所要表示的实质范围之内。

a.引用名词之自由。普通以为定义有名词与实质之分，其实只有名词的定义，没有实质的定义。所谓实质定义似乎有以下两层意思，而这两层意思似乎都说不通。

（一）所谓实质定义即普通教科书称为"real definition"的定义。普通定义大都以主宾词式的话表示。第一层的意思是说主词所代表的那具体的东西有定义所表示的意义。设以以下定义——"人是有理性的动物"——为例。第一层的意思是说具体的占时空的张三、李四等等有"有理性的动物"的意义。如果实质定义有这样的意思，实质定义似乎说不通。具体的东西无所谓有意义或无意义。这不是说它们有意义，也不是说它们无意义；这是说具体的东西与意义不相干，好像道德与颜色不相干一样。

（二）除此以外，实质定义似乎还有第二层意思。第二层意思可不是说主词所代表的具体的东西有某种意义，而是说主词有某种意义。第二层的意思比第一层的意思似乎高超一点，因为它把意义引用到名词方面，没有引用到具体的东西方面。但这一层也说不通，因为照这一层的意思，所谓定义者不是"定"某名词的意义，而是说事实上某名词有某种意义。即以（一）条所举的定义为例：照第二层意思，"人"这名词有"有理性的动物"的意义。读者请注意这是一个命题。这是说事实上我们用"人"这名词的时候我们也就把"有理性的动物"的意思包含或蕴涵在内。如果事实上我们用"人"这名词的时候，"有理性的动物"的意思并没有包含或蕴涵在内，这个命题就是一假命题。如果一句话表示事实，它是命题，系统中的定义所表示的不是事实，是意志。它表示系统中某名词有某种用法，至于系统范围之外，事实上那一名词是否有那种用法与它不相干。

（三）综观以上，系统中的定义不是普通所谓实质定义。它完全是名词的定义，可是虽是名词的定义，仍不是表示某种名词事实上有某种意义，而是表示某名词的用法如何而已。

在英文,这样定义有时称为"voluntary definition",所以如此称呼者,因为它表示引用名词之自由。

　　b.化复杂为简单的职责。逻辑系统与其他许多系统一样,它的程序是由简单而复杂。这种程序的好与坏,它是否可以免除,等等的问题我们可以不必讨论。事实上既有这样的程序,我们也就有这样程序所发生的问题。我们可以用几何为例:"四方"所表示的思想,不必有"四方"这名词,我们可以用"点"、"线"、"角"等等表示"四方"的思想。但是如果我们有一命题表示"四方"与"圆"的关系,不用"四方"与"圆"这两名词,仍以"点"、"线"、"角"等等表示之,那一命题就差不多没有法子说出来了。在欧克里几何系统范围之内,我们介绍"四方"这名词,不过是要化复杂为简单而已。

　　逻辑系统既是由简单而复杂,当然也有同样的问题。在P.M.的基本命题中有这样一命题:

$$\vdash : . q \supset r \cdot \supset : p \lor q \cdot \supset \cdot p \lor r$$

如果没有介绍"⊃"的思想或符号,这个命题就只有以下的表示:

$$\vdash : . \sim(\sim q \lor r) \cdot \lor : \sim(p \lor q) \cdot \lor \cdot p \lor r$$

第二个表示比头一个就复杂得多。在一演绎系统的程序中演绎愈进,复杂的程度愈高,复杂的程度愈高,愈要引用新名词以代表已有的复杂的思想。

　　系统中的定义一方面表示一系统对于一名词的用法,另一方面,介绍一简单的新名词用以代表已有的复杂的思想。前一方面表示作者引用名词的意志,后一方面表示定义在系统中的职责。

c.定义无真假。表示意志的话无所谓真假。表示意志的话与表示某人有某项意志的话是两种不同的话，前者不是命题，后者是命题。命题是表示事实的话，如果所表示的是事实，普通认为它是真的，如果所表示不是事实，普通认为是假的。系统方面的定义既不表示事实，它不是命题，所以它无所谓真假。这差不多完全是理论方面的话。可是有时在心理上理论与事实不容易分得很清楚。

例如 P.M.中"$p \supset q \cdot = \cdot \sim p \vee q$ Df"这个定义，若从系统方面着想，似乎毫无毛病。可是读的时候，免不了把"$\supset$"读成"蕴涵"；读成"蕴涵"的时候，免不了把它视为普通语言中的蕴涵；把它视为普通语言中的蕴涵，我们就免不了感觉它是一离奇古怪的蕴涵。但是把它当作普通语言中的蕴涵，就是把这个定义当作命题看待。何以呢？因为如果我们把"$\supset$"视为普通语言中的"蕴涵"，我们就发生疑问，"$\supset$"有没有普通"蕴涵"所有的意义呢？普通"蕴涵"有没有"$\supset$"的意义呢？这些问题发生之后，我们难免牵扯到真假问题，牵扯到真假问题，就是把定义视为命题了。

这样心理上不一致的情形不仅批评家难免，即作家也就难免。好在近十几年来研究逻辑的结果，大多数逻辑家简直不知道或说不出所谓"普通蕴涵"者的意义何在；所以对于"$\supset$"早已承认其为一种蕴涵。但这不过是对于"$\supset$"的特殊情形而已，普通心理上不一致的情形总得要减少才行。

d.系统中的定义不在系统所要表示的实质范围之内。有了以上的讨论，这句话似乎不至于发生若何重大的问题。这里所谓实质有两方面的情形，我们似乎不能不分别提出。

（一）系统所要表示的实质。逻辑系统所要表示的实质是"必然"。逻辑系统之所以为逻辑系统者，就因为它所要表示的实质是"必然"。在此处我们用不着提出逻辑系统的数目问题。这个数目是"一"也好，是"多"也好，是"无量"也好；无论如何，如果一个系统是逻辑系统，它所要表示的实质是"必然"。定义无所谓"必然"。在真假二分法范围之内，所谓"必然"者是不能不真；定义既无所谓真假，当然也就无所谓"必然"与"不必然"。定义既无所谓"必然"与"不必然"，当然不在逻辑系统所要表示的实质范围之内。

（二）系统所引以为表示工具的实质。一系统所引以为表示它所要表示的实质的工具就是那一系统的原子，那一系统的运算或关系，与那一系统的基本命题。这个可以总称为系统的干部。系统的干部似乎不能不算是系统范围之内的分子。干部之内情形不一致。基本命题可以是必然的命题，所以它们也可以是系统所要表示的实质。基本概念无所谓必然与不必然，所以它们不是系统所要表示的实质；可是它们虽不是系统所要表示的实质，它们是一系统所引以为表示实质的工具。我们可以说它们是工具方面的实质，不是意义方面的实质。逻辑系统不能离开它所有的工具方面的实质。一系统之所以自别于其他系统者就因为有它所有的工具方面的实质。一系统的定义既不是一系统所要表示的实质，也不是一系统工具方面的实质。所以它不能在系统范围之内。

（三）定义何以不是系统的工具呢？上面已经说过一系统不能离开它的基本概念。基本概念是思想，不仅是名词；所以它们是系统的工具。定义所介绍的不是新思想，是新名词。

新名词所表示的思想系统中已经有了;不过以系统中所有的名词或符号去表示新名词或符号所表示的思想,太复杂、太麻烦、太不便利而已。但复杂、麻烦、便利等等问题都不是系统的实质的问题。如果我们不嫌复杂、不怕麻烦,一系统可以不利用定义而仍不失其为逻辑系统。系统中的定义可以视为系统的注解,不在系统的实质范围之内。

2.系统的前提与推论方式。所谓前提与推论方式不同。前提是结论的根据而推论方式是推论的根据。我们可以说前提是结论的前提,而推论方式是推论的"前提"。这种话是有毛病的,可是如果我们能够利用这种话以传达意见,我们也就不妨利用。如果前提真,推论对,结论才真;前提假,推论对,结论亦假。如果推论不对无论前提是真是假,而所谓"结论"者根本就不是结论。从结论方面着想,我们可以说结论的真或假根据于前提,而结论的对或不对根据于推论方式。

a.在普通生活中,前提与推论方式常常是两件事。例如:

(甲)所有的河北人都是中国人,

　　所有的北平人都是河北人,

　　所以所有的北平人都是中国人。

(乙)所有的日本人都是德国人,

　　所有的东京人都是日本人,

　　所以所有的东京人都是德国人。

以上两例的结论均对,但普通我们以为(甲)的结论为真,而(乙)的结论为假。这里前提也有,推论也有,结论也有,可是前提与结论都写出来了,而推论没有写出来。(甲)、(乙)两例有两套前提,可是它们只有一种推论。在日常生活中,前提不是推论,它们是两件事。普通所谓"合乎逻辑"不是说前提一定真或结论一定真,是说推论对。推论对就"合乎逻辑",不对就"不合乎逻辑"。所谓逻辑不谈真假,而谈对与不对者在此。

b.在逻辑系统里的情形与日常生活中的情形有时不一样。此处所谓逻辑系统是自足的系统,不自足的系统的情形另外。在自足的逻辑系统中,基本命题可以既是前提又是推论方式。有时我们可以分清楚,基本命题之中,某一命题为前提,某一命题为推论方式,有时不能或不容易。例如 P. M.(1910 年版)的基本命题中有"├"符号者似乎可以说是前提,无"├"符号者似乎是推论的方式。它们的分别可以说是很清楚。但以后应用起来,系统的前提也可以成为推论的方式。例如 1.2├：p∨p・⊃・p;这是一个基本命题,可以说是 P.M.的前提之一。但以后证例之中有把 ~p 代表 p 的办法,因得以下的命题"├：~p∨~p・⊃・~p"。此办法之所以说得通者,因为"p∨p・⊃・p"是一普遍的命题,"p"既代表任何命题,它当然可以代表"~p"。"~p∨~p・⊃・~p"不过是"p∨p・⊃・p"的例而已。这样一来,前提变成了一推论的方式,只要承认此方式,在此方式之下的例也就不得不承认了。所以 P.M.的基本命题既是前提又是推论的方式,前提与推论的方式变成一件事了。

c.其所以有以上情形者就是因为 P.M.是自足的系统。不自足的系统,可以仅有前提而无推论方式,因为不自足的逻辑系统可以假设一个另外的逻辑系统供给它的推论方式。例如布尔的逻辑系统,它就没有成文的推论方式。它假设另外的逻辑系统供给它所需用的推论方式。自足的逻辑系统则不然。它不仅要供给它本身的前提,也要供给它本身所要的推论方式。它既是自足的系统,它不能假设另外的逻辑系统供给它本身所需用的推论方式。同时在系统方面,我们虽然不能说所引用的工具愈少愈好,但总得要经济才行。为达到自足系统的目的起见,我们只能想法把一物两用。此所以基本命题之中有些既是前提又是推论的方式。

d.系统的前提与普通辩论中的前提不同。逻辑系统中的前提与普通系统中的前提也不同。普通辩论中的前提,大都是持之者信以为真,究竟是真是假,颇不易说。此真假问题,有时在辩论范围之内,有时在辩论范围之外。这要看辩论者所注重的是事实还是理论,是知识还是逻辑。演绎系统的前提持之者虽大都信以为真,而不必信以为真,至少他不必信他能证明或证实其为真。他所注重的是由他的系统所承认的前提所推出来的命题彼此关联一系统;能应用固好,不能应用,而系统之为系统,仍有它的立场。逻辑系统的前提又与普通演绎系统的前提不同。逻辑系统所要表示的是"必然",它的前提最好也要是表示"必然"的命题。此处说"最好"者,因为此目的究竟能够完全达到与否,颇不敢说。无论如何,在 P.M.的基本命题中,前此已经说过,有"⊢"符号的命题都是"必然"的命题。由此种"必然"的前提,根据"必然"的推论,我们可以得"必然"的结论。逻辑系统中的非基本命题的命题都是由基本命题用合法的方法而产生的命题。如果这些命题既都是"必然"的命题,这些结论的前提也得要是"必然"的命题。

e.推论不是推论方式的结论。结论是由前提遵推论的方式而得到的命题。结论是所得到的命题,不是得到那命题的程序。结论可以是普通的或特殊的命题。推论总是特殊的,同时也不是命题,而是一种"动作"。前此已经讨论过"蕴涵"与"所以"的分别。"蕴涵"可以成一串无量的链子,而"所以"可以说是打断那一串链子的动作。在任何一由前提到结论的程序中,每一推论都是引用推论方式的一个特殊表现。我们不能有引用推论方式的普遍方式,因为如果有那种普遍方式,它就是推论方式。那就是说,这种普遍的引用方式与在此方式之下的引用动作,二者之间有推论方式与推论动作之间的同样的问题。推论方式与推论动作二者之间其关系是直接的、无媒介的、间断的。这种间断情形似乎无法消灭。我们要弄出一引用推论方式的普遍方式,无非是想把这间断的情形消灭下去,但这种引用推论方式的普遍方式与在此方式之下的引用动作二者之间,其关系仍是直接的、无媒介的、间断的。既然如此,与其想方设法消灭这种间断的情形而终于失败;不如直截了当的承认此间断的情形。

f.兹将"⟶"表示无间断的蕴涵关系,以"↓"表示有间断的推论,我们可以有以下的表示:

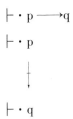

$$\vdash \cdot p \longrightarrow q$$

$$\vdash \cdot p$$

$$\downarrow$$

$$\vdash \cdot q$$

在演绎方面,我们由 p 而得 q 的结论,既要"——→",也要"↓"。

若仅有"——→",q 不是结论;仅有"↓",q 也不是结论。兹用以下二例表示一命题的两种用法。

甲,(1) ⊢：　p∨p・⊃・p

(2) ⊢：↓p∨p・⊃・p：⊃p⊃p

(3) ⊢・　p⊃p

(4) ⊢：↓p⊃p⊃→~p⊃~p

(5) ⊢：　~p⊃~p

(6) ⊢：↓~p⊃~p・⊃：~p⊃~p・⊃→・~p⊃~p・~p⊃~p

(7) ⊢：　~p⊃~p・~p⊃~p

(8) ⊢：↓~p⊃~p・~p⊃~p・⊃→：~p∨~p・⊃・~p

(9) ⊢：~p∨~p・⊃・~p

乙,(1) ⊢：　p∨p・⊃・p

↓[~p/p]

(2) ⊢：~p∨~p・⊃・~p

甲例中的第(1)命题即乙例中的第(1)命题,可是此命题在甲例中是前提,而在乙例中不是前提。甲例中的第(9)命题即乙例中的第(2)命题,可是此命题在甲例中是结论,而在乙例中不是结论。P.M.中最初的推论是乙例的推论;如果只有乙例的推论,所得的命题就很有限了。除此以外,尚有甲例那样的推论。其所以说甲例那样的推论者,因为甲例在此处完全是例,不是 P.M.系统中抄下来的;它把 P.M.系统中成文的秩序变更,表示以乙例中的(1)命题为前提,用不同的推论方式,可以得乙例中的第二命题为结论。甲乙两例不过表示 $\vdash \cdot p \vee p \cdot \supset \cdot p$ 这一基本命题可以用为前提,也可以用为推论的方式。

3.基本命题的条件。基本命题的条件大都有三:a.够用,b.独立,c.一致。这三个条件前此已经提及。现在稍微详细一点地说说。基本命题之能满足此三条件与否,似乎只能表示或证实而不能证明。这个问题似乎是系统范围之外的问题,而不是系统范围之内的问题。我们似乎不能以一系统范围之内的方法证明那一系统的基本命题满足这三个条件。兹特分别提出,但讨论从略。

a.够用问题。够用与不够用的问题,当然要看一系统所要达到的目的是什么。所谓目的就是得到所要得到的命题。如果所要得到的命题都能发现于一系统之中,而一系统的命题又均是基本命题所推论出来的命题,则那一系统的基本命题为够用,反之则不够用,这差不多可以说特别地注重“量”的问题。

够用与不够用的问题非常之重要,但我们的答案似乎只能根据于实验。我们似乎只能先用几个基本命题去试试,看它们够用不够用。如果够用,我们再求简单、一致、对称等等;如果不够用,我们只能想法子找出不够用的理由何在,加上所需要的基本命题。我们似乎没有旁的方法表示基本命题的够用与否。同时如果基本命题不够用,系统就不包含所要包含的命题,那么,目的就没有达到;目的既未达到,则系统为失败的系统,而基本命题没有尽它们的职责。因此这问题的重要可以看见,一方面我们似乎没有简单的方法或可以知道基本命题的够用与否;另一方面,假设基本命题不够用,根据它们的那一整个的系统就是失败的系统。

b.独立问题。独立问题根本是一"简单"问题。前此已经说过,所谓命题的独立者不过是命题彼此不相等或者彼此不相蕴涵而已。设在(甲)、(乙)两基本命题之中,(甲)蕴涵(乙),则(乙)用不着列为基本命题,因为它们可由(甲)推论出来。这当然就是使基本命题不要重复,而不要重复的结果就是简单。

(一)简单可以有两方面的解释。一是基本思想与基本命题的数目方面的简单。从这一方面着想,数目愈小愈简单。一是从证明的历程方面着想。从这一方面着想,基本思想与基本命题的数目小的时候,证明的历程或者反因之复杂。这两方面的简单虽不必冲突而有时事实上免不了冲突。设有冲突的情形,为双方并顾起见,我们似乎可以说基本思想与基本命题的数目以小到证明的历程不因之而复杂的程度为限。

(二)命题的独立与否,也不是证明的问题,而是表示或证实的问题。这个问题比够用与不够用的问题似乎简单,因为它似乎有一种已经承认的方法。此方法即利用各种不同的事实以之为基本命题之解释。设有五个基本命题,如以一种事实上的解释,第一命题能说得通,或是真的,而其余四个命题都是假的,则第一命题对于其余四个命题为独立。分别引用同样方法于其余四命题,我们可以分别地表示其余的命题是否独立。独立与否的问题既是一表示的问题而不是证明的问题,或者等到系统发展到相当程度的时候,我们有时不免发现前此所认为独立的命题并不独立。

c.一致问题。表示命题的独立与否的那一办法,似乎假设事实的全体不能容纳于一个整体系统范围之内。表示命题的一致与否,似乎又假设事实无矛盾。关于一致,理论与事实的分别似乎极其重要。这一条件的满足与否也不是系统范围之内的问题。我们不能以系统之内的方法证明基本命题的一致,结果也就是以系统范围之外的方法表示它们一致。

(一)何以不能用系统范围之内的方法呢? 所谓一致者即无矛盾,空泛一点的说,即无冲突。如果我们要证明一系统一致,就是要证明那一系统没有矛盾。这件事似乎办不到。要证明一系统没有矛盾,实在是证明一系统,即无量地推进,亦不至于有矛盾。在自足的逻辑系统,那一系统之外的证明方法与那一系统不相干,而那一系统内的证明方法也只能表示那一系统发展到某种程度的时候没有矛盾,而不容易证明那一系统发展到任何程度亦不至于有矛盾。至少从前有这样的思想,现在是否如此,则不敢说。此问题引出来的问题太大而且太多,此处不敢也不能提出讨论。

(二)无论如何,基本命题之是否一致,不能在系统发展以后才表示。在系统未发展以前既要表示,自然不能引那一系统的证明方法去证明它的基本命题一致。结果我们还是利用系统之外的方法表示。普通引用的方法似乎是拿出系统通式的基本命题通式,加以事实方面的解释,如果在事实上照这个解释,基本命题都是真的,则这些基本命题是一致的。

关于独立那一条件,我们所用的办法,假设事实的全体不能容纳于一系统范围之内；对于一致这一条件，我们所用的办法，假设事实无不融洽。这两假设是否说得过去，在逻辑系统范围之内可以不理。且前一假设影响于知识论，后一假设似乎是各种科学所必具的假设。

以上三条件是大家认为基本命题所要满足的条件，而此三条件之满足与否，似乎都只能以系统以外的方法表示而不能以系统之内的方法证明。

文　章

论自相矛盾[*]

一

　　自相矛盾,在哲学上是一种批评哲学的极厉害的工具。现在的哲学所最注意的似乎是逻辑,如果一种哲学在理论上有自相矛盾的地方,它就不容易成立。注重逻辑的人很喜欢用这个工具来批评哲学,康德的哲学、实验主义、休谟的哲学都时常得了"自相矛盾"的批评。我在本文仅举两个例,表明引用"自相矛盾"这种工具的法子。至于被批评的哲学的价值不在本文范围之内。

　　甲　用极简单的方法说,——须知简单就不免误会——我们可以说:康德把宇宙间所有一切分为可知的现象与不可知的原体。在可知的现象中,每种现象各有我们的知识在内。在不可知的原体中,有一种特别原体,就是知识原体。这种特别原体与他种原体凝结起来,变成了可知的现象。但这种现象不是原体;原体是不能知的,而现象是包含知识工具在里面的。比方我说"我知道这张桌子",我的知识中的桌子就是现

---

* 原刊于《哲学评论》第 1 卷第 3 期,1927 年 8 月。　　　——编者注

象，虽然有一部分是桌子的原体，而它自己不是桌子的原体，因为除桌子的原体外尚有知识的工具在内。在知识中的桌子，桌子的原体与知识的工具是不能分开来的，因为分开来后，这桌子就不是现象，就不是知识中的桌子了。这样说来，照康德的认识论看起来，认识与被认识的东西是不能分开来的。这样简单的说法，不免误会康德的哲学，但本文既不注重在阐明他的哲学，也就顾不了这一层。

假定以上的话可以代表康德的认识论，我们可以问（一）康德的哲学是不是知识？康德可以说"不是"也可以说"是"，也可以说一部分是一部分不是。如果他说"不是"，我们对于他的哲学，可以置之不理，因为它不是知识。如果他说"是"或一部分"是"，那么我们可以说，照他自己的认识论看来，他的哲学与居于它相对地位的宇宙一切，发生知与被知的关系。我们可以问（二）他的哲学与宇宙一切是否可以分开？他自然可以说"可以分开"，也可以说"不能分开"。如果说能分，他就自相矛盾，结果他只能说"不能分"。如他的哲学与宇宙一切不能分开，那么，如果他的哲学是真的，就有以后所讨论的情形发生。

现在再从真理方面讨论这问题。如果知识与被知识者不能分开，我们怎样可以分别真知识与假知识呢？知识的真假似乎有分别之必要，因为从康德的举动看来，哲学的真假似乎有分别之必要。如果哲学的真假没有分别之必要，康德又何苦著书立说呢？无论别人的哲学是真是假，他自己至少应该以为他自己的哲学是真的哲学。上段说过，哲学是知识，如果哲学有分别真假之必要，至少一部分的知识有分别真假之必要。但是我们可以问(三)怎样分法呢?

这问题发出后,康德不能不找一个标准。但如果知与被知者不能分开,这种标准就不容易找到,因为根本就不能有这标准。比方我"我知道这桌子是圆的",我可以问康德(四)"这知识是真的呢,还是假的呢?"他自然可以说是"真的",他也可以说是"假的",但无论他的答复是怎样,他似乎应该有他的答复的标准。这种标准不能在我那句话范围之内,因为在那句话范围之内的标准,不能定那句话本身的真假。所以这句话的真假的标准,只能在这句话范围之外。

如果一种知识的真假的标准在那知识范围之外,康德对于我们的第四问题又怎样办呢? 他可以说"我知道这桌子是圆的,我知道我的知识是真的,因为这桌子本来是圆的"。他也可以说"我知道这桌子是圆的,因为我知道我知道这桌子是圆的"。前者注重在桌子,后者注重在知识。这两种答复都不行。照第一种办法看来,我们所知的不是现象,是原体,与康德的认识论相矛盾。第二种办法简直不是办法;因为它的结果仅仅是我知道,因为我知道我知道。这样一层一层的推下去,真假的标准永远在前,你进一步,它也进一步,永远摸不着。

但第一答复既然与康德的认识论相矛盾,他在理论上就只能用第二答复。那么我们可以问(五)他自己的哲学是真的呢,还是假的呢? 这问题问别人或者不要紧,问他自己,可是有点为难了他。他既然著书立说,他似乎不容易说他自己的哲学是假的,他似乎不能不说他自己的哲学是真的;同时他不能证明别人的哲学是假的,也不能证明他自己的哲学是真的。现在又申明,康德哲学是真是假,或好或不好,或有价值或无价值,与本文都不相干。

照康德的哲学看来,知与被知者既不能分开,哲学与宇宙一切也就不能分开。知识真假的标准既然是永远摸不着,一种哲学之能成立与否在那哲学范围之内,也就不能定。如果康德的哲学是真哲学,那么,甲乙丙丁的哲学,甲乙丙丁各个人都可以说他自己的哲学是真哲学。甲乙丙丁既然各是其是,就不免各非其非,但是既然各个人在理论上可以各是其是,在理论上就没有一人能非别人之所是,各个人虽可以非其所非,而其所非者不是别人之所是。

有以上的情形,结果如下:如果康德的哲学是真的,

(一)他人的哲学,康德不能说是假的;

(二)他们的哲学,他们个人都可以说是真的;

(三)易地而居,康德的哲学,康德自己可以说是真的;

(四)康德的哲学别人不能说是假的;

(五)如果康德以为他自己的哲学是真的,他就不能说别人的哲学是假的;

(六)如果他说别人的哲学是假的,他就不能以为他自己的哲学是真的;

(七)综合第五、六两条,如果他以为他自己的哲学是真的,别人的哲学也是真的,那么他自己的哲学是真的;

(八)如果他以为他自己的哲学是真的,别人的哲学是假的,那么他自己的哲学是假的;

(九)照第七条看来,世界没有假哲学,无分哲学真假之必要,与康德著书立说的宗旨相反,所以第七条的理论是决不

能成立的；

（十）如果他著书立说，如果他以为哲学有真假，如果他以为他自己的哲学是真的，那么，他的哲学与别人的不同，他不能不说别人的哲学是假的，所以只有第八条的理论可以应用；

（十一）我们可以删繁就简，从第八条理论，推论到一极自相矛盾的结果，"如果康德的哲学是真的，那么，他的哲学就是假的"。

乙　以上这种批评，是学哲学的人常常遇着的，我不过在理论方面加了许多层次而已。对于实验主义，我们可以作同类的批评，并且还用不着这样弯弯曲曲的理论。实验主义者以为真理和别的事物一样，同受天演的范围，随时随地而变迁。结果是有适合于一时一地的真理，而无永久不变的真理。那么我们可以问，"实验主义是不是真理"？实验主义者可以说是，也可以说不是，也可以说超乎真理之外。如果他说不是真理，我们从求真理方面看来，可以把他的主义置之不理。如果他说他的主义超乎真理范围之外，那么我们似乎无相信与反对之必要，我们相信也可以，不相信也可以；赞成也可以，不赞成也可以；即置之于不闻不问也未尝不可。无论我们的反感如何，总而言之，与真理无关。但是，如果实验主义者以为他的主义是真理，那么照寻常的理论看来，以下的情形就不容易免：

（一）实验主义是一时一地的哲学；

（二）时与地两字，不加范围，意义不易清楚，但我们可以大约的说，当实验主义者发表他的主义的时候，在发表主义的

地方,他的主义是真理;

(三)但严格地说,因为说话是有限时间中的一件事体,实验主义者说到第二句话的时候不一定能说头一句话是真的。这样看来,实验主义者似乎没有著书立说鼓吹主义的可能;

(四)但实验主义者既著书又立说又鼓吹他的主义,可见他的主义不是限于一时一地的;

(五)他的主义已经假定是真理;

(六)第四、五两条不能同时成立。如果实验主义不是限于一时一地的,那么它不是真理;如果它是真理,它就不是限于一时一地的;

(七)我们可以说,如果实验主义可以成立,它的"真理论"不能成立,它的"真理论"能成立,它自己就不能成立。

以上是从极简单方面立论。还有好些个理论上的层次在此处用不着写出来,以免读者讨厌。在此段,除本文之外,应请读者注意的有以下三点:

(一)受这种批评的,不仅是实验主义与康德哲学,其他如怀疑主义与休谟的哲学也时常受这种批评;

(二)我所以举实验主义与康德的哲学为例者,不是我特别的不喜欢它们,是因为它们在中国,似乎懂得的人多一点;

(三)本文与这两种哲学的价值无关。

二

我们所注意的是批评的工具。以上两例都是用自相矛盾的方法批评别人的哲学。这种自相矛盾与寻常的自相矛盾稍微不同。如果我说这支铅笔是红的,同时又说不是红的,如果铅笔不能同时是红又不是红的,那么这两句话摆在一块,我就自相矛盾。这类的自相矛盾似乎没有什么很大的问题,即令有也与本文无关。以上两例所引用的自相矛盾可不是这类。它有一种以本身的全体为本身的部分的情形。如果这情形不改变,有几种哲学似乎都不容易成立。

这问题是历史上很有趣的问题。老早就有人说"所有的人都说谎"。这句话是真是假呢?说这句话的人似乎也是人,他说的这句话大家也都承认它是人说的一句话。如果他这句话是真的,那么,至少有一个人说真话,所有的人不至都说谎,而他原来的话就不能成立。从另一方面看来,如果这句话是假的,那么所有的人不能都说谎,这句话就不能成立了。总而言之,所有的人中间有说话的这个人,所有话中间有这一句话,无论这句话是真是假,它总是不能成立。

讨论这问题的人很多,罗素也是其中之一。照他说来,极简单的话如"我说谎"也有这种情形。"我说谎"这句话是真是假呢?如果是真,我就不说谎;如果是假,我固然说谎,但是我既然说谎,我的话就是真话了。简单的说法如下:"我说谎",我真说谎,我就不说谎;我不说谎,我就真说谎。

这类问题,似乎是一种兜圈子的走马灯,供小孩子的玩意则可,摆在哲学里似乎是不合格。如果它的意义仅仅限于它自己的本身,至多也不过是一种有趣的问题,用不着把好好的光阴对付到它身上去。但以上的理论不限于这几句话的本身,所举的批评的两例,其中所引用的理论,也就是这种理论。

更有进者,不但批评哲学有这种理论,就是建设哲学也受这种理论的范围。所以无论批评与建设哲学都离不开自相矛盾的问题。它与批评的关系已经说过,以下就讨论它与建设的关系。

一种哲学主义,一定有它的根本主张。所谓根本者,大都在耳闻目见范围之内,不能证明,也不能否认;所以如果要证明或否认这类的主张,我们不得不另外想法子。此处所谓想法子者,是要在耳闻目见之外,找一种标准,可以使我们审定某种主张是否能成立。这种标准在历史上的种类很多,我们用不着一个一个的去讨论它。这种标准自己也应该有标准,我们在本文仅提及,也不详细讨论。在近世哲学所常遇着的标准,大约有下列三种:(一)显而易见;(二)反面不可思议;(三)否认包含证明所以不能否认。

第一种在理论上不能成立。事实上或者有相当的价值。如果我们对于一种提议,在事实上我们觉得显而易见,我们大都相信不疑。但这种价值——即令有这种价值——与理论无关。理论上这显而易见的标准不是一个标准。它简直是心理上的一种懒惰性。所谓显而易见的主张大都是我们不愿意往下探讨的主张。同时引用这标准实在靠不住。你以为显而易见的不是他以为显而易见的,而他以为显而易见的我或者以为既不显而又不易见。我在这段说了这一大篇。照我看来,是"显而易见"用不着多说,而我所以多说的缘故,就是恐怕各人的观察不同,不一定是"显而易见"。

"反面不可思议"也是心理上的作用,也就不能当作理论上的标准。可思议与不可思议是心理上的习惯问题、成见问题。我以为不可思议者别人家不必以为不可思议;现在以为可思议者从前或者以为不可思议。三千年前,如果有人说地球是圆的,大多数的人或者以为不可思议。这种标准在心理上或者有很大的力量,因为如果我们对于一种主张,以为不可思议,就是想法子去思议它,恐怕也没有法子想。因此我们觉得不可思议者,不但在事实之外,而且在可能之外。但可思议与不可思议之间,既然没有标准,那么,它自己就不能做标准。

以上两种标准都不能应用,能应用而时常引用的是第三种标准。这种标准完全是理论的标准,没有心理作用存乎其间;而它所以能应用的缘故,也就是它的理性充足。上面已经说过,根本主张之能成立与否,其标准不能在耳闻目见范围之内,而在耳闻目见范围之外。心理上的感觉既然不能帮助,我们只得在理论上设法,而在理论上居然有许多主张似乎是我们所不能否认的,因为如果我们否认这类的主张,我们适足以证明它们。这类主张既然不能否认,在理论上我们似乎就不能不承认它们了。

现在举出几个例来:(一)"有真理";(二)"有命题";(三)"在同一范围之内,一命题或者能成立,或者不能成立,没有第三可能";(四)"我们辩论"。以上都是寻常认为不能否认的命题。(一)"宇宙所有的一切都是相对";(二)"真理是限于一时一地的";(三)"所有的人都说谎";(四)"宇宙间所有一切都是不可知的"。以上都是寻常认为不能成立的命题。

(一)"有真理"。这句话不能否认,因为否认时,我们要说"没有真理"。那么,这句话是不是真理,如果是的,适足以证明"有真理","有真理"的话就成立了。如果否认的话不是真理,那么它本身既不是真的,怎样可以否认"有真理"那句话,而"有真理"这命题就不能不以为成立了。

(二)不能否认的第二例与以上相同,理由一样。

(三)这一例的理论稍微杂一点。如果我说"一命题在同一范围之下或者成立,或者不能成立,没有第三可能",读者要否认这句话的时候,大约免不了要说"一命题在同一范围之下,可以成立,可以不成立,也可以同时成立与不成立"。这不过是说成立与不成立之外有第三可能。但理论上似乎没有第三可能。我们可以用甲乙代表这两句话,甲代表命题,乙代表否认。甲乙之间,如果没有否认关系,那么没有问题发生。如果有否认关系,我们可以问,乙是否能否认甲。如果乙不能否认甲,那么甲依然成立,也没有问题发生。如果乙可以否认甲,那么,否认成功,甲不能成立,而乙成立。这样一来,甲乙之间有一种特别关系,就是"如果甲能成立,则乙不能成立;如果乙能成立,则甲就不能成立"。简单言之,甲与乙或者成立或者不能成立,没有第三可能。第三例的命题也就是不能否认的。

(四)第四例与第一、二例相同,不赘。

现在再谈谈不能成立的命题。第二、三两例,以前都说过,此处不再论。

(一)"宇宙间所有一切都是相对的"。这句话似乎是宇宙间所有一切中之一,它自己是否相对呢? 如果相对,那么,这句话就靠不住了。因为既然相对,这句话有时能成立,有时不能成立,要看对方的情形如何,而它自己就失了普遍的性质。结果是我们只能说这句话不相对。既然它不是相对,那么,至少有一句话不相对,而宇宙间所有一切就不能都是相对的了。

（四）"宇宙间所有的一切都是不可知的"。我们可以问这句话是不是知识呢？如果它不是,我们可以置之不理。如果它是知识,那么,不知为不知,是知也,我们至少知道宇宙间所有的一切是不能知的。我们既然知道宇宙间所有的一切都是不可知的,那么在这范围之内,宇宙间所有一切是可知的了。不能成立的命题,大都是自相矛盾的命题,而不能否认的命题,大都是它们的反面自相矛盾。

说到这里,恐怕大多数的读者已经讨厌到万分了,所以我也就不再举例。综合以上的讨论,似乎在理论上有一类命题是不能否认的,另外一类命题似乎是不能成立的。在这种情形之下,学哲学的人,似乎很得了一点便宜。表面上看来,似乎只要学哲学的把这类理论上不能成立的命题,都给它们打倒,事体就完了。其实不然。仔细想想,如果这种情形不加修改,至少有两个毛病：

（一）信仰太不自由,理论的束缚太厉害。理论固然要紧,信仰也就不能小视。如果学哲学的专讲理论,他所得的不过是一个空架子,与我们的世界没有多大的关系。学哲学的,多多少少,总有他们的信仰,如果受理论的束缚太厉害,他们简直无话可说。如果他们相信他们的主张而觉得不能不说话,那么说话时,不免发生哲学家与他自己的哲学自相矛盾的问题。

（二）寻常的理论不充足。下段再讨论这一层。

三

　　讨论这问题的材料，我所知道的是罗素与怀悌黑的 *Principia Mathematica*。听说哈佛大学里有一位教授对于这问题很有兴趣，对于罗素的主张觉得有修改之必要；但怎样修改，我未读他的论文，我不能说。罗素的思想我不敢说了解，但在以下数段中偷了他的意思不少。我说"偷"者，一方面因为我不十分懂罗素的意义，我不敢引用他的思想；再一方面以下数段中有许多思想不是我自己的，是从罗素的书中得来的。

　　对于自相矛盾的问题最初所应注意的，一方面是普遍的情形，一方面是特别的情形。普遍方面我们所应注意的约有两点，这两点均须简单的讨论一下。

　　（一）自相矛盾是几句话的事，不仅是一句话的问题。严格地说起来矛盾不是字的问题。红与不红虽然彼此相反，彼此不同，而实无所谓矛，无所谓盾，因为空空的几个字，没有一定的范围，不能有冲突发生。一句话也无所谓矛盾，因为矛盾是一种理论上的情形，而理论又是多数句话中间的一种特别关系。既只有一句话，就谈不到理论，既谈不到理论，就不能有矛盾的情形发生。如果有矛盾的情形，就不是一句话的问题。所谓一句话自相矛盾者，是那一句话可以分作几句话，或包含几句话，而这些句话在理论上发生冲突不能融洽，所以发生矛盾的情形。以上所举出的例可以证明一句话的自相矛盾是几句话的矛盾。如果我说"无真理"这句话之所以能自相矛盾者是它包含几句话："这句话是真的"；"所以有真理"；

"在同一范围之内,不能同时有真理与无真理"。它们彼此不能的相容,彼此矛盾,所以"无真理"这句话自相矛盾。

(二)多数句话发生矛盾,一定有它们发生矛盾的情形。别的不说,只说以下三种。

(a)一定有同一的范围,没有同一的范围,不能有矛盾发生。在此处所应注意的,一方面是不在同一范围之内,彼此反对的话不相矛盾。一个人有亿兆千万的细胞,一与亿兆千万虽有天壤之别,而一个人是从人方面说话,亿兆千万的细胞是从细胞方面说,范围不同,没有发生冲突的余地。一直线有无量数的点,有有量数的直线;一直线可以说是无量的,也可以说同时是有量的;从点方面看来,直线是无量的,从直线方面看来,它是有量的;范围不同,所以没有矛盾的问题。

再一方面,我们所应注意的是没有范围或范围不清楚的问题。有时范围不清楚,发生表面上的矛盾问题,等到范围弄清楚后,这问题也就消灭。在不能否认的例里面,第四例说"我们辩论"。如果有人说"我们不辩论",那么岂不是我们辩论了。但所谓辩论者范围如何,差不多没有根据可以使我们猜想。从常识看来,辩论是一件事,与时间发生特别关系;这句话既没有提及时间,我们可以说辩论没有相当的范围,或者范围不清楚。就是辩论的意义相同而范围不一,也没有矛盾的情形发生。不能否认中的四例,在此处就可以打倒。

(b)几句话一定要在同样前提之下才能发生矛盾的情形;如果我们假设一种另外不同的前提,那矛盾的情形或者也就消灭。寻常逻辑书中的 A 与 E 两命题,大家大都以为可以同时是假的而不能同时是真的。比方我说:(一)所有的甲都是乙；(二)没有一甲是乙。这两句寻常都以为不能同时成立的。但其所以不能同时成立者，不是有自然而然的前提，是有一种特别的前提，为大家所默认而没有受我们的明明白白的解释。大家所默认的前提，就是存在问题。我们谈到 A 与 E 这两个命题时，不知不觉就把存在问题夹杂在两句话中间去了。那就是说不知不觉我们就假设甲乙的存在。如果甲乙都存在，这两句话似乎是不能同时成立。但如果这两句话不包含甲的存在，那么我虽然说到甲，世界上不必有甲，虽然说到乙，世界上不一定有乙。如果世界上本来就没有甲，A 与 E 两命题就可以同时成立。A 仅仅取消不是乙的甲，E 不过是取消是乙的甲；这两句话可以同时成立，而成立后的结果就是证明世界上没有甲的存在。这样看来，矛盾的情形发生与否，须视前提为转移。

以上是普遍的情形但与以下第三、第四两条有特别关系。

(c)几句话发生矛盾情形，所用的字一定要意义一致。意义不一致，不能发生矛盾情形。如果湖南人说一吊钱是一百个铜子；北京人说一吊钱是十个铜子，这两句话不矛盾，因为"一吊钱"没有一致的意义。如果我说某甲好，他说某甲不好，我所谓"好"者是和蔼可亲，他所谓不"好"者是喜欢辩论；那么两人之所谓"好"者不同，这两句没有矛盾的情形。

以上也是普遍的情形，但与本文无关。所举的例大都不犯这毛病。真理的定义，是哲学上很难的问题，各有各的见解，向来就不一致；但本文与定义无关。无论定义是怎样，"有真理"这句话，照普通的办法看来，是不容易否认的。否认的时候，我一定要说"无真理"。这两句话里的"真理"两字,意义一定一致;因为如果不一致,根本就没有否认的事实发生。从反面说,如有否认的事实,真理的意义不能不一致。至于真理的定义如何,与这两句话简直没有关系。如果"有真理"这句里的真理是佛教的真理,"无真理"这句话里的真理也就是佛教的真理,因为如它是康德的真理,这两句话就没有接头的地方,不能发生赞成与否认的情形。

所举的例,只有一例恐怕免不了意义不一致的毛病。在不能成立的命题中,我们有一例如下:"宇宙间所有的一切都是不可知的"。这句话说了之后,我们马上就想起,如果宇宙间的所有一切都是不能知的,我们怎样知道它们是不能知的呢?如果我们知道它们是不能知的,我们似乎已经知道它们了。如是乎矛盾。但知识是可以有等级的;知道北京大学在北京,是一件事,知道北京大学第一院在汉花园,又是一事。知识虽可以有同一的定义,而不必有同一的等级,既不必有同一的等级,就不必有同一的意义。如果意义不一致,就不能发生矛盾的问题。

综合言之,几句话相矛盾与否,要看那几句话的彼此的关系如何。一句话可以包含几句话,如果包含的几句话相矛盾,这一句话就自相矛盾。照这种说法,自相矛盾的问题仅仅是平常的矛盾问题,似乎是没有什么特别。其实不然。以下两条是自相矛盾的特别情形。

(三)程序问题。在第二节里我们曾说过"我们说谎"的这句话。这句话似乎自相矛盾,因为如果我们真说谎,我们就不说谎,如果我们不说谎,我们就说谎。真假之间,翻来覆去,弄出矛盾的情形出来了。如果我们把程序弄清楚,或者没有这种毛病。

（a）"我们说谎"。这算第一程序。无论真假的定义如何，这句话的真假似乎不能包含在这句话里，所以要在第二程序里说。这句话既然有真假，第二程序里至少可以说两句话，或者说第一程序的话是假的，或者说它是真的。现在假定它是真的。

（b）第二程序，我们可以说"我们说谎"是真话。第二程序的话的真假又要在第三程序才能发表。

（c）在第三程序，我们可以说"（我们说谎）是真话"是真话。

真假的定义虽然一样，而各程序的真理不同，不能混在一块。不把程序混乱，就不会有矛盾的情形，而其所以表面上发生矛盾情形者是因为程序没有分清楚。以前的理论（甲）我说谎、（乙）我真说谎、（丙）我就不说谎，程序不分，第一与第三矛盾。程序分清楚后，在（a）段所说的与在（c）段所说的不能混在一块；因为两句话间，其所以为真为假者虽相同，而所真所假者不相同。既不相同就不能混乱，既不混乱就不至于有矛盾情形。如果我们看看第二程序的话，或者容易明白这道理。在第二程序里，我们可以分别两层真假：（甲）第二程序话里的真假，（乙）第二程序话的真假。（甲）虽在第二程序里发表，而所指的是第一程序的话；（乙）所指的是第二程序的话，不过在第三程序发表而已。（甲）与（乙）不能混合。那就是说程序不能混合。

以上仅说程序应该分别，但何以应该分别呢？我们可以说，程序分别后，这几句话的理论关系就容易看出。比方，

（甲）我说谎,（乙）我真说谎;我可以接着说"所以我说谎",也可以接着说"所以我不说谎",看我所注意的是第一句话,还是第二句话。我既然可以再说两句话的可能,我就没有只能说一句话的必要。严格地说,我就不能得理论上的结论。但理论的结论虽不能得,而矛盾仍不能免。如果我们说"所以我说谎",那么,这句话与第二句话冲突。如果我说"所以我不说谎",那么,这句话又与第一句话冲突。若是程序分清楚,以上的毛病就没有了。如果在第三程序承认第二程序的话是真的,就不能不承认第一程序话里所说的谎是谎。如果在第三程序不承认第二程序的话是真的,就不能不推论到第一程序的话里的谎不是谎。因为范围一定,各程序的话可以得一定的必要的结论。

（四）程序不是很根本的问题,因为它可以消灭在另外一个问题里去。那更根本的问题就是全体与部分的问题。这问题是哲学上逃不脱的问题,它的范围也很大,但在本文所讨论的仅仅是限于这问题中的一点。问题是一事一物的全体可以作它自己的部分吗？我们的答案与自相矛盾这情形有极要紧的关系。

最清楚的说法还是用例。（一）所有的人都说谎,（a）这句话是假的,（b）那么所有的人不都说谎;或者（c）这句话是真的,（d）那么至少有一人不说谎,所以（e）所有的人不都说谎。这里的理论不但不分程序而且混乱全体与部分。我们可以问"所有的人"包括说这句话的人吗？所有的人所说的话包括这个人所说的话吗？如果我们用甲代表"所有的人都说谎"这句话,乙代表所有的所说的话,丙代表无论何人所说的

一句一句的话。照以上的理论看来，

（a）甲包含乙。

（b）乙包含丙。

（c）丙又包含甲。

但是丙应不应该包含甲呢？如果丙可以包含甲，岂不是甲、乙、丙周而复始，无先无后，无全体与部分的分别了吗？（二）无真理，我们可以说（a）这句话是假的，所以（b）有真理；或者说（c）这句话是真的，所以（d）有真理。这也是不分程序，混乱全体与部分。如果我们用甲代表这句里的真理，乙代表这句话，丙代表这句话的真理。以上的辩论也就包括同样的情形。

（a）甲包含在乙里面。

（b）乙包含在丙里面。

（c）丙又包含在甲里面。

甲、乙、丙也就是一种走马灯。但我们能够这样兜圈子吗？如果能够，"无真理"这句话就免不了自相矛盾；如果不能够，这句话就不必自相矛盾。这不是范围清楚与不清楚的问题，也不是意义一致与不一致的问题；范围似乎很清楚，意义也不能不一致。这是前提问题。如我们以为全体既然包括部分，部分就不能包括全体，或者部分既然包括在全体之中就不能再包括全体，那么我们所讨论的自相矛盾就不能发生。如果我们以为全体可以包括部分，而同时部分又可以包括全体，那么，我们永远跳不出圈子来，永远免不了我们所讨论的这种自相矛盾。

现在从另外方面讨论这问题。我们可以说几句极寻常的话：(a)中国人是黄种人,(b)这桌子是方的,(c)这位小姐是北京第一美人,(d)这位先生是本地人,等等。这几句话详细的分析起来,很可以分出几类出来。但从理论方面可以推论到一种很普遍的话:"甲是乙"。再从上推,可以推论到"甲是甲"。但无论用哪句话,甲乙所代表的东西可以说是无量的。但无量不是无限制。在这无量数的东西里,用这句话方式发表时,有一部分是有意义的,有一部分是无意义的,有一部分是真的,有一部分是假的。但真假问题在此处不算重要,因为假命题也有意义。如果甲代表人,乙代表方的,甲是乙这句话就等于"人是方的"。这句话大都以为是假的,但我们不能说它没有意义,它不过是一句假话而已,在理论上仍有它的存在。在事实上虽然没有找着方人,而理论上不能说没有方人的可能。

这样说来,甲乙所能代表的东西,似乎是没有限制。其实不然,在"甲是乙"这句话里,甲乙均似乎不能代表这句话的本身。因为如果不然者,全体与部分就混乱了。如果我们说"甲是乙"是乙,那么乙包含在"甲是乙"这句话里,而"甲是乙"既然又是乙,那么,"甲是乙"又包含在乙里面去了。这句话岂不是没有意义？我们可以举出例来:(a)中国人是黄种人是黄种人,(b)这张桌子是方的是方的,(c)这位小姐是北京的第一美人是北京的第一美人,(d)这位先生是本地人是本地人。这些话,一看就知道它们不能成立。其所以不能成立者,不是说它们是假话,是因为它们都没有意义。如果他是人,"他是人"这句话没有是人的可能,根本就没真假的问题。

在本节所提出的注意的点,第一与第二是普通的,第三、第四是特别的。第三与第四可以当作一种思想,也可以当作两种思想。我们可以说,所以要分程序的道理,就是因为全体与部分不能混乱;或者说全体与部分不能混乱所以程序有分别清楚之必要。但我们把它们做两条讨论,也就有理由,以后再说。此处应该说本节的主张是全体与部分不能混乱。

四

现在最重要的问题是全体与部分的关系的问题。它们永远可以混合吗?它们永远不能混合吗?如果它们可以随时混合,那么有许多自相矛盾的情形,我们无法可以对付。如果它们永远不能混合,我们也就逃不了困难问题。那问题就是:在理论方面,差不多没有不能否认的命题。

(一)不能否认的命题都可以否认。"有真理"这是很要紧的问题,有一部分持实在主义的人,靠这个命题来建设他们的哲学。但是如果全体与部分永远不能混合,那么,有真理这句话就可以否认,因为无真理这句话就不自相矛盾。而无真理这句话不自相矛盾者,因为这句话虽然或者是真理,而这句话所否认的真理与这句话的真理,既然不能混合起来,就不至于发生冲突,既不发生冲突,就不能有矛盾的情形。"有命题"也可以同样的否认。

"一命题或者能成立或者不能成立,没有第三可能",这是理论上一极重要的原理。理论似乎非他不可的样子。比方我说"甲是甲"这是何等根本的命题。我说了之后别人听了就可以接着说"甲不是非甲"这又是何等根本的推论。但我们所以能如此推论者，是因为理论上有以上的原理，说如果甲是甲，它就不能同时是非甲，如果它是非甲，它就不能同时是甲，没有第三可能。这原理在理论上可以说是极根本的了。照寻常的理论，它是不能否认的，因为否认它就是证明它。理由见前此处不赘。但如果全体与部分不能混合，不能彼此互相包括，那么，这极根本的原理也就可以否认了。

（二）在所举的例中，不能成立的命题都可以成立。

其所以有这两结果，总而言之，是一句话自相矛盾的机会差不多根本消灭了。自相矛盾的机会既然消灭，我们就不能时常应用得着它做我们批评哲学的工具。以上所举的对于康德的哲学与实验主义的批评，照第三节所讲的道理看来，就不能成立，因为这种批评所包含的理论，就是一句话自相矛盾的理论，自相矛盾既然推翻，这种批评也就打倒了。在此处我又要申明，本文的宗旨不是讨论各种哲学的价值。在第一节我们虽然用自相矛盾做工具，批评实验主义与康德的哲学，我们没有以为它们受了自相矛盾的批评，就因此没有价值；现在我们推翻第一节的批评，我们也不以为它们就因此有价值。

打倒一句话自相矛盾的情形似乎是一极便利的事，但仔细想想，也未必尽然。在上节所用的方法有抹杀一切的毛病。在所举的例中，不能成立的命题，在未用这方法之前，无分彼此的内容，都不能成立。在引用这方法之后，它们也无分彼此的内容，都不能成立。都能成立与都不能成立均有抹杀一切的毛病。一句话的内容与它在理论上能成立与否简直没有关系。

有了以上的情形，我们对于第三节的提议似乎有修改之必要。我们所注意的是限制引用自相矛盾这种工具的范围不是消除自相矛盾的存在。所以从提议方面看来,我们似乎不应该说全体与部分完全不能混合,绝对的不能彼此互相包含。我们的问题似乎是要用点分析功夫,看全体与部分什么时候可以混合,可以彼此互相包含,什么时候彼此不能混合,不能彼此互相包含。在本节我们所宜注意的有以下数端。

(一)上次说"甲是乙"这句话里的甲乙所能代表的东西非常之多而不能代表这句话的本身。我们说"甲是乙是乙"没有意义。但这也不尽然,要看所代表的东西的性质怎样。"甲是人是人"没有意义,而"甲是一句话是一句话"有意义。因为所代表的东西的性质不同,"甲是乙"这句话有时可以代表它自己的本身,有时不能。那就是说全体有时可以做自己的部分,有时不能。但是哪时能,哪时不能呢? 哪种东西的性质能,哪种东西的性质不能呢? 哪样的话有意义,哪样的话没有意义呢?

有意义与没有意义是不容易说的,至少可以分作两种看。一种是心理上有无意义,一种是理论上有无意义。心理上的有无意义是靠不住得很的。各个人的思想的背景、各个人的习惯、各个人的兴趣等均可以存在它的意义。理论上的有无意义,从普通方而看来,牵扯出来的原理太多,在本文不便讨论,而从我们的特别问题着想,就是我们所要解决的问题。断不能拿它来作有无意义的标准。

(二)我们只得用分析功夫,看可否能得一点小结果。最初一步,就是要认清题目。题目是"甲是乙是乙"在怎样情形之下可以成立。但是要解决这问题,先要知道甲乙所代表的东西的性质,而最关紧要的,就是这类东西的全体与部分的关系。所以根本的问题是全体与部分的问题。不是普通的全体与部分的问题,是一句话,或一命题中的全体与部分的问题。对于这问题我们可以分别以下几种不同的情形。

(a)在一个命题中,如果全体是单个的集合——无论是有机体或无机体,有组织的集合,或无组织的集合——凡关于全体者不能当作它自己的部分。

甲例:"宇宙间所有的一切都是相对的"。这句话所说的宇宙一切是指甲、乙、丙等等而言。它是一种单个的集合,所以这句话不能当作宇宙间所有中之一。

乙例:"所有的人都说谎"。这句话里所说的"所有的人"是指甲、乙、丙、丁等等而言,不是指所有的人的总数,因为人的总数不能说话。既然不能说话,自然不能说谎话。说这句话的人不能当作"所有的人"中间之一。但这句话是不是谎话似乎是另一问题。

丙例:"有一个一个的真理"(truths)或者"有一个一个的命题"(propositions)。此处的真理是个体的真理,是这真理,是那真理,等等。如果这句话是真理,我们也不能把它摆在这些个体的真理中间。"有命题",如果是个体的命题,结果相同。

(b)在一命题中,所谓"全体"者仅仅是一种概念,凡关于这种"全体"者不能当作它自己的部分。

甲例:"直线是两点间最短的距离"。此处的直线与这条直线、那条直线无关,它似乎是一概念。这种话简直没有问题发生。

乙例:"博爱之谓仁,行而宜之之谓义"。此处的仁与义似乎都是概念,也不至于有困难的情形发生。

(c)如果在一命题中,所谓"全体"者,可以当作个体的集合解,也可以当作概念解,凡关于"全体"者不能当作它自己的部分。

甲例:"时间是不停留的"。时间两字可以作概念解,凡是所谓时间者有不停留的性质;也可以当作个体的集合解。甲时、乙时、丙时等都有不停留的性质。

乙例:"空间是不动的"。情形同上。我们所应注意的是两种解释不能混乱。那就是说一字不能够同时有两解。是概念就不能同时当作个体的集合,是个体的集合就不能同时是概念。总而言之,随便哪个均可以,但二者不可得兼。

(d)如果在一命题中,所谓"全体"者是概念,同时那概念与语言发生特别关系,语言受那概念的范围,凡关于全体者可以当作那全体的部分;或者说凡关于那概念者可以仍为那概念下的个体。

甲例:"有真理"(truth)。此处的真理应作概念解。真理的概念与语言文字发生特别关系。我们对于真理的意见不能不用语言文字或符号来发表,我们的意见发表后,又似乎不能不受真理的范围。凡关于真理者就受真理概念的范围,那么,有真理这句话,如果是真的,也就是真理概念下之一个体。

乙例:"有命题"(proposition)。情形同上。

何以真理两字在此处当作概念解呢?因为如果不作概念解,我们只有两个办法:(一)作单个体的集合解,在(a)条已经讨论过了;(二)作各单个的本身解。但是如果做单个的本

身解,"有真理"中的真理与这句话的真理不发生关系。如果
这句话是真的,那么世界上有两个个体的真理;如果这句话是
假的,那么,世界上有一个体的具体的真,有一个体的具体的
假。彼此不发生证明与否认的关系。同时可以证明者仍为真
理的概念。照(d)条看来,在所举的例中不能否认的命题,如
果均作概念解,除第四例外,都是不能否认的。

对于(d)条,我们所应注意的又有以下诸端。

(甲)我们曾说过,程序问题与全体部分问题有紧要关
系。现在稍微再说说。我们所知道的至少有三种事实发生特
别情形:(一)真理,(二)实在,(三)命题。这种事实似乎都
包含它们自己的对象,同时又与语言文字发生特别关系。
"有非真理"大家都似乎承认可以为真理,"有不实在"大家都
似乎承认可以为实在,"无命题"大家都似乎承认它是一命
题。既然有这样的情形,我们就不能不把程序分清楚。有个
体的真理与有概念的真理之所以大不同者,就是程序问题。
(a)条的真理是个体的真理,与其余的个体真理,彼此有彼此
的个性,彼此不能混合,所以程序非分不可。(d)条中的真理
也有个体的真理,与其余的个体的真理,同在概念范围之中,
无论程序分得如何清楚,它们总逃不出概念范围之外。(a)
条与(d)条不同的地方就是这程序问题,所以程序有分别讨
论之必要,即无必要,亦有相当的利益。

(乙)我们应注意概念与在它范围内的个体的关系不是
寻常全体与部分的关系。我们简直可以说概念不是全体。但
是如果我们当它作全体时,我们应该知道它至少有两种不同
的部分。一种是概念的部分,一种是个体的部分。几何上

"直线"的概念包含"点"的概念,"点"的概念可以称为"直线"的概念的部分。这是第一种部分。但这条直线、那条直线,都受直线概念的范围,也可以说是直线概念的部分。这可以说是第二种部分。一概念所包含的概念是有限的;限制的境地就是那些不能下定义的根本概念或假设。但它所包含的单个的个体是无限的。本文所注意的是概念与它的第二种部分的关系。

(丙)概念的全体既然可以有两种部分,个体的部分也就可以有两种全体。一种是概念的全体。一种是个体集合的全体。(a)条与(d)条的情形就根本不同。(a)条所说的是个体的部分与个体集合的全体的关系。(d)条所说的是个体的部分与概念的全体的关系。其他相关的不同点,我们已经说过,此处不赘,而所以不同者,至少有我们方才所讨论的情形。

(丁)以上所述的三种事实,都与语言文字符号发生关系。尤其是命题与真理。这是一种事实。理论上没有什么必然的道理可说,而事实上我们不容易否认。这也是(d)条的一种特别情形。

五

以上不过是一种临时的办法,实在不能解决这个问题。我提出这问题的用意是要引起读者的兴趣。至于这问题应如何解决,自愧不能,只得静待高明之士。但本文的提议似有以下的结果:

(一)对于第一节所举的批评,一部分或者能成立,一部分或者不能成立。

（二）一命题能成立与否，在耳闻目见范围之外，仍可以有理论上的标准。

（三）在理论上仍有不能否认的命题。

（四）在理论上仍有不能成立的命题。

（五）一句话自相矛盾的情形仍然存在，但发生的机会比从前少。

A、E、I、O 的直接推论[*]

一

凡稍治普通论理学的人，大约总遇着直接推论中的困难问题。前些时美国雅礼大学教授发表一篇论文，题为《亚理士多德论理学中之一矛盾》，其中所讨论的就是这个问题。他的结论似乎不能解决这问题而最大的理由就是这问题所包含的不仅是命题中的主词存在与否，也包含否定命题的性质及其他连带关系。他的结论虽不满意，而他提出此问题的方法我们可以引用。

A.假设我们有两个问题如下：

（1）所有的人都是宇宙的分子；

（2）所有的非人都是宇宙的分子。

这两个命题似乎应该可以同时成立。宇宙既包罗万象，则"宇宙之外"是不通的语词，而人与非人都在宇宙之内。既然如此则以上两命题似乎应该可以同时成立，然而在亚理士多德的论理学中，这两个命题不能同时成立，理由如下：

---

[*] 原刊于《哲学评论》第 3 卷第 3 期，1930 年 8 月。——编者注

第(1)命题"所有的人都是宇宙的分子",用换质法得

Ea.无人是非(宇宙的分子),用换位法得

Eb.无一非(宇宙的分子)是人,再用换质法得

Ac.所有非(宇宙的分子)都是非(人),再用换位法得

Id.有些非(人)是非(宇宙的分子),再用换质法得

Oe.有些非(人)不是(宇宙的分子)。

第(2)命题是"所有的非人都是宇宙的分子",而由第(1)命题所推论的(e)命题是"有些非人不是宇宙的分子',这两个命题是互相矛盾的。(e)命题既与第(2)命题矛盾则第(1)命题与第(2)命题也冲突,因为(e)命题是由第(1)命题所推论出来的。结果,我们虽然似乎可以同时说"所有的人都是宇宙的分子"与"所有的非人都是宇宙的分子",而照亚理士多德的论理学,我们不能同时说这两句话。那么,是这两句话本来有冲突呢?还是这种论理不对呢?

　　B.我们的答案是亚理士多德论理学中的直接推论法不妥当;而不妥当的地方似乎就是命题的主词(或主词所代表的东西,简称之为主词)的存在与否没有规定。亚理士多德似乎没有想到这问题;他或者以为这问题不成问题,或者以为我们说到一件东西的时候,世界上必有那件东西。如果没有那件东西,我们又何必说它呢?大多数学普通论理学的人似乎有同样的感想,以为我们说"所有的人都是会死的"的时候,世界上一定有人。心理上或者如是,理论上不必如是。专从理论方面着想,我们虽然说到人,而人不因此就存在。我们可以谈到鬼,而鬼的存在与否是另一问题;我们可以讨论欧克里几何学中的"直线",而我们不以为这种"直线"是世界上存在

的东西。A、E、I、O命题中的主词可以存在也可以不存在,存在与否应该预先弄明白(所谓弄明白者指意义而言。事实上究竟如何不在本文范围之内)。

C.以上A段的推论就发生主词的存在与否的问题。推论中最重要的命题如下:

(1)所有的人都是宇宙的分子。

(b)无一非(宇宙的分子)是人。

(d)有些非(人)是非(宇宙的分子)。

此三命题中(1)命题中的主词是"人";(b)命题中的主词是"非(宇宙的分子)";(d)命题的主词是"非(人)"。普通论理学(以后不称亚理士多德论理学)以为主词都是存在的。那么,"人""非(宇宙的分子)"与"非(人)"都是存在的。但在(1)命题我们至多只说"人"存在。与人相同相等的一部分的"宇宙的分子"存在;我们没有说"非(宇宙的分子)"存在,也没有说"非(人)"存在。这样说来,我们不能由(1)命题推论到(b)命题,同时由(b)命题也不能推论到(d)命题,所以我们不能由(1)命题推论到(d)命题。既然如此,我们当然不能由(1)命题推论到(e)命题。这样看来A段的推论不能成立。

D.我们现在用图式表示这几个命题,它们的关系或者要清楚一点。图式是Venn的图式,直线代表不存在,"+"字代表存在;但A、E两命题有两个看法:甲包含主词的存在,乙不包含主词的存在;I、O两命题都包含主词的存在(以后是否作如是解详下)。

(1)"所有的人都是宇宙的分子"。我们用A代表"人",B代表"宇宙的分子"或者清楚一点。

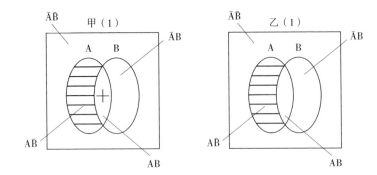

这命题至少有甲乙两看法。照甲的看法,(1)命题不但说"没有是人而不是宇宙的分子",而且说"有人,而人都是宇宙的分子"。照乙的看法,(1)命题仅说"没有是人而不是宇宙的分子",至于世界上有人与否,我们没有另外的命题不能预先知道。我们现在可以用同样的方法表示(b)命题:

(b)"无一非宇宙的分子是人"。

(b)命题是全称否定命题,也有两个看法。照甲看法,此命题不仅说"没有是非(宇宙的分子)而是人的",而且说"有非(宇宙的分子)"。照乙看法,(d)命题仅说"没有是非(宇宙的分子)而是人的东西",至于非(宇宙的分子)存在与否,我们没有另外命题,不能预先知道。

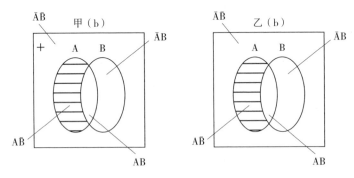

我们现在再用图式表示(d)命题"有些非(人)是非(宇宙的分子)"。(d)命题与(e)命题一样(至少我们讨论存在问题的时候,我们可以假设推论的换质法不发生问题),所以可以用一个图式表示。

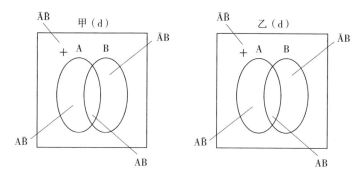

(d)命题既是(1)命题,则甲乙两看法照 Northorp 看来没有分别。(e)命题的图式与以上一样。

E.在 C 段所说的话,在此处可以很明白地说出来。

(1)"甲(1)"不但说没有 A$\bar{\text{B}}$ 而且说有 AB,"乙(1)"仅说没有 A$\bar{\text{B}}$;但无论从哪方面看来,(1)命题没有说没有 $\bar{\text{A}}$B;所以无论从哪方看来,我们不能推论到有 $\bar{\text{A}}$B。

(2)"甲(b)"图式不但说没有 A$\bar{\text{B}}$ 而且说有 $\bar{\text{A}}$B;"乙(b)"没有提到 $\bar{\text{A}}$B,只说没有 A$\bar{\text{B}}$;所以乙(b)所说的话是(1)命题范围之内的话,可以从那命题推论得到。"甲(b)"则不然,它不但说没有 A$\bar{\text{B}}$,而且说有 $\bar{\text{A}}$B;仅说没有 A$\bar{\text{B}}$,它的意义尚在(1)命题范围之内,若再说有 $\bar{\text{A}}$B 则意义推广,不在(1)命题范围之内了。结果是从(1)命题,无论用哪个看法,我们只能推论到"乙(b)",而不能推论到"甲(b)"。

(3)(d)命题说有 $\bar{\text{A}}$B。这命题的范围是"甲(b)"的范

围,可以从"甲(b)"推论出来;而与"乙(b)"无关,所以不能由"乙(b)"推论出来。结果是由"甲(1)只能推论到"乙(b)",不能推论到"甲(b)",而(d)命题只能由"甲(b)"推论出来而不能由"乙(b)"推论出来。A段所说的推论就不能成立。

(4)不能成立的理由可以用以下方法说明。普通论理学大约以为(1)命题包含(b)命题,(b)命题包含(d)命题,所以(1)命题包含(d)命题。但照以上的图式看来,(b)命题有甲乙两看法的分别。至少(b)命题有意义不清楚的毛病。如果我们用"C"代表包含,普通论理学的推论有以下的表示:

(1)C(b),(b)C(d),∴(1)C(d);

但照B、E两段的分析,我们应得以下的表示:

(1)C乙(b),甲(b)C(d)。

甲(b)与乙(b)的意义不同,是两独立的命题,不能得结论。这样看来,A段的推论不能成立。A段的推论既不能成立,则从(1)命题不能推论到(d)命题,也当然不能推论到(e)命题。以上的分析,似乎可以使我们说(1)"所有的人都是宇宙的分子"与(2)"所有的非(人)都是宇宙的分子"这两命题不发生冲突。

F.但我以为A段所提出的问题不是以上所讨论的简单办法所能解决。本问题连带出来的问题至少有以下诸项;

(1)普通论理学中A、E、I、O诸命题的解释。

(a)A、E、I、O是假设的命题呢? 还是定言的命题(categorical proposition,从蒋维乔译为定言命题)呢?

(b)A、E、I、O的主词是假设的存在呢? 还是肯定的存在呢?

（c）不仅主词有存在的问题，宾词也有存在的问题，反主词与反宾词都有存在的问题。如果一命题包括主词、宾词、反主词与反宾词的存在，则 A 段的推论仍能成立。

（2）普通论理学只用两相对待的质如真与假。即就真假而言也可以有四个集合法：甲、真而不假；乙、假而不真；丙、既真且假；丁、不假不真。我们大约仅用甲乙两集合法，所以有不假必真，不真必假的情形。除真假之外，有意义与无意义是否应加入理论范围之内也是一问题。

（3）存在问题有各方面的不同，其影响于各问题也有极大的分别。

（a）本文仅讨论主词的存在问题，其他词之存在问题可以不必讨论。

（b）对于主词的存在与否我们可以有许多不同的态度，举例如下：

（甲）肯定主词的存在，

（乙）假设主词的存在，

（丙）不假设主词的存在，

（丁）假设主词的不存在，

（戊）肯定主词的不存在。

其他情形，本文似不必讨论。

（c）主词的存在与否给与命题的对当法的影响。

（d）主词的存在与否给与换位法的影响。本节所讨论的似乎完全在这一方面。

（4）否定问题。

（a）否定的范围，

（b）否定与排中性的关系，

（c）否定与换质法。

本文所注重的是存在与否定两问题。我们可以先讨论存在问题。

二

在此处讨论存在问题用不着提及定义。我们可以以寻常所谓"存在"的定义为定义。

A.对于命题的主词我们可以假设它不存在。如果我们假设主词不存在，似乎难免以下情形：

（1）这类的命题多半是定义、假设一类的命题，大约是不能以真假去范围它们。从认识论方面说，它们似乎是不真不假，既真且假。即令假设不存在的命题忽然存在，包含这主词的命题也不必即真即假。

（2）这类命题虽不必有真假问题，而有对与不对的问题。

（3）但对与不对差不多完全是多数命题的关系，而不是一个命题本身的标准。从普通思想看来，如果世界上只有一个命题而这个命题又是与事实发生关系的命题，它本身仍可以是真是假。对与不对可不是这样。如果世界上只有一个命题，这个命题差不多无所谓对与不对。

（4）矛盾律仍可以引用，对当法仍可以引用。

B.对于命题的主词，我们可以不假设它存在与不存在。在这情形之下。我们应注意以下诸点：

（1）命题的形式是如果 p 就 q。p 与 q 可以代表两名词，也可以代表两命题。我们可以这样说"如果一件东西是 p,它一定是 q"。这样说来,命题所要发表的意思是 p 与 q 有必定联合不能分开的情形。经验上是否有这种事实,我们现在且不必讨论;而在理论上我们不能说没有这种命题。

（2）这种命题的主词存在与否,似乎与命题的意义没有多大的关系。"如果 p 就 q"也可以作以下的解释:"无论有 p 与否,p 总是 q",这样的解释可以使我们说命题的主词可以存在,也可以不存在。

（3）这种命题有真假问题,但与寻常的真假不同。寻常之所谓真我们可以证明其为真,寻常之所谓假我们可以证明其为假。此处之所谓真,我们不能证明其为真。但此处之所谓假,我们可以证明其为假。结果是此处之所谓真的意思就是说我们不能证明其为假的意思。

（4）证明命题的真假虽与主词之存在发生关系,而命题的真假与主词的存在没有直接的一定的关系。我们既然不假设主词的存在与否,命题的真假当然与存在不发生直接或一致的关系。

（5）我们可以用 A_n、E_n、I_n、O_n 代表此类命题,其对当关系如下:

（a）甲,A_n 与 E_n 可以同时是真的。如果主词不存在,这两命题可以同时是真的(当然不必同时是真的)。

乙,A_n 与 E_n 可以同时是假的,因为可以有一个命题(如 I 与 O 同时是真的)使这两个命题同时是假的。

丙,A_n 可以是真的,E_n 是假的;E_n 可以是真的,A_n 是假的。由一个命题的真假，我们不能推论到另一个命题的真假。

可见 A_n 与 E_n 是独立的。

（b）甲，I_n 与 O_n 同时可以是真的。如果 A_n 与 E_n 同时是假的时候，I_n 与 O_n 同时是真的。

乙，I_n 与 O_n 可以同时是假的。

I_n 与 O_n 也是独立的命题。

（c）A_n 与 O_n 的关系如下：

甲，A_n 与 O_n 不能同时是真的。

乙，A_n 与 O_n 不能同时是假的。

丙，如果 A_n 是真的，我们可以推论到 O_n 是假的。

丁，如果 A_n 是假的，我们可以推论到 O_n 是真的。

E_n 与 I_n 的关系同上。这关系也就是矛盾的对当关系。

（d）A_n 与 I_n 的关系是差等的关系。

甲，A_n 与 I_n 可以同时是真的，也可以同时是假的。

乙，如果 A_n 是真的，I_n 是真的；如果 I_n 是真的，A_n 不必是真的（A_n 的"真"意义一致，I_n 的真似有两意义的可能）。

（6）以上所谓的对当的关系可以用以下图式表示。

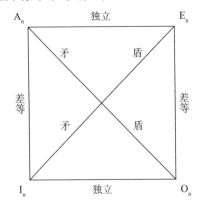

C.(1)我们也可以假设主词的存在。这类命题很易与以上的命题相混。这类命题也含假设,但假设的性质不同。B段的命题是"如果是 p,就是 q",这段命题是"如果有 p,则 p 是 q"。

(2)即令 B 段的命题的主词不存在,命题仍可以是真的。本段的命题可不是这样。如果本段的命题的主词不存在,命题就无所谓真假;我们只能说它没有意义。"如果我到学堂,我明天来看你"与"无论我到学堂与否,我明天来看你"这两句话的意义当然不同。照头一句话说,如果我不到学堂,我的朋友当然不盼望我去看他。照第二句话说,他的态度可不同了。如果我们假设命题的主词存在,而实在不存在,则那一个命题无所谓真假而只是没有意义。

(3)这类命题也有真假问题;但必在有意义的时候,才有真假问题,此处的真假与寻常的真假一样。有意义的时候,真可以证明其为真,而不仅是不能证明其为假。假也是可以证明其为假;所以与寻常的真假一样。但也有不同点;寻常的真假似有排中性,不真即假,不假即真;此处的真假似乎是以有意义为前提;若无意义,这类的命题可以不真不假。

(4)主词的存在与否与命题的真假没有直接的关系而有间接的关系。当然也没有一致的关系。命题的真假既然以有无意义为前提,而命题的有无意义以主词的存在与否为前提,那么当然真假问题与主词的存在问题有间接的关系。但是命题不因主词的存在而真,也不因主词的不存在而假。

(5)这类的命题,照普通论理学的说法,是假言的命题而不是定言的命题。

（6）我们以 A_h、E_h、I_h、O_h 代表这类的命题,它们有以下的关系:

（a）A_h 与 E_h 有反对的对当关系,那就是说:

甲,A_h 与 E_h 不能同时是真的,但可以同时无意义。

乙,由真可以推论到假。如果 A_h 是真的,则 E_h 是假的;如果 E_h 是真的,A_h 是假的。

丙,A_h 与 E_h 可以同时是假的,也可以同时无意义。

丁,由假不能推论到真。如果 A_h 是假的,我们不能知道 E_h 就一定是真或者是假;如果 E_h 是假的,我们也不能知道 A_h 就一定是真或者是假。

普通论理学中的 A 与 E 似乎就是这样的关系,但从来没有说到有无意义这一层。

（b）I_h 与 O_h 有下反对的对当关系:

甲,I_h 与 O_h 可以同时是真的(当然可以同时无意义)。

乙,由真不能推论到假。如果 I_h 是真的,O_h 可以真也可以假;如果 O_h 是真的,I_h 可以真也可以假。

丙,I_h 与 O_h 不能同时是假的。这也是与普通论理学中的情形一样,但普通论理学没有说到同时无意义的话。

丁,由假可以推论到真。如果 I_h 是假的,则 O_h 是真的。如果 O_h 是假的,则 I_h 是真的。

（c）A_h 与 O_h 的关系是矛盾的对当关系。

甲,A_h 与 O_h 不能同时是真的也不能同时是假的。但仍可以同时无意义。

乙,由真可以推论到假,由假也可以推论到真。如果 A_h 是假的,则 O_h 是真的;如果 A_h 是真的,则 O_h 是假的。

丙，E_h 与 I_h 的关系同上。

（d）A_h 与 I_h 有差等的对当关系。

甲，A_h 与 I_h 可以同时真，可以同时假，同时无意义。

乙，如果 A_h 是真的，I_h 是真的。如果 I_h 是假的，A_h 不必是真的。

丙，如果 A_h 是假的，I_h 不必是假。

丁，E_h 与 O_h 的关系同上。

（7）以上的各种关系可以用以下图式表示。我们应注意有无意义的问题与以下的图式无关。此类命题有真假的问题的时候就不能没有意义。

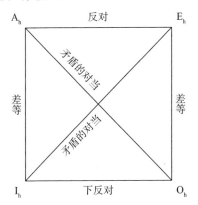

D.我们也可以肯定主词的存在。果然如此，我们似乎应该注意以下的情形：

（1）这类的命题不包含假设，它不包含"如果……就"的关系，也没有"如果"的情形。

（2）它的形式是"有 A，所有的 A 都是 B"，或者"有 A，无一 A 是 B"。

（3）这类命题有真假问题，而它的真可以证明其为真，它的假也可以证明其为假。它的真假有排中性，所以它不真即假，不假即真。

（4）命题的真假与主词的存在与否有直接的关系。主词不存在，则命题一定是假的；主词存在，命题不一定是真的。真假的情形不一致。就拿"有 A，所有的 A 都是 B"这句话来看，这句话有两部分；如果前一部分是真的，这命题不必是真的，所谓真者是全命题的真。但如果前一部分是假的，这命题就是假的；所谓假者有前后两部分不同的假。

（5）我们用 A_c、E_c、I_c、O_c 代表这类的命题。它们有以下的关系。

（a）A_c 与 E_c 的关系是反对的对当关系：

甲，它们不能同时是真的。这情形与普通论理学所说的是一样。

乙，由真可以推到假。如果 A_c 是真的，E_c 一定是假的；如果 E_c 是真的，A_c 一定是假的。

丙，A_c 与 E_c 可以同时皆假，不过假的意义有两种可能。

丁，所以由假不能推论到真，如果 A_c 是假的，E_c 可以是真，也可以是假。

（b）I_c 与 O_c 没有对当的关系：

甲，I_c 与 O_c 可以同时是真的。这情形也与普通论理学中的情形一样。

乙，所以由真不能推论到假。

丙，I_c 与 O_c 可以同时是假的。这情形与普通论理学中的情形大不相同。如果主词不存在，C 类命题不过是无意义，而无所谓真假。本段的命题既肯定主词的存在，所以主词不存在的时候,命题就是假的。

丁,所以由假也不能推论到真。那就是说,I_c 与 O_c 没有对当的关系。

(c)A_c 与 O_c,E_c 与 I_c 的关系是反对的对当关系,不是矛盾的对当关系:

甲,A_c 与 O_c 不能同时是真的。

乙,所以由真可以推论到假。

丙,但 A_c 与 O_c 可以同时是假的。如果主词不存在,C 段的命题也不过是无意义,而本段的命题不仅是无意义,而且是假的。

丁,所以由假不能推论到真,如果 A_c 是假的,O_c 也可以是假的。I_c 与 E_c 也是这样。

(d)A_c 与 I_c,E_c 与 O_c 的关系是差等的对当关系。

(6)图式的表示如下:

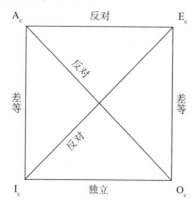

三

本节所要讨论的是以上各种命题的关系、彼此的推论以及彼此给予换位法的影响。

A.推论。假设主词不存在的命题可以不必讨论,因为与别的命题的关系太少。

(1)由 A_n(E_n、I_n、O_n 情形同样不另提出)我们可以推论到 A_h,A_n 的意义是"如果是 p,就是 q"。命题既不假设主词的存在,则主词之存在与否与命题没有多大的关系。我们可以解释说"无论 p 存在与否,如一件东西是 p,那件东西就是 q"。既然如此,p 不存在的时候,p 是 q;p 存在的时候,p 也是 q。后一部分就是 A_h 一类的命题。这类命题无非是说"如果 p 存在(如果有 p),所有的 p 都是 q"。

(2)但由 A_h 我们不能推论到 A_n,那就是说从"如果 p 存在,所有的 p 都是 q"我们不能推论到"无论有 p 与否,如果一件东西是 p,那件东西就是 q"。用两句老话说,从"势有必至"我们不能推论到"理有固然"。从事实上有一种关系,我们不能推论到理论上必有那种关系,这一层似乎从休谟到现在尚没有异议。

(3)由 A_c 不能直接推论到 A_h,而可以间接推论到 A_h。同时即令不能直接或间接推论到 A_h,我们也要想法子,因为如果不能由 A_c 推论到 A_h 的时候,科学的成立与否(当然是指理论上能成立与否)就要发生问题。这问题就是归纳的推论问题,A_c 是我们在经验中从观察得来的一种命题,这种命题只能用之于所观察的事物而不能引用到未曾观察的事物。A_h 包含未曾观察的事物。由 A_c 是不能直接推论到 A_h 的;普通的方法是用所谓"自然一致"的假设做一种媒介。A_c 加上这种假设才有希望可以推论到 A_h。这种假设是否能够尽职，我们现在可以不管；我们所要注意的是由 A_c 我们不能直接推论到 A_h，同时如果"自然一致"的假设不能尽媒介的责任，我们要另外想法子使我们能由 A_c 用间接的方法推论到 A_h。

（4）但由 A_h 我们总不能推论到 A_c。A_h 不过假设有 p，而 A_c 是肯定有 p；从假设的 p 我们不能推论到肯定的 p，从如果有 p 我们不能推论到有 p。如果 p、q 是事实，我们可以从这事实推论到有 p；但如果 p、q 代表关系，我们不能推论到有 p。如果 A_c 是真的，则在经验中曾有 p 的事实，以后 p 是否发生当然有"或有"性；如果经验中有 p 的时候增加则 p 的"或有"性也增加；但"或有"性无论增加到若何程度终究不能变为肯定存在。

由以上四种情形看来，从 A_n 可以推论到 A_h，但由 A_h 不能推论到 A_n；由 A_c 可以间接地推论到 A_h，但由 A_h 不能推论到 A_c（现在所说的是从 A_h 这个命题不能推论到 A_c。但如果 A_h 再加上有 p 一命题，我们可以推论到 A_c）。结果是由 A_n 不能推论到 A_c，由 A_c 也不能推论到 A_n。

B.现在再讨论 A_n、A_h 与 A_c 的换位换质等法的变迁。假设换质换位两法都不错的时候，A_n 的变迁如下：

（1）（甲）　　　　　　（a）$SA_nP \rightarrow SA_hP$

　　用换质法　　　　　（b）$SE_n\bar{P} \rightarrow SE_h\bar{P}$

　　用换位法　　　　　（c）$\bar{P}E_nS \rightarrow \bar{P}E_hS$

　　再用换质法　　　　（d）$\bar{P}A_n\bar{S} \rightarrow \bar{P}A_h\bar{S}$

　　再用换位法　　　　（e）$\bar{S}I_nP \rightarrow \bar{S}I_hP$

再用换质法　　　　　(f) $\overline{S}O_nP \rightarrow \overline{S}O_hP$

（乙）A_n 不假设主词存在，I_n 也不假设主词存在；由 SA_nP，我们可以推论到 $\overline{S}O_nP$。既然如此，SA_nP 与 $\overline{S}A_nP$ 的话仍不能说。如果 SA_nP 代表"无论有人与否，所有的人都是宇宙一分子"，则 $\overline{S}O_nP$ 代表"无论有非（人）与否，有些非（人）不是宇宙的分子"，而 $\overline{S}A_nP$ 代表"无论有非（人）与否，所有的非（人）都是宇宙的分子"。第二句话与第三句话仍有冲突。

结果是即令我们不假设主词的存在，我们仍可由 SA_nP 推论 $\overline{S}O_nP$，而第一节提出来的问题仍不能解决。

（丙）拿脱浦教授不过是说由 SA_nP 我们不能推论到 $\overline{S}O_cP$，这话当然是对的。但他似乎不承认 I_n 与 O_n；如果我们不承认这两个命题，直接推论未免太受限制。同时我们似乎没有不承认 I_n 与 O_n 的理由。如果我们承认它们，第一节所提出的问题依然不能解决。我们不但能由 SA_nP 推论到 $\overline{S}O_nP$，而且可以由 SA_nP 推论到 $\overline{S}O_hP$；$\overline{S}A_nP$ 与 $\overline{S}O_hP$ 也有冲突。

（2）（甲）仍假设换质换位两法都不错，　　　(a) SA_hP

换位法　　　　　　　　　　　　　(b) PI_hS

换质法　　　　　　　　　　　　　(c) $SE_h\overline{P}$

换位法　　　　　　　　　　　　　(d) $\overline{P}E_hS$

换质法　　　　　　　　　　　　　(e) $\overline{P}A_h\overline{S}$

换位法　　　　　　　　　　　　　(f) $\overline{S}I_h\overline{P}$

换质法　　　　　　　　　　　　　(g) $\overline{S}O_hP$

（乙）这情形和以上一样。我们可以由 SA_hP 推论到 $\overline{SO}_hP$，而 $\overline{SO}_hP$ 与 $\overline{SA}_hP$ 矛盾。SA_hP 与 $\overline{SA}_hP$ 仍不能同时成立。由 SA_hP 我们也不能推论到 $\overline{SO}_cP$。不能推论的理由不是全称命题与特称命题的性质不同，而是假设与肯定的性质不同。由假设的 S 我们不能推论肯定的 S。这类的命题拿氏根本就没有讨论。

（3）现在再论完全肯定命题的推论。仍假设换质与换位均靠得住。

（甲）　　　　　　（a）SA_cP

换位法　　　　（b）PI_cS

换质法　　　　（c）$SE_c\overline{P}$

换位法　　　　（d）$\overline{P}E_cS$

换质法　　　　（e）$\overline{P}A_c\overline{S}$

换位法　　　　（f）$\overline{S}I_c\overline{P}$

换质法　　　　（g）$\overline{S}O_cP$

（乙）照此情形看来，由 SA_cP 我们不能推论到 $\overline{P}E_cS$，也不能推论到 $\overline{S}I_c\overline{P}$。这情形就是以上第一节所讨论的情形的一部分。

（丙）　　　　　　（a）SA_cP

用换位法得　　（b）PI_hS

用换质法得　　（c）$SE_c\overline{P}$

如果我们引用"宇宙一致"或"自然一致"的假设，我们可以用换位法推论到

　　　　　　　　（d）$\overline{P}E_hS$

用换质法　　　　（e）$\overline{P}A_h\overline{S}$

用换位法　　　　（f）$\overline{S}I_h\overline{P}$

用换质法　　　　（g）$\overline{S}O_hP$

（丁）$\overline{S}O_hP$ 与 SA_cP 仍有冲突。总而言之，照以上的各种情形看来，有推论的时候，SA_cP 与 $\overline{S}A_cP$、SA_hP 与 $\overline{S}A_hP$、SA_nP 与 $\overline{S}A_nP$ 似乎免不了冲突。没有推论的时候这些话就没有冲突。我们还是限制推论？还是不限制推论呢？我以为我们不必限制推论，推论不仅与存在的问题有关系，而且与命题的意义有关系；不仅与换位法有关系，而且与换质法有关系。存在问题不但与换位法发生直接关系，而与换质法也有很大的关系。与换质法发生直接关系的不是存在问题，而是范围问题。范围问题最好从否定方面讨论。

四

在本节我们要提出消极名词（negative term，从蒋维乔译）的范围与换质法的关系。

A.消极名词的范围。消极名词至少有两个不同的范围。一个是狭义的范围，一个是宽义的范围。

1.狭义范围。这个范围有的时候清楚，有的时候不清楚。如果我们想到颜色与嗅味的情形，我们就很容易知道这个小范围。"红"与"非红"有狭义的范围。在此范围内，"非红"代表红色之外其他所有的颜色如绿黄蓝白黑等等。

2.宽义范围。"红"与"非红"也有宽义的范围。在此大范围内"非红"除颜色之外代表其他任何不是红的万事万物。

3.范围既有宽狭两义的不同,命题的关系也就因它的名词的范围而改变。狭义范围的例:所有书既都是有颜色的,则"这本书是红的"与"这本书是非红的"两命题不能同时是假的;但道德既无所谓红与不红,则"道德是红的"与"道德是非红的"两命题可以同时是假的。宽义范围的例:前两命题与从前一样不能同时是假的,后两命题与从前不是一样。"红"与"非红"的范围既是宽义的,则后两命题也不能同时是假的。

B.消极宾词的范围与换质法。为便利起见,我们把这问题限制到 A、E、I、O 的换质法。在未讨论之前,我们可以先把四个具积极名词的命题与四个具消极名词的命题的关系用图表示出来(此处的对当关系是普通论理学的对当关系)。

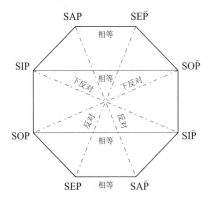

1.普通论理学的 SAP 换质后就是 SEP̄。SEP̄ 与 SAP̄ 的对当关系是反对的对当关系,所以 SAP 与 SAP̄ 的关系也应该是反对的对当关系。但 P̄ 的范围是宽义的还是狭义的呢? SAP 与 SAP̄ 既是反对的命题,它们当然不能同时是真的而可以同时是假的。但这也要看 P̄ 的范围如何。

a.例："所有的书都是红的"与"所有的书都是非红的"。如果"非红"的范围是狭义的,则此两命题不能同时是真的而可以同时是假的。这表示如果 P̄ 的范围狭,SAP 与 SAP̄ 有时候的确是反对的命题。

b.例"所有的书都是红的"与"无一本书是非红的"。如果这 P̄ 的范围是狭义的则此两命题的确相等。

c.但如果 P 的范围是宽义的,则(b)条所举的两命题不相等。前一命题仅说所有的书都是红的而没有说它们不是长方的、厚的等等。后一命题不仅说没有一本是黄的、绿的等等,而且说没有一本是长方的、厚的等等。从(b)、(c)两条的情形看来,如果 P̄ 的范围狭,SAP 可以换质到 SEP̄,但是如果 P̄ 的范围宽,则 SAP 不能换质到 SEP̄。我们似要把 P̄ 的范围限制到狭义的范围,"A"命题的换质法才说得通。"E"命题的情形也是一样。我们似乎要把 P̄ 的范围限制到狭义的范围,"E"命题的换质法才能说得通。

2.普通论理学中的 SIP 换质后就是 SOP̄。SOP̄ 与 SIP̄ 的对当关系是下反对的对当关系。所以 SIP̄ 与 SIP 的对当关系也应该是下反对的关系。两命题有下反对的关系者是说它们可以同时是真的而不能同时是假的。但这要看 P̄ 的范围如何。

a.例:"有些书是红的"与"有些书不是非红的"。如果"非红"的范围是狭义的,则此两命题相等,而前一命题 SIP可以换质到 SOP̄。但是如果 P̄ 的范围是宽义的,则前一命题与后一命题的意义不同,而 SIP 不能换质到 SOP̄。这样看来,在特称命题中，P̄ 的范围要狭，换质法才能说得通。

　　b.但也有特别情形，例如："有些道德是红的"与"有些道德是非红的"；这两命题中，前者是 SIP，后者是 SIP̄；它们应该有下反对的对当关系，它们应该可以同时是真的而不能同时是假的。这也要看 P̄ 的范围如何。如果 P̄ 的范围狭，则所举的两个命题都是假的，而它们不能有下反对的关系。如果 P̄ 的范围宽，则此两命题不能同时是假的，所以如果 P̄ 的范围宽，SIP 与 SIP̄ 有下反对的对当关系。

　　c.以上两条所说的情形有冲突。在(a)条 P̄ 的范围要狭，而在(b)条 P̄ 的范围要宽。那么 P̄ 的范围究竟应该宽呢还是应该狭呢？从(b)条的特别情形看来，P̄ 的范围要宽，但从 A、E、I、O 的换质法看来，P̄ 的范围要狭。如果我们要保存换质法，消极的宾词的范围似乎要狭才行。

　　3.但是如果消极宾词的范围限制到狭义的范围。我们又怎么对付(b)条的情形呢？普通的办法是取消或不承认(b)条的命题，道德既无颜色，则无所谓红与非红，所以普通论理学说(b)条的两个命题没有意义。

　　(a)从事实方面说，道德既无所谓红与非红，则说"它是红的"没有意义，说"它是非红的"也没有意义。既无意义则无真假可言。

　　(b)从理论方面说，排中律既是普遍的思想律，则所有的命题都应遵守。如果道德不是红的，它就应当是非红的，反之如果它不是非红的，它就应当是红的。道德既不是红的也不是非红的，从排中律方面看起来，上段(b)条的两个命题就根本可以不承认其为命题。（排中律的性质与说法以后再讨论。)

c.普通论理学似乎以为排中律说 S 不是 P 即是 $\bar{P}$。如果有 SP = 0 的情形而同时又有 S$\bar{P}$ = 0 的情形(这就是说 SP>0 与 S$\bar{P}$>0 同时是假的)则此两公式所代表的命题无意义。我们似乎可以抽象一点的说普通论理学不承认 S(P+$\bar{P}$)= 0 的情形。这也是 A 与 E 不能同时真,I 与 O 不能同时假的理由中之一理由。

d.普通论理学既把有 S(P+$\bar{P}$)= 0 情形的命题取消,则 $\bar{P}$(消极的宾词)的范围可以限制到狭义的范围,而 A、E、I、O 的换质法都可以说得通。这样看来普通论理学的换质法须以不承认 S(P+$\bar{P}$)= 0 为先决条件。

C.消极主词与换位法及换质法。

1.积极主词与它的消极主词的命题的关系如下:

a. $\left.\begin{array}{l} \text{SAP} = \text{SE}\bar{P} = \bar{P}\text{ES} \\ \overline{\text{SAP}} = \overline{\text{SE}}\bar{P} = \overline{\bar{P}\text{ES}} \end{array}\right\}$反对的关系。

b. $\left.\begin{array}{l} \text{SEP} = \text{PES} \\ \overline{\text{SEP}} = \overline{\text{PES}} \end{array}\right\}$反对的关系。

c. $\left.\begin{array}{l} \text{SIP} = \text{PIS} \\ \overline{\text{SIP}} = \overline{\text{PIS}} \end{array}\right\}$下反对的关系。

d. $\left.\begin{array}{l} \text{SOP} = \text{SI}\bar{P} = \bar{P}\text{IS} \\ \overline{\text{SOP}} = \overline{\text{SI}}\bar{P} = \overline{\bar{P}\text{IS}} \end{array}\right\}$下反对的关系。

2.我们可以先讨论特称命题。SIP 与 $\overline{\text{SIP}}$,照上条所说的看来,有下反对的关系,那就是说不能同时是假的。但这也要看 $\bar{S}$ 的范围如何。

a.例："有些书是红的"与"有些非书是红的"。如果非书的范围狭，那就是说限制到有颜色的东西，则这两个命题似乎不能同时是假的而可以同时是真的。

b.但是世界上如果根本就没有红颜色又怎样呢？恐怕我们要说这两命题都是假的，那么它们的关系当然不是下反对的关系。同时如果我们把 S̄ 的范围推广，使它包含不存在的东西，这两命题依然不能同时是假的，而它们仍有下反对的关系。

c.例："有些书不是红的"与"有些非书不是红的"。似乎也不能同时是假的，它们似乎也可以是下反对。但是如果所有的书都是红的而同时世界上又根本没有别的颜色，这两句话岂不都是假的吗？这也要看 S̄ 的范围的宽狭，如果 S̄ 的范围宽到包含不存在与没有颜色的东西，则这两命题依然不能同时是假的。它们的关系仍然是下反对的关系。

d.照以上几条看来消极的主词似乎一定要范围宽，换质与换位才能说得通。

3.我们现在再讨论全称命题。S̄AP 与 SAP 有反对的关系，那就是说它们应该不能同时是真的而可以同时是假的。这当然也有 S̄ 的范围问题。

a.例："所有的书都是红的"与"所有的非书都是红的"。这两命题看起来没有什么问题。在大多数普通情形之下，它们大都不会同时是真的，但这也要看 S̄ 的范围怎样。

b.例："所有的人都是宇宙的分子"与"所有的非人都是宇宙的分子"。如果非人的范围狭，仅仅包含存在的东西，则这两命题可以同时是真的，而它们的关系不是反对的关系。

这样 $\bar{S}$ 的范围似乎又要宽才行。

c.例:"无一正式电报是真的电报"与"无一非正式电报是真的电报"。如果非(正式电报)的范围狭而同时根本就没真的电报,则此两命题也可以同时是真的,而它们的关系也就不能是反对的关系。

d.从全称命题看来,$\bar{S}$ 的范围也应该要宽,换质法与换位法才能说得通。那么 $\bar{S}$ 的范围究竟还是宜宽呢还是宜狭呢?如果我们要把消极主词的范围与消极宾词的范围弄成一致,消极主词的范围也应该是狭义的范围。

4.如果我们要把消极主词的范围限制到狭义的范围,我们就有本段所提出各节命题的问题,我们怎样可以对付这些命题呢?这些命题与上段所提出的命题似乎有同样的情形,而同时也有新情形。

a.先提出新情形。新情形可以公式表示:"$\bar{P}=0$"或"$P=0$"。那就是说:如果"所有的人都是宇宙的分子"与"所有的非人都是宇宙的分子"都是真命题,则非(宇宙的分子)是不存在或不实在的东西,这等于说"$\bar{P}=0$"。如果"无一正式电报是真的电报"与"无一非(正式电报)是真的电报"都是真命题,则真电报不是实在或存在的东西,这等于说"$P=0$"。

b.宾词既代表不存在或不实在的东西,这些命题似乎就包含 $(S+\bar{S})\ \bar{P}=0$ 或 $(S+\bar{S})\ P=0$ 的情形。这情形与上段所说的情形差不多。这就是说 $\bar{P}$ 既不是 S 也不是 $\bar{S}$,或者 P 既不是 S 也不是 $\bar{S}$。普通论理学既以为排中律是说 P 不能同时不是 S 与 $\bar{S}$,它或者就以为这些命题都违反排中律。

c.这些命题既违反排中律,则这些命题也可以取消。这些命题取消之后,$\bar{S}$ 的范围可以限于狭义而换质换位两法均可以说得通。普通论理学似乎就有一未曾说出而同时极根本的要求:如果直接推论说得通的时候,$S(P+\bar{P})$ 或 $(S+\bar{S})\bar{P}$,或 $(S+\bar{S})P$ 不能等于零。另外方法说,普通论理学似乎要求 $S(P+\bar{P})=1$,或 $(S+\bar{S})P=1$。或者审慎一点的说,普通论理学的要求是 $S(P+\bar{P})>0$,或 $(S+\bar{S})P>0$,或 $(S+\bar{S})\bar{P}>0$。

五

照上节所讨论的情形看起来,论理学的命题是限于有 $S(P+\bar{P})>0$ 或有 $(S+\bar{S})P>0$ 的情形的命题。第一节所提出的命题是普通论理学所不能承认同时可以是真的命题。"所有的人都是宇宙的分子"与"所有的非人都是宇宙的分子"这两命题之所以有冲突者,主词的存在问题固是诸理由中之一理由。但除此问题之外,还有别的问题如消极名词的范围与排中律。消极名词的范围在上一节已经提出讨论,本节不再提出。本节仅提出排中律与本文的根本问题的关系。

A.普通论理学的排中律。至少有些教科书以为矛盾律是说"甲不能同时是乙与非乙",而排中律是说"甲一定是乙或是非乙"。我老觉得这样的说法是说不通的。我老早就以为矛盾律应该是说"甲不能同时是乙与不是乙",而排中律应该是说"甲一定是乙或者不是乙"。

1.但是"不是乙"与"是非乙"有什么分别呢？如果它们没有分别,则两种说法根本就是一种说法,所有的不同点不过是语言文字之不同而已。

a.同时我又觉得"不是乙"与"是非乙"在理论上实在不同。矛盾与排中是命题的关系,而不是名词的关系。只要我们承认两分法(princple of dichotomy)认定"是"与"不是"代表两不相容而彼此绝对的两个命题,则"甲是乙"与"甲不是乙"不能同时成立,所以"甲不能同时是乙与不是乙"。"甲是乙"与"甲不是乙"这两命题既不能同时是真的也不能同时是假的,所以"甲一定是乙或者不是乙"。

b."甲是乙"与"甲是非乙"似乎不是矛盾的命题,如果不是矛盾的命题,当然也没有排中性。上节所举的许多例至少可以表示"甲是乙"与"甲是非乙"不必是矛盾的命题。这样看来,"甲是非乙"当然与"甲不是乙"不同。

c.但是普通论理学有换质法,而换质法的要求,上节已经说过是要把"甲是非乙"与"甲不是乙"弄成相等。要这两命题相等,只得把不就范围的命题取消。不就范围的命题就是具 $S(P+\bar{P})=0$ 或 $(S+\bar{S})P=0$ 的情形的命题。这些命题取消后,"甲是非乙"与"甲不是乙"两命题就相等。这两命题既相等,则排中律既可以是"甲一定是乙或者不是乙"也可以是"甲一定是乙或者是非乙"。

2.普通论理学中的排中律的性质。普通论理中的排中律的公式就是上节所提出的 $S(P+\bar{P})=1$ 或 $(S+\bar{S})P=1$。(或者用 $S(P+\bar{P})>0$,$(S+\bar{S})P>0$ 亦可。)

a.这样的排中律似乎是一种特别情形之下的事实情形而不是一种普遍的思想律。它的特别情形是取消不就范围的命题。它不是一种普遍的思想律,因为它的用处限于事实上我们引用的命题。

b.这样的排中律事实上够用。事实上我们所说的话,那就是事实上所用的命题,似乎都没有 $S(P+\bar{P})=0$ 与 $(S+\bar{S})$ $P=0$ 的情形。既然如此,普通论理学的排中律可以够用。

c.普通论理学似乎是直接受语言影响的论理学。所谓主词、宾词等似乎是语言的影响,而从语言方面说"甲不是乙"似乎能很自然的变成"甲是非乙"。普通论理学的排中律也可以说是语言文字习惯中的排中律。

3.我虽然觉得"甲不是乙"与"甲是非乙"的意义不同而没有知道它们的不同点究竟何在。最初所感觉得到的分别就是:"甲不是乙"否认"甲是乙",而"甲是非乙"不否认"甲是乙"。"甲不是乙"是一否定命题,所以我们可以说它的意义没有限量。所捉摸得住的不过是它否认"甲是乙"而已。但"甲是非乙"虽为肯定命题而其意义似乎亦无限量。后来才想到普通论理学中的排中律或者仅是语言习惯中的排中律而不必是严格的排中律。在下段我们要提出"甲不是乙"与"甲是非乙"的根本分别。

B.要看比较严格的排中律是怎样的说法,我们似乎应该注重以下诸点。

1.积极名词中的分子的数目与消极名词中的分子的数目有数学上的关系。

a.如果积极名词是 X,则消极的 X 最好用 1-X 表示。X 既是简单的名词,则 1-X 也是简单的名词。$X(1-X)=0$ 代表矛盾的情形,而 $X+(1-X)=1$ 代表排中的情形。

b.如果积极名词是 XY,则消极的 XY 是 1-XY;XY 既复杂,1-XY 也复杂。XY 有两个分子,这两个分子的集合法有四:$XY,\overline{X}Y,X\overline{Y},\overline{X}\overline{Y}$。$\overline{X}$ 即 $1-X$ 的省写,$\overline{Y}$ 即 $1-Y$ 的省写。而 $1-XY$ 等于 $X\overline{Y}+\overline{X}Y+\overline{X}\overline{Y}$。$XY(1-XY)=0$ 仍然代表矛盾的情形,那就是说,$XY(X\overline{Y}+\overline{X}Y+\overline{X}\overline{Y})=0$。而 $XY+(1-XY)=1$ 依然代表排中的情形,那就是说,$XY+\overline{X}Y+X\overline{Y}+\overline{X}\overline{Y}=1$。

c.如果积极名词是 XYZ,则消极 $\overline{XYZ}$ 是 $1-XYZ$,而它所代表的名词共有 7 个;$XYZ(1-XYZ)=0$ 依然代表矛盾的情形而 $XYZ+(1-XYZ)=1$ 依然代表排中的情形。

d.照以上几条的情形看来,如果积极名词是 X 则排中的情形就可以用 $X+\overline{X}=1$ 或 $X+(1-X)=1$ 表示;如果积极名词是 XY,则排中的情形可以用 $XY+(1-XY)=1$;如果积极名词是 XYZ,则排中的情形可以用 $XYZ+(1-XYZ)=1$ 表示。这至少是比较起来严格的排中律的表示。

2.但是为什么普通论理学的排中律竟成了 $S(P+\overline{P})=1$ 或 $(S+\overline{S})P=1$ 的情形呢? 上节所讨论的是一部分的理由,但是除开那些理由之外,似乎还有别的理由。

a.上面已经说过,如果积极名词是 X 则 $X+\overline{X}=1$ 代表排中律。既然如此,则单个的 S 其排中律确是 $S+\overline{S}=1$,而单个的 P 其排中律也的确可以 $P+\overline{P}=1$ 表示。

b.S 与 $\overline{S}$ 之间、P 与 $\overline{P}$ 之间既无第三的可能,普通论理学或者就以为 $(S+\overline{S})P$ 之间、$S(P+\overline{P})$ 之间也没有第三的可能。这是显而易见的错误。S 与 $\overline{S}$ 之间虽没有第三的可能,而 SP 与 $\overline{S}P$ 之间有第三可能,因为还有 $S\overline{P}$ 与 $\overline{S}\overline{P}$ 的可能。P 与 $\overline{P}$ 之间虽然没有第三的可能,而 SP 与 $S\overline{P}$ 之间有第三的可能,因为还有 $\overline{S}P$ 与 $\overline{S}\overline{P}$ 的可能。

c.S 的排中情形固是 $S+\overline{S}=1$,但 SP 的排中情形不是

$SP + \overline{SP} = 1$，是 $SP + (1 - SP) = 1$。P 的排中情形固是 $P + \overline{P} = 1$，但 SP 的排中情形不是 $SP + \overline{SP} = 1$，是 $SP + (1 - SP) = 1$。这样的错误似乎是显而易见的错误，但是同时我们要记得用符号表示就显而易见，而用语言（尤其是欧洲的语言）就不显而易见。

3. 在英文里面"All men are mortal"这句话理论上似乎是说"All men are mortal men"。但英文的习惯是不让我们在宾词中重复地把主词再说一次。实际上或者用不着而理论上还是重复把主词说一次的靠得住。

a. 照普通的写法，SAP 与 $\overline{S}AP$ 是反对的命题。它们根本就不能同时是真的，用不着由 SAP 推论下去才知道它们有冲突。$\overline{S}AP$ 等于 $\overline{S}E\overline{P}$，$\overline{S}E\overline{P}$ 等于 $\overline{P}ES$，而 $\overline{P}ES$ 与 $\overline{P}ES$ 冲突；因为 SAP 等于 $SE\overline{P}$，$SE\overline{P}$ 等于 $\overline{P}ES$，而 $\overline{P}ES$ 等于 $\overline{P}A\overline{S}$。

b. 照普通的写法，SEP 与 $\overline{S}EP$ 是反对的命题。它们也就根本不能同时是真的，也就用不着许多推论才知道它们有冲突。换位以后，SEP 变成了 PES，$\overline{S}EP$ 变成了 $PE\overline{S}$，而 $PE\overline{S}$ 可以换质到 PAS。PES 与 PAS 是反对的命题。

c. 照普通论理学，由 SAP 是真的我们可以推论到 SIP 是真的，因为 $S\overline{P} = 0$ 与 $SP = 0$ 不能同时是真的。由 SEP 是真的我们可以推论到 SOP 是真的，因为 $SP = 0$ 与 $S\overline{P} = 0$ 不能同时是真的。但这差等的对当关系实在是根据于 $S(P + \overline{P}) > 0$ 的假设。如果这假设取消，差等的关系当然也有相当的影响。

d. 改变的写法如下：

SASP，用公式表示定为 $(1 - SP) = 0$，或 $\overline{S}P + \overline{SP} + \overline{S}\,\overline{P} = 0$

SISP，用公式表示定为 $SP > 0$

SOSP,用公式表示定为 $(1-SP>0$ 或 $S\overline{P}+\overline{S}P+\overline{SP}>0$

SESP,用公式表示定为 $SP=0$

e.与以上命题相反而同时具消极"SP"的命题的写法如下:

SA(1-SP)公式表示定为:$SP=0$

SI(1-SP)公式表示定为:$S\overline{P}+\overline{S}P+\overline{SP}>0$

SO(1-SP)公式表示定为:$SP>0$

SE(1-SP)公式表示定为:$S\overline{P}+\overline{S}P+\overline{SP}=0$

C.这样的写法与命题的关系没有影响,1.这八个命题的对当关系可以下图表示:

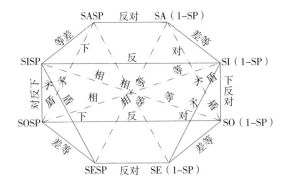

a.这样写法的命题似乎没有范围的问题。即以 SASP 与 SA(1-SP)两命题而论,积极的"SP"不是空泛的"P"也不是空泛的"S";消极的"SP"等于 $S\overline{P}+\overline{S}P+\overline{SP}$,不至于发生 $\overline{P}X$,或 $\overline{P}\overline{Y}$ 等的新范围的问题。"SI"可以有 X,也可以有 $\overline{X}$,可以是 X 也可以是 $\overline{X}$,但无论如何,它是 S,是 P。消极的"SP"也是一样,无论它与 X 或 $\overline{X}$ 的关系如何,它总是(1-SP)。若是单写宾词,则消极主词与消极宾词的混乱情形不免发生。

b.这样写法的命题似乎没有主词或宾词存在的问题。或者妥当一点的说,没有以上所提出的存在问题。无论"S"存在与否,SASP 与 SESP 总是不能同时是真的。这两命题中的头一命题所说的是 $\overline{SP}+\overline{SP}+\overline{SP}=0$。那就是说,"所有(有字不妥,现在不讨论这问题)的 S 是 P"这命题等于说"没有是 S 而不是 P 的,或者没有不是 S 而是 P 的,或者没有不是 S 而又不是 P 的",SESP 是说"没有是 S 而又是 P 的",它所说的是 SP=0。如果这两命题同时是真的,那就等于说 $SP+P\overline{S}+\overline{PS}+\overline{SP}=0$。这等于否认宇宙,不仅是物理学家所研究的宇宙,而且是哲学家所说的那个无始无终、无边无际,包罗万象的宇宙。这两句话虽然不能同时是真的,而它们没有说"S"存在;SP=0 与 $\overline{SP}=0$ 两命题仍可以同时是真的。

c.照这样的写法,普通论理学的对当关系都可以保存,而同时不至于发生普通论理学的困难问题。我们似乎也用不着分 A_n、A_h、A_c 等意义不同的命题。若果如此,则 A、E、I、O 的对当关系比较的简单。

2.照以上所提出的写法,矛盾律与排中律也可以比较的严格。

a.照这新说法,矛盾律不是说"甲不能同是乙与非乙"而是"甲不能同时是乙与不是乙";而排中律不是说"甲一定是乙或非乙",而是"甲一定是乙或不是乙"。

b.这问题与以上所讨论的存在问题有直接关系。如果我们把命题限制到主词存在的命题,则:"甲不是乙"等于"甲是非乙";因为"甲"既存在,它不是乙,当然就是"非乙"。但是如果"甲"不一定存在,它既可以不是"乙"也可以不是"非乙"。

c.从另外一方面说,"甲是非乙"未曾否定"甲是乙",所以我们也可以说甲既是乙又是非乙。但"甲不是乙"否认"甲是乙",所以我们不能承认它们同时成立。

d."甲是乙"可以"甲乙"代表,"甲是非乙"可以"甲$\overline{乙}$"代表,而"甲不是乙"只能以(1-甲乙)代表。"甲$\overline{乙}$"与(1-甲乙)当然大不相同。"甲乙"与"甲$\overline{乙}$"没有矛盾的情形也没有排中情形,而"甲$\overline{乙}$"与(1-甲乙)有矛盾的情形与排中的情形。

3.在新写法情形之下,换质法与换位法不受什么特别影响。但新写法的命题似乎有它的条件,一个条件是要我们承认语言方面没有意义的命题。(1-SP)A$\overline{S}$ 这样一个命题在语言方面似乎没有意义,而在理论上它等于SASP。这种办法论理学书上已有先例。我们利用此办法也不过是追随古人。

a.照新写法 SASP 与 $\overline{S}$AS$\overline{P}$ 的换质与换位的变化如下:

	SASP	$\overline{S}$AS$\overline{P}$
换质得	SE(1−SP)	$\overline{S}$E (1−$\overline{S}$P)
换位得	(1−SP)ES	(1−$\overline{S}$P)E$\overline{S}$
换质得	(1−SP)A$\overline{S}$	(1−$\overline{S}$P)AS
换位得	$\overline{S}$I(1−SP)	SI(1−$\overline{S}$P)
换质得	$\overline{S}$OSP	SOSP
换质得	PO(1−SP)	PO (1−$\overline{S}$P)
换位得	PISP	PIS$\overline{P}$
	SASP	$\overline{S}$AS$\overline{P}$

b.SESP 与 $\overline{S}$ES$\overline{P}$ 的变化如下:

	SESP	$\overline{S}$ES$\overline{P}$

换质得	$SA(1-SP)$	$\bar{S}A(1-\bar{S}P)$
换位得	$(1-SP)IS$	$(1-\bar{S}P)I\bar{S}$
换质得	$(1-SP)O\bar{S}$	$(1-\bar{S}P)O\bar{S}$
	——	——
换质得	$(1-SP)O\bar{P}$	$(1-\bar{S}P)O\bar{P}$
换位得	$(1-SP)IP$	$(1-\bar{S}P)IP$
换质得	$PA(1-SP)$	$PA(1-\bar{S}P)$
换位得	$PE\bar{S}P$	$PE\bar{S}P$
	$SE\bar{S}P$	$\bar{S}E\bar{S}P$

c.照以上的变化看起来，"所有的人都是宇宙的分子"与"所有的非人都是宇宙的分子"，把写法改变之后似乎没有冲突。如果没有冲突，当然可以同时成立。"无一正式电报是真电报"与"无一非正式电报是真电报"也就可以同时成立。

*　　*　　*　　*　　*

本文的主张究竟说得通否，不敢自信。这个办法有便利的地方也有麻烦的地方。在语言方面，的确麻烦。但是如果引用这个办法，存在问题在论理学上不必发生。

思想律与自相矛盾[*]

一　同　一　律

论理学中有所谓思想律者,一是同一律,一是矛盾律,一是排中律。现在有人加上莱布尼茨的"充分理由律",把它当作第四思想律,但它与演绎法没有多大的关系,所以我们可以不必讨论。"律"字的意义普通有二,一是"jus",一是"lex";若以这两意义为标准,思想律似乎不是"律"。有些思想不遵守这三个律。有理性的思想的确遵守它们,但有理性的思想等于遵守这三律的思想。其结果是遵守这三个律的思想才遵守这三个律。这三个律,与其说它们是思想律,不如说它们是论理学中的三个假设。大多数的教科书称这三个假设为思想律,本文沿用旧名,暂不改革。

A.同一律的说法

同一律的说法不一。有人说同一律是说"一件东西与它本身相同"。这样的说法似乎有毛病。另有一说法是"甲是

＊　原刊于《清华学报》第 7 卷第 1 期,1932 年 1 月。——编者注

甲"。第二说易生误会：一方面常常发生"某甲是某甲"的问题，另一方面又发生无论何时无论何地一件东西是否是甲的问题。比较不发生困难问题的说法是"如果 X 是甲，它就是甲"。这样说法对于 X 没有肯定的主张；X 可以是也可以不是甲；X 在一时是甲，在另一时可以不是甲；在一地可以是甲，在另一地可以不是甲。对于 X 虽没有肯定的主张，而对于甲有肯定的主张；那就是说甲总是甲。至于甲所代表的是什么，以后再说。

B.同一律的必要

"必要"二字在论理范围之外不容易解释。有一种情形，我们寻常以"除非"二字表示之。我们可以说"除非承认同一律，我们所说的话没有意义"。这句话不是说承认同一律，话就有意义；它所说的是不承认同一律，话就没有或不会有意义。意义大都可以分作两种：一是事实上或系统外的意义，一是论理上或系统内的意义。

1.事实上或系统外的意义。假如张先生昨天买了一本书，而我说"张先生昨天买了一本书"。这句话就代表一件事实，张先生代表一个人，书代表一种东西。听这句话的人就可以想到一件事实。这样的话有事实上或系统外的意义，也有系统内的意义。但书所代表的那个东西不必以"书"名，洋人就不叫它作"书"。其他名称有同样的情形，可见一句话不必有系统外的意义。

2.论理上或系统内的意义。我们可以 A、B 代表一定的而同时我们所不知道的东西，我们可以说"A 是 B"。我们既不知道 A 与 B 所代表的是什么,这句话对于我们没有系统外的意义。但它有系统内的意义,而这个意义的最低要求是同一律。如果 A 可以是任何别的东西,B 也可以是任何别的东西,则"A 是 B"这句话不能有意义。我们也可以用 X 代表不一定的东西,所以"X 是 Y"这句话有的时候是真的,有的时候是假的。X 所代表的东西既不一定,则其系统外的意义也不一定。但是系统外的意义虽不一定,而系统内的意义无论如何是一定的;那就是说,X 总是 X。如果 X 可以不是 X,说它是 Y 就没有意义了。

3.一句话可以没有系统外的意义,不能没有系统内的意义。无论系统外的意义也好,系统内的意义也好,只要我们所说的话有意义,我们就不能不承认同一律。

C.绝对的同

同一律中的同是绝对的同,是没有异的同。如果不是这样的同,二分法就不容易应用。"同"字也有意义不清楚的情形,以下三种常常相混。一是甲与乙之相同。这种相同实即相似,所以我们可以说同中有异,异中有同。一种是甲$_1$与甲$_2$的相同。这种相同包含时间上关系的变迁,性质即令相等而关系不同,所以我们也可以说同中有异,异中有同。但这都不是同一律中之同。同一律中之同,是甲与甲之同。这样的同只有普遍的抽象的思想有之,而具体的个体的东西不能有这样的同。

1.概念、名相、类称似乎都与时空独立。如果它们不与时空独立,归纳法似乎说不通。所谓独立者是说不受时空的影响。我们可以说它们本身不变,寻常我们以为它们改变的时候,实在是我们对于它们的态度改变而不是它们自己改变。但无论它们改变与否,它们不因时空的变迁而改变。同一律既只能引用到普遍的抽象的思想或名称,所以同一律也在时空范围之外。

2.单个的具体的东西都可以说受时空的影响。从事实方面说,一个具体的单个的东西不能异地同时。从理论方面着想,一个同地异时的东西不能保其不变。最严格的单个的具体的东西只能在时点空点存在。在时间空间它们就变了。如果我们把同一律引用到单个的具体的东西,同一律就说不通了。一时间一空间的具体的东西与另一时另一地的那一个东西,说它同,同中有异;说它异,异中有同。如果我们要把同一律引用到具体的东西上面去,我们似乎非加上条件不成。

3.这条件就是同一律与时空独立。独立二字似乎可以有两说法:一是把同一律的引用限制到同一时空范围之内,一是把它提出到时空范围之外。由前说我们可以说在一时间空间的东西在那一时间空间与它自己相同。但这样的说法实在是说一件东西的变迁的秩序之中,步步各自本身相同。换句话说,一件东西在时点空点与它本身相同。如果我们把同一律限制到同一时空范围之内,其结果是把它限制到无量小的时点与空点。第二独立说不能引用到具体的单个的东西上面去。

D.同一律既不能证明,又不能否证

普通所谓证明似乎有两部分。一是实质上或经验上的证

明,一是论理上或形式上的证明。前者满足我们信仰上的要求,后者满足我们理性上的要求。仅有其一,我们大都觉得证据不够。我们可以"2+2＝4"为例。从形式方面我们可以得以下的证明。假设"1"已有定义,"2"、"3"、"4"可以有以下的定义:(1)"2"＝1+1;(2)"3"＝2+1;(3)"4"＝3+1。如果我们加上一个公式(4)X+2＝(X+1)+1;我们可以由第(2)定义得 2+1+1＝3+1

由第(3)定义得 3+1＝4

由第(4)公式 2+2＝(2+1)+1

所以　2+2＝4

我们可以用以上形式上的方法证明"2+2＝4";但我们不见得因为有了以上的证明,就相信"2+2＝4"。我们教小孩子大都不用这个办法。我们大都以两个具体的东西加上两个具体的东西使小孩计算到四个具体的东西。

1.同一律似乎是不能证明的。从形式方面说,如果我们要证明同一律,我们不能不用一比同一律更根本的原则或命题为证明的根据。一方面我们似乎可以说没有比同一律更根本的原则或命题。另一方面即令假设这样一个命题或原则如"P","P"一定要是"P"才有意义;那就是说"P"本身就要服从同一律。我们不能以一本身包含同一律的原则去证明同一律。

2.从实质方面说,证明是有量时间与空间的事体,而所欲证明相同的东西又是具体的东西。具体的东西分析到最后一步只能在时点空点上完全相同。但在时点空点上我们根本不能有经验,所以根本就不能有证明的事体发生。从实质方面说,同一律也就是不能证明的。一个具体的东西在时点空点上之所以能完全与它自己相同者,不过是因为在时点空点上不能有变迁。这种相同也就是由定义得来的,根本就不是经验中的情形。

3.我们不仅不能证明同一律,我们也不能否认它。我们不能用形式的方法否认;因为无论我们所用的工具是什么样的工具,我们要先承认我们所用的那一个工具就是那一个工具才行。这样一来,我们似乎是承认同一律去否证它。我们也不能用实质的方法去否认同一律,因为这种否证与这种证明一样,它是有量时空的事体。我们当然不能以实质的方法否证一时点空点中的东西与它自己完全相同。同一律既不能证明,又不能否证,称它为思想的假设或者比较的相宜。

E.同一律是独立的

同一律的独立可以从两方面说。一方面就是它似乎不能以形式的方法证明。那就是说,它不能从更根本的原则推论出来。另一方面它与矛盾律和排中律似乎只有间接的关系,所以由它也不能推论矛盾律及排中律。它用不着以反面的话表示;我们仅说"甲是甲"或"如果 X 是甲,它就是甲";我们用不着用反面的话表示说"甲不是非甲",或"如果 X 是甲,它就不是非甲"。这些反面的话是引用二分法(dichotomy)之后的推论。不用二分法,我们由一肯定命题不能推论到一否定命题,也就不能推论到矛盾律或排中律。寻常我们由同一律可以推论到其余二思想律者,实在是因为我们已经引用了二分法。

二 二 分 法

二分法的定义。

二分法是把说话的对象分成彼此不相容而同时彼此无遗漏的两个部分。这两部分大都以一个肯定名称与它的否定名称表示之。哪一个是肯定，哪一个是否定没有多大的关系。肯定与否定或正与副可以用符号表示，既可以用符号表示，在论理方面我们就有所遵循。

二分法不仅是把对象分成两部分。分成两部分的东西可以不彼此不相容，也可以不彼此无遗漏。二分法的紧要情形就是两部分一方面彼此不相容，另一方面彼此无遗漏。今当分别讨论。

A.两部分的彼此不相容

1.这个彼此不相容的情形恐怕最好还是以名称表示。不相容的意义是说不可得兼。专从名称方面说，有些是可兼的有些是不可兼的。"美"与"好"不必兼而是可以兼的；那就是说，一件东西可以是既"美"且"好"。这是就普通的情形而论。如果所谓"美"者等于普通所谓"不好"，则"美"与"好"为不可兼的名称。真与假我们大都认为彼此不相容的名称，但这也是定义问题。两部分或两名称可以相容也可以不相容，要看定义如何。

2.不相容的情形不限于二分法，也不限于两名称。我们可以用之于多数分法或多数名称。大学以下的年级分类法似乎也是彼此不相容的。无论一个学堂的级数多少,是一年级的学生大都就不是第二年级或三年级的学生。从法律方面说,国籍也是彼此不相容的,如果一个人是法国人,他就不是任何另一国的人。可见二分法中两部分不必是彼此不相容,而这彼此不相容的情形也不限于二分法的两部分。

3.不相容的情形可以一种"析取"命题(disjunctive proposition,借用张申甫先生的译法)表示。"X 是 A 或 B"这命题可以两种不同的意义:一是有 AB 可能的意义,一是没有 AB 可能的意义;后者可以用"X 是 A$\overline{\text{B}}$ 或 $\overline{\text{A}}$B"表示。但不相容的情形不限于两名称,而析取的命题也不限于两个可能的宾词。我们可以有"X 是 A,或 B,或 C,或…N"这样的命题;如果这句话的意义是说没有"ABC…N",则 A,B,C…N 彼此不相容。二分法的第一重要条件就是这两部分彼此不相容的情形。

B.两部分的无遗漏的情形

1.无遗漏的意义是穷尽。这个思想或者还是以名称表示为最容易。"冷"与"热"似乎不是无遗漏的名称。如果我们以法式寒暑表 50—60 度为标准,超过此标准者为热,不够此标准者为冷;则冷与热之间可以有不冷不热的情形,而冷与热不是无遗漏的名称。如果我们的对象是命题,照常识与论理的习惯方面着想,"真"与"假"是无遗漏的名称。那就是说,没有既不真而又不假的命题。

2.这个无遗漏的情形似乎不必与不相容的情形发生连带关系,它们似乎是可以独立的。两个不相容而同时不穷尽的名称如 A$\overline{\text{B}}$ 与 $\overline{\text{A}}$B 可以有第三可能如"C";两个无遗漏的而同时可以相容的名称如 A 与 B 可以有第三可能如"AB"。如果这两个情形兼而有之,则前说的第三可能与后说的第三可能相同。关于这一层,以后还要提及。

3.无遗漏的情形也不限于两名称或两部分。我们也可以用之于多数分法或多数名称。这情形与不相容的情形一样。如果一个学堂只有 4 个年级,则以 1 或 2 或 3 或 4 年级学生去形容那一个学堂的学生是无遗漏的。如果地球上只有 N 国,则以一析取命题列举 N 国的国名去形容一国也是无遗漏的。可见这无遗漏的情形也不限于二分法。同时二分法的两部分也不一定是无遗漏的,这要看定义如何。

4.无遗漏的情形也可以用一析取命题表示。析取命题以上曾经说过有两个义:一是两可能相容的意义,一是两可能不相容的意义;前者可以用"X 是 A 或 B"表示,后者可以用"X 是 A$\overline{\text{B}}$ 或 $\overline{\text{A}}$B"表示。要表示无遗漏的情形可以加上一句话:AB 之间没有第三者。如果 A 与 B 既是不相容又是无遗漏,则前一命题的第三者与后一命题的第三者相同。

C.二分法是否必要

"必要"的意义,列举无遗的说起来,不知道有多少;略而言之有三:一是论理上的必要,一是事实上的必要,一是心理上的必要。三者之中最后一义我们用不着提出讨论。

1.严格地说只有论理上的必要(包含数学上的必要)是货真价实的必要。命题与命题间有两种关系发生必要的情形;一是形式不同而意义完全一样的两命题的关系;一是一包含命题与它的被包含的命题的关系。前一种的必要是最严格的必要。如果我们承认普通长短的定义，甲比乙长与乙比甲短有必要的关系。二分法有没有这种论理上的必要呢？

2.对于这个问题我们似乎应该注意两点，一是"必要"是命题间之情形，不是一命题的性质；一是结论有必要的问题而前提没有必要的问题。寻常所谓不能承认的命题，即不可能的命题，实在是在一论理学范围之中所不能承认的命题；寻常所谓不能否认的命题，即必要的命题，也是在一论理学范围中所不能否认的命题。最根本的前提无所谓必要与不可能。

3.二分法是结论呢还是前提呢？二分法是否必要的先决问题就是这个问题。如果二分法是一种结论，那么它是由别的原则或方法或思想推论出来的。要知道二分法是否必要，我们先要知道这原则或方法或思想是什么。我们知道它们以后我们才能断定它们与二分法的关系如何，我们才能知道这关系是否合乎论理。如果二分法可以由这些原则或方法或思想推论出来（演绎法的推论），则二分法在我们承认这些原则或方法或思想的情形之下为必要的。事实上没有比二分法更根本的原则或方法或思想而同时是二分法的前提。这样说来，二分法事实上不是结论而是前提，所以我们可以说它没有必要的问题。

4.二分法能不能有前提呢？这个问题至为重要，可是我答不出来。二分法本身或者可以有，我没有试过。但是如果这个问题是问一种论理学的最初思想是否武断，那么这个问题变成一普遍的问题。如果任何论理学的起点是武断的，则论理学可以有任何的思想为起点而不必用一定的思想做起点，那就是说任何思想都可以是结论。如果论理学的根本思想不是武断的,那么,我们可以说有些思想在论理方面总是前提,而这些思想没有论理学上的必要,只有事实方面的须要。

D.二分法的须要

二分法似乎没有论理上的必要,同时似乎有事实上的须要。所谓事实上之须要者似乎是指一种情形之条件而言。有时候在事实方面一种情形的条件未实现,那一种情形不容易发生。条件实现之后,那一种情形大都发生。事实上的须要不甚严格。

1.从人类方面着想,我们可以说人类有语言的须要。既有语言的须要,我们也可以说人类有论理的须要。既有论理的须要,我们也可以说人类有利用名称的方法的须要。论理上我们似乎不必用二分法,而事实上我们似乎要用二分法。二分法是一种工具,一种论理的工具。对于工具我们所要求的一是尽职,一是便利。

2.从尽职方面说,我们似乎不能说二分法是唯一的利用名称的方法。我们似乎可以用三分法,四分法,或其他多数分法。如果我们不用二分法而用其他多数分法的时候,我们用不着正副的名称,也用不着肯定与否定的命题,同时其他多数分法似乎也不必是不相容与无遗漏才能致用,关于这一点我现在不做具体的讨论。

3.但是从便利方面着想,二分法比其他的方法好得多。现在假设所有的分法都是不相容而同时无遗漏,二分法中之 X 与 $\bar{X}$ 的推论是直接的,那就是说,由任何一名称我们可以推论到其二。如果我们用三分法,X_1,X_2 与 X_3 的推论不是直

接的,那就是说,三可能之中,一个除外,尚有两个可能。如果
我们用四分法,推论愈不直接,比较起来更麻烦。这还是就一
名称而言,如果我们用两个名称如 X,Y 则情形更复杂。用二
分法 X 与 Y 的结合有四,用三分法,X 与 Y 的结合有九。这
还是假设不相容与无遗漏的情形,若不假设这两种情形,多数
分法的推论简直复杂到万分。这样看来,二分法虽不是必要
的而是须要的。

E.肯定与否定

肯定与否定是论理上两个很根本的工具。前此对于否定
有许多困难问题。从事实方面说,否定这问题颇感困难;从论
理方面着想,否定这问题似乎亦感困难。但是在二分法的论
理学范围之内,肯定与否定不过是引用二分法于命题的情形。
说话的对象约而言之有二:一是可以用名称代替的,一是可以
用命题形容的。二分法用之于名称,所以名称有正副;二分法
用之于命题,命题也就分为肯定与否定。至于哪一个是肯定
或否定没有多大的关系。形式上的表示大家都知道。

1.但是肯定与否定有一大不相同的地方。肯定不必与二
分法发生连带的关系,任何分法都可以有像肯定命题那样的
命题。它的形式或者不同,它能有的推论或者不同,它的意义
也可以不同;但它在另外一种办法中的位置等于二分法系统
中的肯定命题。

2.否定则不然,它与二分法发生连带的关系。否定命题
的意义就是以二分法用之于任何一命题而得到与那一命题完
全不相容而且无遗漏的命题。如果我们对于名称不用二分

法,我们可以用否定命题,也可以不用否定命题。如果我们对于命题不用二分法,我们根本就不会有否定命题。那就是说,如果命题与命题之间,发生否定的关系,就可以表示二分法已经引用到命题上面去了。

3.我们对于命题是不是一定要用二分法呢?这问题是以上 C、D 两段所提出的那普遍问题的一部分。我们对于这个问题的答案也是对于那普遍问题的答案。在论理方面说,我们不必用二分法,而在事实方面,我们不容易不用它。

三 矛 盾 律

A.矛盾律的说法

矛盾律有好几个说法,各有便利的地方。兹仅就两方面着想,看矛盾律的说法如何。

1.从一方面着想,矛盾律可以有以下的表示:"A 不能是 B 与不是 B。"这样的说法依然是命题的矛盾,而不是名称的矛盾。名称似乎无矛盾的情形。A 与 $\overline{A}$(非 A)可以同时存在,因为专就名称一方面说,它们可以代表不同的东西,而不同的东西当然可以同时存在。矛盾问题不发生于正副两名称彼此独立存在与否的情形,严格地说它是两命题能否同时成立的问题。我们似乎可以说,矛盾律是引用二分法于命题的情形而不是引用二分法于名称的情形。

我们从"A 不能是 B 与不是 B"这句话就可以知道这矛盾的情形是"A 是 B"与"A 不是 B"这两命题的矛盾,而不是 B 与非 B 的冲突。B 与非 B 可以同时存在,而"A 是 B"与"A

不是 B"不能同时成立。从这方面看来,矛盾律很容易误写成"A 不能是 B 与非 B"。这句话里的二分法是两名称的二分法;严格的话,在形式上它不能代表一肯定命题与一否定命题的冲突;而在实质方面,我们也不知道它所包含的两命题是否有冲突。"非 B"的意义不清楚;它的范围有时是有量的,有时是无量的。如果范围是有量的,B 与非 B 不必不相容;果能相容,则"A 不能是 B 与非 B"这句话就没有矛盾的情形在里面。一定要先假定非 B 是无量的,"A 不能是 B 与非 B"这命题才能与"A 不能是 B 与不是 B"相等。

2.从另外一方面着想,矛盾律可以用命题的真假表示如下:"一命题不能是真的与不是真的"。这个说法似乎只有两种便利:一是把矛盾的情形明明白白地限制到命题上去,一是利用它那不能否认的情形以作矛盾律的基础。第一种便利不算什么便利,因为以上那个说法也是把矛盾的情形无形的限制到命题上去了。第二种便利以后还要提及,此处可以不讨论。但本条的说法有一根本不好的地方。矛盾律是一命题与命题间的情形,而不限制于命题的真假。那就是说,"一命题不能是真与不是真的"不过是"A 不能是 B 与不是 B"那普遍情形中之一种特殊的表示。从这方面看来,矛盾律当以第一说为比较的合宜。

B.矛盾律的性质

矛盾律是从不相容的情形而发生的。二分法把说话的对象分成正副两名称,彼此不相容,彼此无遗漏。但正副可以同时存在,所谓不相容者是说对于一件东西不能以正副两名称同时形容之。其结果已经是把矛盾的情形限制到命题上去了。

1.矛盾律是说不相容者不能兼备于一件东西或一个名称。如果有 A 与(1-A)两名称,它们能相容与否就是有没有既是 A 而又是(1-A)的东西。矛盾律是说不能有这样的东西与名称。那就是说,这两名称是彼此不相容的。(1-A)等于 $\overline{A}$;这个写法比较的靠得住,因为它的意义清楚。特别是几个名称联合的时候,似乎不用它就有麻烦的情形发生。如果正名称是 XY,副名称不是 $\overline{XY}$,是(1-XY)。

2.矛盾律与时空的关系就是同一律与时空的关系。"一件东西不能同时是 A 与不是 A"可以解作"一件东西在它是 A 的时候(或地方)不能不是 A"。这样说法是把那个东西提出时空影响之外。

3.A 与(1-A)既是不相容而又是无遗漏的,它们彼此都是绝对的。如果一件东西是 A,它绝对的是 A;如果它不是 A,它绝对的不是 A。它绝对的是 A 的时候,它还是可以是 B;可见所谓绝对者是是 A 与不是 A 的绝对,而不是是 A 与是 B 的绝对。如果是 A 与不是 A 不绝对,则矛盾律说不通。从这方面看起来,矛盾律与同一律有同样的情形。

C.矛盾律的证明

矛盾律似不能有实质方面的证明,但是我们普通以为它可以有形式方面的证明,那就是说,可以由别的原则推论出来。

1.从二分法可以推出矛盾律。在此我们应注意由同一律不能直接推论到矛盾律。

假设有一命题如"X 是 Y"

用二分法的办法

我们可以得两命题"X 是 Y"与"X 不是 Y"

这两命题彼此不相容

所以"X 不能是 Y 与不是 Y"

2.论理学中有一假设说"A×A＝A"。这就是说"既是人又是人等于人"，"既是笔又是笔等于笔"。这似乎是论理学与代数及算术的根本不同的地方。说这种情形是一假设不过是表示谨慎而已。我们可以由这个情形推论到矛盾律。

矛盾律是 $\qquad A\bar{A}=0$

但 $\qquad \bar{A}=(1-A)$

所以矛盾律也可以写成 $\qquad A(1-A)=0$

那就是说 $\qquad A-A^2=0$

但 $\qquad A^2=A$

所以 $\qquad A-A=0$

所以 $\qquad A\bar{A}=0$

3.证明有直接与间接的分别。以上都是直接的证明,间接的证明是从反面表示不能否证的理由。对于矛盾律有人以反面的说法表示它是不能否证的。这个法子如下：

甲"一命题不能是真的与不是真的"

乙"一命题能是真的与不是真的"

甲乙两命题是否有肯定与否定的关系呢？如果没有,它们没有证明与反证的问题。甲命题或者从另外方面着想不能成立,但它不能成立的理由与乙命题没有什么关系。如果甲乙两命题有肯定与否定的关系,那么甲真则乙假,乙真则甲假。

那就是说一命题不能既是"是真的与不是真的"又不是"是真的与不是真的"。简而言之，

丙"一命题不能是真的与不是真的"。那就是说，甲命题是不能否认的，因为否认它就是承认它。这种证明法以后还要提及。

D.矛盾律与天演

矛盾律与天演及天演律均无关系。既无关系本来就无问题，也就用不着提出讨论。但是黑格尔曾有三部进化论，暂以正反容三字表示之。正与反一方面为论理上的符号，另一方面又代表一件东西在时间上的变迁。变迁不停，这三部周而复始。但是在论理方面正与反是同时的或无时的或无先后的，所以正与反不相容；而在事实变迁程序中，正与反不是同时的，是有先后的，所以能彼此相容。这两个正与反碰不到一块去，把它们碰在一块就有思想混乱的毛病。我们对于这一层似乎要注意以下数点。

1.事物的变迁是我们所不能否认的事实。变迁本身也是我们所不能否认的事实。但是承认事物的变迁与承认矛盾律完全是两件事。它们根本没有冲突，根本就用不着发生问题。

2.变迁无论作何解释是具体的个体的事物在两不同的时点或时间或时期的一种情形。这样说来，变迁有两条件：一是具体的个体的东西，一是不同的时点或时间或时期（地点情形同样）。

3.矛盾律是一种引用名称的方法，可以是而不必是事物本身的状态。它与事物的名称有直接关系而与事物的本身

没有同样的关系。但这一层不甚重要。重要的是变迁的第二条件。一件具体的东西同时不能变,同地不能迁。一件在甲时的东西不能变到甲时,在甲地的东西也不能迁到甲地。天演是不同时的情形。矛盾律恰相反。它本在时空范围之外;如果我们一定要把它拉到时空范围之内,它的根本条件就是同时同地。在甲时甲地的东西如果是 A,它就不能不是 A。

4.天演律与矛盾律的范围根本不同,性质也不同。前者是不同时不同地的情况,后者是同时同地的情形。前者是由归纳法及其他的科学方法所发现的自然律,而后者是思想的假设。性质不同,范围不同,根本没有冲突。两律可以同时成立,我们用不着因赞成天演律就反对矛盾律,或因赞成矛盾律就反对天演律。

四 排 中 律

A.排中律的说法

排中律的说法也可以有好几个:(a) A 一定是 B 或者不是 B;(b)两矛盾命题之间没有第三可能;(c)一命题一定是真的或者不是真的。这三个说法都可以说得通。

1.第一说法最普遍,其形式与矛盾律一致,既简单而又便利。但有一情形我们应注意。第一说法很容易误写成"A 一定是 B 或非 B"。关于这一层我们讨论矛盾律时已经讨论过,此处不赘。

2.第二说法也有一好处,它把排中的情形限制到矛盾方面,同时也把矛盾的情形限制到命题上去了。但如果我们把矛盾律写成"A 不能是 B 与不是 B",则第二说法与矛盾律的说法不一致。从这一方面看起来,似乎不如第一说。

3.第三说法的毛病是没有前两说的普遍。前两说没有限制到任何特种的矛盾,而第三说限制到命题之真与假的矛盾。命题与命题之间不但有真与假的矛盾,似也有对与不对的矛盾;而对与不对的范围在论理方面似乎比真与不真还要宽。但第三说法也有便利的地方,它可以表示排中律在二分法的论理学与矛盾律一样是不能否认的。其中不能否认的理由与形式也与矛盾律之所以不能否认的理由与形式一样。这一层以后也要提及。这三说法之中,似乎以第一说为宜。

B.排中律的性质

普遍一点的说,排中律可以说是无遗漏的情形所产生的。若是二分法之中两名称既不相容又无遗漏,我们可以说这两名称之间没有第三可能。若是这两名称可以相容而仍是无遗漏的,我们可以表示这无遗漏的情形说这两相容的名称之间无第四可能。由此类推,三分法中之三不相容而又无遗漏的名称之间无第四可能;三分法中之无遗漏但能相容的三名称之中无第八可能。排中律之所以说没有第三可能者是因为二分法中之两名称不仅是无遗漏而且彼此不相容。我们可以另外方法表示。

1.如果我们有两名称 X 与 Y,这两名称是可以相容的,但是无遗漏的;那么我们有三个可能:(1) X$\overline{Y}$,(2) $\overline{X}$Y,(3) XY。但 X 与 Y 既是无遗漏的,我们不能有第四可能,那就是

说不能有 $\overline{XY}$。

2.如果我们有三名称 X,Y,Z;它们彼此不相容而又彼此无遗漏;那么我们有三个可能:(1) $X\overline{YZ}$,(2) $\overline{X}Y\overline{Z}$,(3) $\overline{XY}Z$;我们不能有任何第四可能。但是如果这三名称仅仅是无遗漏而不是不相容的,我们可以有七个可能,以上三个之外还有:(4) XYZ,(5) $X\overline{Y}Z$,(6) $XY\overline{Z}$,(7) $\overline{X}YZ$;可是没有第八个可能,那就是说没有 $\overline{XYZ}$。

3.如果第一条所讨论的 X 与 Y 是假设它们彼此不相容而同时又无遗漏的;那么我们只有两个可能:(1) $X\overline{Y}$,(2) $\overline{X}Y$。它们既不相容,所以我们不能得 XY;它们彼此既又穷尽;所以我们不能得 $\overline{XY}$。

4.第三条的情形特别。如果 X 与 Y 是彼此不相容而又彼此穷尽,则 Y 实等于(1-X)。Y 既等于(1-X),则 XY 等于 $\overline{XY}$。何以见得呢? 因为 XY 等于 X(1-X)而 $\overline{XY}$ 等于(1-X)X。在论理方面 X^2 既等于 X,则 X^2-X 等于 $X-X^2$。我们可以说在彼此不相容而彼此穷尽的二分法情形之下,矛盾律与排中律所欲取消的可能是一个可能;那就是说,正副两可能之外的第三可能。

C.排中律之证明与否证

本节所讨论的排中律和上节所讨论的矛盾律都是二分法分支出来的;在二分法情形之下它们相等,不过形式不同;矛盾律从反面说"A 不能是 B 与不是 B",排中律从正面说"A 一定是 B 或不是 B"。从这方面看来,如果矛盾律可以证明,排中律也可以证明;如果矛盾律不能否证,排中律也不能否证。但是现在有人赞成保存矛盾律,取消排中律,这样看来似乎矛盾律与排中律可以分开。对于这一层我们可以注意以下诸点。

1.不相容的情形与无遗漏的情形没有一定连带的关系。两名称以及多数名称可以彼此不相容而不必彼此穷尽,也可以彼此穷尽而不必彼此不相容。我们现在大多数所认为论理学的论理学或者希腊论理学,是这两种情形兼而有之的二分法的论理学。这两种情形,二分法既兼而有之,矛盾律与排中律照以上说法是一样的,是不能分的。但是这两种情形二分法不必兼备。

2.这两情形在二分法不兼备的时候,矛盾律与排中律似乎可以分开。我说似乎者不过是表示疑问。照普通的论理学看来,甲与非甲之所以能不相容是因为非甲是无量的,那就是说甲与非甲是无遗漏的;如果非甲是有量的,甲与非甲又似乎是能相容的。但这还是把矛盾律与排中律当作整个的情形看待。如果我们不把它当作整个的情形看待,把二分法变作一种三分法;那就是说把说话的对象分作:(a)A,(b)$\bar{A}$,(c)X,而 X 又等于 $1-(A+\bar{A})$;那么 $A\bar{A}=0$ 可以保存而 $A+\bar{A}=1$ 可以取消。

3.照这个办法我们实在是有两个说话的范围,或者两个说话的宇宙。一个宇宙等于 $A+\bar{A}$,另外一个宇宙等于 $1-(A+\bar{A})$;两个合起来的宇宙等于 $A+\bar{A}+X$。在第一个宇宙之内,A 与 $\bar{A}$ 既然是不能相容,所以不能有 $A\bar{A}$ 的可能。在第一宇宙的东西根本就不是在第二宇宙的东西,而在第二宇宙的东西根本就不是第一宇宙的东西。这两个宇宙根本不相容,第二宇宙不但没有可以以 A 形容的东西而且没有可以以 $\overline{A}$ 形容的东西。

4.这样一来矛盾律可以保存而排中律取消,同时也与矛盾律分开了。被取消的排中律不是正面的矛盾律。这样一来矛盾律只有反面的说法;那就是说"一件东西不能既是 A 又不是 A"。我们不能说"一件东西一定是 A 或不是 A",因为可以有既不是 A 也不是不是 A 的东西;那就是说,可以有第二宇宙的东西。

5.本段所讨论的情形用符号表示如下:

(a)$(A+\overline{A})+X=1$　　(b)$AX=0$

(c)$\overline{A}X=0$　　(d)$A=\{1-(\overline{A}+X)\}$

(e)$\overline{A}=\{1-(A+X)\}$　　(f)$A+\overline{A}\neq1$

(g)$A\overline{A}=0$　　$A\overline{A}=A\{1-(A+X)\}=A-A-AX$

但 $AX=0$,所以 $A\overline{A}=0$

但是我们要注意:A 与 $\overline{A}$ 的排中情形虽然取消,那就是说 $A+\overline{A}\neq1$;而$(A+\overline{A})$ 与 X 的排中情形没有取消,那就是说$(A+\overline{A})+X=1$。

6.同时 AX 与 $\overline{A}X$ 不但是不存在,而且无意义。如果论理学的命题限制到有意义的范围之内,那么我们所对付的命题都在$(A+\overline{A})$范围之内;虽然有$\{1-(A+\overline{A})\}$,而它不过是理论上的余地,与大多数的命题没有多大的关系。那就是说,虽有$(A+\overline{A})$ 与 X 彼此排中的情形,而它不直接影响到论理上的推论。

7.以上所说的取消二分法的排中律的办法不过是一种办法。其余的办法恐怕还不少。我们不但可以取消排中律,也可以取消矛盾律;不过取消这两律的论理学可不是现在的论理学。这都是站在论理学范围之外所说的话,如果我们站在普遍论理学范围之内,这两个思想律都是不能取消的。排中律是不是必要的呢? 这个问题要看我们是否站在彼此不相容而又彼此穷尽的二分法论理学范围之内。(现在据说有一个荷兰人,他的论理学与数学就是没有排中律的论理学和数学。我没有读他的书,不知道他的办法如何。)

五 自 相 矛 盾

A.自相矛盾是批评哲学与论理学及其他学问的一种工具

我在《哲学评论》第 1 卷第 3 期曾经讨论过这个问题,[*]现在看起来,那篇文章不妥当的地方不少。我现在的意见已经改变,但不敢说对于这个问题得到圆满的解决。(近年的经验,觉得文章写完之后,过些时总可以看出毛病来。)

1.简单地说,自相矛盾的条件有三:(a)所研究的命题须在一个讨论范围之内,(b)所研究的命题须在同种前提之下,(c)命题中所用的名称的意义须一致。这三个条件我在《哲学评论》曾经提出,此处不赘。

2.自相矛盾可以暂分为两种:(a)一命题本身的矛盾,(b)由一命题所能推论得到的前提彼此矛盾。第一种矛盾没有什么问题发生,它能有的问题第二种矛盾都有;同时它是显

---

[*] 见本卷《论自相矛盾》。——编者注

而易见的,大多数人不至于说出或写出一个本身有矛盾的命题。第二种矛盾可以再分为两种:(一)与论理学本身没有直接关系的矛盾,(二)与论理学本身有直接关系的矛盾。一篇文章前后自相矛盾(假如它是自相矛盾)与论理学大都没有什么直接关系。这一种矛盾也没有可以特别提出讨论的问题,因为如果一个人善于运用论理学,他大约可以免除这种矛盾。

3.有好些自相矛盾与论理学本身发生直接关系。这不是说论理学本身自相矛盾;如果一种论理学本身有自相矛盾的情形,而这个情形又不能免除,那么它就不能成为论理学。与论理学发生直接关系的自相矛盾大都是站在一种论理学范围之中说站在那一种论理学范围之外的话所发生的情形。这种自相矛盾的情形是本文所特别注意的情形。

4.在一种论理学情形之下有些命题是不能承认的,有些命题是不能否认的。现在的趋势似乎是以一种论理学所不能否认的命题为哲学的前提。这样一来,哲学受论理学的影响比从前更大。对于这个趋势我们现在用不着表示赞成或反对;但有一先决条件我们要注意:我们所用的论理学一定要是一同种论理学。如果各人所用的论理学不同,这个趋势就不能有我们赞成的余地。事实上我们所用的论理学虽小异而实大同,差不多可以说是一种论理学;所以有好些不能成立与不能否认的命题,因此也有好些自相矛盾的思想。

B.层次与类称

自相矛盾这问题可以从层次与类称的包含关系两方面讨

论。我从前以为我们可以由这两方面解决这个问题，现在看起来又觉得不行。但无论如何我们可以先从这两方面讨论。

1.凡关于一件东西的情形大都不是那一件东西。换一个方法说或者清楚一点，如果我们把世界所有一切分成形容者与被形容者，它们相结合的情形既不是原来的形容者也不是原来的被形容者。"这本书是红的"这一个情形既不是"书"也不是"红"的；"徐先生好看"既不是"徐先生"也不是"好看"。我们似乎可以说(XRY)R(X+Y)差不多等于零。但是例外的情形似乎不少，约有三类：(a)命题，(b)事实，(c)实在。

(a)例如"A 是命题"是命题(A 当然可以不是命题)。

(b)例如"B 是事实"是事实(B 当然可以不是事实)。

(c)例如"C 是实在"是实在(C 当然可以不是实在)。

真理也有这样的问题，但它可以包含在命题范围之内。在这三类例外的情形里有层次问题发生。在(a)例里面"A 是命题"的命题是不是"'A 是命题'是命题"的命题呢？对于(b)(c)两例我们可以有同样的问题。从层次方面说，"A 是命题"的命题与"'A 是命题'是命题"的命题层次不同，不能混而为一。我们可以说在一层的命题不能与上一层或下一层的命题相混。在一层的事实不能与上一层或下一层的事实相混，在一层的实在不能与上一层或下一层的实在相混。层次不能相混的理由可以从两方面说。从事实方面说，"A 是命题"这一个命题的确不是"A 是命题是命题"那一个命题。从论理方面说，如果层次相混就有类称彼此循环兜圈子问题。

2.关于类称的问题多得很，但在此处我们所注意的是：类称的部分是否可以包含类称的本身？对于这个问题我们似乎可以很容易并且可以很坚决地说不能。设不然者,全体与部分互相包含,论理就难免兜圈子的毛病。不仅如此而且有自相矛盾的情形发生。"无真理"这个命题如果是真的就可以推到有真理,所以这命题自相矛盾。这个自相矛盾的情形中就有全体与部分互相包含的问题。如果我们以"甲"代替"无真理"这一个命题,那么真理是"甲"之部分。"无真理"这个命题是真理等于"甲"是真理。如果甲是真理,甲也就是真理之一部分。这样看来,甲包含真理,真理又包含甲。我们可以用另外一个更简单的例(这是周培源先生给我的)表示同样的情形。有"甲""乙"两命题:

"甲"="乙是真的"

"乙"="甲是假的"

这两命题均有自相矛盾的情形:"乙是真的",乙就是假的;"甲是假的",甲就是真的。我们看一看这两命题的关系,就知道"甲"包含"乙","乙"又包含"甲"。我们可以取消这彼此包含的情形。我们可以说如果"甲""乙"是同一的(identical)它们可以彼此包含,如果它们不是同一的,它们不能互相彼此包含。第二命题的甲不是第一命题的甲,第二命题的乙也不是第一命题的乙;所以它们不应彼此包含。把彼此循环包含的情形取消,自相矛盾至少可以减少。

C.层次与共相

事物既以类称,似不能无共相。照普通论理学的说法,类称可以有两个意义:一是外延的意义,一是内包的意义。即令我们引用上段的办法,不使层次相混;至多也不过使我们能说在外延方面一层的事实不是另一层的事实。在内包方面,我们似乎还是有困难问题。不同层次的事实,外延虽然不同,而内包仍一致;一层的事实与另一层的事实虽不成一件事实,但既均以"事实"名之,则不能不有其相同的共相。命题与实在的情形与此相同。举例言之或者清楚一点。层次弄清后"A是命题"与"A是命题是命题"是两个命题,但它们能以"命题"相称者,因为它们有一共同的情形。"无命题"与"无命题是命题"虽是两个不能相混的命题,但它们既均是命题,则必有以"命题"见称的事物,而我们可以推论到"有命题"的命题。这样看来,上段的办法虽实行而自相矛盾仍不能免。我们在本段似应注意以下两点。

1.类称所包含的事物可以彼此不同,而类称所包含的意义似乎不能不一致。苟不一致,则推论将不可能。即就论理上极普通的推论而言:"$-(-P)=P$"。前一命题是说"P是假的是假的",后一命题说"P是真的"。这两个命题的层次不同,当然不是一个命题;但是如果我们再加上说它们的意义也不一样,则以上的"$=$"号就不能成立,而反正间的推论就因此取消。层次不宜相混是说在一类称之下两件不同的事物不能相混,不是说两件不同的事物在一种类称之下没有相同的共相。

2.有些大家认为自相矛盾的命题似乎不自相矛盾。试举例言之:

a."所有的人都是说谎的"。如果这句话是真的,则说这句话的人说谎,而这句话是假的。这种理论曲折太多,彼此又无必然的关系。我们可以分别言之。(1)这个命题不必有说者。(2)这个命题如必有说者,他不必是人。(3)如果有说者而说者必定是人,这个人也不必以假命题说谎,他可以以真命题说谎。可见这个命题不必自相矛盾。

b."宇宙间所有的一切都是相对的"。这句话可以是宇宙间所有一切之一,它也可以不是。如果它是的,它也就是相对的。这句话本身如果是相对的,我们所说的话不过是受了一不便当的限制而已,我们没有理由可以使我们说在论理方面这句话本身不能是相对的,只能是绝对的。

还有一些命题的确自相矛盾,如(a)无命题,(b)无真理,(c)无矛盾。这些命题违背普通论理学的前提与结论,似乎不能仅以层次的方法去消灭它们矛盾的情形。那个方法上面已经说过只能引用到外延方面,而不能引用到内包方面。如果两方面都引用那个方法,自相矛盾固然免除而推论也就取消。岂不因噎而废食吗?别的矛盾的情形我们现在暂且不管,此处所举的矛盾情形似乎要另外想一个解决的方法才行。

六 肯定与否定

自相矛盾的命题是一种不能肯定的命题,而与自相矛盾的命题发生矛盾关系的命题是一种不能否定的命题。肯定与否定是自相矛盾的中坚问题。不能肯定或否定的命题就是不能引用二分法的命题,因为肯定与否定就是对于命题引用二分法的表现。

A.肯定与否定的意义

肯定与否定不必有一定的形式与意义。如果我说"某某很好",你可以说"某某不好"。如果我对巡警说"你混蛋",他大约不至于用一否定命题来答复我,而以身边所带的棍子来答复我。中国十几年来最时兴的否定方式似乎是枪杆、袁头、通缉等等。但这种肯定或否定方式与本文没有关系。本文所注意的是论理上的肯定与否定。

1.论理上的肯定与否定就是命题的二分法。(此处所说的二分法当然是彼此不相容而又无遗漏的二分法。)肯定与否定只有形式上的分别,没有实质上的分别;我们可以以肯定的命题去否定一否定的命题,也可以以否定的命题去否定一肯定的命题。否定本身是一种论理上的举动(operation),这个举动等于把彼此不相容而又无遗漏的二分法引用到命题上面去。这样看来,我们很容易觉得二分法是不能否定的;因为否定二分法等于把二分法引用到二分法上面去。在二分法的论理学里面,否定这举动就是引用二分法;那就是说,否定的本身就是二分法的表现。普通论理学是二分法的论理学,在这个论理学的范围之内,否定既就是二分法的表现,则二分法所连带出来的情形均不能否定。以下两例可以表示本条的情形。

2.在讨论矛盾律的那一节中,我们曾说有人以间接的方法表示矛盾律是不能否认的,其法如下:

甲"一命题不能是真的与不是真的",

乙"一命题能是真的与不是真的"。

如"乙"命题能否定"甲"命题,则"甲""乙"不能同是真的,也

不能同是假的,彼此必有一真一假,而

丙"一命题不能是真的与不是真的"。但所谓否定者既是把二分法引用到命题上面去,而二分法又是彼此不相容与彼此穷尽的二分法,则"甲""乙"两命题发生矛盾的情形,而矛盾律前门虽出去,后门又进来了。以矛盾的命题去否定矛盾律等于肯定矛盾律去否定矛盾律。以别的方式去否定矛盾律,承认矛盾律的人可以说不对题或不相干;但是相干的否定是承认矛盾律的否定,否定的本身既已承认矛盾律,矛盾律当然是不能否定的。(请看七节 C 段 2 条)

3.C.I.Lewis 的论理学里有一种差不多与以上一样的推论,更可以表示违反矛盾律的命题不能成立,而最后的理由仍是因为它违反矛盾律。"P-P"代表 P 是真的与 P 是假的,那就是说,P 是真的与不是真的。Lewis 用以下的推论表示 P-P 这命题自己否认自己。

$$P-P \prec P \quad 因为 PQ \prec P$$

$$P \prec -P+P \quad 因为 \prec -P+P$$

$$P-P \prec -P+P \quad 因为(P \prec Q)(Q-R) \prec (P \prec R)$$

$$但 -P+P = -(P-P)$$

$$所以 \quad P-P \prec -(P-P)$$

这个公式就是说"P 是真的与 P 是假的"这个命题包含"(P 是真的与 P 是假的)"是假的。换句话说,P-P 这命题自己否认自己。Lewis 的推论至此为止。但是我们可以问为什么打住呢?打住的理由当然是因为 P-P 不能否定自己,如果它否定自己,它就不能成立。这样看来,似乎 P-P 不能成立的理由就是 P-P $\prec$ -(P-P)不能成立,而 P-P $\prec$ -(P-P)不能成立的理由是后一部分否认前一部分。如果这个理由充足的时候,我们老早就知道 P–P 这命题不能成立,因为它也是后一部分否定前一部分。如果 P–P 是否能成立须待证明,则 P–P ⤙–(P–P)之能成立与否似乎也要待证明。我们可以由 Lewis 中止的地方再推论下去:

$$P–P \prec –(P–P) = \sim \{(P–P)–〔–(P–P)〕\}$$

$$（因为 P \prec P$$

$$= \sim (P–P)）$$

$$= \sim \{(P–P)(P–P)\}（因为–〔–(P–P)〕)$$

$$= \sim (P–P)（因为 PP = P)$$

这样看来,P–P ⤙–(P–P)之所以不能成立的理由就是 P–P 是不可能的。这差不多是说 P–P 不能成立,因为它是不可能的。矛盾律不能推翻,因为推翻矛盾律的相干的或对题的工具是承认矛盾律的工具;P–P 不能成立,因为承认矛盾律的论理学不让它成立。

B.推论的标准

一种论理学有它的出发点,违背这种出发点的思想也就违背这种论理学。一种论理学有它的推论的步骤,不是这种步骤的推论就不在这一种论理学范围之内。一种论理学有它的推论标准,违背这种标准的推论,在这种论理学范围之内,不能成立。承认一种论理学等于承认一种大前提、一种推论的工具、一种对与不对的标准。在这种情形之下,有些命题似乎是不能以相干的方式去肯定的,有些命题似乎是不能以相干的方式去否定的。肯定不能以相干的方式去肯定的命题,其结果就自相矛盾；否定不能以相干的方式去否定的命题，其结果也就是自相矛盾。对于相干与不相干的问题，我们似乎应该注意以下数点。

1.无论哪一种学问都有它的出发点，关于出发点这一层，论理学与其他的学问一样。有些学问有它的推论的步骤，在这层论理学也不见得有特殊的情形。但旁的学问即有推论似乎没有推论的标准。对与不对似乎总是论理学的问题。在无特殊推论的学问，其对与不对的问题直接地是论理学的问题。在有特殊推论的学问，对与不对的问题可以有两层说法；一是照那种学问本身的特殊推论看来，或对或不对；一是那种特殊推论的本身，照论理学看来，或对或不对。空泛一点的说，除论理学外，其他的学问似乎都可以有它本身范围之外的标准。换句话说，其他的学问都可以有是否合乎论理的问题。本段的问题是论理有没有"合乎论理"的问题；如果有，其标准是在论理学范围之内呢？还是在论理学范围之外呢？

2.现在的问题不是整个的论理学是否有旁的标准，旁的标准似乎是有的。我们所要研究的是整个论理学是否有对与不对的问题与对与不对的标准。这个问题可以有两层说法：一是照一种论理学本身的标准看来，一个推论或对或不对；二是合乎前一种标准的推理，照那一种论理学之外的标准看来，或对或不对。我们的问题不是有没有前一种标准，是有没有后一种标准。这一问题从前似乎可以很容易地答复说"没有"。现在有些论理学家发现论理学本身是否有矛盾的问题，而对于这个问题有一部分的人觉得他们只能说他们的论理学没有矛盾而不能证明他们的论理学不至于有矛盾。要证明论理学不至于有矛盾，有一派人就提倡一种"超论理学"或"论理学书后"。但这个办法虽有好处而对于根本问题简直没有用处，因为对于"超论理学"，我们也可以问它能不能证明它本身不至于有矛盾。对于这个问题，我们可以有三种做证明的工具。现在以"L"代表论理学，以"L_1"代表超论理学，以"L_2"代表超超论理学。要证明"L_1"不至于有矛盾，我们可以用"L"的工具，或"L_1"的工具，或"L_2"的工具。如果"L"的工具能尽职，则"L"与"L_1"联合起来成一整个的论理学，这个论理学能不能证明它本身不至于有矛盾仍是一问题。如果L_1的工具能尽职，则L_1为一自己能证明自己不至于有矛盾的论理学，而L可以取消。如果L_2的工具能尽职，则I_2本身能不能说明它自己不至于有矛盾，依然是一个问题。总而言之，如果论理学不能证明自己不至于有矛盾，超论理学也就不能证明它自己不至于有矛盾；如果论理学要利用超论理学去证明论理学不至于有矛盾，超论理学也得要利用超超论理学去证明超论理学不至于有矛盾。这个问题不易解决，现在亦不必多做讨论。最简单的主张是说论理学用不着系统之外的标准。我们对于论理学只要它满足两个条件就够了，其他可以不问；这两个条件就是：（a）它自己没有矛盾，（b）我们不能证明它有矛盾。

3.照以上讨论的结果看来，论理学只有系统内的标准，没有系统外的标准。与系统内的标准相合的推论就是对的推论，反之就是不对的推论。承认二分法的论理学等于承认二分法的推论是对的推论。既承认二分法的推论是对的推论，则肯定与否定只有一种对的意义,那就是本节 A 段所说的意义。我们已经回到本节所提出的自相矛盾问题。在一种论理学系统之内有些命题是不能肯定的,因为肯定它们就违背那一种论理学的前提、标准与推论,因此就有自相矛盾的情形。根据同样的理由,有些命题是不能否认的。自相矛盾的命题既是肯定不能肯定的命题,或否定不能否定的命题,则所谓自相矛盾者一定有一种论理学作它的背景。

4. "无命题","无真理","无矛盾",这三个命题都是不能引用二分法的命题,它们都反对普通二分法论理学的前提。不引用二分法,"无命题"可以不是一个命题,"无真理"可以不是一个真理,而"无矛盾"也可以不必有与它相矛盾的命题。引用二分法,它们就均各自相矛盾。矛盾律之所以不能否定也就是因为否定矛盾律的那一个命题是不能引用二分法的命题;不引用二分法,它可以既真且假,引用二分法之后它就不能既真且假。这类命题不仅是层次与类称两方面所能解决的,它们根本就违背普通二分法的论理学。我们可以想一方法使这类命题不自相矛盾,但这类命题不自相矛盾的时候,二分法至少也就要受一种新的限制,而二分法的论理学也就不是教科书的论理学了。

七

我们可以先把这类命题所包含的特殊情形列出来,然后再拟一消除自相矛盾的方法。

A.自相矛盾所包含的情形

本文所讨论的自相矛盾有以下的特别情形：

1.类的分子包含类的本身。大多数的事物没有这个情形：这个东西可以是书，而"这个东西是书"的这一件事实不是书；这张桌子可以是方的，而"这张桌子是方的"这一个情形不能是方的。至于大多数的事物，我们可以说类的分子不能包含类的本身，用符号表示（XRY）R（X+Y）= 0。但"实在"、"事实"、"命题"都是例外，它们的分子在常识方面都可以包含它们的本身。

2.特称命题如"有些东西是命题"、"有些命题是真的"、"有些命题不是真的"，都是不能否定的命题。全称命题如"没有一个东西是命题"、"所有的命题都是真的"、"没有一个命题是真的"，都是不能承认的命题。

3.以上的命题，既是不能否定或肯定的命题，就是不能引用二分法的命题。这样看来，在二分法论理学中，二分法的致用也有限制。

4."所有的命题都是真的"这一个整个的命题我们可以暂以"A"代表。"A"有两部分，一是主词"所有的命题"，我们暂以"X"代表，一是宾词，我们暂以"Y"代表。X 可以有两个看法，一是"A"命题的部分，代表在"A"未成命题的时候，所有的命题的总数，一是具命题性质的东西的类称。"A"不能包含在 X 总数之内，其理由在讨论层次的时候已经说过。

5.同时我们不能不承认"A"是一个命题，那就是说，我们不能不承认"A"是命题类的分子，或者说"A"是一种能够以命题二字形容的东西。关于这一层，上面也有讨论，此处不赘。

B.暂拟的解决方法

我们要得到一解决方法,可以顾虑到以上各条的情形,而同时取消我们所讨论的自相矛盾。以下的方法是否能尽职,我不敢说,我盼望别人有更好的方法。

1.a.如果有一类,其分子之中有可以包含这一类的本身者,则这一类为层次类。

b.层次类之分子有层次的分别,其中第"N"层次之分子不必都有"N"以前层次所有的分子所都有的性质,也不必都无"N"以前层次所有的分子所都无的性质。

c.论理学的符号不必有系统之外的意义。

2.这个办法:

a.承认常识方面所承认的(XRY)R(X+Y)的情形,但把有这情形的类称提出普通类称范围之外。

b.承认一层次类之"N"层次分子不属于N-1层次分子之内,所以不同层次的分子不至于相混。

c.同时又承认不同层次的分子有普遍的性质,能在一类称范围之内;所以-(-P)与P层次虽不同,而能同为真命题类称中之分子。反正的推论不至于推翻。

3.任何命题都可以引用二分法,二分法的引用,在命题方面可以毫无限制。但另一方面,类称分为两种:普通类称与层次类称。二分法引用于普通类称一定普及于所有的分子,二分法引用于层次类称不普及于所有的分子。以层次类称为主词或宾词的命题不必有其他全称命题所有的普遍性。二分法的引用,在类称方面似乎又受了新的限制。

C.引用所拟方法的结果

论理的符号既不必有系统之外的意义,则"P"不必代表"命题","-"不必代表"假"而"P-P"也不必代表"'P'命题既是真的又是假的"。

1.论理学既不必有系统之外的意义,就不必有普通论理学所有的假设如(a)"有命题"、(b)"有真命题"、(c)"有假命题"等等。这些命题既可以肯定,也可以否定;因为否定它们的命题,照所拟的方法看起来,不自相矛盾。试举"无命题"为例:这一命题所否认的虽是像这个命题这一类的东西,而它不必都有这一类东西所都有的共同性质,也不必都无这一类东西所都无的性质;所以世界上可以没有命题这类的东西,而可以有它这一个命题。至于我们承认这些命题与否,要看我们的哲学如何,而我们的哲学与信仰,在这方面可以不受论理的限制。如果我们相信世界上有命题,而命题又有真与假,那么,二分法的论理学与从前一样。如果我们以为世界上既无命题,又无所谓真假,论理学依然成立,不过"P"不能代表真命题,"-P"不能代表假命题而已。

2.矛盾律在二分法论理学范围之内仍不能否认,因为二分法引用于"P",就有 P 与-P 彼此不相容与彼此无遗漏的情形。"P-P"仍不能成立,而不能成立的理由,就是因为它违背二分法论理学的前提、推论与推论的标准。可是"P-P"不能成立不一定是"P 命题是真的与是假的"不能成立。前者是说一种符号的集合法与一种论理学相违,后者是那一种符号可以有而不必有的意义。这样看来,六节所举的矛盾律的两个证明之中,后一个证明无论理一致;它完全是一个论理的证明。前一个证明说得通与否要看我们的基本思想如何,那就是说,要看我们对于命题与真假关系的态度如何。"无矛盾"这一个命题能成立与否,也要看它的意义与我们的态度如何。如果所谓矛盾者是真假的矛盾,它能成立与否,照所拟的办法看来,与论理学没有直接的关系。

3."P"虽没有系统外的意义,而它能有系统内的意义。我们可以用几种符号给它下一定义,虽有定义,而它所代表的东西仍是不定的东西。它可以代表命题,而不必代表命题,可以代表事实,而可以不必代表事实。"反"与"正"的情形一样。如果"P"是层次类,"所有的 P 都是正的"与"所有的 P 都是反的"这两个"P"在二分法论理学范围之外虽可以成立,而在二分法的论理学范围之内,我们不让它们成立。

4.这样一来,论理学完全是空的、形式的。现在一部分论理学家的目标似乎就是要把论理学变成完全的形式论理学。如果办到,论理学只有形式方面的前提,没有实质方面的前提。如果论理学没有实质方面的前提,它限制思想、哲学、科学的地方就可以减少。论理学仍是批评哲学的最重要的工具,但它所批评的大都不是一种哲学的前提,而是那种哲学中各部分彼此的关系。举例言之,"有命题","有真理",既不是论理学的前提,也就不必是任何哲学的前提。

5.论理学虽可以取消实质方面的前提,而形式方面的前提只能减少,不能取消。在众多符号表示之中,究竟哪些应该是前提,哪些不是,似乎有选择的余地。对于这一个问题,我盼望有成绩的论理学家能给我们一详细的讨论。无论如何普通论理学的三个思想律，除同一律之外，似乎都可以由别的思想推论出来。既然如此，它们不必是论理学最根本的思想。如果它们是论理学的"思想律"，与它同样重要的原则也就都可以是"思想律"。

释　必　然[*]

　　如果论理学的定义——狭义的定义——是研究命题与命
题间的必然关系的学问,则论理——论理学的对象——的性
质也就包含必然的性质。我们似乎能进一步说,论理的性质
就是必然。必然二字的意义颇不易说。普通生活中所用的必
然二字,其意义似乎有极不一致的情形。我们至少可以分作
三类,而每类中尚可以有各种不同的必然的意义。三类的必
然,即(a)心理方面的必然,(b)事实方面的必然,(c)论理方
面的必然。

　　A.(a)心理方面的必然。此种必然差不多限制到个人的
感觉方面。有时一个人对于一件事件觉得非这样或那样办不
成;他的朋友或亲近虽以种种的方法去劝止他,而终于毫无结
果。这种情形在普通生活中非常之多,尤其是感情方面的事。
失恋可以生"必"死之心,仇雠可以存"必"报之志。此种
"必"完全是心理方面的必,有旁观与当局的分别。据说有一
乞丐求助于福禄特尔,福禄特尔说:"我为什么要帮助你呢?"
乞丐说:"先生,我一定要活才行。"福禄特尔说:"我不觉得一

　　* 原刊于《清华学报》第 8 卷第 2 期,1933 年 6 月。——编者注

定。"此处因旁观者与当局者的感觉不同,而所谓"一定"者也有不同的意义。

(b)事实方面的必然。此种必然不是个人的心理问题。我们似乎可以分作两层讨论:一从经验中的事实讨论,一从自然科学中的事实讨论。经验中事实的必然有如苏老先生的势有"必"至。"月晕而风,础润而雨"似乎是统计方面的大约,很有例外的可能,根本就没有必然。

自然科学中的事实的"必然",其理论的成分很重。我们要知道这种事实的必然的性质,最好是从表示这些事实的自然律着想。自然科学中的自然律可以分为以下两种:一为统计的自然律;一为实然的自然律。还有第三可能,但因为第三可能涉及论理方面的必然,在此暂不提出讨论。

(一)统计自然律。如果我们以 A、B 代表东西或事实的类称,以 a、b 代表东西或事体或事实的个体,φ^1 代表属性,R^1 代表关系,——代表不能推论,则统计自然律的统计性质可以有以下的表示:

1.1 $\varphi^1 A \longrightarrow \varphi a$

1.2 $AR^1 B \longrightarrow aR^1 b$

这就是说,A 类虽有 φ^1 的属性而我们不能推论到 A 类中任何分子 a 也有 φ^1 属性。A、B 两类虽有 R^1 的关系,而我们不能推论到 A 类中任何分子 a 与 B 类中一分子 b,也有 R^1 的关系。

在此情形之下,我们可以说统计自然律所表示的事实中仅有或然而无必然。

(二)实然自然律。我们利用以上相似的符号,加上

"⎯⎯"代表可以推论,则实然自然律可以有以下的表示:

2.1 $\varphi^2 A \longrightarrow \varphi^2 a$

2.2 $AR^2B \longrightarrow aR^2b$

这就是说,A 类有 φ^2 的属性,a 也有 φ^2 的属性;A 与 B 两类有 R^2 的关系,a 与 b 也有 R^2 的关系。这种自然律大约要有精密的实验,严格的定义才能发现。

我们似乎可以说实然自然律所表示的事实有"必然"。可是这里的"必然"二字的意义是"一定"或"固定"的意思。如果我们说在 Y 条件满足之后,X 对于 Y 有这种事实方面的"必然",我们不过是说除 X 之外没有别的可能。

事实之有必然与否即在今日仍是问题。但是,即令我们承认事实有必然,而此"必然"亦非我们所要提出的论理方面的"必然"。

(c)论理方面的必然是两命题或多数命题的关系。命题的关系很多,可是为讨论必然的性质起见,最便利的方法似乎是从两种包涵(implication)关系着手。一种是对称的(symmetrical)包涵关系,一种是非对称的包涵关系。后一种包涵可以分许多小类,这些小类我们现在不必讨论,我们所要提出的是它们的共同的性质。

为便利起见,我们把包涵限制到两命题的包涵。如果一命题包涵另一命题,我们称前一命题为前件,后一命题为后件。如果前件包涵后件而后件不包涵前件,此包涵为非对称的包涵;如果前件包涵后件,后件也包涵前件,则此包涵为对称的包涵。

包涵关系不必是两命题的意义关系,可是在此处我们要把它限制到意义的关系。在非对称的包涵,前件与后件的意义不相等;在对称的包涵,前件与后件的意义相等。

如果两命题有以上任何一种意义方面的包涵关系,则此两命题均有必然的关系。不对称的包涵关系中所有的必然也不对称——那就是说承认前件必承认后件,而承认后件不必承认前件。对称的包涵关系中所有的必然也是对称的——那就是说,承认前件必承认后件,承认后件也必承认前件。

假如有两个演绎系统,在第一个系统之内,命题与命题间有以上两种必然,而在第二个系统之内命题与命题之间仅有第二种必然。那么,在前一系统由最初几命题可以推到最后几命题,可是由最后几命题不能推论到最初几命题;而在第二系统内,不但由最初几命题可以推论到最后几命题,而且由最后几命题也可以推论到最初几命题。

以上两种必然均是论理方面的必然。如果论理仅有第一种必然,则论理的系统充其量不过是内部一致而已,不能有普遍的用处。它的地位,在这种情形之下,与欧克里几何的地位相似。欧克里几何的内部虽一致(究竟一致与否现在可以不管),而有时我们能引用它,有时不能引用。如果论理系统仅有以上第一种必然,则论理系统虽“对”而它的用处不能普遍;用处既不普遍,则论理不能做各种科学的共同工具。

可见除以上第一种必然之外,论理系统还要有第二种必然。

B.在未讨论论理方面的第二种必然之前,我们可以提出一青年所难免发生的问题。作者在十几年前与同学清谈时,就不免表示对于算学家有十分的敬仰。尤其使他五体投地的就是算学家可以坐在书房写公式,不必求合于自然界而自然界却毫不反抗地自动地承受算学公式。这问题在许多读者们中或者根本没有发生过,或者发生过而自己有相当的解释亦未可知。作者对于此问题,以算学素非所习,所以谈不到解释的方式。近年经奥人维特根斯坦与英人袁梦西的分析才知道纯粹算学,至少他们所称为纯粹算学的算学,或论理学,有一种特别的情形。此情形即为以上所称为论理方面第二种的必然,或穷尽可能的必然。对于这种必然我们可以分以下三层讨论。

(a)要知道此种必然的性质,我们最好先谈谈二分法。设以 X 代表任何东西或事件或事实或思想,如果我们引用二分法,即有 X 与非 X 的正反的分别。如果 X 代表类称,引用二分法后,即有正反两种类称,那就是:X 与 $\bar{X}$(非 X)。

这种正反两分别的变类要看原来的类称数目多少。有 X 与 Y 两类,引用二分法后,就有四种不同的类称。如果以 $\bar{X}$ 代表反 X 类,$\bar{Y}$ 代表反 Y 类,这四种类称如下:

$XY, X\bar{Y},$

$\bar{X}Y, \bar{X}\bar{Y}$。

如果我们有 X,Y,Z 三类称,引用二分法后,就有以下八类:

$XYZ, \bar{X}YZ, X\bar{Y}Z.$

$XY\bar{Z}, \bar{X}Y\bar{Z}, X\bar{Y}\bar{Z},$

$\bar{X}Y\bar{Z}, \bar{X}\bar{Y}\bar{Z}$。

由此我们可以看出,如果我们以 2 表示正与反两分别,n 代表原来类称数目,引用二分法后,所能有的类称的总数为"2^n"。

以上是以二分法引用于类称,可是当然不必限制到类称方面。现在研究论理学的人似乎都觉得命题比类称还要根本。这一层在此处不必讨论。我们所注意的是二分法之引用于命题方面与用之于类称方面是一样的。命题也可以有正与反。普通以正为真、以反为假，我们可以照办。可是我们不要把真假看得太呆板，专从论理方面说，它们不过是正与反两绝对分别中之一种解释而已。

如果我们有一个命题 p，引用真假二分法后，就有以下真假两可能：

$$p, \bar{p}$$

如果有两个命题 p 与 q，引用二分法后，就有以下四可能：

$$pq, p\bar{q},$$

$$\bar{p}q, \bar{p}\bar{q}。$$

如果有三个命题 p、q 与 r，引用二分法后，就有以下八个可能：

$$pqr, p\bar{q}r, pq\bar{r},$$

$$\bar{p}qr, p\bar{q}\bar{r}, \bar{p}q\bar{r},$$

$$\bar{p}\bar{q}r, \bar{p}\bar{q}\bar{r}。$$

这种可能我们称为真假可能。它的公式为"2^n"，与类称方面的正反可能一样。

（b）类称方面的正反可能有正反可能的函数，命题方面的真假可能有真假可能的函数。我们从最简单的例着手。一个命题 p，引用二分法后，有真假两可能，我们最好用以下方式表示这两个可能：

P

1,	真
2,	假

可是对于这两个可能,我们从承认与否认方面着想,可以有四种不同的态度,或者说有四种真假可能的函数。这四种不同的态度,可以表示如下:

以上"1"与"2"代表一命题的真假两可能,"a"、"b"、"c"、"d"代表四种不同的态度,或真假可能的函数。原来的真假两可能是两个命题:一个说 p 是真的;一个说 p 是假的。"a"、"b"、"c"、"d"四个不同的态度是四个不同的命题如下:

	1	2
a	真	真
b	真	假
c	假	真
d	假	假

"a"——"'p 是真的'是真的,或'p 是假的'是真的"。

"b"——"'p 是真的'是真的,而'p 是假的'是假的"。

"c"——"'p 是真的'是假的,而'p 是假的'是真的"。

"d"——"'p 是真的'是假的,'p 是假的'也是假的"。

以上四命题中,"b"与"c"可以不必提出讨论,因为它们只承认真假两可能中之一可能。"b"命题中不过是说"p 是真的",因"p 是假的是假的"等于"p 是真的"。"c"命题不过是说"p 是假的",因为"p 是真的是假的"等于"p 是假的"。

"a"与"d"两命题有特别的情形。"d"命题对于原来的两可能均不承认。原来的真假两可能一方面彼此不相容,另一方面彼此穷尽;事实上的情形无论若何的复杂不能逃出二者范围之外。换句话说,所有的可能都包括在原来两可能之中。若将所有的可能均否认之是不可能。"d"命题既否认所有的可能,是一不可能的命题,那就是说是一矛盾的命题。

"a"命题与"d"命题的情形恰恰相反。"a"命题把原来任何可能都承认了。"d"命题不能是真的,而"a"命题则不能是假的。这两个命题的真假与寻常命题的真假不同。寻常命题或者是真的或者是假的,而这两个命题中一个不能不假,一个不能不真。

我们要记得"a"命题说"p 是真的是真的或者 p 是假的是真的"。这不过是说"p 是真的或者 p 是假的"。我们可以用一个很寻常的命题来试试。假如我们说:"这个东西或者是桌子或者不是桌子",这句话无论如何是不会错的。所谓"这个东西"者既可以是桌子,而不是其他的东西,但也可以是人,或者是椅子,或者是米,或者是西瓜等等。可是无论它是什么,它都可以容纳到"是桌子或者不是桌子"的范围之内。照此看来,"a"命题无往而不真,我们不能否认它,因为在引用二分法条件之下它承认所有的可能。

同时我们也要注意"a"命题这样的命题对于具体的事实或自然界的情形根本就没有一句肯定的话。这种命题既不限制到一个可能而承认所有的可能,在无论什么情形之下,它都可以引用。这就是承认所有可能的"必然"命题。

以上不过是就一个命题而说的话,如果有 p、q 两命题,原则一样,不过真假可能加多而已。p 与 q 两命题的真假可能有四个,如下:

$$p q \qquad \overline{p} q$$
$$p \overline{q} \qquad \overline{p} \overline{q}$$

而这四个真假可能的函数则有十六个。那就是说,我们对于这四个可能可以有十六个不同的命题表示十六个不同的态度。此十六个命题之中有一个不可能的命题,有一个必然的命题。前者否认所有的可能,后者承认任何可能。

如果我们有三个命题如 p,q,r,我们有八个真假可能,有二百五十六个真假可能的函数。那就是说,我们可以有二百五十六个命题,表示对于这八个可能有二百五十六个不同的态度。这些命题之中有一个否认所有的可能,所以是矛盾的命题;有一个承认任何可能所以是必然的命题。

(c)凡从以上所讨论的必然的命题所推论出来的命题都是必然的命题。这句话容易说,而不容易表示,更不容易证明。现在姑就容易着手的一方面,表示论理学的基本命题是方才所说的这一种必然的命题。论理学与算学或者是已经打成一片,或者是可以打成一片,或者是根本不能打成一片;但无论如何在 *Principia Mathematica* 的定义范围之内它们是已经打成一片。这部书的基本命题也就是它的论理学与算学的前提。我们可以看看这些基本命题是否是必然的命题。

Principia Mathematica 第一章(在 1910 版中)有六个基本

思想,一个基本定义,十个基本命题。基本命题之中,有五个是用符号表示的,有五个是用普通语言表示的。后者之中有两个是推论的规律。以语言表示的基本命题应否视为此系统的基本部分,颇发生疑问。无论如何本文可以不去管它们。我们在此处仅表示所有以符号表示的五个基本命题都是必然的命题。

1.1 ⊦ : $p \supset q = \sim p \vee q$　Df.

这是基本定义。我要利用这个定义去表示以下五个基本命题都是必然的命题。我们要知道:

$$\sim p \vee q = \sim pq \vee pq \vee \sim p \sim q$$

以上"~"代表"非"或"反","∨"代表"或者"。

1.2 ⊦ : $p \vee p \cdot \supset \cdot p$　Pp.

这是第一个以符号表示的基本命题。照以上的定义它可以变成以下的形式:

$$= \sim(p \vee p) \vee p$$
$$= \sim p \sim p \vee p$$
$$= \sim p \vee p$$

这个命题说"p 或者是假的或者是真的"。一个命题 p 只有这两个可能,若此两可能之中任何一可能均为此基本命题所承认,它一定是必然的命题。

1.3 ⊦ : $q \cdot \supset \cdot p \vee q$　Pp.

照以上的基本定义,这命题可以变成以下诸形式:

$$= \sim q \vee (p \vee q)$$
$$= \sim q \vee (pq \vee p \sim q \vee \sim pq)$$
$$= p \sim q \vee \sim p \sim q \vee pq \vee p \sim q \vee \sim pq$$
$$= p \sim q \vee \sim p \sim q \vee pq \vee \sim pq$$

1.4 ├ : p∨q・⊃・q∨p   Pp.

   = ~ (p∨q) ∨ (q∨p)

   = ~ p~q∨pq∨ ~ pq∨p~q

p 与 q 两命题的真假可能可用下图表示：

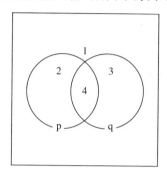

1 = ~p~q   2 = p~q

3 = ~pq   4 = pq

以上 1.3 与 1.4 两基本命题把 p 与 q 所有的真假可能中的任
何可能均承认之,所以它们都是以上所讨论的必然命题。

1.5 ├ : p∨(q∨r)・⊃・q∨(p∨r)   Pp.

根据同样办法,这一个命题可以有以下的形式上的变化：

   = ~〔p∨(q∨r)〕∨〔q∨(p∨ r)〕

   = ~〔p∨(q~r∨qr∨ ~qr)〕∨〔q∨(p~r∨pr∨ ~pr)〕

   = ~ p~q~r∨〔q∨(p~r∨ ~pr∨pr)〕

   = ~ p~q~r∨ ~ pq~r∨ ~ p~qr∨ p~q~r ∨p~qr∨

pq~r∨ ~pqr∨pqr

1.6 ├ : q⊃r・⊃ : p∨q・⊃・p∨ r   Pp.

我们可以先把以上命题分成两部,用同样的办法改变它
的形式。

$$q \supset r = \sim q \vee r$$
$$= \sim q \sim r \vee \sim qr \vee qr$$

而 $\quad p \vee q \cdot \supset \cdot p \vee r = \sim (p \vee q) \vee (p \vee r)$
$$= \sim p \sim q \vee (p \sim r \vee \sim pr \vee pr)$$

所以整个的命题是：

$$[\sim q \sim r \vee \sim qr \vee qr] \cdot \supset \sim p \sim q \vee (p \sim r \vee \sim pr \vee pr)]$$

而这照基本的定义有以下的形式：

$$\sim [\sim q \sim r \vee \sim qr \vee qr] \vee [\sim p \sim q \vee (p \sim r \vee \sim pr \vee pr)]$$

$$= q \sim r \vee [\sim p \sim q \sim r \vee pqr \vee \sim pqr \vee \sim p \sim qr \vee pq \sim r \vee p \sim q \sim r \vee p \sim qr]$$

可是 $q \sim r$ 对于 p 有两个可能：$pq \sim r$ 与 $\sim pq \sim r$，所以以上又等于：

$$pq \sim r \vee \sim pq \sim r \vee \sim p \sim q \sim r \vee pqr \vee \sim pqr \vee \sim p \sim qr \vee pq \sim r \vee p \sim q \sim r \vee p \sim qr 。$$

此中 $pq \sim r$ 可能重复，但毫无妨碍。

p, q, r 三命题的真假可能共有八个，兹以图表示如下：

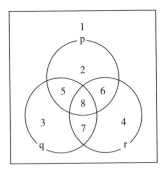

$1 = \sim p \sim q \sim r \quad 2 = p \sim q \sim r \quad 3 = \sim pq \sim r \quad 4 = \sim p \sim qr$

$5 = pq \sim r \qquad 6 = p \sim qr \qquad 7 = \sim pqr \qquad 8 = pqr$

以上 1.5 与 1.6 两基本命题把 p, q, r 所有的真假可能中的任何可能均承认之, 所以它们也是以上所讨论的必然命题。

Principia Mathematica 的十个基本命题中, 五个以语言表示的都没有"⊢"符号。没有这个符号, 表示这部书的作者没有肯定的说这些命题是真的。可是五个以符号表示的命题都有"⊢"符号, 那就是说, 这部书的作者肯定的说这些命题都是真的。照以上的分析, 这五个以符号表示的命题不但是真而且都是必然的命题。

彼此不相融的逻辑系统与
概念实用主义[*]

这篇文章是哈佛大学路易斯教授做的。它引起了许多的讨论。大部分的讨论是限于逻辑方面的,但除逻辑方面的问题之外,尚有影响到知识论方面的问题。路易斯似乎有意思把他研究这个问题的结果当作"概念实用主义"的新的证据。如果逻辑有彼此不相融的系统,我们可以根据逻辑范围之外的——适用的——标准,选择一系统,因而此被选的系统就是我们的逻辑,则逻辑的意义或界说可以说是因适用而定;如此则"概念实用主义"似乎是可以说得到了一个新的证据。

逻辑方面的问题,此处不必提及。本文所要表示的是:即令在逻辑范围之内,有不同的或不相融的系统,给我们以选择的机会;即令选择的标准是逻辑范围之外的适用的标准;我们仍不能得到一利于"概念实用主义"的结论。

"alternativc"这个字不容易译,至少我不知道怎样译。我盼望用以下的方法把它的意义说明。X,Y,Z 同样地或相等地是甲,可是不同样或不相等地是 A 或 B 或 C。从甲方面

＊　原刊于《大公报·世界思潮》副刊,1933 年 10 月 5 日。——编者注

看来，X,Y,Z相等，我们任择其一，而所择者均有甲的性质；所以甲不能为选择的标准，只能是选择的范围。从 A 或 B 或 C 方面看来，X,Y,Z 不相等；如果我们以 A 为选择的标准，则 X,Y,Z 中有一个当选；如果我们以 B 为选择的标准，则 X,Y,Z 中有另一个当选，……。

在范围概念既定之后，有所选择，而选择标准未定之前，X,Y,Z 为"alternatives"。

如果我们以 A 为选择的标准，则被选者有"既甲且 A"的性质。我们可以介绍一新名称"子"，其界说为"既甲且 A"。假设被选者为 X，我们可以说 X 是唯一的"子"，或者 X 最"子"。那就是说 Y 与 Z 不"子"或不甚"子"。

但如果在一篇文章里，事实上"甲"的意义等于"子"的意义，或与"子"的意义相混，毛病就发生了。路易斯那篇文章就有这个毛病。他举了好几个不相融的系统（其实他所举的是系统型，不是系统，而究竟它们相融与否是另一问题，本文不提出讨论）。他说这些系统都是"真"的，但实用起来，它们不是相等地适用。所以以适用选择的标准，有一适用或最适用的系统被选，而此被选的系统就是逻辑。落选的系统"真"，而因为一方面有此选择，另一方面它们彼此不相融，它们都不是逻辑。因此逻辑的意义是根据适用而定的；因此"概念实用主义"似乎得了一个新的证据。

可是，所谓"这些系统都是真的"这句话中"真"字的意义怎样讲呢？此处所谓"真"不是"孔子是中国人"这一句真话的真，也不是"天演论是真的"的真。假使哈佛大学有一位教授写了一本《美国政治大纲》的理想的教科书，里面句句话都是真的,而同时条理分明,全书成一系统,我想路易斯一定不至于把这本书列于他所举的系统之内。可见他所谓"真"者,不是普通的真,而是逻辑的"真",或"真"的逻辑,或简单地说"逻辑的"。那么,"这些系统都是真的"这一个命题就等于说"这些系统都是'逻辑的'系统"。

路易斯之所谓"真",在此处既等于"逻辑的",许多人恐怕不容易了解何以在未选择之前,这些系统都是逻辑的,而在选择之后,它们便不都是逻辑。我们须记清楚,此处"逻辑"两字的意义不是"适用的逻辑"、"便利的逻辑"或被选的"逻辑",而是"真的逻辑"或简单的"逻辑"。既然如此,则这些系统在未选择之前是逻辑的,在既选择之后仍是逻辑的。正因其如此,所以在选择标准未定之前,这些系统是逻辑范围之内的"alternatives"。

同时路易斯在表面上对于逻辑这一名词的用法与以上的不同。表面上的用法是"适用的逻辑"或"便利的逻辑"或"被选的逻辑"。这个用法可以使他说在未选择之前,这些系统都是"真"的,而在既选择之后,仅当选的系统是逻辑的,落选的系统都不是逻辑的。但是,照这个用法,这些系统在未选之前不都是逻辑的;所以它们不能是逻辑范围之内的"alternatives"。路易斯对于逻辑这个名称有以上两个用法,一为骨子里的用法,一为表面上的用法,而这两个用法的意义不同。由骨子里的意义,则这些系统是逻辑范围之内的"alternatives",而选择不能定逻辑之意义;由表面上的意义,则这些系统不是逻辑范围之内的"alternatives",而选择定逻辑之意义。总而言之,如果这些系统是逻辑范围之内的"alternatives",则选择不能定逻辑之意义;如选择能定逻辑之意义,则这些系统不是逻辑范围之内的"alternatives"。那就是说:如果逻辑之意义一致,"这些系统是逻辑范围之内的 alternatives"与"选择定逻辑之意义"这两个命题不能同时成立。既然如此,"概念实用主义"不能算得了任何新的证据。

可是,如果我们把这两个不同的意义混在一块,我们似乎可以得到能够帮助"概念实用主义"的结果。若用"真"字的时候,而所谓"真"者即是"逻辑的",用"逻辑"两字的时候,而所谓"逻辑"者是"适用的逻辑";则这些系统,在未选择之前,都是"真"的(逻辑的),而在既选择之后(选择的标准为适用),仅被选的系统是"逻辑的"(适用的逻辑):那么选择定"逻辑"之意义。如果我们用括弧以内的字眼,我们所得的命题如下:"这些系统,在未选择之前,都是逻辑的,在既选择之后(选择的标准为适用),仅被选的系统是适用的逻辑"。这样的命题对于"概念实用主义"有什么帮助呢?

我们的结论是:即令在逻辑范围之内,有不同的或不相融的系统,给我们以选择的机会,即令选择的标准为适用;"概念实用主义"不因此就得一个新的证据。帮助"概念实用主义"的理论在此处是不通的理论。

理论虽不通,条件能不能成立呢? 如果路易斯所要证实的是:在逻辑范围之内有不同的或不相融的系统,给我们以选择的余地,那么他那篇文章可以说是达到了他的目的。但此目的似乎不必费那广大的劲始能达到。任何逻辑系统是"必然"之系统(这样写法是因为所要表示的是"system of tautologies"而不是"tautological system")。必然是系统内的分子彼此关联的关系质,而不是整个系统的性质。任何必然之系统,其本身无所谓必然;那就是说,任何系统不能穷尽系统的可能。那也就是说,在逻辑范围之内可以有不同的或不相融的系统。这可不是说有不同的或不相融的逻辑。

范围的逻辑[*]

逻辑里的存在问题、废话问题、范围的宽狭问题,似乎可以连在一块得一共同的解决。兹先提出此三问题分别讨论。

A.存在问题

寻常所谓存在问题大都是主词的存在问题,此处的讨论亦以此为限制。兹举以下四命题为例:

(a)人是有理性的。

(b)人不是有理性的。

(c)人是无理性的。

(d)人不是无理性的。

普通我们以为由(a)可以推论到(d)。在相当条件之下这个推论是对的。至少一条件是人的存在。这种推论的根据是意义相等;其层次如下:(a)与(b)矛盾,(b)等于(c)(换质),而(d)既与(c)矛盾、也与(b)矛盾,所以与(a)相等。那就是说由(a)可以推论到(d),由(d)也可以推论到(a)。对于此问题,请注意以下诸点:

---

* 原刊于《哲学评论》第 5 卷第 2 期,1933 年 11 月。——编者注

1."是"的意义似乎不少,从便利方面着想,我们可以限制到两种不同的意义。一种是属性的"是",一种是关系的"是"。从属性方面着想,(a)命题表示"有理性"是属性,而此属性可以形容"人";(b)命题否认(a)命题,说此属性不能形容"人";(c)命题说与此属性完全相反而又不相容的属性可以形容"人";(d)命题否认(c)命题说,这一种与原来属性完全相反的属性不能形容"人"。可是如果人根本就不存在,而有无理性这两种属性根本就只能形容存在的东西,我们可以说人既是有理性的又是无理性的,因为这两个命题合起来不过是说人不存在而已。如果(c)命题与(a)命题可以同时真,它们当然彼此不相矛盾。(c)与(a)既不矛盾,则(c)与(b)自不能相等。(c)与(b)既不相等,则(d)与(a)也不相等。它们既不相等,则彼此的推论说不通。由(a)到(d)的推论,别的条件不计外,至少要满足主词存在的条件。

2.从关系方面着想,"人"是一类,"有理性"的东西也是一性。(a)命题表人类包含(此处特用"包含"二字表示类的关系,"属"字在文法上较为通顺,但易与分子与类的关系相混)在有理性的东西类;(b)命题表示人类不包含在有理性的东西类;(c)命题表示人类包含在无理性的东西类;(d)命题表示人类不包含在无理性的东西类。可是,如果人根本不存在,或者换句话说,人类是一没有具体的分子的类,则人类既可以包含在有理性的东西类,也可以包含在无理性的东西类。(a)与(c)两命题合起来不过表示人类不存在或没有具体的分子而已。这两命题可以同时真,而由(a)到(d)的推论也就说不通。结果与(1)条所说的一样。

3.以上两层均可以图表示。包含关系有宽狭两可能。狭义包含是对称的,宽义包含是不对称的。此处从宽义,以普通符号表示之。

（甲）　$a \subset b = [(a \odot \bar{b}) = 0] \odot [(b \odot \bar{a}) \neq 0]$

（乙）　$-(a \subset b) = -\{[(a \odot \bar{b}) = 0] \odot [b \odot \bar{a} \neq 0]\}$

　　　　　$= [(a \odot \bar{b}) \neq 0] \oplus [(b \odot \bar{a}) = 0]\}$

（丙）　$a \subset \bar{b} = [(a \odot b) = 0] \odot [(\bar{b} \odot \bar{a}) \neq 0]$

（丁）　$-(a \subset \bar{b}) = -\{[(a \odot b) = 0] \odot [(\bar{b} \odot \bar{a}) \neq 0]\}$

　　　　　$= [(a \odot b) \neq 0] \oplus [(\bar{b} \odot \bar{a}) = 0]\}$

此处（甲）、（乙）、（丙）、（丁）四命题即从关系方面着想的（a）、（b）、（c）、（d）四命题。兹以图表示如下：

甲　　　　　　　　　　　　乙

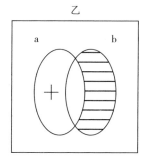

丙　　　　　　　　　　　　丁

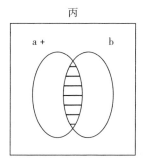
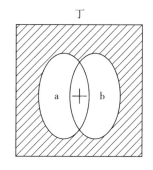

（甲）与（丙）两命题不过表示"a"之不存在而已（图中" ▓ "表示不存在）。

4.但"存在"二字的意义究竟如何呢？如果是耳闻目见的存在,则我们可以说这种存在与严格的逻辑不相干。严格逻辑的推论不能靠一时一地的特殊事实。那就是说,从严格的逻辑着想,由(a)命题到(b)命题的推论不应根据于逻辑范围之外的一时一地的特殊事实。在逻辑范围之内,我们似乎只能说"存在"的意义是可能,不存在即不可能。"可能"两字的意义也不清楚,我们在此可以用另外的方法表示:我们可以说以上的命题均是承认真假二分法的命题,以上的名称是承认反正二分法的名称,如果a类不在b类反正范围之内,则a类对于b类为不可能。可是这样一来,存在的问题牵扯到范围的问题去了。

B.废话（nonsense）问题

设有以下两套问题:

甲,a,鬼是有毛的。

　　b,鬼是无毛的。

（假设有毛与无毛是绝对的二分）

乙,a',道德是红的。

　　b',道德是非红的。

普通以为甲乙两套命题根本不同。如果鬼存在,a与b两命题有一真一假,如果鬼不存在,a与b同时真。所以a与b是有意义的命题。a'与b'则普通认为是无意义的,无所谓真假,简称之为"废话"。废话有两大类,而两大类之中又有小类。两大类一为实质的废话,一为形式的废话。

1.任何简单的命题均可以套入以下的命题通式:

$$\varphi x$$

$$Rxy \text{ 或 } Rxyz, \cdots$$

前一式表示属性,后一式表示关系。先就前一式说,φ 的值定了之后,有些东西不能做 x 的值;x 的值定了之后,有些属性不能做 φ 的值。如果 φ 代表"是黄的",则 x 不能代表"公道",因为"公道是黄的"是一句废话。如果 x 代表"树",则 φ 不能代表"是爱国的","树是爱国的"也是废话。表示关系的命题也是如此。如果 x 代表树,y 就不能代表公道,R 不能代表在左,"树在公道之左"是废话。

2.以上都是所谓实质废话。如果所有的废话都是这样,逻辑可以不理它们。我们仅仅承认这类的命题事实上没有意义,因此无所谓真假。但废话不仅是这种,还有所谓"形式的废话"。形式的废话又可以分为两种。先论第一种。

a.如果有 φx 的命题通式,如 φ 代表黄,则 x 不能代表"桌子是黄的",因为"桌子是黄的是黄的"是一句废话。设有 Rxy 的命题通式,如果 y 代表"张先生比李先生高",则 x 不能代表张先生,R 不能代表"比……高",因为"张先生比'张先生比李先生高'高"是废话。为什么这叫作形式废话呢? 因为实质废话简直没有普遍的公式,我们要看 φ 的值如何,然后才能知道 x 有何限制;要看 x 的值如何,才能说 φ 有何限制。本段所提出的废话至少在表面上看起来可以有普遍的形式。我们可以说:$\varphi px6$ 或 φxx(xRy),Ry 或(xRRy),无论 x 与 y 代表什么,总是废话。

但此公式究竟是普遍的吗？"P是假的是假的"不但不是废话，而且是逻辑的推论工具之一。以上的公式既不普遍，则以上的废话仍是实质废话。那就是说，φφx有时是废话，有时不是，其他命题通式同样。如果所谓形式废话者仅有以上这一种，逻辑似乎也可以不理它们。

b，但是除以上之外，还有一种也有时称为废话。这种就是自相矛盾的命题。自相矛盾的命题，有些与逻辑有碍，有些似乎与逻辑无碍。"所有命题都是真的"这一命题似乎直接影响到逻辑本身，我们不能不设法对付这一种自相矛盾的命题。对于形式废话这问题的唯一解决方法至今还只有罗素的方法。批评这个方法的人很多，批评的对与不对我不敢有所表示。

3.我现在要请读者注意的就是：有没有所谓形式废话？形式废话究竟说得通否？即以"'所有命题都是真的'是真的"而论，它固然是与二分法逻辑冲突，但这冲突似乎是根据实质，而不是根据形式。"'所有一切都是相对的'是相对的"这一命题与以上的废话的形式一样，可是它似乎只有不便利的地方，而不见得与逻辑本身有何冲突。如果这话可以说得过去的时候，则"'所有命题都是真的'是真的"也不是形式废话，而是实质废话。

4.我们现在可以回到本节最初所提出的两套命题。甲乙两套命题似乎有根本一致的情形。a与b不过表示：如果鬼不存在，鬼不在有毛与无毛范围之内；a′与b′不过表示道德不再是红与非红范围之内。如果乙套任何一命题是实质废话，甲套任何一命题也可以视为废话。不仅如此，我疑心"形式废话"也是这样。"形式废话"这名称似乎不通。如果在一逻辑系统范围之内有所谓"形式废话",那个逻辑系统根本就不能成立。所谓"形式废话"者只能说是不在一系统范围之内的话。"所有命题都是真的"其所以为废话,可以说是因为它不在逻辑的真假二分范围之内。由此我们可以说,不但存在问题牵扯到范围问题,废话问题也牵扯到范围问题。我们似乎不能不提出范围问题来讨论。

C.范围问题

本文承认二分法,所谓范围者是二分的范围。名称有正反的范围,命题有真假的范围。

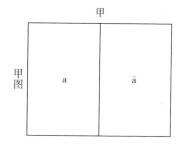

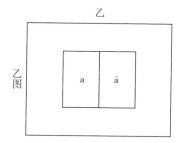

1.兹先从名称方面谈起。以上两图可以表宽狭两范围。甲表示宽范围,乙表示狭范围。宽狭的分别全在反名称。反名称有宽有狭。"非红"可以包含其他不是红的任何颜色,如此,则"非红"的意义是狭义的。可是,"非红"也可以包含除红之外所有一切中的任何事物,如此则"非红"的意义是宽义的。由宽义则所有一切均容纳于 a 与 ā 的范围之内;由狭义,则 a 与 ā 的范围不能容纳所有一切。

2.命题也是如此。否定命题也有宽狭二义,而命题的范围的宽狭,也根据于否定命题意义的宽狭。"拿破仑不是中国人"这一命题可以包含拿破仑是英国人或美国人等等命题。如此,则这一否定命题的意义是狭义的。可是,如果以上的否定命题不仅包含拿破仑是英国人或美国人等等,而且包含拿破仑是桌子或椅子或鬼或道德等等,则此否定命题的意义是宽义的。如以上甲乙二图中的 a 与 a 代表命题,则命题范围的宽狭也可以用甲乙二图表示。

3.范围的问题当然又牵扯到否定的性质与否定的意义等等问题。这些问题太麻烦,此处也不必提出讨论。现在仅提出范围问题。如果名称与命题的范围都是宽的,或都是狭的,则在相当条件之下,由一有反名称的肯定命题可以推论到一有正名称的否定命题,由一有正名称的肯定命题可以推论到一有反名称的否定命题等等。换句话说,换质的推论可以说得通。如果命题与名称的范围,其宽狭不一致,则这种推论就说不通。这样说来,范围的宽狭只要求其一致就够了;究竟为宽为狭,一方面似乎我们很有选择的余地,一方面又似乎任何选择都没有多大关系似的。

4.我觉得选择的余地当然是有的,可是选宽选狭似乎有很重要的问题夹杂其间。

a.设有以下联合命题:"鬼是绿的与鬼是非绿的"。这句话的真假要看:(1)鬼的存在与否,(2)范围的宽与狭。(甲)鬼存在而范围狭,这句话是废话;(乙)鬼存在而范围宽,这句话是废话;(丙)鬼不存在而范围狭,它是真话;(丁)鬼不存在而范围宽,它是废话。如果范围宽,这句话总是废话;如果范围狭,这句话之为废为真须根据于逻辑范围之外的标准。

b.设有以下三命题:(甲)"康德不是中国人";(乙)"道德不是红的";(丙)"所有的命题都是真的"。如果范围宽,(丙)是废话,(甲)与(乙)均为真命题。可是真的意义在(甲)、(乙)两命题中不一致。如果范围狭,(丙)仍是废话,(乙)也是废话,只有(甲)是真命题。如范围宽,真假的意义不一致;如范围狭,则命题之能成为命题与否有时似须根据于逻辑范围之外的标准。两方面似乎都有困难的问题。

5.对于以上存在问题,废话问题及范围问题,本文所主张的办法:(1)范围的意义从狭,(2)另设范围逻辑。此主张说得通与否,尚待高明有以见教,即作者亦未以之为十分之见。至少表面上看起来,有以下的便利处:

a.反名称与否定命题的意义比较确切,范围比较的严格。

b.存在问题根本取消。"鬼是绿的与鬼是非绿的"根本就不是类称逻辑里的命题,而是范围逻辑里的命题。

c.无形式与实质废话的分别。"道德不是红的"就是说道德不在红与非红的范围之内;"所有命题都是真的"不在真假命题范围之内。这两句话在范围逻辑里都有意义。

d.没有废话。所谓废话者是不在类称或关系或命题逻辑里的话。如果这些话都可以摆在范围逻辑之内,它们也有有意义的地方。

e.同时,事实上我们已经有范围的逻辑。在讲堂上我们有时说道德无所谓红,公道无所谓绿。这些话都是有意义的话,而它们的意义都是范围逻辑的意义。

D.范围逻辑

我们为简单起见,不谈到关系的逻辑,仅由类称的逻辑接引到范围的逻辑。最初就有几个职司联络的命题,其次可以提范围逻辑的基本思想与基本命题。又其次我们可以表示范围的逻辑与其他如命题类称关系等逻辑一样。

1.类称与范围逻辑之间的联络命题:

$0.1 a \oplus \bar{a} = \alpha, b \oplus \bar{b} = \beta, c \oplus \bar{c} = \gamma \cdots\cdots$

$0.2 a \subset (b \oplus \bar{b}) = a\varepsilon\beta$

$0.3 -[a \subset (b \oplus \bar{b})] = -(a\varepsilon\beta) = [(a \subset b)(a \subset \bar{b})] \oplus [-(a \subset b) - (a - \bar{b})]$

$0.4 (a + \bar{a}) \subset (b + \bar{b}) = \alpha \subset \beta$

$0.5 (a\varepsilon\beta) \supset (\alpha \subset \beta)$

2.我们可以用一很普通的基本思想与基本命题如下:

a.基本思想

1.1 α, β, γ 等范围

1.2 范围的析取 $\oplus$

1.3 范围的综合 $\odot$

b.基本命题

2.1 $(\alpha, \beta). \alpha \oplus \beta$ 是范围

2.2 $(\alpha, \beta). \alpha \odot \beta$ 是范围

2.3 $(\alpha, \beta). \alpha \oplus \beta = \beta \oplus \alpha$

2.4 $(\alpha, \beta). \alpha \odot \beta = \beta \odot \alpha$

2.5 $(\alpha, \beta, \gamma). \alpha \oplus (\beta \odot \gamma) = (\alpha \oplus \beta) \odot (\alpha \oplus \gamma)$

2.6 $(\alpha, \beta, \gamma). \alpha \odot (\beta \oplus \gamma) = (\alpha \odot \beta) \oplus (\alpha \odot \gamma)$

2.7 $(\exists E)(\alpha). \alpha \oplus E = \alpha$

2.8(∃ F)(α).α⊙F=α

2.9(α)(∃ᾱ).(α⊕ᾱ=F)(α⊙α=E)

3.0 至少有两个范围

我可以加一定义

3.1(α,β).α⊂β=(αβ=α)

"⊂"可以读作"有所谓"

3.范围逻辑与其他逻辑一样。它有排中与矛盾情形,而排中有矛盾就在 2.9 基本命题中出现。同一的情形当然是不会少的,其他也应有尽有。其所以能说此话者,因为它的形式与其他逻辑一样。不同的地方,不过是普通语言方面的解释而已。

本文不过是一提议而已。由它所发生的问题当然不少,究竟说得通否,作者不敢有肯定的表示;即有用与否,或能尽责与否,作者也不敢坚持个人的成见。但如果此提议能说得通,则存在问题,废话问题,废话中之一部分自相矛盾的问题,似乎都可以得一致的解决。可是,我们要记得"所有的范围都无所谓空"这样的命题在范围逻辑里似乎是不能说的话。

不相融的逻辑系统[*]

一

前年十月哈佛大学的路易斯先生在 *Monist* 杂志里发表了一篇讨论不相融逻辑系统的文章,引起大家的兴趣与讨论。本人 1932 年在《大公报·世界思潮》里曾提出过此问题①,但在那篇文章里,仅谈到知识论方面的影响,正题并未讨论。数月以来,对于此问题时想时辍,未能得圆满答案;但为时已久,仅由个人拼命的想下去,不见得有所发现。兹特就感想所及,把此问题重行提出,盼关心此问题者有以见教。

路氏文章的主旨似乎可以总结如下:

a.有不相融的逻辑系统。

b.对于不相融的逻辑系统,我们势必有所选择;而选择的标准事实上是"适用"("适用"二字包括的思想很多,详见路氏原文,为简单与便利起见,此处仅用"适用"二字)。

c.落选的系统均因此选择遂不能再视为逻辑系统。

---

* 　原刊于《清华学报》第 9 卷第 2 期,1934 年 4 月。——编者注
①　见本卷《彼此不相融的逻辑系统与概念实用主义》。——编者注

若仅从(a)、(b)两条着想,此问题似乎不至于引起大众的兴趣。(c)条不仅有关逻辑而且影响到知识论。各种杂志中的讨论一部分似乎是因知识论而发的;路氏本人似乎也免不了想利用"不相融"的逻辑系统的问题以之为他所主张的"概念实用主义"的证据。但(c)命题不能视为(a)、(b)两命题的结论,所以即令我们承认(a)、(b)两命题,我们也不必承认(c)命题;既不必承认(c)命题,则"不相融"的逻辑系统即为事实,也没有(c)命题在知识论方面所有的影响。本文拟先讨论所用名词的意义,再讨论事实上不相融与逻辑上或理论上不相容的问题,然后表示此问题不能视为"概念实用主义"的一个证据。

最初就有"alternative"这个字的意义问题。这个字我不知道如何翻译好。路氏所表示的是各不相融的逻辑系统均为选择"alternatives"。兹以下列方式表示"alternative"的意义。这个英文字至少包含以下成分,(a)共同概念,(b)各种选择的标准,(c)所要选择的东西。如果"x,y,z,…"东西同样地是"C",可是不同样地或不相等地是"P,Q,R,…"则"C"为共同的概念,而"P,Q,R,…"均可以为选择的标准。在共同概念既有或既定之后,而选择标准未定之前,"x,y,z,…"均为"C"概念之下的"alternatives"。从"C"概念方面着想,"x,y,z,…"相等,从"P,Q,R,…"方面着想,它们不相等。共同概念不能视为选择标准,而选择标准也绝不是共同概念;二者相混,根本不能有所选择。如果以"P"为选择的标准,则"x,y,z,…"之中有一当选;假设当选者为x,则x为"既C又P"的东西。如果以"Q"为选择的标准,则"x,y,z,…"之中有一当

选,假设当选者为 y,则 y 为"既 C 又 Q"的东西。现在所要注意的就是:

"alternatlves"无论选择的标准如何,无论哪一个东西当选,落选的东西仍不失其为"C"。

本问题范围之内所要选择的东西为逻辑系统。逻辑系统不是寻常的系统而是演绎系统。演绎系统所要的最低限度的条件如下:

a.各部分的相互关联。演绎系统的各部分的关联的程度或有高低的不同,各部分的位置或有更改的可能;但一部分的更改不仅全体也更改,而且使其他各部分也有相当更改的必要。

b.自生思想的情形。所谓自生思想的情形即在一系统范围之内,既有它的特殊的起点,其他的思想都由这起点产生。即产生的方法也可以由系统自备。

c.系统型之潜在。每一演绎系统须有一系统型(system-form)潜存于系统,使那一系统不过为那一系统型的特殊解释而已。其所以有此要求者不过是使系统之站得住与否的问题不靠那一系统事实上所用的特殊的解释。

不同的逻辑系统包含多数的系统,而此多数系统均能满足"逻辑"这一个共同的概念;但虽满足它们所有的共同的概念,而它们仍为不同的逻辑系统。兹先从不同这一方面说起。这些系统的不同,不是逻辑的不同,而是它方面的不同,如"美"、"简单'、"适用"、"便利"等等。设有 S_1,S_2,S_3……逻辑系统,如果它们是不同的逻辑系统,它们一定要满足它们的共同概念——"逻辑",同时它们要不同的"美"、不同的"适用"、不同的"简单"、不同的"便利"等等。"美"、"适用"、"简单"、"便利"等等均可以为选择的标准。设以"美"为选择的标准,而此标准定后所选的系统假设其为 S_1,则 S_1 为"既美且逻辑"的系统或"既最美而且逻辑"的系统。设以"适用"为选择的标准,而此标准定后所选择的系统假设其为 S_2,则 S_2 为"既适用而又逻辑"的系统,或"既最适用而又逻辑"的系统。但无论如何,落选的系统不因有此选择而遂失其为逻辑系统。

现在要提逻辑与逻辑系统的分别。逻辑是逻辑系统所要表示的实质,逻辑系统是表示逻辑的工具。对于逻辑系统,逻辑可以说是"type"或者暂名之为"义";对于逻辑,逻辑系统可以说是"token",或者暂名之曰"词"。这两个名称或容易起误会。所谓"type"有似"美金一元",所谓"token"有似美国的银元,或美金一元的钞票。逻辑与逻辑系统的关系有似前者与后者的关系。这种名称虽容易发生误会,但我们不妨引用以表示我们所要借此以表示的思想。"义"与"词"的问题不同。

从"义"方面着想,积极地说,逻辑就是"必然";消极地说,它是取消矛盾。它是两方面的。一方面它是"对"的标准;另一方面,它也是"不对"的标准。在思想方面,或知识方面,它的功用是保留对的淘汰不对的。它不是研究类的学问,或研究关系的学问,或研究命题的学问。但是没有以上所说的"词"或"token",我们不能或不容易表示逻辑。那就是说,不容易或不能表示"必然"。表示"必然"就要"词",换句话说,就要系统。表示"必然"之系统为逻辑系统。一系统之是否为逻辑系统,要看它是否表示"必然",一系统的工具究竟是什么样的工具,表示"必然"的方法,究竟是什么样的方法,完全是系统方面或"词"的方面的问题。

一逻辑系统可以从两方面着想,一方面是它所表示的"义",另一方面是它表示此"义"的"词"。前者是"必然",后者是表示"必然"的工具。普通用以表示"必然"的工具即为命题、类、关系、运算等等。其所以利用这些东西以为工具者或有经验方面或有归纳方面的理由。但我们要记清楚,我们所利用以为一系统之原子(system-elements)的"命题"、"类"、"关系"等等不是逻辑系统的"义",不是逻辑系统所要表示的对象,而是表示那对象的工具。就这一层而言之,逻辑系统与其他的系统不同。欧克里几何可以说是研究"点"、"线"、"平面"……之学,而它们又为几何系统中的原子;物理可以说是研究"力"、"光"、"电"、"动"……之学,而物理要是成为整个系统的时候,这些东西也得要是那系统中的对象。逻辑系统则不然,它虽然以命题、类或关系为它的原子,而它不是研究命题,类或关系的学问。这些东西是系统的工具,不是系统的对象;是系统的"词",不是系统的"义"。

以上所述至少在本文范围之内非常重要。逻辑系统的两方面不应相混,相混起来,就有毛病。两逻辑系统之所以为"两"个逻辑系统,不是因为它们的"义"不同,是因为它们的"词"不同;不是因为它们的对象不同,是因为它们的工具不同。有好些问题:例如两值(two valued)或三值(three valued)系统的决定;基本思想应用"或",或应用"与";命题部分是否应摆在类的部分之前,或类的部分是否宜摆在命题部分之前;

"蕴涵"的解释宜从"严格"（strict）还是宜从"真值"（material）等等；均是工具方面的问题而不是对象方面的问题；是"词"方面的问题，而不是"义"方面的问题。即初治逻辑学时所发生的问题：例如"同一律"是否比"矛盾律"与"排中律"为根本，或"排中律"是否比"同一律"或"矛盾律"更为重要等等；也是工具方面的问题，而不是对象方面的问题；是系统方面的问题，而不是逻辑方面的问题。在一系统中，"排中律"或比其他二"律"更为"重要"或更为"根本"，而在另一系统中适得其反。此三"律"所表示者既均为"必然"，它们当然均在逻辑范围之内；所以从"义"一方面着想，它们可以属于任何逻辑系统。但逻辑的"义"或逻辑当作"义"看，不是系统，无秩序，无组织，所以无所谓哪些"根本"，哪些"不根本"，哪些"重要"哪些"不重要"的问题。有系统，才有系统方面的秩序；有秩序，才有比较"根本"或比较"重要"的问题发生。普通所谓"思想律"所表示的"必然"无所谓哪一"根本"，哪一"重要"的问题；表示"必然"的命题而为大家所认为"思想律"者有哪一最"根本"，哪一最"重要"的问题，因为它们既是表示"必然"的工具，就有系统为它们的背景。有系统为背景，始有"根本"或"重要"的问题发生。

二

不同的逻辑系统是不同的系统，不是不同的逻辑；是不同的"词"，不是不同的"义"；是不同的工具，不是不同的对象。但"不同"二字的意义如何呢？路氏所要表示的不是普遍的、泛的、数量的不同。任何两逻辑系统,只要我们能够说它们是"两个"逻辑系统,就有这普遍的、泛的、数量的不同。引用此种"不同"的意义,则 1910 年出版之 P.M.(*Principia Mathematica* 之简称,以后照此)与 1925 年出版之 P.M.为不相同的逻辑系统;而此两逻辑系统之不同点中,亦有可以供选择标准者,不然作者不至于在此二者之中选择 1925 年出版之系统。但这种普遍的、泛的、数量的不同似乎不是路氏所要注意的不同。

路氏注意的不同是不相融的不同。此处的不相融不是选择的标准问题,而是不同的解释问题。"不相融"这名称颇不易解释。本文分事实方面的不相融与理论方面或逻辑方面的不相容。请注意,前者我们用"融"字,后者我们用"容"字。

两逻辑系统之相融与否事实上似乎有两个标准,一为翻译,一为兼消。如两系统相融,则彼此或能对译或能兼消。设两系统既不能彼此对译又不能彼此兼消,则它们为不相融的逻辑系统。本节所说的是"融"的问题,而不是"容"的问题,"能"与"不能"的意思是我们"办得到"与"办不到"的意思;下节我们要讨论相"容"与否的问题,那里的"能"与"不能"有时有"可"与"不可"的意思,有时意义同上,究竟意义如何,要看上下文才能定。

先提出两逻辑系统之能否相互对译问题。这个问题似乎因逻辑系统之"义"与"词"两方面相混发生困难。两系统之对译,所译者是系统中的命题。一逻辑系统中的命题有以下三成分:(a)表示的工具,(b)工具的普通意义,(c)工具所表示的"必然"。前二者均为工具方面的成分,最后者始为对象的成分。两逻辑系统之对译须根据于"义",不能根据于

"词"，须根据于对象，不能根据于工具；那就是说，须根据于以上所说的最后的成分，不能根据于以上所说的前二者的成分。在 P.M.系统中的"p⊃p"如能译为三值系统中的"pCp"；其根据不是在 P.M.中的"p"与在三值系统中的"p"一样，它们不一样；不在于"⊃"与"C"之相等，它们不相等；也不在于"p⊃p"与"pCp"两命题在普通语言文字或生活方面所能有的意义，在这两方面，它们的意义不同；其根据是"p⊃p"在 P.M.系统中所表示的"必然"是三值系统中"pCp"所表示的"必然"。在 P.M. 系统中"p∨~p"不能译为三值系统中的"pONp"；这两个命题不相等，我们也不应盼望它们能彼此对译；在 P.M.中的"p∨~p"似能译成三值系统中所能有的"p.O. Dp. O. Np"。这种翻译当然是不容易；一系统中的工具所能表示的"必然"或者是另一系统中的工具所不能表示的。普通语言方面也有这样的问题，一语言中一种句子所能表示的思想有时是另一语言中任何工具所不能表示的。但在语言方面，没有人把一语言的字母与文法，与另一语言的字母与文法，一一相应地对照起来，说这种对照就是翻译；然在逻辑系统方面，有时竟把翻译当作这种工具方面的对照。

无形之中我们盼望一系统中的"p"等于另一系统中的"p"，一系统中的"⊃"等于另一系统中的"C"等等。这好像把英文的字母译成中文方面各字的部分。这种比喻当然是有毛病，可是我们正要利用此毛病以表示二者之不同。英文的字母在英文范围之外完全无意义；如果有人把英文，视为研究字母的系统，他免不了受人讥笑。英文既不是研究字母的系统，中文也不是研究一点、一横、一直的系统，翻译的时候，不至于发生翻译工具的问题。逻辑系统则不然,它不仅表示"必然",而且是命题、是类、是关系的系统。一种文字的字母没有那种文字范围之外的意义,而逻辑系统中的命题,或类或关系有逻辑系统范围之外的意义。文字只有文字一方面的意义问题,而逻辑系统中的命题有两方面的意义问题。即以两值系统中的"p 是真的或 p 是假的"与三值系统中的"p 定是真的或 p 不定真假或 p 定是假的"而论,这两命题,若把它们当作普通的话看待,当然不能对译,翻译的问题不应发生:因为它们根本就是两句意义不同的话。但从逻辑方面的命题看来,它们既都表示形式相似的"必然",它们可以对译。头一命题表示的工具与方法适宜于头一系统,第二命题表示的方法与工具适宜于第二系统。系统中的命题与普通话相混,系统范围之内的意义与系统范围之外的意义相混,翻译乃不可能。二者不相混;翻译不至于发生问题。

我们在此处所表示的意思是逻辑系统的翻译须根据于"义"不能根据于"词",须根据于对象,不能根据于工具,须根据于逻辑系统方面的意义,不能根据于普通语言文字方面的意义。从逻辑的"义"方面着想,没有不能对译的逻辑系统。但是两系统中的命题的翻译有难、有易、有能与不能的问题。所以两逻辑系统仅有翻译与不能翻译的成分的多少的问题,而没有能不能翻译的问题。既没有不能翻译的逻辑系统,则逻辑系统之是否相融,不能以翻译为它的标准。以上所说的两标准之中,这一个标准可以不算,这个既取消,所余的只有兼消问题。

兼消与翻译不同。翻译是从一系统之命题根据于"义",

以另一系统的工具表示之。兼消不仅是把一系统之命题以另一系统的工具表示之,而且是把一系统所有或所能有的"义"消纳于另一系统范围之内。两系统之兼消其结果为第三系统,此第三系统把原来两系统所有的成分均包括在内。兼消的方式不一。结果要一系统兼消另一系统,我们在头一系统之内或者要介绍新定义,或者要介绍新基本思想,或者要介绍新基本命题,或者对于一系统中的固有的思想要加以新解释,或者这几种办法同时并用。这种工作比翻译的工作要难。除天赋才能为我们所不能计算者外,在训练方面,至少要有运用符号的本领。对于兼消我们不仅要能指出一系统之思想,另一系统无形之中已经潜有;而且要用成文的方法把头一系统的思想使之发现于第二系统。这种工作不善于运用符号者似乎没有成功的希望。

我们能够把"真值蕴涵"(material implication)的系统兼消到"严格蕴涵"(strict impsication)的系统里去吗?路易斯说可以。我们能够把"严格蕴涵"兼消于"P.M."的系统里去吗?亚伯拉罕氏说可以。我们能够把三值系统兼消到二值系统里去吗?路易斯说不能。我疑心可以,可是我不敢说我能够办到;我虽不敢说我能够办到,我也不敢说别人不能够办到。

请注意我们现在的问题是事实方面的问题。事实上两逻辑系统之相融与否,要看我们能不能够把一系统兼消到另一系统范围之内去。兼消的工作成功,系统即相融;兼消的工作失败,系统即不相融。但成功与失败的结果其解释可不是一样的。事实上的成功表示在理论上两系统的兼消是可能的;

但事实方面的失败并不足以表示两逻辑系统之兼消在理论上是不可能的。路易斯氏曾把"真值蕴涵"系统兼消于"严格蕴涵"系统之内，直到现在似乎没有人怀疑他的方法，如果方法有毛病，也没有人指出他的毛病。他的工作可以说是成功，而这个成功表示在理论上，或在可能方面，前一系统可以兼消到后一系统范围之内。

亚伯拉罕氏要把"严格蕴涵"系统兼消到 P.M.系统之中，他的工作似乎是失败了。有人指出它的失败。他是否失败，本文不必有所讨论。可是，失败表示什么呢？如果亚伯拉罕氏真的失败了，（现在假设他完全失败了）他的失败能够表示别的做同样工作的人一定也要失败吗？同时我们可以说亚氏的工作至少不能算完全失败。他的"extensive possibility"的思想与他对于(x)的解释似乎均为兼消"严格蕴涵"系统于 P.M.系统的初步工作。他的方向似乎是对的。路易斯氏似曾表示在 P.M.系统中的命题如 $p \supset q \cdot \supset \cdot \sim q \supset \sim p$ 这类的命题均为"必然"的命题，它们的主要蕴涵关系，其符号虽为"真值蕴涵"，而其意义实为"严格蕴涵"。如果"真值蕴涵"系统中有"严格蕴涵"潜在，以成文的方法表示之：非不可能，不过办得到与否，要看我们的才力而已。亚氏的工作究竟失败与否，我们现在可以不管，即令现在失败了，以后成功与否不能以现在的失败而定。同时他的失败也不能表示别的人也得要失败。

总而言之，如果我们要以一逻辑系统兼消另一逻辑系统，而在事实上我们失败了，我们不能根据此事实上的失败，遂以为理论上我们的成功为不可能。两逻辑系统的兼消在事实上虽办不到,而在理论上不必就不可能。历史上化圆为方的工作不知道失败了多少次,在未证明其为不可能之前,我们不能因历次的失败,而得此种工作为不可能的结论。总而言之,不相融的逻辑系统不必就是不相容的逻辑系统。

三

我们现在要提出两逻辑系统在理论上或逻辑上或可能方面相容与否的问题。这问题虽仍可以用兼消为标准,但不能以我们兼消的工作的成功与失败为标准。我们所要的不是事实方面的成功与失败,而是理论方面的可能与不可能。我们所要的是证明两逻辑系统是否可以兼消。这问题对于事实上相融的系统似乎没有困难。两逻辑系统事实上既相融,则任何一系统之证明标准与方式均可以利用以证明此两逻辑系统在理论上为相容的系统。其所以如此者,因为两逻辑系统在事实上既相融,则必有第三逻辑系统兼有原来两系统所有之工具,原来两系统中任何一系统之工具,用之以为证明的工具的时候,实在是以第三系统之工具的资格证明原来两逻辑系统为相容的系统。

对于事实上不相融的系统,理论上它们相容与否就发生困难。所谓证明者必有证明的方式与标准。在不相融的两系统中,此标准与方式从哪里得来呢?这问题又涉及"义"与"词"的分别。如果我讨论的两系统不是逻辑系统,而是其他的演绎系统,我们可以用两系统范围之外的逻辑的"义"以为证明的标准与方式,利用此标准与方式,我们可以证明此两系统在理论上为不相容。可是我们所讨论的不是任何两不相融的系统，而是两不相融的逻辑系统。这两系统既均为逻辑系统，它们就有它们所共有的"义"，那就是说，它们都是"逻辑"。它们既都是逻辑，我们不能利用逻辑的"义"以供给我们所要求的证明的标准与方式。如果我们用逻辑的"义"以为证明的标准与方式，证明两逻辑系统彼此之不相容，我们实在不过是说两系统之中，一系统根本就不是逻辑系统。

两逻辑系统之不相容，既不能根据于逻辑的"义"，势不能不根据于逻辑系统之"词"。然而"词"也不能为不相容的根据。两逻辑系统既均为逻辑系统，则它们同是逻辑，我们不能厚此薄彼；同时因为它们既不相融，自无第三逻辑系统可以供给我们所要求的证明的工具、标准、方式。我们不能在（甲）、（乙）两不相融的逻辑系统之中，拿（甲）系统的工具，利用（甲）的标准与方式，去证明（甲）、（乙）两系统之不相容。（甲）系统之标准在（甲）系统范围之内，固为公；但引用于（甲）系统范围之外而与（甲）系统不相融的（乙）系统，则为私。在（甲）、（乙）两不相融的逻辑系统中，利用任何一系统的工具以证明此两逻辑系统之不相容，不过是表示彼此"排外"而已。彼此"排外"仍是两逻辑系统之不相融，而不是它们的不相容。

结果似乎只有一个办法。说"似乎"者，因为我们以后要表示这个办法仍不是办法。无论如何，这个办法就是证明只有一个逻辑系统的可能。那就是根本否认有多数逻辑系统的可能。这种思想或者表示我们本能方面的信仰，或者是我们所持哲学的根据，或者是我们"内心"所得的真理，或者是我们所认为显而易见的命题,但不是我们用逻辑方法所能证明的命题。证明须有证明的方式与标准,这点意思我们已经表示好几次。如果证明的标准与方式为一逻辑系统所供给,而此系统不是我们要证明其为唯一逻辑系统之系统,则我们遇着一件根本不可能的事体;因为如果证明的方法对而结论靠得住的时候,我们实在是承认两逻辑系统均为"唯一"的系统。如果证明的标准与方式为一逻辑系统所供给,而此系统就是我们所要证明其唯一逻辑系统的系统,则最高限度亦不过是得到那一系统范围之内的一个"必然"的命题,而不是证明那一系统本身为"必然"或唯一的系统。

逻辑系统是"必然"之系统。如果一系统,因其为"必然"之系统(system of tautology)即为一"必然的"系统(tautological system),我们至多不过能说那一系统不能不是逻辑系统,我们不能就说那一系统是唯一的系统。可是如果一系统虽可以是"必然"之系统,而不必即为"必然的"系统,那么它可以是而不必是逻辑系统;即令事实上它是逻辑系统,它不能穷尽逻辑系统之可能,那就是说它不是唯一的逻辑系统。所以如果我们能证明一"必然"之系统即为一"必然的"系统,我们不能就算同时证明那一系统之为唯一的逻辑系统,但如果我们有理由使我们能说一"必然"之系统不是"必然的"系统,我们至少可以说那一系统不穷尽逻辑系统之可能,所以它不是唯一的逻辑系统。我们似乎不能证明一"必然"之系统即为一"必然的"系统,也不能证明一"必然"之系统不是"必然的"系统。现在的问题是事实上我们是否有理由可以使我们说"必然"之系统不是"必然的"系统。

对于这一个问题至少我个人不能有坚决的答案。我也不敢说这问题不是废话。以下的理由使我疑心一"必然"之系统不是一"必然的"系统。

a.一逻辑系统的基本思想应视为那一系统范围之内的思想，因为它们供给表示"必然"的工具。这些思想无所谓"必然"或"不必然"。

b.一逻辑系统的基本命题似乎不能都是"必然的"命题。关于这一点，意见不一致的理由或者比较多。我也不敢坚持此说。

c.一系统之是否为逻辑系统似乎是事实上的问题。那就是说它的答案是一真假的命题，而不是一"必然的"命题。

d.必然之表示与系统为相对，所以如果一逻辑系统为"必然的"系统，似乎应有一不同等级的系统，使前一系统与之相对时为"必然的"系统。这个不同等级的系统不能视为系统型。

e.事实上似乎没有这种不同等级的逻辑系统。

如以上诸点完全地或部分地靠得住的时候，我们似乎可以说一"必然"之系统不是"必然的"系统。那就是说任何逻辑系统不穷尽逻辑系统之可能。我们要注意这不是证明。这不过是说有种种理由使我们说事实上一"必然"之系统不是一"必然的"系统。

我们可以进一步着想。假设我们能证明一"必然"之系统即为一"必然的"系统，我们是不是证明了那一系统之为唯一的逻辑系统呢？在此条件之下，前此似乎已经提及过，我们不仅能说那一系统是逻辑系统，而且可以说它不能不是逻辑系统。后一命题或者是很重要的命题。它或者可以使我们对于一逻辑系统说那一系统穷尽它所能表示的逻辑。这可不是说那系统穷尽逻辑系统之可能。我们仍不能说那一系统是唯一的逻辑系统。

我们可以进一步。假设我们可以证明一逻辑系统之为唯一的逻辑系统，那么我们只能有一个逻辑系统的可能。这个命题与逻辑系统之相容与否有什么相干呢？我们的困难与从前一样。如果我们只有一个逻辑系统的可能，我们根本就不能有不相同的逻辑系统，根本就不能有逻辑系统相容与不相容的问题；如果我们可以有多数逻辑系统的可能，在这些不相融的逻辑系统之中，没有一系统占特殊权利的地位可以供给理论上相容与不相容的标准。

以上的讨论表示在本文所用各名词的意义的条件之下逻辑与逻辑系统不同。逻辑是逻辑系统的"义"，逻辑系统是逻辑的"词"。逻辑系统之翻译须根据于"义"，而根据于"义"没有不能翻译的逻辑系统。既没有不能翻译的逻辑系统，则翻译不能为逻辑系统彼此相融与否的标准。只有兼消是这种相融与否的标准。兼消有办得到与办不到的情形，那就是说有成功与失败。两逻辑系统之兼消成功不仅证实它们相融而且表示它们相容。但是两逻辑系统之兼消失败，虽表示它们不相融，而不表示它们不相容。要表示两逻辑系统之不相容，我们要证明它们不相容。可是证明要有证明的方式与标准。如果我们承认多数逻辑系统无一逻辑系统有特殊权利供给这证明的标准与方式。其结果似乎只有想方设法去证明只有一逻辑系统的可能。这个与证明逻辑系统之为"必然的"系统不同，因为即令一逻辑系统可以证明其为一"必然的"系统，而它仍不是唯一的系统。进一步说,既令我们能证明一逻辑系统为唯一的逻辑系统,它也不能供给逻辑系统相容与否的标准,因为根本既没有不同的逻辑系统,自无相容或不相容的问题发生。同时我们有理由使我们说一逻辑系统不是"必然的"系统,那就是说它不穷尽逻辑系统的可能;既不穷尽逻辑系统的可能,则无论事实上有多少逻辑系统,理论上总有多数逻辑系统的可能。

以上所说的或者部分地是废话亦未可知,但如果我们能表示不相容的逻辑系统是不能成立的思想,我们的目的已经达到。结果是"有不同的逻辑系统的可能"这一命题无论何时均可以成立。但"不同"虽能作"不相融"解,不能作"不相容"解。"有不相融的逻辑系统"可以成立,有时或竟是真的,但它不等于"有不相容的逻辑系统"。"有不相融的逻辑系统"这一命题如果是真的,事实上就有不相融的逻辑系统。事实上虽有不相融的逻辑系统,理论上没有不相容的逻辑系统,那就是说,没有不相容的逻辑。事实上虽有不同的逻辑系统,理论上没有不同的逻辑。关于逻辑与逻辑系统,本文所得到的结论不过如是。但关于此问题的讨论,一部分的意见不是对于逻辑而发的,是对于知识论而发的。在下节我们要提出知识论方面的问题。

四

路易斯氏似乎有意利用不相融的逻辑系统以为他所主张的"概念实用主义"的一个证据,而他的批评者似乎也想推翻不相融的逻辑系统以免它们不利地影响到他们自己在知识论方面的信仰;那信仰就是:"有一种为我们所不能不承认的客观的事实或存在或关系"。这两种知识论方面的主张各有其立场及理由,它们能成立与否是另一问题。我们所要表示的是不相融的逻辑系统既无利于路氏的主张,也无害于他的批评者的主张。有利于前一主张,有害于后一主张的命题如下:"在不相容的逻辑系统中,以适用为选择标准,根据此标准以为选择,当选的系统为逻辑系统而落选的系统为非逻辑系统"。此命题不仅止于承认有多数不同的逻辑系统,也不仅止于承认有不相融的逻辑系统,也不止于承认对于这些逻辑系统我们有选择的可能,也不止于承认"适用"是选择的标准。这命题要我们承认这些不相融的逻辑系统是不相容的逻辑系统,它们既不相容,所以选择其一,其余遂非逻辑系统。

如果以上这个命题说得过去,则当选的逻辑系统为唯一的逻辑系统,"适用"既为选择的标准,则定"逻辑"之意义者就是"适用"。在当选的逻辑系统范围之内或仍有客观的关系或情形,但所谓"逻辑"者既依选择的标准而定,自无客观的或不能不承认的意义,因为引用另一标准,意义就不同。这种思想的确有助于"概念实用主义",的确有害于一部分实在主义者的主张。问题就是"适用"这标准是否定"逻辑"之意义。即令我们承认(a)有不相融的逻辑系统,(b)对于这些不相融的逻辑系统,我们可以用种种选择的标准加以选择,(c)事实上我们所用的标准是"适用",而根据此标准,有一系统被选为逻辑系统,我们仍不能得到"适用"定"逻辑"的意义的思想。

路氏与其批评者似乎以为由以上（a）、（b）、（c）三命题我们可以得"适用"定"逻辑"之意义这一思想。其所以如此者似乎有两方面的理由。一方面他们或者以为不相融的逻辑系统就是不相容的逻辑系统。不相容的逻辑系统彼此不能并立，彼此既不能并立则当选与落选的系统不能并立，如果当选的为逻辑系统，落选的就不是逻辑系统。落选的系统既不是逻辑系统，那系统所表示的也不是逻辑。但在第三节里我们已经表示不相融的逻辑系统不是不相容的逻辑系统；在选择的标准方面当选与落选的分别虽大，而在逻辑方面它们没有分别。如果我们用"repudiate"这一字，我们只能说当选的系统"repudiate"其他系统之被选，我们不能说当选的系统"re-pudiate"其他系统之为逻辑系统。关于不相融与不相容的相混，以后不再提及。但除此以外似有第二方面思想混乱的情形。

第二方面的混乱是"逻辑"这名词的用法不一致。在他那篇文章里，路氏曾说他所提出的不相融的逻辑系统都是"真"的，可是"适用"的程度不同；以"适用"为标准，我们可以选择一系统，一系统既经选择，我们不能不"repudiate"其他系统之为逻辑系统。但所谓这些逻辑系统都是真的这"真"字作何解释呢？这里的真不是"孔夫子是中国人"这句真话的"真"，也不是"相对论是真的"这一命题的"真"。假设有一本理想的《美国政治大纲》的书，其中句句话都是真的，同时条理分明全书成一真命题之系统，路氏一定不至于把这本书列入他所举的系统之内。可见他所谓"真"者不是普通的真而是逻辑的真，或真的逻辑，或简单的说"逻辑的"。

路氏之所谓真既即等于"逻辑的",许多人恐怕不容易了解何以在未选择之前,这些系统都是逻辑的,而在既选择之后它们不都是逻辑的？我们要记清楚此处逻辑两字不是"有用的逻辑"或"被选的逻辑"或"便利的逻辑",而是"真的逻辑"或简单的称为"逻辑"。这些系统在未选择之前既是"逻辑的",在既选择之后仍是"逻辑的"。正因其如此,所以在未选择之前这些系统是"逻辑"范围之内的"alternatives"。

同时路氏对于"逻辑"这一名词有另一用法,那就是"适用的逻辑"或"便利的逻辑"或"被选的逻辑"。这个用法可以使他说在未选择之前这些系统都是真的,而在既选择之后,仅被选的系统是逻辑的,落选的系统均不是逻辑的。但是照这个用法,这些系统在未选择之前,不都是逻辑的,所以它们不能够称为逻辑范围之内的"alternatives"。逻辑二字在那篇文章里有两义,一是"真的逻辑",一是"适用的逻辑"。由前义则这些系统是逻辑范围之内的"alternatives",而选择不能定逻辑的意义;由后说则这些系统不是逻辑范围之内的"alternatives",而选择所定者不是逻辑的意义,而是"适用逻辑"或"被选逻辑"的意义。用法一致,任何意义都可以;用法不一致,意义相混,就有毛病发生。

这毛病就是无形之中得一有利于"概念实用主义"的结论。若用"真"字的时候而所谓"真"者实即"既真而又逻辑",用"逻辑"两字的时候,而所谓"逻辑"者实即"既逻辑而又适用",则在未选择之前这些系统都是"真"的(既真而又逻辑的),而在既选择之后(选择的标准为"适用")仅被选的系统是"逻辑的"(既逻辑而又"适用"),那么选择定"逻辑""之义。但哪一义呢?"所有供选择的系统都是"逻辑"的那一"逻辑"的义呢？还是当选系统仅是"逻辑"的那一"逻辑"的义呢？

　　如果这两义不相混乱,选择标准至多只能定被选逻辑的意义,"适用"至多只能定"适用逻辑"的意义。如果有 S_1, S_2, S_3…逻辑系统,P,Q,R,…选择标准,假设以"P"为选择标准,而 S_1 为当选的系统,假设以"Q"为选择的标准,而 S_2 为当选的系统,假设以"R"为选择的标准,而 S_3 为当选的系统,…;所有的 S_1, S_2, S_3…均为客观的逻辑系统;S_1 为客观的逻辑系统而同时可以客观地是"P";S_2 为客观的逻辑系统而同时可以客观地是"Q",S_3 为客观的逻辑系统而同时可以客观地是"R",……;选择不能"repudiate"逻辑系统之为逻辑系统;若以"适用"为标准,选择不过表示当选的系统为"适用的逻辑系统"而已。以"适用"为选择的标准,当选的系统可以为客观的适用的逻辑系统;以"美"为选择的标准,则当选的可以为客观的"美"的逻辑系统;以"便利"为选择的标准,则当选的可以为客观的"便利"的逻辑系统……。"适用"、"美"、"便利"等等是否有客观的标准是另一问题。假设它们有客观的标准,在逻辑方面,虽有选择,仍有客观的标准。假设它们没有客观的标准,任何系统当选,也没有客观的标准。客观不客观似乎与逻辑系统的数目多少,及对于这些系统我们是否有选择的问题无关。这不过是说不相融的逻辑系统这一问题既不能利用以为"概念实用主义"之助,也不能利用以为推翻实在主义者之一部分的主张的工具。

论不同的逻辑[*]

　　我在《清华学报》上曾经发表了一篇文章表示没有不同的逻辑，现在这篇文章主旨仍旧。从前那篇文章是针对于路易斯的意见而作的，现在这一篇是针对于张东荪先生的议论而作的。张先生善于作文。他底文章大都是如他自己所说一气呵成的。并且他可以在数小时之内或一天之内写一篇哲学论文。可是，流利的文章不一定是很好的哲学方面的讨论。Kallen 曾说过这样的话：詹姆士（W. James）底哲学文章视为文学作品非常之流利，但是，视为哲学作品就晦涩难懂。张先生的文章也给我们以这种感觉。他这篇文章内容丰富，在别的方面他是否如詹姆士一样把真知卓见藏埋在流利的文章之中，我不敢说，在逻辑方面，他的思想似乎非常之混乱。

　　张先生的文章[①]分为两大部分，头一部分论不同的逻辑，后一部分论中国的理学。专论逻辑的是前 6 节；7、8、9 三节检查中国思想。本文既不论中国理学，所注重的当然只是前 9 节；所特别注意的当然是前 6 节。

---

* 　原刊于《清华学报》第 13 卷第 1 期，1941 年 4 月。——编者注
① 　见《燕京学报》第 26 期。

在第一节张先生说:"逻辑为文化中的范畴所左右,换言之,即文化,哲学与逻辑三者互相凝为一片——于此所谓哲学是指几个根本概念而言。至于逻辑中尚夹杂有言语问题,亦用此法以解答之。这一点主在破除向来的说法把逻辑认为人类思想上普遍的规则,必先有此规则而后方致思想于可能。实则人们在实际上思维的时候不限于必用这规则,并且有时更不用此种规则。"他把逻辑分为以下四种:传统逻辑、数理逻辑、形而上学的逻辑、社会政治思想的逻辑。他简单地把这些叫作逻辑甲、乙、丙、丁。从第 2 节到第 5 节张先生分别地讨论他所提出的四种逻辑,第六节论它们彼此的关系,在 7、8、9 三节检查中国思想。

本人向来主张只有一逻辑。张先生的意见与本人的恰恰相反。也许张先生尚有未发表的意见,也许他有比较妥当的理由使他不能不主张有不同的逻辑;但是,这篇文章似乎不能够建立张先生的主张,也不能使我修改我向来所持的态度。兹分以下数节讨论。

一

每一门学问都有对象与内容的分别,有些对象与内容的分别清楚,有些分别不容易清楚;但是无论分别若何的不容易清楚,分别还是不能抹杀。物理与物理学、天文与天文学的分别都非常之清楚。物理学的对象是物理,它的内容是研究物理而得的定理、原则、自然律等等。天文学的对象是天文,它的内容是研究天文而得的定理、原则等等。大致说来,在自然科学方面,对象与内容的分别非常之清楚,在普通历史与社会科学这二者的分别也大都非常之清楚。假如有人研究历史学的历史,他所研究的对象是历史学,他所得到的内容也是历史学。也许有人认为在这种情形下对象与内容毫无分别。这实在是错了。这二者的分别还是清楚。是内容的历史学不包括在它的对象历史学范围之内,一个人的研究之所得不是他所研究的对象。

我知道要分别对象与内容有时有困难。哲学底一部分的困难就是大多数的人会让这二者纠缠不清。一部分的心理学,尤其是所谓自省的心理学,同样地有这个困难。可是,事实上的困难不应该使我们抹杀对象与内容的分别,反过来更应该使我们感觉到在理论上非坚持二者底分别不可。不如此,我们在研究中所得的内容不成其为学问,也不能有进步。要意识到对象与内容的分别,我们在研究上才能有所本。无所本的内容只是空中楼阁,根本不是学问。所谓一门学问有进步,就是它底内容比从前的内容更接近对象。在研究的过程中,我们固然不必等对象来支配我们,我们可以有想象、有假设、有顿悟等等帮助我们去研究,但是我们研究所得的结果总以接近对象为归。

逻辑与逻辑学也有分别。逻辑是逻辑学的对象,逻辑学是研究此对象而有所得的内容。这二者的分别也是非常清楚的。困难问题不在这分别不清楚,而在说明逻辑究竟是什么。逻辑究竟是什么,的确不容易说。它不像天文与物理,一说即懂。一个人可以费许多时候去研究逻辑,然而仍不知道逻辑是什么。但这决不能认为逻辑与逻辑学毫无分别,一个人也许不知道逻辑是什么,然而他知道逻辑学是什么:逻辑学即研究逻辑的学问。张先生这篇文章之不容易懂,最显而易见的地方就是逻辑与逻辑学不分。在别的文章里,这二者不分也许不发生误会,在这篇文章里二者不分,文章就不易懂了。张先生所说的逻辑有时是逻辑,大多数的时候是逻辑学。如果我们老是能够从上下文知道张先生所说的是什么,问题也就简单,但有时我们无从知道。

文化不限制到学问,学问总是文化的一部分。语言不限制到学问,学问总离不开语言(连文字在内)。本段底讨论着重语言。任何学问都离不开语言,即物理学与天文学也不是例外。离不开语言的学问不一定受语言的支配。以上所举的两门学问都离不开语言,可是,都不受语言底支配。英国文学当然受英国语言的支配,英国文学史也难免不受英国语言的支配。所谓一门学问受一种语言的支配就是说另一种在别的方面同样发达的语言不能代替头一种语言去表示这一门学问。如果一门学问可以由甲种语言翻译到乙种语言而无损失,这一门学问不受甲乙两种语言的支配。不然的话它就受甲种的支配或者受乙种的支配。但是,无论如何,即有不受语言支配的学问,也没有能够离开语言的学问,文化同样。逻辑学也离不开语言文化,即数理逻辑学也是一样。说逻辑学离不开语言文化,这句话虽然是真的,然而在学报上是一句用不着说的话。

逻辑学受普通语言的支配——不只是说逻辑学离不开语言——是一句比较有意思的话。在逻辑学史上,我们可以看出有些研究逻辑的人虽不感觉到逻辑学受普通语言的支配,然而另外的人早已感觉到此情形。符号底用处就在减少、甚至于消灭普通语言的影响。符号至少有两种用法。一种是片面的、零碎的、无结构的用法。这种用法的符号,传统逻辑学中早已经有了。SEP,SIP,SOP,SAP 中 E,I,O,A,S,P 都是符号。逻辑学的对象既是形式的、抽象的,符号的引用是免不了的。但 S 不过是任何主词,P 是任何谓词,A 是任何全称肯定等等而已。它们都没有脱离印度欧罗巴语言系统。现在所用的符号与以上的大不一样。它的确没有普通语言文字的彩色。如果我们一定要把 ⊢：p·⊃·q⊃r：⊃：q·⊃·p⊃r 译成普通语言中的话,那句话是文法家之所不允许,人们之所不会说的一句话。其所以要用此办法者,一部分的理由就是要减少普通语言的影响,使逻辑学不至于受普通语言的支配,因此可以得到不拘泥于工具的发展。引用这种办法所要得到的目的是否已经达到,的确是一个问题。对于这个问题意见不同的地方也许很多。可是,把传统逻辑学与符号逻辑学两相比较,的确是后者比较地不受普通语言的影响。

张先生的意思似乎也不只在表示任何逻辑学都受语言的支配。如果他的意思只是在这一点上,他一定要表示任何工具,无论是普通的语言或者特别的符号都不能完全地、无遗漏地、至当不移地表示逻辑。在这种主张之下,逻辑——即逻辑学底对象——不必受语言的支配,并且有此主张的人大都认为逻辑不应该受语言的支配。他们的悲哀是他们感觉到任何工具都有它本身的限制,而逻辑学对于逻辑总有免除不了的隔阂。张先生似乎没有这种悲哀。他的意思实在是说逻辑本身受语言文化的支配,各种不同的文化有各种不同的逻辑,各种不同的语言有各种不同的逻辑。本文虽表示所有的学问的内容都离不开语言,都是文化的一部分,可是,同时也表示虽然有些学问的对象是文化的部分,然而有些不是,虽然有些学问的对象离不开语言,有些离得开语言。一门学问的对象究竟是否文化的一部分,或引用张先生的话是否受文化语言的范畴,总得就该对象的本质作详细的研究才能得一答案。

我个人向来是把逻辑视为不受语言文化的支配的对象。我不愿用范畴两字。这两个字在我所习惯的用法里不过是引用概念于对象而已。没有不能范畴的对象。范畴一对象或者引用旧的概念,或者引用新的概念。如为前者则文化中固有的工具已经可以范畴该对象,如为后者则文化中新兴的工具也能范畴该对象。逻辑这一对象当然是概念所能范畴的,不然不会有逻辑学。张先生所用的范畴两字似乎没有这样的意思。他不是说逻辑这一对象受我这里所谓文化的范畴,而是逻辑这一对象受文化的支配。关于这一点,张先生在这篇文章没有举出理由。在别的文章里,他曾否提出理由,我不敢说。但是,如果他在别的文章里,也不分别逻辑与逻辑学,则他认定的理由或证据我疑心不是理由或证据。对于这一点,我得多说几句话。

张先生在这篇文章里也想举出证据表示逻辑受语言文化的支配,例如印欧语系的语言,主体与赋性,通俗哲学等等,但是他不分别逻辑与逻辑学,逻辑两字的意义就非常之混乱。逻辑两字既徘徊于逻辑与逻辑学之间,张先生很容易把对于后一意义所能说的话移置到前一意义上去。他不自觉地把一部分表示逻辑学受语言文化的支配证据认为同时也表示逻辑受语言文化的支配的证据。本文在现在这一阶段上并不急于主张逻辑不受语言文化的支配。所注意的只是逻辑与逻辑学不能不分，即令后者受语言文化的支配，前者不因此就受语言文化的支配。张先生所举的理由是否能够表示逻辑学受语言文化的支配，尚是问题，本人认为不充足。即使所举的理由充分地表示逻辑学不能不受语言的支配，我们也不能跟着就说逻辑也受语言文化的支配，它是否受此支配须有独立的证据。

逻辑受语言文化的支配是一句非常之重要的话。所谓支配有积极、有消极。说 x 消极地支配 y，只是说没有 x 就没有 y。说 x 积极地支配 y，是说有 x 就有 y。语言文化支配逻辑是消极的呢？还是积极的呢？张先生的意思似乎二者都有。他的确要说语言文化消极地支配逻辑，因为照他的意见，没有语言文化，即没有逻辑。可是，他即又表示不同的语言文化有不同的逻辑，他也免不了要主张语言文化积极地支配逻辑。请注意这里所说的是逻辑，不是逻辑学。这问题也许是不容易解决的，我们不应该把先入之见作为此问题的答案。也许张先生要说我对于这问题有成见，可是，如果张先生能举出理由消灭我的"成见"，我十分愿意接受他的修改。无论如何要得到答案，我们得先把这问题弄清楚。张先生没有分别逻辑与逻辑学，他没有分别对象与内容，因此他没有把这个问题和另外一个问题分别出来。张先生在这篇文章里根本没有举出理由使我们相信逻辑——逻辑学的对象——受语言文化的支配。

二

张先生这篇文章差不多每一句都有问题，本文不能一一
提出讨论。兹特提出以下三点。

第一，张先生说传统逻辑学与语言是一而二、二而一。他
提出"名词之充类"以表示逻辑的问题即语言的问题，接着他
又提出"主谓式"的"词标"。（张先生译 proposition 为词标，
也许这名词比"命题"好，但名词在约定俗成之后比较地顺作
者的手，读者的眼，本文仍用命题这旧名。）在这一段文章里，
张先生似乎把命题当作语言或句子看待。第一点本节要讨论
的就是命题与句子不能相混。命题既不是表示它的那一句句
子，也不是它所断定的那件事情。假如它断定一件事实，假如
我指一件东西而断定地说："这是一张桌子"，而又继续地
说："This is a table。"我说了两句句子，可是我只断定了一命
题。"树在庙前"与"庙在树后"不仅是两句句子，而且是两命
题，可是，这两命题所断定的只是一件事实。在本文命题与事
实的分别我们不提出讨论，可是，命题与句子我们不能不讨
论。张先生似乎把命题视为句子。一句句子并不一定表示一
命题。罗素与怀特黑费了大劲去讨论"法国皇帝是胖子"，张
先生或者以为这是多余的，他大概要不加分析地把这一句句
子当作一命题。这句句子在语言文法上似乎是毫无问题，但
是从命题方面着想，问题就多了。

张先生提出主谓式的命题。可是，有文法上的主谓词，有
逻辑上的主谓词，这二者的分别非常之重要。以"这张桌子

是四方的"而论,文法上的主词是"这张桌子",文法上的谓词是"四方的"。照现在的分析,从命题着想,我们不能够承认"这张桌子"是命题的主词。假如赵高指着那只跑得很快的鹿,断定地说:"这匹马跑得很快。"这命题是真的呢,还是假的呢?那只鹿的确跑得很快,这一句话的后一部分不发生问题。可是,那跑得快的不是马是鹿。难道我们要说"这匹马"这一主词是假的吗?词端(term)无所谓真假,真假是命题的质。即在日常生活中我们也绝不会说:"这匹马"是假的,我们会说:"这不是马"。可见一句句子底文法上的主词不一定是一命题的逻辑上的主词,在文法上"这匹马"是主词,在逻辑上不是。"这张桌子是四方的"所表示的命题实在是"这是桌子而且它是四方的"。如果它是桌子而不是四方的,这命题也是假的,有时候一句句子恰恰表示一命题,有时并不如此。逻辑的关系是命题与命题之间的关系而不是句子与句子之间的关系。

假如张先生不把句子视为命题,他也不会上路易斯的当。这位先生论三值系统的时候,糊里糊涂地说三值系统中没有排中律。张先生论数理逻辑时说:"在这种办法上(真理函数)可以不限定为两价系统式'。因此排中律不是根本原则。"Brouwer 的学说我不懂,当然不敢讨论。至于路加二氏所主张的三值系统,排中律并没有取消。它根本与否现在不讨论。现在所注重的只是一点:三值系统的确没有 p∨~p 这一句句子,当然也没有这一句句子所表示的命题,可是,三值系统有排中律,而它的排中律并不比它的同一律或矛盾律根本,也不比它们不根本。张先生没有感觉到命题与所谓思想律二者之间的问题。这二者分别之后，困难问题仍多，但二者不分别，困难简直不堪设想。

张先生当然知道句子与命题的分别，他翻译书，他大概承认翻译是可能的；不过他狃于他的主张忽略了这分别罢了。这分别非常之重要，这一忽略也就非常之可惜。张先生虽没有明白地说，而在这篇文章里，他免不了把命题视为句子，因此命题与命题之间的关系成为句子与句子之间的关系，而逻辑就成为语言的调整。传统逻辑学的确受普通语言的影响太深，它把它的对象限制到用主谓式的句子所表示的命题之间关系。传统逻辑学不满人意的地方不少，这一点也是其中之一。许多人所特别注重的是减少或消除语言的影响。可是，他们所认为是传统逻辑学的缺点的，张先生反认为是逻辑的性质，而逻辑也就与语言一而一、二而一了。

第二，张先生不分种类与概念。他说："新式逻辑家把这个（概念包涵）名之曰种类包涵（class-inclusion）以便作种类演算（class calculus）。"概念与种类是两件事。如果张先生不用英文字，我们也许不容易发现他的错误。我们译 include 为包涵，include in 为包涵在。如果我们对于种类用包涵两字，对于概念最好不用这两个字。如果我们一定要用，我们要知道这两用法不一样，而意义也就不同。照以上的翻译，动物类包涵人类，人类包涵在动物类。说动物包涵人类是说动物类中有人类，说人类包涵在动物类是说人类是动物类中的一类。动物类中虽有人类而"动物"这一概念中没有"人"这一概念。如果说动物类包涵人类是说动物类中有人类，那么因为"动物"这一概念中没有"人"这一概念，我们不能同样地说"动物"这一概念包涵"人"这一概念。反过来,"人"这一概念中有"动物"这一概念,如果我们一定要用包涵两字,我们应该说"人"这一概念包涵"动物"这一概念。这分别很清楚。如果张先生记住传统逻辑学中所说的外延与内包,张先生不会忽略这个分别。

种类的确有相当于它们的概念。种有种的概念,类有类的概念。这里所说的不是所谓种,虽然所谓种是一概念,也不是所谓类,虽然所谓类也是一概念。这里所说的是每一种有该一种的概念(defining concept),每一类也有。兹以 φ 代表一概念,则:

$\varphi x_1, \varphi x_2, \varphi x_3, \cdots, \varphi x_n$ 都代表命题。我们暂且把空类的问题撇开,假设这些命题中有些是真的,有些是假的,有些是废话。我们可以把真的命题排列如下:

$\varphi x_a, \varphi x_b, \varphi x_c, \cdots, \varphi x_m$

则 $\varphi x_a, \varphi x_b, \varphi x_c, \cdots, \varphi x_m$ 个别地都是 φ,而联合起来为 φ 类。如果我们利用 *Principia Mathematica*(以后简写为 P.M.)的符号 $\hat{x}\varphi(x)$,这一符号表示 $x_a, x_b, x_c, \cdots, x_m$ 等等。$\hat{x}\varphi(x)$ 是 φ 类,显而易见地不就是 φ。同样我们也可以很容易地表示"人"这一概念和人类是两件事,"动物"这一概念和动物类是两件事。

概念是思议的内容。也许我们的思议受语言的支配,我们的概念也受语言的支配。我自己并不以此说为然,但我们现在不注重这一点。我现在所注意的只是假如概念与种类不分,别的有分别的东西也就连带地不分了。仍利用以上的符号,就 φ 这一概念说,它固然是思议的内容,可是,就 $x_a, x_b,$

$x_c, \cdots, x_m$ 说我们所注重的不是概念而是性质。概念无所谓殊而性质有共有殊,概念只是思议的内容,而性质可以兼是官觉的对象。"人"这一概念固然是思议的内容,人类就不只是思议的内容了。即令"人"这一概念受语言的支配,人类不因此就受语言的支配。即令"人"这一概念与"动物"这一概念的内包关系受语言的支配,而人类与动物类的外延关系不因此就受语言的支配。

第三,张先生把一件东西的作用和一件东西的来源当作该东西的本身。一件东西的作用不就是该件东西的本身。警察有维持治安的作用,可是,警察不就是维持治安。一件东西的来源也不就是该件东西的本身,即令儒家者流出于司徒之官,儒家者流也不就是司徒之官。张先生也许要说我对他不起,他决不曾有这种议论,这种错误太幼稚了。这种错误的确幼稚,可是,张先生这篇文章里的确有这种错误。其所以如此而不自觉的理由仍是逻辑两字的乱用。

张先生不仅把逻辑与逻辑学相混,而且把逻辑和研究逻辑相混。在第二节第一段里他说:"所以这种逻辑(逻辑甲,但是不知为逻辑,抑逻辑学,抑研究逻辑,三者之中以研究逻辑为通),其主要的用处在于调整语言。因为言语有因习惯而致有不合乎理法的(文法乎? 此处不讨论),乃生出一种需要。由这种需要就逼迫出来一个办法。把不合乎理法里的言语变为合乎理法的,就是把言语合乎逻辑了(似乎是逻辑,不是逻辑学,也不是研究逻辑,因为合乎研究逻辑不成话,合乎逻辑学的不一定合乎逻辑)。其实这个需要乃是社会的(需要什么呢? 似乎是需要研究逻辑)。我们从西方逻辑史(应该是逻辑学,逻辑无史)上看得出来;逻辑(应该是逻辑学)是由辩论术而脱化出来的。……这种需要乃是社会的,并不是如后来学者所想的什么属于理性的。"最后一句说的是什么呢? 社会有研究逻辑的需要,研究逻辑这一需要也许是社会的,也许不是,要看社会两字的意义如何。无论如何是社会的不一定不是理性的,是理性的也不一定不是社会的。研究逻辑这一要求也许既是理性的,又是社会的。但是,这与逻辑有什么相干呢?

他在第二节的结论是:"逻辑甲的特点是:(一)其用处在于调整语言(逻辑的用处呢,逻辑学的用处呢,研究逻辑的用处呢? 也许它们都'有'这用处,但调整语言决不就'是'它们三者之一)。(二)其需要是由社会上逼迫出来的(其字所指在文法上是逻辑甲,但是问题同样。三者之中以说'研究逻辑是社会逼迫出来的'为通)。……其所有的意义都是由文化上的需要而创造的。(其字在文法上仍指逻辑甲,但是在这里所谓逻辑甲绝不是研究逻辑;可以是逻辑学,但是如果所谓逻辑甲是逻辑学,则张先生主张逻辑学没有对象,因为假如有的话,逻辑学的要义不能创造;决不能是逻辑,逻辑的要义无法创造。)……所以逻辑甲只是文化的产物。"最后这"逻辑甲"绝不是逻辑,可是,张先生的意思是以为它是逻辑,因为说研究逻辑是文化的产物或说逻辑学是文化的产物等于白说,我不知道任何人说这二者是天生的或本来有的。

张先生一方面把逻辑两字乱用,另一方面把一件东西的用处或需要当作该东西的本身。用处和需要是文化的产物,这是可以说的,需要是人的需要,用是人去用。但是如果我们不把需要与用处当作所需要或利用的东西本身，我们不能认为该东西本身也是文化的产物。我们利用万有引力去造房子，这利用是文化的产物，房子也是，但是我们决不能因此就说万有引力是文化的产物。也许我们需要逻辑，也许逻辑对于社会是有用的，也许虫鱼鸟就没有这需要，也许未开化的人不能利用逻辑，也许需要与利用都是文化的产物，可是，我们不能因此就说逻辑也是文化的产物。

<h2 style="text-align:center">三</h2>

张先生不但把逻辑与逻辑学混而为一，而且始终没有表示逻辑（对象）是什么。要说明逻辑究竟是什么的确是一件困难的事。但是，一个人论逻辑，总应有他自己认为是什么的逻辑，不然他的讨论毫无论域。我虽然不盼望张先生对于逻辑究竟是什么这一问题有所发现，然而我要求他对于他所用的逻辑两字或这一概念有一固定的范围或界说，或者利用张先生的话，我要求他对于他自己所谓逻辑遵守"一个概念必须有自身的同一"。在这一点上我对于张先生这篇文章也有莫名其妙的感觉。在第一节张先生即说："因为没有唯一的逻辑故大概分之为四"。既然有四种不同的逻辑，当然有一大类的东西，而这一大类的东西就是逻辑类。如果我们承认有五种不同的人，当然承认人类。逻辑类一定和别的类不同，不然无以自别于别的类，这只是就其消极一方面说；就其积极一方面说，逻辑类有类概念，这就是说逻辑也有其所谓逻辑者在。所谓逻辑就是逻辑的定义。张先生既然承认逻辑类，当

然有他心目中所谓逻辑者在。

张先生所提出的四种逻辑大多数时是逻辑学,有时是逻辑。无论这四种是就内容说或就对象说,逻辑两字的所谓总是免不了的。张先生在这篇文章里没有提逻辑的定义问题,他所注重的就是讨论他所提出的四种逻辑。但是,定义问题仍是重要,不然的话,我们可以讨论甲、乙、丙、丁这四种东西而没有讨论逻辑。张先生虽没有明白地提出逻辑定义,然而他免不了有他无形之中所假设的逻辑概念。问题是他自己所谓逻辑究竟是什么。逻辑类既不只有一种逻辑,四种逻辑不能不彼此不同,则所谓逻辑甲当然不是普通的所谓逻辑,所谓逻辑乙、丙、丁同样。所谓逻辑当然不能求之于四种之所异,而只能求之于四种之所同。

我所认识的研究逻辑的人的所谓逻辑不能贯彻张先生所提出的甲、乙、丙、丁四种。大多数教科书之所谓逻辑也不能贯彻这四种。谈辩证逻辑的人也许不愿意把逻辑两个字用到甲、乙、丙三种上去。本人所能想到的只有一概念可以贯彻张先生所提出的四种东西,这就是普通理论两字所表示的概念。理论两字普通有两个用法,而又同时与另外一词端相混。兹先提出相混的词端,然后再论两不同的用法。逻辑学从前译为名学,稍后有人译为论理学,现在才译音。如果我们把逻辑学译成论理学,则论理学的对象我们会很自然地叫它作论理。这个用法的论理两字不就是理论,而所谓理论不就是论理。论理学的对象的论理完全是形式的架子,而不是把架子与实质熔于一炉的思想,后者才是理论。这两名词不能相混,不应该相混。可是,在中国文字习惯里,两个字颠倒地用是很寻常的事。如果所谈的本来就是理论,则颠倒之后的名词——论理,当然仍是理论。假如一个人意识到词端不慎可以发生思想上的陷阱,他大概不会把这个由理论颠倒过来的论理视为论理学的对象。但是,假如一个人用字随便,他很容易把论理学的对象——论理,视为颠倒过来的理论。这是第一点我们应该注意的。论理学这名词的不妥,一部分的理由是因为它容易发生误会。

现在讨论理论两字的两种用法。一种用法可以用英文 theory 或 theoretical 来表示,另一种可用英文词"the logic of——"来表示。这两种用法在英文方面不容易相混。theoritical physics 不能叫作 the logic of physics,theoretical medicine 也不能叫作 the logic of medicine。现在我们先论头一种用法。头一种用法可分作两种。有些学问只有学,有些兼有术。医学有学与术,天文学只有学。专就有学而无术的学问着想,理论是与事实相对待的。就有学而又有术的学问着想,理论一方面是与事实相对待的,另一方面是与实行相对待。

我们现在分析与事实相对待的理论。假如在一门学问的对象的领域中,我们发现 A、B、C、D 等等事实。这里只说了一句简单的话,其实发现事实是很烦难的事。现象综错杂呈,如果在其中我们承认某某项目为事实,我们已经运用一门学问所承认的方法,已经接受一门学问所承认的标准。虽然如此,我们所发现的 A、B、C、D 等等也许都只单独地是事实,而它们没有连贯起来。如果我们要连贯它们,我们或者在事实上找连接它们的事实,或者在思想上找连接它们的解释。在一门学问的发展上,不仅前一工作重要,后一工作也重要,学问愈进步,后一方面的工作愈重要。连接 A、B、C、D 等等的解释,就是关于 A、B、C、D 等等的理论,理论不只于一可能,不然的话,这理论就成为原则,或自然律、或事实了。在今日我们大概不会忽视理论,我们知道我们不但能由已知的事实中去发现新事实,而且能由可能的理论中去发现事实,理论的确重要,也许比逻辑重要。但是,它不等于逻辑。

与实行相对待的理论与以上一样,不过说起来麻烦得多。有时实行的方法比理论简单,假如有人对于实行的方法发生疑问,实行者可以用比较复杂的理论去解释疑难。有时实行的方法因时因地而异,而理论决不因时因地而异;假如因时因地不同而发生不一致的实行方法,此实行上的不一致可以用理论去表示它只是表面上的不一致而已。有些实行是以征服自然为目的,但是另外一些牵扯到人与人间的种种困难问题。如为后者,则实行大都比理论复杂。例如政治上的主张,其理论大都简单,可是,实行起来就复杂了。对待于事实的理论与对待于实行的理论实在是差不多的,不过前者理解事实,而后者理解动作或行动而已。当然如果我们再分析下去,我们可以发现许多别的分别,而这些分别在别的场合也许重要,但是,在本文我们就此打住。与实行相对待的理论也许重要,也许比逻辑更重要,但是它不等于逻辑。

理论的第二种用法"the logic of——"的用法。对于这个用法,头一点须注意的是它表示特别。如果我们说医学的理论如何如何,我们的确是要表示它不是别的学问的理论。这一点很重要。承认了这一点就不能不承认说某某学问的理论同时也是说某某学问的理论特别。第二点要注意的是专就纯理而说,理不能是特别的。纯理既不能特别,则特别点之所在不是理而是某某学问的内容。第三点要注意的是某某学问的理论特别实在是说某某学问在接受某某假设或某某原则之下,从某某前提我们可以得某某结论,或从某某现象我们可以承认某某事实。所谓某某学问的理论特别不是形式底特别而是内容的特别,不是内容中的理论结构特别,而是理论结构中的内容排列特别。从一方面说,一门学问的理论的特别是用不着说的,因为就质异而说它当然是特别的;另一方面,又是应该说明的,因为形虽同而实有特别的地方。无论如何理论两字的用法总是形质兼包的用法。但是,这不是逻辑学所要研究的对象。

张先生所谓逻辑似乎是普通所谓理论。研究逻辑的人所研究的对象不就是普通所谓理论。用字自由人皆有之,张先生当然可以把逻辑两字用到普通所谓理论上去。别人不能根据他们自己的用法,说张先生的用法不对。可是,张先生有此用法之后,他不能避免这用法的影响。普通所谓理论有以上所说的两种用法。就前一种用法说,一门学问有许多的理论,其数目之多简直无法决定;就后一种用法说,每一门学问有它的唯一的理论。逻辑两字既表示普通所谓理论,则不但有不同的逻辑而且逻辑也不限于张先生所提出的四种。我可以根据我的所谓逻辑,断定地说:"无不同的逻辑"。张先生根据他的所谓逻辑,断定地说:"有不同的逻辑"。我们的确说了两句话,断定两命题,但这两命题毫无矛盾。这也就是说,张先生没有推翻别人的主张,也没有建立他自己的主张。他自己的主张似乎不止于有不同的逻辑而所谓逻辑是普通的理论,他似乎是主张有不同的逻辑而所谓逻辑是研究逻辑者所研究的对象。他自己也许以为建立前者即建立后者,其实建立前者并不即建立后者。

我在前面已经说过,照我所能想到的,只有普通所谓理论可以贯彻张先生所提出的甲、乙、丙、丁。可是,问题又发生了。普通所谓理论虽可以贯彻张先生的甲、乙、丙、丁,然而不止于甲、乙、丙、丁。为什么张先生只在这四种东西上打住了?这问题似乎只有一个答案:张先生所引用的逻辑这一名词有两种不同的意义,一即以上提出的普通所谓理论,一即书报中号称为逻辑的"逻辑"。就前一所谓说,甲、乙、丙、丁都是逻辑,然而逻辑不止于这四种。逻辑这一名词在后一用法上似乎只是一个总名。主张丁种逻辑的人也许不以甲、乙、丙三种为逻辑,主张甲、乙两种逻辑的人也许不以丙、丁两种为逻辑。在他们各有主张,逻辑两字不容乱用,而在张先生则博览群收,总而言之,统而言之,都叫作逻辑。此所以在张先生这篇文章里逻辑两字虽有时表示理论,有时不过是一总名而已。说逻辑这一名词是一总名在本文就是说它无所谓。这也就是说假如有人提出"黑人逻辑"或"希特拉逻辑",张先生根据逻辑即理论那一用法也许要说这二者或者是逻辑或者不是。但是,根据以逻辑为总名这一用法,他只好称这二者为逻辑戊逻辑己。引用这办法当然没有所谓逻辑那一麻烦问题了。

四

本节的讨论限制到张先生所提出的逻辑甲与逻辑乙。如果张先生不把逻辑与逻辑学相混,他也会或许感觉到传统逻辑学这一辞端无问题,而传统逻辑这一辞端有问题;数理逻辑学这一辞端无问题,而数理逻辑这辞端有问题。传统逻辑学与数理逻辑学的确有不同点,但是,二者的对象不必因此也不同。张先生在他的文章的第二与第三节里表示逻辑甲与逻辑乙不同,本节的主旨在表示张先生的理由不足以证明二者的对象不同。

张先生表示逻辑甲与逻辑乙的不同处有以下诸点:(一)它们的来源不同,(二)它们的用处不同,(三)它们所用的工具不同,(四)它们的着眼点不同,(五)它们的范围不同。

关于来源的不同,张先生提到的地方很多。我不知道张先生心里想的来源是什么样的来源。假如他以为数理逻辑学是算学史上发展出来的,他似乎没有十分弄得清楚历史;如果他以为数理逻辑学大都是算学家所发展的,而传统逻辑学大都不是,这的确可以说得过去。但是从这种来源的不同,我们能够得什么样的结论就大有疑问了。传统逻辑学与数理逻辑学在历史上相差既然有那么许多年,它们在历史上的来源大概是不会相同的。张先生所谓来源似乎有另外一种说法。他在第三节说:"这种逻辑(逻辑乙)有它的特别来源,决与传统逻辑不同。因为传统逻辑所根据的同一律在数理逻辑上便不是最高的最根本的原则。"照此说法,来源是理论的根本。张先生认为在传统逻辑学中同一律最根本,在"根本"的某一意义上这是说得过去的。但是即在传统逻辑学,同一律也不必在第一页即讨论,讨论它的时候也许是别的部分差不多讨论完的时候(例如 Creighton)。张先生没有因为同一律的提出或讨论摆在书的后面遂以为同一律就减少它的重要性或根本性。对于传统逻辑学，张先生没有这感想，可是，对于数理逻辑学，张先生的感想就大不相同了。他似乎以为在 P.M. 同一律不是基本命题，所以也不是根本的原则。关于这一点我们要提出逻辑组织与逻辑的分别。就 P.M. 的命题推演而论，它是一逻辑组织，而此组织是演绎的排列，逻辑（对象）不是任何一种排列。1910 年与 1925 年版的 P.M. 排列不同，组织亦异，但是，它们并不表示两种不同的逻辑。一种组织确有该组织中的基本与否。在 1910 年版的 P.M. 中 ⊢ ∶ p∨p·⊃·p 比 p⊃p 基本，前者是基本命题而后者不是，前者不用证明，而后者非证明不可；假如我们以同一原则为基本命题，我们也可以利用它与别的命题去证明 ⊢ ∶ p∨p·⊃·p·逻辑命题的范畴性（见一节）与它们在一组织中的排列没有一一相应的情形。在 1910 年版的 P.M. 中 ⊢ ∶ p∨p·⊃·p 比别的推出来的命题基本，但是，它的范畴性并不比别的命题的来得重要。逻辑范畴中仍以同一律为根本，也许最根本。它究竟是否根本或竟最根本，我们现在不必讨论。同一律之为一逻辑命题无以异于其他的逻辑命题，但是，视为形式的格律，或逻辑的范畴，它比别的许多命题要重要得多。就这一点说，传统逻辑学与数理逻辑学毫无分别。

关于用处我们不必再论，前此已经提及。用处不同并不表示传统逻辑学与数理逻辑学不同，即令用处不同表示它们不同，也不能表示它们的对象不同。

关于工具我也许要多说几句话。工具有两种：一种是文字或符号方面的工具，一种是概念方面的工具。张先生也许会提醒我说文字总是有意义的文字,符号总是有意义的符号,文字与符号均不能离开概念。但是概念可以有不同的文字或符号去表示,虽然注重文字与符号,我们同时也注重概念,然而注重概念,我们可以不必注重文字与符号。本文前此已经提到传统逻辑学也用符号,但是,在传统逻辑学符号是片面的,不是有系统的、有结构的,这一层不必多说。第二种工具是概念。在这一方面张先生提出"⊃","~","∨"……之所代表的概念,说它们的引用是便于运算。它们的确与许多别的概念不同,也与另外的概念一样,便于运算,但是张先生的意思似乎不止于此,他似乎是说,数理逻辑学利用了这一套便于运算的概念,它与传统逻辑学就完全是另外一套了。他对于"⊃"意见稍为多一点,他说:"关于"此二种逻辑的不同,最好以"实际相涵"(material implication)为例以证明之。这种相涵在传统逻辑上简直不成为相涵,亦可说是不相涵,因为其中的二句在传统的观点上不能承认其具有"逻辑的意义在内"。这一段话我不大懂。张先生似乎是说"⊃"在传统逻辑学上不成其为相涵,无逻辑的意义。把"⊃"叫作 implication 的确有不妥的地方,前此对于这名词的引用引出许多笔墨官司。但是,那笔墨官司也的确无谓。"⊃"表示一简单的"如果——则"。普通语言中的"如果你下乡,你去找张先生"即是"⊃",即令我们不承认其为蕴涵,我们也不能否认其为如果——则。问题不在这一方面。这样的话的确没有逻辑的意义,在 $p \supset p$ 中"⊃"也的确没有逻辑的意义。可是。在 $\vdash p \supset p$ 中,"⊃"的确有逻辑的意义。在 $\vdash : q \supset^1 r \cdot p \supset^2 q \cdot \supset^3 \cdot p \supset^4 r$ 中 $\supset^1$、$\supset^2$、$\supset^4$ 的确没有逻辑的意义,而 $\supset^3$ 的确有逻

的意义。⊃[3] 不仅在 P.M. 中有逻辑的意义,而且在传统逻辑中也有逻辑的意义。假如我们说:

所有的人都是有理性的,

(而且)所有的无毛的两足动物都是人,所以,所有的无毛的两足动物都是有理性的。

这是传统逻辑学中的三段论。张先生对于这三段论大概不会发生问题。传统的三段论是直言的,但是,我们可以用假言表示;用假言表示的确不是传统的三段论,然而原则仍是原来的原则。

如果 x 是人,x 是有理性的;

(而且)如果 x 是无毛的两足动物,x 是人;

所以,如果 x 是无毛的两足动物,x 是有理性的。

可是,逻辑对于 x 究竟是人与否,人究竟有理性否,或无毛的两足动物究竟是人与否都没有兴趣,它不断定这一种的如果——则,这如果——则也没有逻辑的意义,它所注重的是前两如果——则和后一如果——则的关系,而此关系又可以写成如果——则,以上的三段论又可以改成:

如果　　如果 x 是人,则 X 是有理性的

　　　　(而且)如果 x 是无毛的两足动物,则 x 是人;

则　　　如果 x 是无毛的两足动物,x 是有理性的。

既然如此,何必说"人"、"有理性的"、"无毛的两足动物"呢? 何不以"q"代替"x 是人",以"r"代替"x 是有理性的",以"p"代替"x 是无毛的两足动物"。如果这样,以上的三段论又可以写成:

[3]如果　　　[1]如果 q,[1]则 r

（而且.）² 如果 p,² 则 q

³则　　⁴ 如果 p,⁴ 则 r

而这就是 $\vdash:q\supset^{1}r\cdot p\supset^{2}q\cdot\supset^{3}.\ p\supset^{4}r$。以上的"³ 如果——³则"就是"$\supset^{3}$"。传统逻辑学与数理逻辑学的表示法虽不同，而所表示的对象一样。至于"∨"、"∼"难道张先生以为传统逻辑学中没有它们吗？传统逻辑学中当然没有这些符号，如果张先生不把概念与符号相混，他大概不会说传统逻辑中没有这些概念。

着眼点也是张先生所利用以表示逻辑甲与逻辑乙的分别所在。可是，所谓着眼点和领域都不易解释，张先生说："须知任何学问在领域上总可相同。"他所举的例是神经学、生理学与心理学。领域两字的所指似乎是"人的身体"，领域两字的所谓就麻烦了。如果我们相信"实事求是"这一句话，我们研究学问，实在是有综错杂呈的事物界去寻求各别的理，理之所依靠、所凭借的总是综错杂呈的事物界。研究神经学、生理学、心理学固然离不了事物界中的人的身体，可是也离不了事物界中的许多别的东西。不但这三门学离不开事物界，别的学问也是如此。假如所谓领域是综错杂呈的事物界，则任何学问的领域都是相同的，不仅如张先生所说只是可以相同而已。所谓领域决不能是知识之所自来的综错杂呈的事物界。但是领域两字的意义也不是普通所谓对象。假如是对象，则不同的学问就有不同的对象，决不会可以有相同的对象。就综错杂呈的事物界说，生理学与心理学有相同的领域，就对象说，它们没有相同的领域。领域两字不容易明白，着眼点也不容易明白。假如领域的意义是对象，则传统逻辑学与数理逻辑学不是两门学问，它们的对象是一样的。

如果张先生所谓着眼点是他接着提出的范围，则数理逻辑学与传统逻辑学的确有不同点。传统逻辑学有的东西，数理逻辑学不必有，反过来数理逻辑学有的东西，传统逻辑学也不必有。传统逻辑学的确有数理逻辑所没有的东西，例加换质换位、三段论的格和式、二难推论。数理逻辑学也有传统逻辑学所没有的东西。大致说来，传统逻辑学中有问题的部分，数理逻辑学取消了。所谓"有问题"或者是前后不一致，或者是与对象不符，或者是与对象不相干。这些部分或者需要调整或者需要淘汰。调整与淘汰的客观标准就是同一的对象。传统逻辑学与数理逻辑学的对象是同一的对象，它们不是两门学问，是一门学问的两阶段。如果传统逻辑学是一门无须进步无须修改的学问，而又没有修改它的学问，我们不至于叫它作传统逻辑学。其所以叫它作传统逻辑学，一部分的理由是因为逻辑学已经由它进展到数理逻辑学。这不是说数理逻辑学毫无困难问题，它有困难，而且困难问题很多。可是，从传统逻辑学的不妥处着想，数理逻辑学的确是逻辑学的进步。

张先生想从各方面表示逻辑甲与逻辑乙不同。在以上的讨论中，我们知道有些方面根本不能表示传统逻辑学与数理逻辑学的不同。有些也许可以表示它们有不同处，可是即令二者有不同处，二者的对象不必因此就不同。张先生无分于逻辑与逻辑学，他以为内容有不同处，对象也有。他一方面可以说这样的话："并不是说数学在第一阶段时根本就没有逻辑潜含在内，乃是说逻辑的作用尚没有显明。"另一方面他又可以说："从这一点上看，我们可以说数理逻辑只是第二阶段时候的所有事。"我们既分别对象与内容,我们所要表示的是说传统逻辑学与数理逻辑学的内容虽有不同而它们的对象仍只是逻辑而已。

五

第三节已经表示张先生无形之中所假设的所谓逻辑我们不能接受。本节讨论逻辑的性质。这问题不容易讨论,以下的议论当然只是一个意见而已。

我们先从逻辑命题说起,仍以 $\vdash : q \supset r \cdot p \supset q \cdot \supset \cdot p \supset r$ 为例。上节已经表示这一例子无分于传统逻辑学与数理逻辑学。从这一命题之为一逻辑命题着想,它与任何逻辑命题一样,它是一穷尽所有的可能的命题。我们可以把它分析成:

$$pqr \vee p\cdots qr \vee pq\cdots r \vee p\cdots q\cdots r \vee$$
$$\cdots pqr \vee \cdots p\cdots r \vee \cdots pq\cdots r \vee \cdots p\cdots q\cdots r$$

如此写法,它很明显地就是真假函数中那一必然的命题。我从前曾在《清华学报》上做了一篇文章解释必然,详细的说法此处大可不必重复。现在只说这样的命题根本不可以假,而同时无往而不真。就根本不可以假说,我们要表示逻辑命题的消极性;就无往而不真说,我们要表示逻辑命题的积极性。

普通所谓命题大约可以分为以下三种:特殊命题,这些断定特殊的事实;限于时地的普及命题,这些断定一时一地的普通情形;普遍命题,这些断定固然的理。命题都可以证实或者否证。这就是说命题有积极性:它只能有一件特殊的事实,或一种普通情形,或一条固然的理与它相应;它与别的特殊的事实,或别的普通情形,或别的固然的理不相应。我们暂且只提出这三种,因为这三种有证实的问题。证实总是事实上的证实,而证实了的命题总有事实与之相应。逻辑命题不是这样的。它没有一件事实或一种普通情形或一条固然的理与它相应,也没有与它不相应的。对于事实,无论特殊的事实,或普通的情形,或固然的理,逻辑命题毫无表示,其结果它不能给我们以任何关于事实的消息,例如"这是桌子或者这不是桌子"。这一命题对于一张桌子固然可说,可是,对于一条河也可以说,而"这"的所指究竟是桌子或是河与它毫无影响。这样的命题既没有给我们以任何消息,它没有说什么。它既没有说什么,当然不能假。它完全是消极的。

除此之外,尚有其他的命题,例如本然命题,或表示本然的理的命题。这类命题依然有事实上的积极性,它依然是分开来断定的思想,它是命题,可是,它不是不可以假,而只是不会假。说一命题不可以假是说,说它假就是矛盾,说它假就是不可能;说一命题不会假,是说说它假违背实在——一方面违背所有的事实,另一方面违背一切固然的理。"具体的世界是变更的","时间是老有的",都是本然命题的例子。这样的命题与逻辑命题不同,它对实在是如何的实在有所表示,它表示实在是这样的实在。在逻辑上我们可以说实在不必是这样的,可是,在本然的道理上,它本来就是这样的,所以这样的命题也有积极性而无消极性。以上所举的两例断定两不同的本然的理,除与它们本身所断定的理相应外,与别的本然的理不相应,或者说它们不断定别的本然的理。在这一点上它与普通所谓命题一样。但是,对于这命题我们只能举例以示意,不能举例以证实。一本然命题对于一些事实相干,对于另外一些事实不相干。它没有逻辑命题所有的消极性。

本然陈述根本不是命题。它与本然命题不一样,一方面固然是因为它有消极性,另外一方面也因为它不是分开来断定的思想。它没有说什么而同时什么都说了,例如中国哲学中一些关于"体"的话,或本人在《论道》书中关于"能"所说的话。本然陈述一方面是消极的,它没有分别地断定任何事实;另一方面,它又是积极的,它把任何事实都综合地断定了。就前一点说,它与一逻辑命题相似;就后一点说,它又与一逻辑命题截然不同。我们可以说它根本没有相应与否的问题,它不是分别地与此相应,而与彼不相应。它要消极才能与不同的事实都相应,它要积极才能与任何事实各相应。逻辑命题不是这样的,它不但分别地对于事实没有表示,而且综合地对于事实也仍然毫无表示。

可是,逻辑命题也有积极性,这一点是本人与时贤的感想大不相同的地方。就逻辑命题之不但不能假而且必真这一点说,它必定断定一对象,而此对象必定是宇宙洪流本身及其形形色色之所不能逃的。此对象即必然的理。根据以上的讨论,此必然的理一定不是固然的理、本然的理或元理;从命题方面说,逻辑命题不是自然律,不是本然命题或本然陈述;必然的理是任何"实在"的必要条件而不是任何"实在"的充分条件;从命题方面说,如果任何命题是真的,逻辑命题也是真的,反过来,如果一逻辑命题是真的,任何非逻辑的命题不一定是真的。逻辑命题的积极性,在它是任何实在的必要条件这一点表示出来。逻辑命题的消极性,在它不是任何实在的充分条件这一点表示出来。逻辑命题断定有现实,虽然它不断定任何式样的现实:必然的理的有也就是现实的有,此所以《论道》书中第一章即说:"式不能无能,能不能无式。"

逻辑学的对象——逻辑——就是必然的理。必然的理当然没有传统与数理的分别。在好些文章里,逻辑与逻辑学用不着分,因为不分也不至于发生误会;可是在另外一些文章里,例如在张先生这篇文章里,二者不能不分。二者分别之后,我们会发现对于内容所能说的话,对于对象也许不能说,逻辑学虽有传统与数理的分别,而逻辑没有,它只是必然的理而已。就对象说,张先生的逻辑甲与乙没有分别,就甲乙的对象说,丙与丁都不是逻辑。前面已经说过,人人都有用字的自由。张先生也许觉得逻辑两字最好是用到丙与丁上去,果然如此,则甲乙两项它最好不叫作逻辑。反过来,如果他主张甲乙两项应该叫作逻辑,他最好把丙丁撇开。除不妥的名称外,张先生所提出的甲、乙、丙、丁没有共同的对象。如果张先生把逻辑两字限制到必然的理,他会感觉到甲乙同一,而根本没有不同的逻辑。其实张先生有此感觉,不过他比较地习于传统逻辑学而不甚习于数理逻辑学而已。他在他那篇文章的第六节里曾说:"当一个人在政治活动中的时候运用思想,自然会照着逻辑丁而前来,但这个人要把他的思想明白说出,恐怕仍旧必须依据逻辑甲。形而上学的情形亦然。当一个人默思本体的时候,……但如果要把这个意见清清楚楚告诉他人恐怕又必须用逻辑甲的规则。"其所以只说甲而不说乙者,不过是因为他比较地习于甲而不甚习于乙而已。

　　逻辑的确有表示的问题,这问题也就是逻辑与逻辑学的问题。我们暂且说这么一句话:逻辑学不足以表示逻辑,表示总有工具,以任何工具去表示逻辑,逻辑似乎老在表示工具所表示范围之外。我们可以利用 P. M. 中的 $p \supset p, p \equiv p, A \subset A$, $R \varepsilon R$ 为例,这些都表示同一律(虽然该书作者称 $p \supset p$ 为同一原则),可是,显而易见它们都不同。同一律既然能有这许多的表示,当然无一表示为同一律的唯一表示。每一表示既彼此不相同,当然把同一部分的意义遗留在外。我们会感觉到一种奇怪的情形,我们想方设法去抓住同一律,我们只抓住一面一角,而不能得其全。不但一系统中的表示如此,不同的系统中的表示更是如此。二值系统中的 $p \supset p$,三值系统中的 pCp,四值系统中 $p > p$,五值系统中的 $p \prec p$ 都表示同一律,然而更显明而易见地它们都不同。我们不能证明任何一表示是同一律的唯一表示,所以不但一系统中的表示不能尽同一律的意义,不同系统中的不同的表示也不能尽同一律的意义。同一律似乎是不能完全抓住的。同一律如此,其他大致也是如此。其结果是研究逻辑的人们难免感觉到他们所研究的对象总有一部分在他们的逻辑学的范围之外,如果我们不去抓住它,我们也许感觉到它安安稳稳地摆在那里,可是,只要我们安排妙计去捉住它,它有点像水银似的跑了。

　　以上的问题可以反过来说,而反过来说,有两方面的看法。一方面即路易斯所提出的问题,逻辑既有不同的表示,每一表示不能以另一表示代替。如果我们只就各表示的不同点着想,我们会感觉到路易斯所提出的问题。这问题与语言无关。这里所说的表示工具不指语言与符号,所指的是概念。

逻辑系统的不同不是语言的影响不同，而是概念的异同。不同的逻辑系统的确有不同的地方，一系统中不同的部分也的确有不同的地方。可是，这只是就系统的不同点着想而已。如果我们就各系统的相同点着想，我们仍然回到同一的逻辑。这是另一方面的看法。我们不能以一逻辑系统的工具去证明各系统虽不同而逻辑仍一，因为既有不同的系统，利用一系统的工具，即忽略其他系统的工具。我们也不能把各系统的工具时时并用，因为各系统既不同，同时引用不同的工具其结果必至混乱。我们更不能次第引用不同系统的工具去证明同一的逻辑，因为这只足以证明每一系统所表示的轮流地为唯一的逻辑而已。唯一的办法只有根据各系统的相同去超越各系统的互异。如果我们能够不狃于一系统的成见，我们虽然在一方面会感觉到任何系统的不足，然而在另一方面，我们也会感觉到有些系统的有余。仍以同一律为例，假如我们能够不狃于一系统的成见，我们看见 $p \supset p$ 的时候，我们会感觉到同一律不止于 $p \supset p$，然而只要我们也感觉到同一律不止于 $p > p，p \prec p$ 等等，去其异、存其同，我们会意识到 $p \supset p$ 除兼具各表示之所同者外，尚多余着它本身所独有的异。如果我们真正能够去异存同，我们自然会把枝节撇开而达到同一的逻辑。一直到现在我没有感觉到有不同的逻辑。路易斯的讨论没有使我改变我的意见。张先生这篇文章离题太远，更不能使我改变我的意见。